U0946797

中华人民共和国条约集

第五十七集

（2010）

中华人民共和国外交部条约法律司　编

世界知识出版社

图书在版编目（CIP）数据

中华人民共和国条约集. 第57集，2010 / 中华人民共和国外交部条约法律司编. —北京：世界知识出版社，2014. 3

ISBN 978-7-5012-4604-5

Ⅰ. ①中… Ⅱ. ①中… Ⅲ. ①中外关系—条约—汇编—2010 Ⅳ. ①D826

中国版本图书馆CIP数据核字（2014）第012993号

书　　名　中华人民共和国条约集（第五十七集）
Zhonghua Renmin Gongheguo Tiaoyueji (No. 57)

责任编辑　符沛迪
责任出版　刘　喆
责任校对　马莉娜

出版发行　世界知识出版社
地址邮编　北京市东城区干面胡同51号（100010）
网　　址　www.wap1934.com
经　　销　新华书店
排　　版　北京世知文化创意有限公司
印　　刷　北京楠萍印刷有限公司
开本印张　850×1168毫米　1/32　23⅛印张
字　　数　618千字
版次印次　2014年2月第一版　2014年2月第一次印刷
标准书号　ISBN 978-7-5012-4604-5
定　　价　367.00元（精装）

前　言

本条约集共收录了132项中华人民共和国（包括政府间和部门间）同外国或国际组织签订的双边条约及条约性文件，其中，122项为2010年签订，其他8项为2009年、1项为2008年、1项为2007年签订。条约按亚洲、非洲、欧洲、美洲、大洋洲的顺序排列，与地区或国际组织签订的双边条约亦依此办理。同一洲别中，按对方国名的拼音字母顺序及签订日期先后顺序排列。

目 录

亚 洲

阿 曼

巴基斯坦

菲 律 宾

韩 国

吉尔吉斯斯坦

柬 埔 寨

黎巴嫩

蒙　古

缅　甸

日　本

斯里兰卡

土耳其

土库曼斯坦

乌兹别克斯坦

新　加　坡

叙利亚

伊拉克

伊朗

以色列

印 度

印度尼西亚

越 南

其 他

非　洲

埃　及

埃塞俄比亚

安哥拉

刚 果（布）

加 纳

津巴布韦

利 比 亚

卢 旺 达

马 拉 维

马 里

摩 洛 哥

南 非

塞 舌 尔

突 尼 斯

赞 比 亚

乍 得

欧 洲

爱沙尼亚

奥 地 利

丹 麦

德 国

俄 罗 斯

法　国

芬 兰

捷 克

拉脱维亚

立陶宛

罗马尼亚

马耳他

摩尔多瓦

挪 威

葡 萄 牙

瑞 典

瑞士

塞尔维亚

斯洛文尼亚

乌 克 兰

西 班 牙

匈 牙 利

英　国

其　他

美 洲

阿 根 廷

巴巴多斯

百 慕 大

哥斯达黎加

加 拿 大

美 国

墨 西 哥

委内瑞拉

智　利

大洋洲

澳大利亚

新　西　兰

其　他

亚　洲

中华人民共和国政府和阿曼苏丹国政府文化、卫生、新闻协定2010至2015年执行计划

中华人民共和国政府和阿曼苏丹国政府根据两国1981年8月15日在北京签署的文化、卫生、新闻协定，为发展两国的友好关系，加强两国文化、教育和新闻领域的友好合作，同意签署2010—2015年执行计划。条文如下：

一、文化与艺术

第　一　条

双方鼓励互办文化和艺术展。

第　二　条

双方鼓励互派政府文化机构负责人和官员访问，鼓励文化、艺术和文学界人员互访。

第　三　条

双方鼓励阿曼国家图书馆与中国国家图书馆交换资料和印刷

品；鼓励双方公共图书馆的人员互访。

第　四　条

双方在文物、博物馆、历史古迹修复和维护以及非物质文化遗产保护等方面交流经验。

第　五　条

双方鼓励交换有关两国文物的资料，在修复手稿和文献方面交流经验。

第　六　条

双方交换有关发掘与保护民族遗产方面的最新印刷品、资料和科学出版物。

第　七　条

双方鼓励互派民间艺术团访问演出。

第　八　条

双方鼓励通过翻译文学作品进行出版、发行方面的合作。

第　九　条

双方互换有关两国历史关系的手稿和文献的影印件、资料和论文，并在保护和修复手稿方面交流经验。

第　十　条

双方互派本计划所包括的领域内的学者和研究人员访问，有关细节通过外交途径商定。

二、新闻、出版

第 十 一 条

双方派新闻记者代表团互访，以了解对方在各领域取得的成就。

第 十 二 条

双方交换期刊和其他新闻材料，具体交换途径和条件由相关机构确定。

第 十 三 条

双方互派出版、发行领域的代表团进行访问。

第 十 四 条

双方为对方国派遣的广播电视和通讯社代表团的访问提供必要的方便。

第 十 五 条

双方互换广播、电视和民间音乐节目。

三、教育

第 十 六 条

双方互换有关教育政策特别是教育研究、教学与规划的技术手段、统计数据、教材及相关论文等方面的资料，互换两国发行的各类教育出版物和就业规章制度。上述资料均为阿拉伯语、英语或中文。

第 十 七 条

双方通过两国的联合国教科文组织全国委员会互换信息和文件，交流经验。并在必要时就向联合国教科文组织大会提交决议草案协调立场。

第 十 八 条

双方鼓励互派普通教育、成人教育、扫盲、特殊教育、教学大纲、教育活动方面的负责人进行为期一周的访问，考察对方的教育成就和教育发展状况。

第 十 九 条

双方努力在教学大纲中适当列人部分有关对方国家的历史、文明和地理方面的内容。

第 二 十 条

双方鼓励参加在对方国家举办的国际教科书展。

第二十一条

双方鼓励就学校建筑规划和实施阶段的经验进行交流，以便相互受益。

第二十二条

双方鼓励两国高等院校的教授、专家及专业研究人员互访，举办讲座和进行学术交流。

第二十三条

双方鼓励交换有关高等教育方面的信息、论文和期刊。

第二十四条

双方鼓励参加在两国召开的培训班、会议、研讨会和学术研究班。

第二十五条

双方鼓励两国高等院校间开展学术合作。

第二十六条

双方努力推动两国大学生文艺交流活动，互办大学生文化周和不同教育领域的大学生联谊会。

第二十七条

中方每年向阿方提供20人/年的中国政府奖学金名额，即每年在华享受中方奖学金的阿曼留学生总数不超过20人，用于接收本科生、硕士研究生和博士研究生。中方对奖学金获得者免除学费及住宿费，并向其提供来华留学生综合保险；奖学金生获得者的生活费及往返国际机票由阿方提供。有关事宜通过外交途径另行商定。

第二十八条

双方互换有关教学大纲、教育计划、教学课程等英文资料，旨在互认两国大学和教育机构颁发的学位和证书。

第二十九条

双方鼓励在本国教授对方国语言，鼓励互派语言教师，具体细节通过外交途径商定。

四、体育与青年

第 三 十 条

双方鼓励两国在体育领域的交流与合作，在亚洲和国际体育事务中协调立场，有关交流事宜由两国体育机构商定。

五、社会发展

第三十一条

双方鼓励两国妇女机构和妇女组织之间的交流，加强互访，分享信息和经验，以增进妇女之间的相互了解和友谊、促进妇女事业的发展。

第三十二条

鼓励两国高层妇女之间的接触和交流。

第三十三条

强调举办儿童绘画展，举办此类展览可为儿童有效参与，并了解其他国家的经验提供机会，同时，共同举办此类展览对于鼓励提高儿童绘画技巧和能力，以便达到国际最高水平有着突出的作用。

六、总则与财务

第三十四条

关于本计划中的人员交流、访问人数和期限通过外交途径商定。

第三十五条

派遣方负担出访团组的往返国际旅费；接待方负担访问团组在其境内的食宿、境内交通及紧急医疗等费用。

第三十六条

送展方负担展品的往返国际运输费和展品的全程保险费，其中包括展品在接待国展览期间的保险。接待方负担举办展览的费用，包括场租费、保安费和相关服务费（即仓库、筹展、灯光、空调、布撤展、宣传品印刷、海报、宣传册及请柬制作等），同时承担展品在其境内城市间的运输费。

第三十七条

派遣方至少在开幕式前3个月向接待方提供有关展览的文字和图片资料。展品至少在开幕式前两周运抵接待方展地。

第三十八条

若派遣方展品遗失或损坏，接待方有义务提供与此有关的所有文件供派出方向保险公司索赔。获取上述文件的费用由接待方负担。

第三十九条

双方根据各自的有关财务制度向对方国留学生提供奖学金。

第 四 十 条

执行本计划项目的其他费用，凡本计划中未明确规定的，双方应根据各自的现行财政规定协商解决。

本计划于二〇一〇年十二月十日在北京签署，一式两份，每份均用中文和阿拉伯文写成，两种文本具有同等效力。

中华人民共和国政府　　　　阿曼苏丹国政府
代　表　　　　代　表
王文章　　　　巴德尔
（签　字）　　　　（签　字）

中华人民共和国工业和信息化部和巴基斯坦伊斯兰共和国信息技术部合作谅解备忘录

中华人民共和国工业和信息化部和巴基斯坦伊斯兰共和国信息技术部（以下简称“双方”），

鉴于中巴两国人民的传统友谊，以及两国在信息通信领域业已存在的良好合作关系，决定在平等互利的基础上进一步加强合作，推动两国信息通信业的共同发展，兹达成协议如下：

第一条　合作范围

双方确定合作领域如下（包括但不限于）：

（一）行业发展政策

在信息产业园区发展与扶持政策、建设和运营方面开展联合研究。

（二）通信基础设施

推动双方在网络互连、光缆建设、移动通信等通信基础设施领域的交流与合作。

（三）低成本计算机设备

推动双方企业开展合作，研发性能价格比高的计算机并推广应用，开展创新举措，扩大此类和其他IT及通信产品在巴基斯坦本地的生产。推动两国企业间的相互协作，开展本地内容开发、宽带应用及其成功实施/业务模式共享。

（四）人力资源开发与培训

加强人力资源的联合培养、培训，促进双方信息通信领域的人才队伍建设。

（五）经贸合作

进一步推动双方信息通信领域的经贸合作。

第二条　财务资源安排

双方应各自承担其在履行本谅解备忘录及与之相关的活动和项目实施过程中所发生的费用。对于经过双方一致同意并满足上述目标的项目，如有任何特殊的资金筹措要求，双方将对该要求给予优先考虑。

第三条　知识产权

一、根据本谅解备忘录，一方向另一方提供材料或信息，接收方应尊重并保护提供方对该材料或信息的所有权、知识产权及其他权利。未经提供方许可，不得向任何第三人披露所接受的信息。

二、一方独立研发的与本谅解备忘录相关的一切知识产权应由研发方拥有。

三、通过双方共同努力并使用共有资源研发的与本谅解备忘录相关的知识产权由双方共同拥有。

第四条　执行与协调

中国工业和信息化部指定其国际合作司、巴基斯坦信息技术部指定其信息技术和电信处负责本谅解备忘录的执行与协调工作。

第五条　生效、终止与修改条款

本谅解备忘录自签字之日生效，有效期2年。除非一方在本谅解备忘录届满之日两个月前以书面形式提出终止本谅解备忘录，否则本谅解备忘录的有效期将自动延长2年。

经双方协商同意可对本谅解备忘录进行修改。

本谅解备忘录于二〇一〇年六月九日在伊斯兰堡签订，一式两份，每份都用中文和英文写成，两种文本同等作准。

中华人民共和国 工业和信息化部 代　表 奚国华 （签　字）	巴基斯坦伊斯兰共和国 信息技术部 代　表 马利克 （签　字）

中国国家能源局与巴基斯坦伊斯兰共和国石油和自然资源部关于成立能源工作组的谅解备忘录

鉴于中巴两国全方位合作的战略伙伴关系不断深化，为促进双方在能源领域的合作，中国国家能源局与巴基斯坦伊斯兰共和国石油和自然资源部（以下简称“双方”），达成如下共识：

第　一　条

双方计划成立一个能源工作组（以下简称“工作组”）来开展中华人民共和国政府与巴基斯坦伊斯兰共和国政府在能源领域

的合作。工作组的目的是加强对能源问题的了解，促进能源政策和技术方面的信息交流，以及实现在能源领域的务实合作。

第　二　条

工作组主要在以下领域开展合作：

（一）石油和天然气；

（二）煤炭；

（三）常规电力；

（四）核电；

（五）可再生能源；

（六）其他双方认可的合作领域。

第　三　条

在双方约定的时间在中国和巴基斯坦轮流召开能源工作组会议。双方在会议中交流能源开发、利用和发展现状，就感兴趣的话题交换意见，探讨务实合作的能源项目和适合的合作方式，沟通协调能源领域其他相关合作事宜。

第　四　条

所有活动与措施均由双方一致同意而执行。除另有书面约定外，双方各自承担由执行本谅解备忘录时自身所发生的费用。

第　五　条

双方开展的合作应遵守各自国家的法律和法规，并可根据资金和其他资源的情况进行调整。

第　六　条

任何因本谅解备忘录实施而发生的分歧，双方将通过协商加以解决。

第 七 条

本谅解备忘录自签署之日起生效，有效期5年。日后经双方协商可将其有效期延长至双方同意的时限。

本谅解备忘录可由参与方随时以书面形式提出修改建议。

如一方希望终止参与本谅解备忘录，该方应提前六个月以书面形式向另一方提出。除非发出通知的一方在上述期限内撤回了通知，本谅解备忘录将在另一方收到该通知的六个月后终止。谅解备忘录的终止不影响双方正在实施的项目和活动，亦不妨碍两国政府其他部门参与的能源合作。

本谅解备忘录不对双方具有任何法律约束力。

本谅解备忘录由双方代表于二〇一〇年十二月十七日在伊斯兰堡签署，一式两份，每份均由中文和英文写成。两种文本具有同等效力。

中国国家能源局	巴基斯坦伊斯兰共和国 石油和自然资源部
代　表	代　表
钱智民	**伊姆提亚兹·卡兹**
（签　字）	（签　字）

中华人民共和国政府和巴基斯坦伊斯兰共和国政府关于互设文化中心的谅解备忘录

中华人民共和国政府和巴基斯坦伊斯兰共和国政府（以下简

称“双方”）认为加强两国在文化领域的交流与合作有利于增进两国人民的相互了解和友谊。为进一步促进两国在人文领域的交流与合作，双方同意在对方国家设立文化中心，并达成协议如下：

一、中华人民共和国政府将在伊斯兰堡设立中国文化中心，巴基斯坦伊斯兰共和国政府将在北京设立巴基斯坦文化中心。

二、两国文化中心将与合作伙伴友好协作，提供高质量、面对公众的文化活动。

三、双方将在遵守对方国家法律和法规的基础上设立和运作各自的文化中心。

四、双方将在对等基础上，为对方设立和运作文化中心提供便利。

五、本谅解备忘录签订后，双方将通过商谈签订一项互设文化中心的协定。

本谅解备忘录自签字之日起生效，并长期有效。如缔约一方提前3个月以书面方式通知另一方要求终止本谅解备忘录，本谅解备忘录可被终止。

本谅解备忘录于二〇一〇年十二月十七日在伊斯兰堡签订，一式两份，每份都用中文和英文写成，两种文本同等作准。

中华人民共和国政府 代　表	巴基斯坦伊斯兰共和国政府 代　表
蔡　武 （签　字）	**马克杜姆·夏·马哈茂德** （签　字）

中华人民共和国政府和菲律宾共和国政府关于海关事务的互助协定

中华人民共和国政府和菲律宾共和国政府（以下简称“缔约双方”），

考虑到违反海关法的行为有损于各自关境内的经济、财政和商业利益，

考虑到正确计征海关关税及其他税收的重要性，

认识到在各自关境内的海关管理和执法事务方面开展国际合作的必要性，

考虑到涉及特殊物品的禁止、限制和专门监管措施的国际公约，

确信两国海关间的合作能更有效地打击违反海关法的行为，

达成协定如下：

第一条 定义

在本协定中：

（一）“海关法”系指海关当局对涉及跨关境而产生关税、收费及其他税收的货物，或涉及禁止、限制及其他类似的监管措施的货物的进口、出口、转运或流通实施的法律法规；

（二）“信息”系指各种形式的文件、记录和报告及其经认证或鉴定的副本；

（三）“违法”系指任何违反海关法既遂或者未遂的行为；

（四）“人”系指自然人或法人；

（五）“请求方当局”系指提出协助请求的海关当局；

（六）“被请求方当局”系指提供协助的海关当局；

（七）“关境”系指缔约双方国家适用本国海关法的地域。

第二条　协定范围

一、缔约双方应按照本协定的规定，通过各自的海关当局协助对方防止、调查和惩处违反海关法的行为。

二、缔约双方海关当局将根据本协定并依照各自的国内法律法规实施协助请求。

三、本协定仅限于缔约双方及其海关当局海关方面的相互协助；本协定不赋予任何私人身份获得、扣押、排除证据以及妨碍执行请求的权利。

第三条　一般性协助范围

一、经一方请求，另一方海关当局应当以提供必要信息的方式进行协助，以保证请求方海关当局对海关法的执行，关税及其他税费的准确计征。

二、一方海关当局应经请求或主动以提供信息的方式进行协助，该信息包括但不仅限于以下方面：

（一）验放旅客行李和货物的方法和技术；

（二）执法援助和技术的成功应用；

（三）可能有助于惩治违法的执法行动，特别是打击违法的特殊方法；

（四）用于违法行为和不法交易案例的新手段。

三、缔约双方海关当局应就以下方面进行合作：

（一）建立并保持联络渠道以方便信息的安全快速交换；

（二）促进有效协调；

（三）研究和测试新设备或海关手续；

（四）提供长效信息以协助打击跨国非法贸易活动；

（五）海关执法、法律、法规、做法和手续等方面的专家交流；

（六）培训活动以及协助培养海关关员的专门技能；

（七）其他必要时需采取联合行动的一般性行政事务。

第四条　特殊协助范围

一、经一方请求，任何一方海关当局应向另一方海关当局通报自请求方关境出口的货物是否合法运至被请求方关境内。如有需求，通报的信息中应当包含用于清关的海关手续。

二、经一方海关当局请求，被请求方当局应在其能力和可使用资源限制范围内对以下方面进行特别监视：

（一）请求方所掌握的已违反或涉嫌违反海关法的人，特别是进出其关境的人；

（二）请求方确定涉嫌不法向其境内输送的在运或在储的货物；

（三）涉嫌在请求方关境内用于违法行为的交通工具。

三、缔约双方海关当局应经请求或主动向对方提供可能在另一方关境内引起违反海关法行为的信息。在一方的经济、公共健康、公共安全或其他类似重大利益有可能遭受实质性损害的情况下，另一方海关当局应在未经请求的情况下，主动向对方海关当局提供相关信息。

第五条　档案和文件

一、经请求，缔约双方海关当局应向对方提供有关货物运输及发运的单证，该单证应标明货物的价值、指运地及处置方式。

二、除非请求方当局特别要求提供原件或复印件，被请求方当局可以传送各种形式的电子数据。同时，被请求方当局应提供与该电子数据的解释和使用相关的所有信息。

第六条　请求的沟通

一、根据本协定所提请求应由缔约双方海关当局领导授权人员之间以书面形式提出，并随附对该请求的执行有帮助的相关信息。在紧急情况下，可发出并接受口头请求，但请求方当局应立即以书面形式加以确认。

二、请求应当包括以下内容：

（一）提出请求的海关当局；

（二）诉讼的性质；

（三）请求事项和相关违法行为的简要陈述；

（四）提出请求的理由；

（五）事项或诉讼所涉方的姓名和地址。

第七条　请求的执行

一、被请求方当局应采取所有合理措施执行请求，也应尽力保障执行请求的必要措施。

二、如被请求方当局不是执行请求的合适部门，可将该项请求转送有关部门，并通知请求方当局。

三、必要时，被请求方当局可在请求执行过程中进行查验、查证、质询或其他调查步骤，包括对专家、证人和犯罪嫌疑人的询问。经被请求方当局同意，请求方当局雇员在进行上述行为时可以在场。

四、经请求，请求方当局应被知会执行请求的行动事件和地点。

五、被请求方当局应按请求方当局的要求遵循特定程序，除非该程序与被请求方国内法律相抵触。

第八条　信息的保密

一、根据本协定所取得的信息，应受到被请求方本国境内同类信息相同程度的保护。

二、除提供上述情报、文件和其他材料的海关当局书面同意，并受该海关当局所规定的条件约束外，上述情报、文件和其他材料不应被用于其他目的，包括在司法或行政程序中作为证据使用，或转交给其他部门。

三、经被请求方当局请求，请求方境内当局应当将所接受的信息作为机密保管，除非将其适当应用于完成本协定目的，或在被请求方当局同意范围内使用。被请求方当局应表明请求保密的理由。

四、本条款不妨碍请求方在其宪法或境内相关法律要求的义务范围内，在刑事诉讼中使用或者披露资料。请求方当局应将任何此类计划披露资料预先通知被请求方当局。

第九条　免除

一、在被请求方相关部门认为请求给予的协助将侵犯其安全、公共政策或其他类似重大利益，或者与国内法律法规相抵触的情况下，被请求方当局可以拒绝或暂停协助，或者在满足一定条件或要求的情况下给予协助。

二、如果请求方当局所请求的协助系其自身在被请求时所不能提供的，则该方海关当局应在其请求中对此予以声明。是否提供上述请求的协助应由被请求方海关当局自行酌定。

三、被请求方当局在认为提供协助将妨碍一项正在进行的调查、起诉或者控诉的情况下，可推迟给予协助。在此种情况下，被请求方当局应与请求方商定是否可在满足被请求方可能提出的条件下提供协助。

四、在请求无法执行的情况下，被请求方当局应尽快将此情况告知请求方当局，并说明推迟或拒绝提供协助的原因。对将来继续调查此事宜的相关重要情况也应告知请求方。

第十条　费用

一、除专家、证人费用和非缔约双方当局雇员的翻译费用外，缔约双方及其指派代表原则上应放弃对执行协定产生费用而要求获得补偿的权利。

二、如执行请求需要或将需要支付巨额或特别性质的费用，缔约双方及其指派代表应协商确定执行请求的条件及承担费用的办法。

三、任何因执行本协定产生的支付，都应在中华人民共和国海关总署和菲律宾共和国海关总局之间流转。

第十一条　协定的执行

一、缔约双方海关当局应当：

（一）直接联系以处理本协定有关的事宜；

（二）在协商后，颁布执行本协定所需要的内部行政指令；

（三）采取协商一致的办法解决本协定在解释或执行中所产生的问题。

二、无法解决的矛盾问题将互相告知。

第十二条　评估

除非缔约一方书面告知另一方本协定无需评估，在必要时或在本协定生效5年后，缔约双方及其指派代表应评估本协定。

第十三条　适用范围

本协定适用于缔约双方各自法律法规规定的关境内。

第十四条　生效和终止

一、本协定自签字之日起生效。

二、缔约任一方均可在任何时间书面通知对方终止本协定。本协定将在另一方接到通知之日起3个月后失效。协定终止时，正在处理中的海关互助事宜仍需按照本协定规定继续执行直至完毕为止。

下列代表经各自政府正式授权，在本协定上签字，以昭信守。

本协定于二〇一〇年四月二十三日在菲律宾马尼拉签订，一式两份，每份均用中文和英文写成，两种文本同等作准。

中华人民共和国政府	菲律宾共和国政府
代　表	代　表
孙毅彪	**莫拉莱斯**
（签　字）	（签　字）

中华人民共和国商务部和大韩民国劳动部关于启动雇佣许可制劳务合作的谅解备忘录

中华人民共和国商务部和大韩民国劳动部（以下简称“双方”）在平等互利的基础上，遵循2007年双方签署的《中华人民共和国商务部和大韩民国劳动部关于输韩劳务人员的谅解备忘录》（以下简称2007年《备忘录》）条款的有关原则，经过友好协商，达成如下谅解：

第一条　关于通过韩国语考试人员的派遣工作

一、韩方将通过雇佣许可制韩国语考试的7232名求职者中体检合格者全部纳入求职者名簿供雇主挑选，求职者被雇主选中后与雇主签署雇佣合同并办理护照。

二、中方派遣机构将尽快制订求职者名簿并提交给韩方接收机构，韩方在确认收到并完成核对后书面通知中方，中方接到韩方通知后即向韩方汇付雇佣许可制韩国语考试费，韩方将尽快公布求职者名簿供雇主挑选。

三、韩方将求职者名簿在网上公布一年，供雇主挑选。被纳入求职者名簿时年龄已经超过39岁的求职者，其信息将在网上保留一年。

四、被纳入求职者名簿的求职者，如进入名簿一年内未被雇主选中但仍希望赴韩工作的，可不经过抽签直接获得第二次雇佣许可制韩国语考试资格。

五、双方将密切合作，尽快完成赴韩劳务人员的派遣工作。

第二条　关于2007年《备忘录》

一、考虑到2007年《备忘录》已于2009年4月10日到期，以及该《备忘录》条款的有关原则对中韩雇佣许可制劳务合作的必要性，双方将密切合作，尽快签署新《备忘录》（以下简称新《备忘录》）。

二、新《备忘录》应与2007年《备忘录》原则保持一致。

三、尽管有上述第二条第二款的规定，派遣流程将作相应调整，以反映中韩雇佣许可制劳务合作实际。因此，在新《备忘录》中，求职者通过雇佣许可制韩国语考试、体检合格后进入求职者名簿，求职者被雇主选中后与雇主签署雇佣合同并办理护照。

第三条　生效和有效期

本备忘录自双方签字之日起生效，自新《备忘录》生效之日起失效。

本备忘录于二〇一〇年五月二十八日在首尔签订，一式两份，每份均用中、韩、英三种文字书就。三种文字同等有效，如对备忘录条款在解释上遇有分歧，以英文文本为准。

中华人民共和国商务部	大韩民国劳动部
代　表	代　表
陈德铭	**任太熙**
（签　字）	（签　字）

中华人民共和国工业和信息化部和大韩民国中小企业厅关于中小企业合作谅解备忘录

中华人民共和国工业和信息化部与大韩民国中小企业厅（以下简称“双方”）认为，中小企业的发展是两国促进贸易和投资、经济和社会发展的重要因素，注意到中小企业在知识经济的扩展中日益重要，为促进两国贸易和投资，加强并进一步发展两国中小企业之间的双边合作，本着互利互惠的原则，双方达成以下谅解：

第一条　总则

双方在遵守两国的法律法规以及两国均参加的国际条约的前提下，努力采取必要措施，促进和推动两国中小企业之间的双边合作。

第二条　合作活动

双方将在以下领域促进和推动两国中小企业之间的双边合作：

（一）确定和探讨适合两国中小企业合作的有前景的领域；

（二）通过设立“政策交流委员会”，收集并共享行业发展信息；

（三）在商业社团、事业单位和非政府组织间，开展中小企业领域的人员交流，支持联合举办中小企业座谈会与研讨班；

（四）鼓励中小企业参与两国的贸易展览会；

（五）通过在两国举办投资论坛促进双边投资活动；

（六）两国政府或非政府组织共同合作组织互惠的经济技术合作和商业配对洽谈活动；

（七）基于二〇〇七年九月八日签署的《中韩投资促进保护协议》，在设施投资、研究开发和市场营销方面，为中小企业获取政府扶持基金的支持，提供平等的机会；

（八）通过企业孵化器计划及设立“一站式”服务体系，支持两国创新型中小企业的发展；

（九）探讨设立“中韩联合投资基金”，支持两国中小企业进入对方市场；

（十）开展双方共同确定的其他合作活动。

第三条　谅解备忘录的修改

经双方书面同意，可对本谅解备忘录做出修改和（或）补充。

第四条　争议解决

如在解释和适用本谅解备忘录时产生争议，双方应通过友好协商或谈判解决。

第五条　谅解备忘录的生效、有效期和终止

（一）本谅解备忘录自签字之日起生效，有效期为3年，如果在本谅解备忘录期满6个月前，任何一方均未以书面形式通知另一方要求终止本谅解备忘录，则本谅解备忘录将自动延长3年，并依此法顺延。

（二）本谅解备忘录的终止或修改不影响根据本谅解备忘录

已经开展活动的有效期或有效性。

本谅解备忘录于二〇一〇年七月十四日在北京签订，一式两份，每份都用中文、韩文和英文写成，三种文本同等作准。如对文本的解释产生分歧，以英文本为准。

中华人民共和国工业和信息化部	大韩民国中小企业厅
代　表	代　表
朱宏任	**金东善**
（签　字）	（签　字）

中华人民共和国政府和大韩民国政府陆海联运汽车货物运输协定

中华人民共和国政府和大韩民国政府（以下简称“双方”）；

认识到陆海联运汽车货物运输是满足两国之间日益增长的贸易需求的重要运输方式；

为提高物流效率和运输便利化，促进两国之间的经济贸易发展；

本着对等和互利的原则；

达成协议如下：

第一条　定义

就本协定而言：

（一）“陆海联运汽车货物运输”是指两国的货运车辆搭乘船舶，按照双方商定的口岸、区域或运输线路，从事的运输活动；

（二）陆海联运汽车货物运输包括甩挂运输和汽车运输等

方式。

第二条 分阶段实施

一、陆海联运汽车货物运输分阶段实施。第一阶段以甩挂运输的方式实施；第二阶段以汽车货物运输方式实施。

二、上述各阶段的具体实施方案在本协定的议定书中确定。

三、第一阶段在本协定及其议定书生效后开始实施；基于第一阶段的实施结果，双方应努力促成实现第二阶段的运输方式。

第三条 运行许可

一、双方相互允许对方符合本协定及其议定书规定的运输车辆根据本协定从事运输活动。

二、本协定适用的口岸、区域或运输线路、行车许可证的数量等，由双方在本协定的议定书中确定。

第四条 实行方式

陆海联运汽车货物运输实行“中韩陆海联运汽车货物运输行车许可证”制度，其具体内容由双方在本协定的议定书中确定。

第五条 国籍识别标志及安全标准等

一、两国的运输车辆应使用各自的国际汽车运输国籍识别标志，分别为：

中华人民共和国：CHN

大韩民国：ROK

二、双方应相互承认对方车辆管理机关颁发的汽车登记号牌。

三、一国的运输车辆进入另一国时，其车辆安全标准、技术标准、使用燃料和尾气排放等环境标准应符合另一国的规定。

四、两国的运输车辆应悬挂本国车辆号牌，随车携带本国车辆登记证件、安全检验标志或文本，其中车辆登记证件应当附有另一国语言的翻译文本。

第六条 信息交换

双方应交换有关各自许可的运输车辆及相关事宜的信息。

第七条 运输限制

一、一国的运输企业及其运输车辆不得从事起点、终点均在当事另一国境内的运输；

二、一国的运输企业及其运输车辆未经另一方相关管理部门允许，不得从事过境另一国领土往、返第三国的运输。

第八条 办理保险

一国的运输企业对其进入另一国的运输车辆，本着对等原则办理保险。如另一国的法律规定办理强制性保险，应遵守其法律、法规规定。

第九条 税款担保

一国的运输企业必须向另一国海关提供符合该另一国法律规定的税款担保。

第十条 遵守法律及规定

一、一国的运输车辆进入另一国时，应遵守本协定及其议定书规定。本协定及其议定书未尽事宜，双方共同参加的国际条约有规定的，按照国际条约执行；双方共同参加的国际条约没有规定的，应按照另一国的国家法律及规定执行。

二、一国的运输车辆及所载货物进入另一国时，应按照另一国的法律及规定办理有关手续并接受另一方相关管理机关的监督及管理。

第十一条　海运协定

陆海联运汽车货物运输活动中涉及的海运问题适用于1993年5月27日签署的《中华人民共和国政府和大韩民国政府海运协定》。

第十二条　相关设施建设

一、双方应改善其领土内的港口、口岸、区域相关的基础设施，努力促进陆海联运汽车货物运输的发展。

二、双方应努力推动信息化建设事业，以促进陆海联运汽车货物运输的发展。

第十三条　主管机关、管理机构

一、双方执行本协定及其相关议定书的主管机关为：

中华人民共和国：中华人民共和国交通运输部；

大韩民国：大韩民国国土海洋部。

二、双方的主管机关应各自设立或指定管理机构，对依据本协定及其议定书进行的陆海联运汽车货物运输实施管理。

第十四条　合作委员会

一、双方的主管机关应在本协定生效后联合成立陆海联运汽车货物运输合作委员会。

二、合作委员会应定期，或在必要时，应一方的要求，轮流在两国举行会议，评估本协定及其议定书的执行情况并协商解决在执行中出现的问题。

第十五条　协商

如对本协定的解释或适用产生分歧，双方应通过友好协商解决。

第十六条　协定的修改

经双方书面协商一致，可对本协定进行修改。

第十七条　协定的终止

一方可要求终止本协定，但需以书面形式通知另一方；本协定自另一方接到该书面通知1年后终止。

第十八条　协定的生效

双方应当通过外交途径相互书面通知已完成使本协定生效所必需的国内法律程序，本协定自后一份通知收到之日起第30天生效。

本协定由双方授权的代表签署，以昭信守。

本协定于二〇一〇年九月七日在威海签订，一式两份，每份均用中文、韩文和英文写成。如对文本的解释发生分歧，以英文本为准。

中华人民共和国政府	大韩民国政府
代　表	代　表
翁孟勇	**金熙国**
（签　字）	（签　字）

附件：

中华人民共和国政府和大韩民国政府关于实施《中华人民共和国政府和大韩民国政府陆海联运汽车货物运输协定》第一阶段议定书

中华人民共和国政府和大韩民国政府（以下简称“双方”），根据《中华人民共和国政府和大韩民国政府陆海联运汽车货物运输协定》（以下简称“协定”），就陆海联运汽车货物运输的第一阶段的实施达成协议如下：

第一条　定义

就本议定书而言，相关术语定义如下：

（一）“被牵引挂车”（以下简称“挂车”），是指符合两国技术标准和道路通行要求的无动力载货车；

（二）“中韩陆海联运汽车货物运输行车许可证”（以下简称“行车许可证”）是指允许另一国的挂车在一国领土内的道路上行驶的通行证明；

（三）“合作委员会”是指根据协定第十四条成立的陆海联运汽车货物运输合作委员会。

第二条　适用口岸

一、本议定书所适用的口岸为中韩客货班轮挂靠的港口口岸。

二、具体口岸由合作委员会另行商议确定。

第三条　行车许可证

根据协定第四条，一国的挂车在另一国境内的道路上行驶时，应当具有另一方发放的行车许可证。行车许可证的发放、使用和管理办法如下：

（一）双方主管机关每年11月底以前商定下一年度行车许可证的数量。行车许可证数量不足时，双方主管机关可通过协商追加。

（二）从事陆海联运汽车货物运输的挂车应在显著位置显示挂车登记号牌和国籍识别标志。

（三）一国挂车经营者应向另一方管理机构申请行车许可证。

（四）一方管理机构向经检查合格的另一国的挂车发放行车许可证，一车一证，往返一次有效。

（五）行车许可证有效期不超过3个月，必要时如需延期，经发证管理机构批准后，可延长3个月，此种延期仅限一次。

（六）相关挂车返回时，应向发证的管理机构归还发放的行车许可证。

（七）行车许可证的格式、内容、申请程序及具体操作流程等，由合作委员会协商确定。

第四条　安全标准及技术标准

一、一国的挂车进入另一国时应符合另一国的车辆技术标准、安全标准和道路运输规定。

二、一方可对抵达本国港口的另一国的挂车是否符合本国技术标准、安全标准、道路运输规定进行检查。对不符合其标准和规定的挂车，双方可拒绝发放行车许可证。

第五条　载运货物

一国挂车上所载货物必须符合另一国有关法律、法规的规定。

第六条　信息交换

一、为在每年11月底以前交换如下信息，双方主管机关应尽最大努力提供协助：

（一）双方主管机关的名称、地址、负责人、联系人及其联系方式；

（二）挂车的技术标准、安全标准；

（三）双方认为必要的其他信息。

二、双方主管机关应及时通报上述信息的变更情况。

第七条　货运信息管理

双方主管机关应努力通过以下方式共享信息：

（一）开发使用统一的信息系统，共享数据库；

（二）实行统一格式的电子单证；

（三）利用无线射频标签等技术，建立统一的挂车自动识别、货物跟踪系统。

第八条　争议解决

如对本议定书的解释产生分歧，双方应通过合作委员会协商解决。

第九条　议定书的修改

双方经书面协商一致，可对本议定书进行修改。

第十条 议定书的终止

双方可要求终止本议定书，但一方需以书面形式通知另一方。本议定书自另一方接到书面通知之日起1年后终止。

第十一条 议定书的生效

双方应当通过外交途径相互书面通知已完成使本议定书生效所必需的国内法律程序，本议定书自后一份通知收到之日起第30天生效。

本协定由双方授权的代表签署，以昭信守。

本议定书于二〇一〇年九月七日在威海签订，一式两份，每份均用中文、韩文和英文写成。如对文本的解释发生分歧，以英文本为准。

中华人民共和国政府	大韩民国政府
代　表	代　表
翁孟勇	**金熙国**
（签　字）	（签　字）

中华人民共和国外交部和吉尔吉斯共和国外交部2011年至2012年合作计划

中华人民共和国外交部和吉尔吉斯共和国外交部（以下简称"双方"），

遵循双方1992年5月14日签署的《中华人民共和国外交部

和吉尔吉斯共和国外交部合作议定书》的规定，

商定将在2011年至2012年开展以下活动：

一、完善条约法律基础

为挖掘2002年6月24日签订的《中华人民共和国和吉尔吉斯共和国睦邻友好合作条约》的潜力，双方将致力于进一步完善和巩固双边关系的条约法律基础，并有效执行业已签订的文件。

二、双边磋商

经协商，双方可举行副外长级和司局级双边磋商，讨论以下问题：

（一）清理双边条约。

（二）地区安全，打击恐怖主义、分裂主义和极端主义，打击有组织犯罪，非法运输毒品和武器及跨国犯罪活动问题。

（三）加强在联合国及其机构框架内的合作，包括在联合国改革问题上的合作；就联合国主要活动（联大会议、国际论坛等）通过的关于实现千年发展目标、气候变化和其他全球性问题的决议进行协商；加强执行相关决议及竞选联合国机构和专门委员会问题上的协调与合作。

（四）扩大在其他国际经济组织、论坛及金融机构中的合作，加强在上海合作组织中的经济合作，推动创造良好的投资和贸易条件，积极推进区域经济合作取得新成果。

（五）领事磋商，解决中吉双边人员往来中的实际问题。

（六）军控与防扩散问题。

（七）双方新闻部门在上海合作组织成员国外交部新闻司长磋商框架下开展合作问题。

（八）档案合作问题。

（九）双方共同关心的其他国际和地区问题。

三、干部培训

双方在商定的基础上，继续在外交人才培养和外交学院教师进修方面开展合作；中国外交部将应吉方请求研究增加吉在中国外交学院学习的奖学金留学生名额问题。

四、信息交流

（一）双方将相互提供共同感兴趣的已出版文集、新闻稿及其他公开的部门刊物。

（二）双方新闻部门将开展务实合作，致力于塑造两国在国际舞台上的良好形象。

五、中吉关系重大事件庆祝活动

双方对使馆、友好省（州）市、民间团体举办的关于双边交往重大事件的各类庆祝活动予以支持。

双方将举办中吉建交二十周年庆祝活动。

以上事宜具体安排及时间双方可另行协商。

本计划自签字之日起生效。

本计划于二〇一〇年八月二十五日在北京签订，一式两份，每份均用中文、吉尔吉斯文和俄文写成，三种文本同等作准。如对文本的解释发生分歧，以俄文文本为准。

中华人民共和国外交部	吉尔吉斯共和国外交部
代　表	代　表
杨洁篪	卡扎克·巴耶夫
（签　字）	（签　字）

中华人民共和国和柬埔寨王国领事条约

中华人民共和国和柬埔寨王国（以下称“缔约双方”），

为发展两国的领事关系，以利于保护两国国家和两国国民的权利和利益，促进两国间的友好合作关系，

决定缔结本条约，并议定下列各条：

第一章　定义

第一条　定义

就本条约而言，下列用语的含义是：

（一）“领馆”指总领事馆、领事馆、副领事馆或领事代理处；

（二）“领区”指为领馆执行领事职务而设定的区域；

（三）“领馆馆长”指派遣国委派领导一个领馆的总领事、领事、副领事或领事代理人；

（四）“领事官员”指总领事、副总领事、领事、副领事、领事随员及领事代理人；

（五）“领馆行政技术人员”指在领馆内从事行政或技术工作的人员；

（六）“领馆服务人员”指在领馆内从事服务工作的人员；

（七）“领馆成员”指领事官员、领馆行政技术人员和领馆服务人员；

（八）“家庭成员”指与领馆成员共同生活的配偶和未成年

子女；

（九）“私人服务人员”指领馆成员私人雇用的服务人员；

（十）“领馆馆舍”指专供领馆使用的建筑物或部分建筑物及其附属的土地，不论其所有权属谁；

（十一）“领馆档案”指领馆的一切文书、文件、函电、簿籍、胶片、胶带和登记册，以及明密电码、纪录卡片、存储介质储存的资料和保护或保管它们的任何器具；

（十二）“派遣国国民”指具有派遣国国籍的自然人，适用时，也指法人；

（十三）“派遣国船舶”指按照派遣国法律悬挂派遣国国旗的船舶，不包括军用船舶；

（十四）“派遣国航空器”指在派遣国登记并标有其登记标志的航空器，不包括军用航空器。

第二章　领馆的设立和领馆成员的委派

第二条　领馆的设立

一、派遣国须经接受国同意方能在该国境内设立领馆。

二、领馆所在地、等级和领区，以及与此有关的任何变动由派遣国决定，但须经接受国同意。

第三条　领馆馆长的任命和承认

一、派遣国应通过外交途径向接受国递交任命领馆馆长的照会。照会中应载明领馆馆长的姓名、职衔、领馆所在地、等级和领区。

二、接受国在接到任命领馆馆长的照会后，应尽快以照会予以确认。接受国如拒绝确认，无须说明理由。

三、领馆馆长在接受国照会确认后即可执行职务。在此之前，经接受国同意，领馆馆长可临时执行职务。

四、接受国确认领馆馆长或准许其临时执行职务后，应立即通知领区内主管当局，并采取一切必要措施使领馆馆长能执行职务，并享受本条约规定的权利、便利、特权与豁免。

第四条 临时代理领馆馆长职务

一、领馆馆长因故不能执行职务或其职位暂时空缺时，派遣国可指派该领馆或驻接受国的其他领馆的一位领事官员或驻接受国使馆的一位外交人员担任代理领馆馆长。派遣国应事先将代理领馆馆长的姓名和原职衔通知接受国。

二、代理领馆馆长享有本条约规定的领馆馆长应享有的权利、便利、特权与豁免。

三、被指派为代理领馆馆长的外交人员继续享有其应享有的外交特权与豁免。

第五条 通知到达和离境

派遣国应在适当时间内将下列事项书面通知接受国：

（一）领馆成员的姓名、职衔和他们的到达、最后离境或职务终止，以及他们在领馆任职期间职务上的任何变更；

（二）领馆成员的家庭成员的姓名、国籍和他们的到达和最后离境，以及任何人成为或不再是领馆成员的家庭成员的事实；

（三）私人服务人员的姓名、国籍、职务和他们的到达和最后离境。

第六条 身份证

接受国主管当局应按其法律规章发给领馆成员及其家庭成员相应的身份证件，但属接受国国民或永久居民者除外。

第七条 领馆成员和私人服务人员的国籍

一、领事官员只能是派遣国国民，且不得是接受国的永久居民。

二、领馆行政技术人员、领馆服务人员和私人服务人员应是派遣国国民或接受国国民。

第八条 宣告为不受欢迎的人

一、接受国可随时通过外交途径通知派遣国，宣告某一领馆成员为不受欢迎的人或不可接受，并无须说明理由。

二、遇本条第一款所述情况，派遣国应召回有关人员或终止其在领馆的工作。如派遣国未在适当期间内履行此义务，接受国有权撤销对有关人员的承认或不再视其为领馆成员。

第三章 领事职务

第九条 一般领事职务

领事官员有权执行下列职务：

（一）保护派遣国及其国民的权利和利益；

（二）增进派遣国和接受国之间的经济、贸易、科技、文化、旅游和教育关系，并在其他方面促进两国之间的友好合作；

（三）用一切合法手段调查接受国的经济、贸易、科技、文化、旅游和教育等方面的情况，并向派遣国政府报告；

（四）执行派遣国授权而不为接受国法律规章所禁止或不为接受国所反对的其他职务。

第十条 国籍申请和民事登记

一、领事官员有权：

（一）受理有关国籍的申请；

（二）登记派遣国国民；

（三）登记派遣国国民的出生和死亡；

（四）办理派遣国国民间的婚姻手续并发给相应的证书。

二、本条第一款的规定不免除当事人遵守接受国法律规章的义务。

第十一条　颁发护照和签证

领事官员有权：

（一）受理派遣国国民的护照或其他旅行证件的申请和向派遣国国民颁发护照或其他旅行证件，以及加注或吊销或延期上述护照或证件；

（二）受理前往或途经派遣国的人员的签证申请，和向前往或途经派遣国的人员颁发签证，以及加注或吊销或延期上述签证。

第十二条　公证和认证

一、领事官员有权：

（一）应任何国籍的个人要求，为其出具在派遣国使用的各种文书；

（二）应派遣国国民的要求，为其出具在派遣国境外使用的各种文书；

（三）把文书译成派遣国或接受国的官方文字，并证明译本与原文相符；

（四）执行派遣国授权而不为接受国所反对的其他公证职务；

（五）认证派遣国有关当局或接受国有关当局所颁发的文书上的签字和印章。

二、领事官员出具、证明或认证的文书如在接受国使用，只要它们符合接受国法律规章，应与接受国主管当局出具、证明或认证的文书具有同等效力。

三、在与接受国法律规章不相抵触的前提下，领事官员有权接受和临时保管派遣国国民的证件和文书。

第十三条　拘留、逮捕通知和探视

一、遇有派遣国国民在领区内被拘留、逮捕或以任何其他方式剥夺自由时，接受国主管当局应尽速通知领馆。

二、领事官员有权探视被拘留、逮捕或以任何其他方式剥夺自由的派遣国国民，与其交谈或通信，为其提供法律协助。接受国主管当局应尽速安排领事官员对上述国民的探视。

三、领事官员有权探视正在服刑的派遣国国民。

四、接受国主管当局应将本条第一、二、三款的规定通知上述派遣国国民。

五、遇有派遣国国民在接受国受审判或其他诉讼时，应该国民请求，接受国主管当局应通知派遣国领事官员对该国民的指控及进行审判或其他诉讼的时间、日期和地点。领事官员有权依照接受国法律规章旁听对该国民的审判或其他诉讼。

六、领事官员在执行本条职务时，应遵守接受国的有关法律规章。但接受国有关法律规章的适用不应限制本条规定的权利的实施。

第十四条　监护和托管

一、领区内包括未成年人在内的无行为能力或限制行为能力的派遣国国民需要指定监护人或托管人时，接受国主管当局应通知领馆。

二、领事官员有权在接受国法律规章允许的范围内保护包括未成年人在内的无行为能力或限制行为能力的派遣国国民的权利和利益，必要时可为他们推荐或指定监护人或托管人，并监督他们的监护或托管活动。

第十五条　协助派遣国国民

一、领事官员有权：

（一）在领区内同派遣国国民联系和会见，接受国不应限制派遣国国民同领馆联系及进入领馆；

（二）了解派遣国国民在接受国的居留和工作情况，并向他们提供一切必要的协助；

（三）请求接受国主管当局查寻派遣国国民的下落，接受国主管当局应尽可能提供有关情况；

（四）在不违反接受国法律规章的情况下，接受和临时保管派遣国国民的钱款和贵重物品。

二、遇有派遣国国民不在当地或由于其他原因不能及时保护自己的权利和利益时，领事官员可根据接受国法律规章在接受国法院或其他主管当局前代表该国民，或为其安排适当代理人，直至该国民指定了自己的代理人或本人能自行保护其权利和利益时为止。

第十六条　死亡通知

接受国主管当局获悉派遣国国民在接受国死亡时，应尽快通知领馆，并应领馆请求提供死亡证书或其他证明死亡的文件副本。

第十七条　有关处理遗产的职务

一、如死亡的派遣国国民在接受国遗有财产，但在接受国无继承人或遗嘱执行人时，接受国主管当局应尽速通知领馆。

二、当接受国主管当局清点和封存本条第一款所述遗产时，领事官员有权到场。

三、如派遣国某国民作为遗产继承人或受遗赠人有权继承或受领一位任何国籍的死者在接受国的遗产或遗赠，且该国民不在接受国境内，接受国主管当局应将该国民继承或受领遗产或遗赠的事宜通知领馆。

四、遇有派遣国国民有权或声称有权继承在接受国境内的某项遗产，但本人或其代理人不能在遗产继承程序中到场时，领事官员可直接或通过其代表在接受国法院或其他主管当局前代表该国民。

五、领事官员有权代为接受非永久居住在接受国的派遣国国民在接受国应得的遗产或遗赠，并将该遗产或遗赠转交给该国民。

六、遇非永久居住在接受国的派遣国国民在接受国境内临时逗留或过境时死亡，而其在接受国又无亲属或代理人时，领事官员有权立即临时保管该国民随身携带的所有文件、钱款和物品，以便转交给该国民的遗产继承人、遗嘱执行人或其他受权接受这些物品的人。

七、领事官员在执行本条第四、五、六款所规定的职务时，应遵守接受国的有关法律规章。

第十八条　协助派遣国船舶、船长和船员

一、领事官员有权对在接受国内水或领海的派遣国船舶及其船长和船员提供协助，并有权：

（一）在船舶获准同岸上自由往来后登访船舶，询问船长或船员，听取有关船舶、货物及航行的报告；

（二）在不妨害接受国主管当局权力的前提下，调查船舶航行期间所发生的事故；

（三）调解船长与船员之间的争端，包括有关工资和劳务合同的争端；

（四）接受船长和船员的访问，并在必要时为其安排就医或返回本国；

（五）接受、查验、出具、签署或认证与船舶有关的文书；

（六）办理派遣国主管当局委托的其他与船舶有关的事务。

二、船长与船员可同领事官员联系。在不违反接受国有关港口和外国人管理的法律规章的前提下，船长与船员可前往领馆。

三、领事官员可与接受国主管当局联系，请求协助其履行与派遣国船舶、船长、船员和货物有关的职责。

四、领事官员有权依照接受国法律规章陪同船长或船员到接受国法庭或其他主管当局，以便向其提供协助。

第十九条　对派遣国船舶实行强制措施时的保护

一、接受国法院或其他主管当局如欲对派遣国船舶或在派遣国船舶上采取强制性措施或进行正式调查时，必须事先通知领馆，以便在采取行动时领事官员或其代表能到场。如情况紧急不能事先通知，接受国主管当局应在采取上述行动后立即通知领馆，并应领事官员的请求迅速提供所采取行动的全部情况。

二、本条第一款的规定也适用于接受国主管当局在岸上对船长或船员所采取的同样行动。

三、本条第一、二款的规定不适用于接受国主管当局进行的有关海关、港口管理、检疫或边防检查等事项的例行检查，也不适用于接受国主管当局为保障海上航行安全或防止水域污染所采取的措施。

四、除非应派遣国船舶的船长或领事官员的请求或征得其同意，接受国主管当局在接受国的安宁、安全及公共秩序未受破坏的情况下，不得干涉派遣国船舶上的内部事务。

第二十条　协助失事的派遣国船舶

一、遇派遣国船舶在接受国内水或领海失事，接受国主管当局应尽快通知领馆，并通知为抢救船上人员、船舶、货物及其他财产所采取的措施。

二、领事官员有权采取措施向失事的派遣国船舶、船员和旅客提供协助，并可为此请求接受国当局给予协助。

三、如果失事的派遣国船舶或属于该船的物品或所载的货物处于接受国海岸附近或被运进接受国港口，而船长、船舶所有人、船公司代理人和有关保险人均不在场或无法采取措施保存或处理时，接受国主管当局应尽速通知领馆。领事官员可代表船舶所有人采取适当的措施。

四、如失事的派遣国船舶及其货物和用品不在接受国境内出售或交付使用，接受国不应征收关税或类似费用。

第二十一条　派遣国航空器

本条约关于派遣国船舶的规定，同样适用于派遣国航空器，但任何此种适用不得违反派遣国与接受国之间生效的双边条约或双方参加的国际条约的规定，以及中华人民共和国香港特别行政区政府、中华人民共和国澳门特别行政区政府与柬埔寨王国政府签订的民用航空运输协定的规定。

第二十二条　转送司法文书

领事官员有权在接受国法律规章允许的范围内转送司法文书和司法外文书。如派遣国和接受国之间另有协议，则按协议办理。

第二十三条　执行领事职务的区域

领事官员只能在领区内执行职务。经接受国同意，领事官员也可在领区外执行职务。

第二十四条　同接受国当局联系

领事官员在执行职务时，可与其领区内的地方主管当局联系，必要时也可与接受国的中央主管当局联系，但以接受国的法律规章和惯例允许为限。

第四章　便利、特权与豁免

第二十五条　为领馆提供便利

一、接受国应为领馆执行职务提供充分的便利。

二、接受国对领馆成员应给予应有的尊重，并采取适当措施保证领馆成员顺利地执行职务和享受本条约规定的权利、便利、特权与豁免。

第二十六条　领馆馆舍和住宅的获得

一、在接受国法律规章允许的范围内，派遣国或其代表有权：

（一）购置、租用或以其他方式获得用作领馆馆舍和领馆成员住宅的建筑物或部分建筑物及其附属的土地，但领馆成员为接受国国民或永久居民的住宅除外；

（二）在已获得的土地上建造或修缮建筑物。

二、接受国应为派遣国获得领馆馆舍提供协助，必要时，应协助派遣国为其领馆成员获得适当的住宅。

三、派遣国或其代表在行使本条第一款规定的权利时，应遵守接受国有关土地、建筑和城市规划的法律规章。

第二十七条　国旗和国徽的使用

一、派遣国有权在领馆馆舍悬挂本国国徽和用派遣国与接受国文字书写的馆牌。

二、派遣国有权在领馆馆舍、领馆馆长寓邸和领馆馆长执行公务时所乘用的交通工具上悬挂本国国旗。

第二十八条　领馆馆舍和领事官员的住宅不受侵犯

一、领馆馆舍和领事官员的住宅不受侵犯。接受国当局人员未经领馆馆长或派遣国使馆馆长或他们两人中一人指定的人的同意，不得进入领馆馆舍和领事官员的住宅。

二、接受国应采取一切必要措施保护领馆馆舍和领事官员的住宅免受侵入或损害，防止扰乱领馆的安宁和损害领馆的尊严。

第二十九条　领馆馆舍免予征用

领馆馆舍和领馆的设备、财产和交通工具免予征用。

第三十条　领馆档案不受侵犯

领馆档案在任何时间和任何地点均不受侵犯。

第三十一条　通讯自由

一、接受国应准许并保护领馆为一切公务目的的通讯自由。领馆同派遣国政府、派遣国使馆和派遣国其他领馆进行通讯，可使用一切适当方法，包括明密码电信，外交信使或领事信使，外交邮袋或领事邮袋。但领馆须经接受国同意才能装置和使用无线电发报机。

二、领馆的来往公文不受侵犯。领事邮袋不得开拆或扣留。领事邮袋必须附有可资识别的外部标记，并以装载来往公文、公务文件及专供公务之用的物品为限。如接受国主管当局有重大理由认为领事邮袋装有上述物品以外的物品时，可要求派遣国授权代表在该当局前开拆。如派遣国授权代表拒绝此项要求，领事邮袋应予退回至原发送地点。

三、领事信使只能是派遣国国民，且不得是接受国的永久居民。领事信使应持有证明其身份的官方文件。领事信使在接受国境内享有与外交信使相同的权利、便利、特权与豁免。

四、领事邮袋可委托派遣国航空器的机长或派遣国船舶的船长携带。该机长或船长应持有载明邮袋件数的官方文件，但不得视为领事信使。经与接受国有关当局商定，领馆成员可直接并自由地与机长或船长接交领事邮袋。

第三十二条 领事规费和手续费

一、领馆可在接受国境内根据派遣国法律规章收取领事规费和手续费。

二、本条第一款所述的规费和手续费的收入及其收据应被免除接受国的一切捐税。

三、接受国应准许领馆将本条第一款所述规费和手续费的收入汇回派遣国。

第三十三条 行动自由

除接受国法律规章禁止或限制进入的区域外，领馆成员在接受国享有行动及旅行自由。

第三十四条 领事官员人身不受侵犯

领事官员人身不受侵犯，不得对其予以拘留或逮捕。接受国应采取适当措施防止领事官员的人身自由和尊严受到侵犯。

第三十五条 管辖豁免

一、领事官员免受接受国的司法或行政管辖，但下列民事诉讼除外：

（一）未明示以派遣国代表身份所订契约引起的诉讼；

（二）因车辆、船舶或航空器在接受国内造成损害，第三者要求损害赔偿的诉讼；

（三）在接受国境内的私有不动产的诉讼，但以派遣国代表身份所拥有的为领馆使用的不动产不在此限；

（四）私人继承所涉及的诉讼；

（五）职务范围外在接受国所进行的职业或商业活动所引起的诉讼。

二、除本条第一款所列案件外，接受国不得对领事官员采取执行措施。如对本条第一款所列案件采取执行措施，应不损害领事官员的人身和住宅不受侵犯权。

三、领馆行政技术人员和领馆服务人员执行职务的行为免受接受国司法或行政机关的管辖，但本条第一款第（一）、（二）项的民事诉讼除外。

第三十六条　作证的义务

一、领事官员无以证人身份作证的义务。

二、领馆行政技术人员和领馆服务人员可被请在接受国司法或行政程序中到场作证。除本条第三款所述情形外，领馆行政技术人员和领馆服务人员不得拒绝作证。

三、领馆行政技术人员和领馆服务人员没有义务就其执行职务所涉及事项作证，或提供有关的公文或文件。领馆行政技术人员和领馆服务人员有权拒绝以鉴定人身份就派遣国的法律提供证词。

四、接受国主管当局要求领馆行政技术人员和领馆服务人员作证时，应避免妨碍其执行职务。在可能情况下，可在其寓所或领馆馆舍录取证词，或接受其书面陈述。

第三十七条　劳务、外国人登记和居留许可的免除

一、领馆成员应予免除接受国任何形式的个人劳务、公共服务及军事义务。

二、领事官员和领馆行政技术人员应予免除接受国法律规章关于外国人登记和居留许可所规定的一切义务。

第三十八条　财产免税

一、在对等的基础上及接受国法律规章允许的范围内，接受国应免除下列项目的一切捐税：

（一）以派遣国或其代表名义获得的领馆馆舍和领馆成员的住宅及其有关的交易或契据；

（二）专用于职务目的而获得的领馆的设备和交通工具以及这些财产的获得、占有或维修。

二、本条第一款的规定不适用于：

（一）对特定服务的收费；

（二）与派遣国或其代表订立契约的人按照接受国法律规章应缴纳的捐税。

第三十九条　领馆成员的免税

一、领事官员和领馆行政技术人员应免纳接受国对人对物课征的一切国家、地方或市政的捐税，但下列项目除外：

（一）通常计入商品或劳务价格中的间接税；

（二）在接受国境内私有不动产的捐税，但本条约第三十八条第一款第（一）项的规定不在此限；

（三）遗产税、继承税和让与税，但本条约第四十三条的规定除外；

（四）在接受国取得的职务范围外的私人收入的所得税；

（五）为提供特定服务所收取的费用；

（六）注册费、法院手续费或记录费、抵押税及印花税，但本条约第三十八条第一款的规定除外。

二、领馆服务人员就其在领馆服务所得的工资，在接受国免纳捐税。

第四十条　关税和查验的免除

一、接受国依照本国法律规章应准许下列物品进出境，并免除一切关税，但保管、运输及类似服务费除外：

（一）领馆公务用品；

（二）领事官员的自用物品；

（三）领馆行政技术人员初到任时运入的自用物品，包括安家物品。

二、本条第一款第（二）、（三）项所述物品不得超过有关人员直接需要的数量。

三、领事官员的个人行李免受海关查验。接受国主管当局只有在有重大理由推定行李中装有不属于本条第一款第（二）项所述物品，或为接受国法律规章禁止进出境的物品，或为检疫法规所管制的物品时，才可查验。查验须在有关领事官员或其代表在场时进行。

第四十一条　家庭成员的特权与豁免

领事官员和领馆行政技术人员的家庭成员，分别享有领事官员和领馆行政技术人员根据本条约规定所享有的特权与豁免。领馆服务人员的家庭成员享有领馆服务人员根据本条约第三十七条第一款所享有的特权与豁免，但身为接受国国民或永久居民或在接受国从事私人有偿职业者除外。

第四十二条　不享受特权与豁免的人员

一、除本条约第三十六条第三款的规定外，身为接受国国民或永久居民的领馆行政技术人员和领馆服务人员不享有本条约规定的特权与豁免。

二、本条第一款所述人员的家庭成员不享有本条约规定的特权与豁免。

第四十三条　领馆成员的遗产

领馆成员或其家庭成员死亡时，接受国应：

（一）准许将死者的动产运出境外，但死者在接受国境内获得的动产中，在其死亡时属于禁止出口的物品除外；

（二）免除死者的动产的遗产税和一切有关的捐税。

第四十四条　特权与豁免的开始及终止

一、领馆成员自进入接受国国境前往就任之时起享有本条约所规定的特权与豁免，其已在接受国境内的，自其就任领馆职务时起开始享有。

二、领馆成员的家庭成员自领馆成员享有特权与豁免之时起享有本条约规定的特权与豁免。如家庭成员在此之后才进入接受国或某人在此之后才成为其家庭成员，则自本人进入接受国国境之时起或成为家庭成员之时起享有。

三、领馆成员的职务如已终止，本人及其家庭成员的特权与豁免应于其离开接受国国境时或离境所需的合理期限完结时终止。领馆成员的家庭成员如不再是其家庭成员时，其特权与豁免随即终止，但如该人打算在合理期间内离开接受国，其特权与豁免可延续至其离境时为止。

四、如某一领馆成员死亡，其家庭成员的特权与豁免应于该家庭成员离开接受国国境之时或该家庭成员离境所需合理期限完结时终止。

第四十五条　特权与豁免的放弃

一、派遣国可放弃本条约第三十五条和第三十六条规定的有关人员所享有的任何一项特权与豁免。但每次放弃应明确表示，并书面通知接受国。

二、根据本条约规定享有管辖豁免的人员如就本可免受管辖的事项主动起诉，则不得对同本诉直接有关的反诉主张管辖豁免。

三、在民事或行政诉讼程序上放弃豁免，不得视为对司法判决执行的豁免亦默示放弃。放弃对司法判决执行的豁免必须另行书面通知。

第五章　一般条款

第四十六条　尊重接受国法律规章

一、根据本条约享有特权与豁免的人员，在其特权与豁免不受妨碍的情况下，均负有尊重接受国法律规章，包括交通管理的规章制度的义务。他们也负有不干涉接受国内政的义务。

二、领馆馆舍不得用作任何与执行领事职务不相符合的用途。

三、领馆和领馆成员及其家庭成员应遵守接受国有关交通工具保险的法律规章。

四、凡从派遣国派入接受国的领馆成员除了执行职务外，不得在接受国内从事其他职业或商业活动。

第四十七条　使馆执行领事职务

一、派遣国驻接受国使馆可执行领事职务。本条约规定的领事官员的权利和义务，适用于派遣国委派执行领事职务的外交人员。

二、派遣国使馆应将执行领事职务的外交人员的姓名和职衔通知接受国外交部。

三、被委派执行领事职务的外交人员继续享有按其外交身份所享有的权利、便利、特权与豁免。

第四十八条　其他国际条约的适用范围

缔约双方确认一九六三年四月二十四日在维也纳签订的《维也纳领事关系公约》的规定，并同意本条约未明文规定的所有事项应继续适用《维也纳领事关系公约》。

第四十九条　本条约的适用范围

本条约同时适用于中华人民共和国香港特别行政区和中华人

民共和国澳门特别行政区。

第六章　最后条款

第五十条　批准、生效和终止

一、本条约须经批准，并自互换批准书之日后第30天生效。

二、除非缔约一方在6个月前以书面方式通知缔约另一方要求终止本条约，则本条约应持续有效。

本条约于二〇一〇年二月二十五日在金边签订，一式两份，每份均用中文、柬埔寨文和英文写成，三种文本同等作准。如遇解释上的分歧，以英文本为准。

中华人民共和国	柬埔寨王国
代　表	代　表
张金凤	龙维萨罗
（签　字）	（签　字）

注：该条约于2010年12月13日生效。

中华人民共和国政府和黎巴嫩共和国政府文化协定2009年至2012年执行计划

中华人民共和国政府和黎巴嫩共和国政府根据1992年11月23日在贝鲁特签订的文化协定，为加强两国的友好关系，促进双边文化交流与合作，同意签订2009年至2012年执行计划。其条文如下：

一、文化艺术

第 一 条

双方各派一个由3至5人组成的政府文化官员代表团互访，为期一周。

第 二 条

双方各派一个由2至4人组成的艺术家、作家、音乐家代表团互访和交流经验，为期一周。

第 三 条

双方互派艺术团（或民间艺术团）参加对方国家的艺术节或访演，具体细节通过外交途径商定。

第 四 条

双方互办一个艺术展览，具体细节通过外交途径商定。

第 五 条

双方鼓励互办电影周、摄影展和参加在对方国家举办的文化节、电影节。

第 六 条

双方鼓励两国民间文化机构、文学艺术协会之间建立直接联系。

第 七 条

双方各派一个由2至3人组成的文物专家代表团互访，考察对方文物现状，交流文物保护和遗址发掘等方面的经验。

二、教育

第 八 条

为考察对方国家教育现状，在本计划期内，双方各派一个由3至4人组成的教育官员代表团赴对方国家进行为期一周的访问。

第 九 条

双方鼓励高等院校、普通学校. 职业技术院校的教授、学者和研究人员互访，具体细节通过外交途径商定。

第 十 条

黎方向中方提供5人/年全额奖学金名额，即中方每年在黎学习的奖学金生总数不超过5名，用于接收研究生、进修生和语言专业的学生，专业和其他具体细节通过外交途径另行商定。

第 十 一 条

中方向黎方提供5人/年的全额奖学金名额，即黎方每年在华学习的奖学金生总数不超过5名，用于接收研究生、进修生和语言专业的学生，专业和其他具体细节通过外交途径另行商定。

第 十 二 条

双方鼓励两国互派自费留学生，学习各种专业知识。

第 十 三 条

双方鼓励学校体育教育和学校青年体育活动领域内的专业人员进行交流与合作，具体项目由两国大学和学校通过外交途径直接协商。

第 十 四 条

双方鼓励两国高等院校之间直接建立校际联系和合作。

第 十 五 条

双方鼓励对方在本国大学和高等研究机构中举办讲座和研讨班，介绍对方的文学、历史以及与文化相关的内容。

第 十 六 条

双方鼓励开设对方国家的语言课程，并为对方国家提供合格的语言教师和教材。

三、新闻出版

第 十 七 条

双方各派一个由3至5人组成的新闻出版代表团互访，为期一周。

第 十 八 条

双方互相推荐本国优秀的当代文学作品3至5种，供对方翻译出版。

第 十 九 条

双方鼓励本国出版机构参加对方举办的国际书展。

第 二 十 条

加强两国在广播电视领域的合作，互换广播电视节目，尤其是在两国国庆之际播放对方国家的电视节目。

四、青年体育

第二十一条

双方鼓励两国在青年领域进行交流与合作，具体交流项目由两国青年机构直接商定。

第二十二条

双方鼓励两国在体育领域进行交流与合作，具体交流项目由两国体育机构或协会直接商定。

五、总则

第二十三条

（一）短期访问。派遣方承担往返国际旅费，接待方承担食宿、交通费。

（二）奖学金生。

1．派遣方承担国际旅费。

2．接待方承担食宿费、学费、论文印刷费、免费医疗和零用费。

3．根据本计划接受的学生应遵守驻在国大学留学生规章制度。

第二十四条　展品运输

（一）送展方负担展品的往返国际运输费和保险费。

（二）双方就展品的安全保护措施达成协议。

（三）承展方负担展品在其境内的运输费、展览组织费。

第二十五条

派遣方至少提前3个月将计划交流的人员和团组名单、人员简历、访问计划、所用语言和抵离日期通知接待方。

第二十六条

双方鼓励本计划以外的学术、文化、教育等方面的交流活动，交流项目通过外交途径商定。

第二十七条

执行该计划项目的费用将视本国有关经费而定。

第二十八条

本计划在签署新执行计划前有效。

本计划于二〇一〇年五月十八日在北京签署，一式两份，每份均用中文和阿拉伯文写成，两种文本具有同等效力。

中华人民共和国政府	黎巴嫩共和国政府
代　表	代　表
赵少华	**拉　斯**
（签　字）	（签　字）

中华人民共和国政府与蒙古国政府关于执行1993年9月7日《中华人民共和国政府与蒙古国政府关于海关互助与合作的协定》的议定书

中华人民共和国政府与蒙古国政府（以下简称“双方”），

认识到在1993年9月7日《中华人民共和国政府与蒙古国政府关于海关互助与合作的协定》框架下开展有效和深入合作的愿望；

为了在《关于简化和协调海关制度的国际公约》（亦称《京都公约》）、《世界海关组织全球贸易安全与便利标准框架》和“21世纪海关”政策文件的框架下，采取方法简化海关通关手续和便利贸易；

考虑到经济发展和两国贸易投资的增长，

意识到打击违反海关法和愈加复杂和精良的跨国犯罪需要双方更加紧密的合作；

兹议定如下：

第一条　信息交换

一、除了根据1993年9月7日《中华人民共和国政府与蒙古国政府关于海关互助与合作的协定》提供的信息，双方还应交换以下信息：

（一）双边对外贸易统计数据；

（二）违反或涉嫌违反海关法的信息；

（三）关于进出口货物侵犯知识产权的信息；

（四）海关估价信息。

二、双方可以开展交换过境货物信息的可行性研究。

三、双方可以对交换根据本议定书第一条第一款提供的信息的方法和时间达成一致，并另行制定议定书。

四、为了交换根据本议定书第一条第一款提供的信息，双方应尽力采用电子形式。

第二条　海关监管

一、双方应在本国法律框架下继续推动联合监管合作。

二、双方应交换在海关监管方面实施风险管理的经验，并通过提供实施风险管理的必要信息的方式相互协助。

三、双方应合作改善可能导致国家安全、人口和环境损毁的危险化学品、爆炸物和放射性物质的供应链监管。

四、双方可以努力根据国际标准协调海关单证。

五、双方应主动或应另一方要求，向请求方提供打击违反、涉嫌违反或计划违反海关法的行动的所有可能的信息的经核实的副本。

六、双方应在世界海关组织《全球贸易安全与便利标准框架》的框架下，开展经认证的经营者合作。

七、双方应在保护知识产权领域开展合作。

八、双方应根据《濒危野生动植物物种国际贸易公约》的附录开展合作。

九、双方应采取“控制下交付”的方法打击涉嫌非法交易麻醉类药物和精神类药物。同时，双方应根据各自国内法并在能力和资源范围内开展合作并相互协助。

第三条　经验交流和海关官员培训

一、双方应在交换海关事务经验和做法方面开展合作。

二、双方应开展组织海关官员专业培训的合作。

三、专业培训应通过派遣一方海关官员至另一方或邀请专家的方式组织。

四、组织专业培训或专家访问时，接收方将承担派遣方受训人员在本方境内产生的交通、食宿和培训组织费用。

五、双方应加强海关培训机构间的合作。

第四条　联络部门

一、为确保本议定书的执行，双方联络部门分别为中华人民共和国海关总署和蒙古国海关总局。

二、双方联络部门应各自指派官员保持直接联系，并以书面形式通告另一方。双方应及时相互通告联络信息的任何改变。

三、双方每年举行联络部门会议。

第五条　信息的使用

一、根据本议定书获得的信息、文件和其他资料应仅供获取方用于本议定书所规定的目的。

二、非经提供方书面同意，上述信息、文件及其他资料不得移交其他部门或移作他用，包括在行政或司法程序中作为证据使用。

第六条　生效、终止和修订

一、本议定书自签字之日起生效，与1993年9月7日《中华人民共和国政府和蒙古国政府关于海关互助与合作的协定》同时终止。

二、任何一方可在任何时候通过外交途径书面通知对方要求终止本议定书。本议定书将自另一方收到终止通知之日起6个月后终止。在本议定书终止前已开始的合作事项应当按照本议定书的规定予以完成。本议定书的终止不影响第五条的效力。

三、经双方协商同意，可以单独议定书的形式对本议定书进行修改和补充。对本议定书进行修改和补充的议定书是本议定书不可分割的一部分。

本议定书于二〇一〇年六月一日在乌兰巴托签订，一式两份，每份都用中文、蒙文和英文三种文字写成，三种文本同等作准。如对文本的解释产生分歧，以英文本为准。

中华人民共和国政府 代　表 孙毅彪 （签　字）	蒙古国政府 代　表 巴雅尔朝格图 （签　字）

中华人民共和国商务部和缅甸联邦国家计划和经济发展部关于中缅经济合作规划的备忘录

中华人民共和国商务部和缅甸联邦国家计划和经济发展部基于进一步发展两国经贸合作关系的愿望，根据2009年12月两国签署的《中华人民共和国政府和缅甸联邦政府关于双边经济贸易合作的协定》，就开展《中华人民共和国—缅甸联邦经济合作规划》编制工作，达成了以下共识：

一、双方在中缅经济贸易和技术合作联合委员会下成立中缅经济合作工作组，编制商定领域的两国经济合作规划。中方由商务部对外投资和经济合作司牵头，缅方由计划发展部外经局牵头。

二、工作组除双方牵头单位以外，与经贸合作规划相关的政府部门也参加经济合作工作组，以便更好地协调双边经贸合作的有关活动；工作组应至少每年召开一次会议。

三、双方认为规划的总体目标应包括：

1. 进一步扩大中缅经贸合作关系，为发展中缅友好合作关系奠定坚实的基础；

2. 发挥中缅各自比较优势，促进优势互补，充分提高双边经贸合作水平和经济竞争力，促进双方社会经济发展和投资环境改善，实现互利共赢、共同发展；

3. 拓展双方达成一致的合作领域，推动中缅在贸易、投资、技术、服务等领域的合作；进一步加强交通基础设施项目和皎漂工业新城项目合作。

四、双方认为规划编制和实施原则应包括：

1. 合作领域及方向的选择，应根据投资环境特点、资源秉赋特征、经济发展水平、市场需求结构等要素，体现平等互利和优势互补的原则；

2. 重点合作领域的确定，应体现战略性、成长性、带动性、安全性和可行性原则，以交通基础设施建设、电力发展和电网规划建设、农业合作、皎漂工业新城建设为重点，重点合作领域将考虑缅方需求；

3. 合作项目的实施应以企业为主体，体现政府推动、规划引导、政策促进、注重实效的原则。

4. 双方将以现有双边经贸合作为基础，本着平等、务实、合作、发展、双赢的精神，共同确定双方同意的经贸合作的数量目标。

五、双方就共同制订《中缅经济合作规划》需要互相交流的信息内容、渠道等进行沟通，同意在工作组下成立联合专家组，负责《中缅经济合作规划》的技术层面的交流。

六、双方同意中缅经济合作规划涵盖时间为2011—2015年，将尽快完成草案，经双方工作组协商确定。《中缅经济合作规划》

应履行两国各自国内批准手续。

七、本备忘录于二〇一〇年六月三日在内比都签订，一式两份，每份均用中文、缅文和英文写成，三种文本同等作准，如有分歧，以英文文本作准。

中华人民共和国商务部	缅甸联邦国家计划和经济发展部
代　表	代　表
陈德铭	吴梭达
（签　字）	（签　字）

中华人民共和国国家发展和改革委员会与日本国经济产业省关于节能环保综合论坛机制化的备忘录

中华人民共和国国家发展和改革委员会与日本国经济产业省（以下简称“双方”）已共同举办了四届中日节能环保综合论坛（以下简称“论坛”）。

双方认为通过“论坛”有助于推进中日节能环保领域的合作、稳定全球能源供求关系以及应对气候变化问题。为进一步推进两国节能环保合作，双方就节能环保综合论坛机制化达成以下共识：

1. 双方同意定期举办“论坛”。

2. 关于“论坛”召开频率，在无特殊原因的情况下，原则上每年召开一次，轮流在中国和日本举办。

3. 双方对前四届“论坛”取得的成果和经验予以积极评价，为了进一步加强中日节能环保合作，双方今后还将在提高合作

“质量”和“水平”方面继续努力。中方国家发展和改革委员会主任、日方经济产业大臣是“论坛”主办方的代表。

4．双方在各自的职责及预算范围内，努力充实“论坛”内容，使之有助于推进中日节能环保合作、全球能源供求关系的稳定以及气候变化问题的应对、知识产权的保护。双方将继续开展中日节能环保商务示范项目合作、召开促进有关领域合作的分论坛、推进地方商务对接等工作。

5．本备忘录的内容经双方同意可更改。

6．双方中的任何一方都有权终止本备忘录的合作。但必须至少提前60天以书面形式通知对方。

7．本备忘录于二〇一〇年五月三十一日在东京签署，一式两份，每份由中日文组成，各执一份，双方的文本具有同等效力。

中华人民共和国 国家发展和改革委员会 代　表 张　平 （签　字）	日本国 经济产业省 代　表 直岛正行 （签　字）

中华人民共和国国家发展和改革委员会与日本国经济产业省关于继续开展节能人才研修的备忘录

中华人民共和国国家发展和改革委员会与日本国经济产业省（以下简称“双方”）就继续开展节能人才研修达成以下一致

意见：

1．双方认为，根据《中华人民共和国国家发展和改革委员会与日本国经济产业省关于加强两国在能源领域合作的联合声明》（2007年4月12日）实施的规模为300人的节能人才研修，以及开展的向中国派遣节能专家等活动，对中国完善节能制度、加强执行能力做出了积极和重要的贡献。

2．中国正在山东省、天津市开展节能管理试点，探索建立节能管理师制度。日方根据《中华人民共和国国家发展和改革委员会与日本国经济产业省关于"培养节能人才合作框架"的备忘录》（2008年11月28日），向中方派遣节能专家，继续与中方在中国建立节能管理师制度开展合作。

3．为加强中国各级政府执行节能的能力、加强耗能领域企业的节能工作能力，日本国经济产业省在今后3年中，将对中国的中央政府及地方政府相关部门、耗能领域的企业相关人员，提供规模为大约400人的研修。

4．关于研修经费、研修内容、研修对象的挑选及其他具体问题，中日之间另行协商决定。同时，对本人才培养事业的成果进行跟踪。

5．本备忘录于二〇一〇年五月三十一日在东京签署，一式两份，每份由中日文组成，各执一份，双方的文本具有同等效力。

中华人民共和国 国家发展和改革委员会 代　表 **张　平** （签　字）	日本国 经济产业省 代　表 **直岛正行** （签　字）

中华人民共和国工业和信息化部与日本国经济产业省关于加强交流与合作的备忘录

中华人民共和国工业和信息化部与日本国经济产业省（以下简称“双方”），认识到加强交流与合作对两国社会和经济发展的重要性，为进一步巩固和促进双方合作，在平等互利的基础上，经过友好协商，双方达成共识如下：

第一条　总则

依据两国法律和法规，在各自的主管业务、财务预算范围内，作为推动互利互惠、友好合作的一环，双方同意建立两部门间副部级定期磋商机制，开展定期交流。

第二条　定期交流领域

双方将定期交流两国工业、信息产业领域的产业发展情况、产业政策、研究及合作意向等问题，具体领域举例如下：

（一）化工；

（二）钢铁；

（三）建材；

（四）汽车；

（五）信息技术；

（六）家电及电池；

（七）节能环保；

（八）双方确定的其他领域。

第三条　机制工作安排

一、双方原则上每年举行一次定期磋商，磋商轮流在中国和日本举行。

二、定期磋商会议将由双方副部级主持。

三、基于双方“信息技术与产业政策交流会”取得的良好成果，双方商定在本机制下将继续进行此项活动。

四、双方各自成立秘书处，处理有关对话运行的日常事务，包括确定定期磋商议题、协调定期磋商日期、其他相关活动安排等。

第四条　其他交流合作

双方鼓励并推动两国企业、行业协会、研究机构在共同感兴趣的领域进行交流与合作。

第五条　执行

本备忘录由双方共同组织实施，在执行中如出现问题，由双方通过协商解决。

第六条　修改

经双方书面同意，可对本备忘录进行修改。

第七条　备忘录的有效期

本备忘录自签字之日起生效。除非任何一方书面提出终止，本备忘录将长期有效。

本备忘录于二〇一〇年八月二十八日在北京签订，一式两份，每份均用中文和日文写成，两种文本同等作准。

中华人民共和国　　　　　　　　日本国
工业和信息化部　　　　　　　　经济产业省
代　表　　　　　　　　　　　代　表
李毅中　　　　　　　　　　　直岛正行
（签　字）　　　　　　　　　（签　字）

中华人民共和国国家发展和改革委员会与日本国外务省、经济产业省以及国土交通省关于实施中日流通物流政策对话机制的备忘录

中华人民共和国国家发展和改革委员会与日本国外务省、经济产业省以及国土交通省（以下简称“双方”）

为落实2009年6月7日在东京举行的第二次中日经济高层对话所达成的共识；

为加快双方在物流领域的政策交流，进一步推动双方在物流领域的务实合作，经友好协商，兹达成如下共识：

1．作为推进中日战略互惠关系的一环，双方大力推动在物流领域的交流与合作。

2．双方同意建立流通物流领域跨部门局长级政策对话机制，即“中日流通物流政策对话”（以下简称“对话”）。该内容包括：

（1）推动有关物流领域的政策、技术及人才等方面的交流。

（2）推动面向提高物流管理技术水平、便利贸易手续的合作以及研究。

（3）推动有关物流规格标准化以及绿色物流方面的合作和研究。

（4）为两国物流业企业交流搭建平台，研究和推动两国物流企业间的务实合作。

（5）双方根据需要，可以在对话机制下，设立工作组，推动具体课题的合作和研究，并在对话召开时进行汇报。

3．双方原则上每年召开一次对话，轮流在中国和日本举行。

4．在对话举行之前，双方就对话议题等相关事宜进行认真磋商，确保对话具有实效性。

5．除非另有书面约定，双方各自承担因执行本备忘录而发生的费用。

6．经双方一致同意，可对本备忘录进行修改。

7．根据本备忘录的合作，自双方在本备忘录上签字之日开始，持续五年。如任何一方未在合作终止前至少六个月以书面形式通知对方终止本备忘录，则根据本备忘录的合作自动延长五年。

8．本备忘录于二〇一〇年八月二十八日在北京签署，一式两份，每份均由中文和日文书就，两种文本同等作准。

中华人民共和国 国家发展和改革委员会代表 **张　平** （签　字）	日本国 外务省代表 **冈田克也** （签　字）
	经济产业省代表 **直岛正行** （签　字）
	国土交通省代表 **前原诚司** （签　字）

中华人民共和国工业和信息化部与斯里兰卡民主社会主义共和国邮政与电信部关于加强信息通信领域合作的谅解备忘录

中华人民共和国工业和信息化部和斯里兰卡民主社会主义共和国邮政与电信部（以下简称“双方”），

认识到两国均正致力于发展各自的信息通信业，

鼓励为其信息通信技术产品和服务拓展国内和地区市场，并

意识到促进双方信息通信业间开展人员交流、贸易、投资和建立业务与技术合作关系符合双方共同利益，

达成如下共识：

第一条　合作目标

双方同意在两国友好关系和平等互利的基础上，根据各自国内法律、法规，加强信息通信领域合作。

第二条　合作领域

双方确定合作领域如下（包括但不限于）：

（一）通信政策与发展战略交流；

（二）通信基础设施建设；

（三）人力资源开发与培训；

（四）信息通信技术开发与应用；

（五）双方确定的其他合作领域。

第三条　财务资源安排

双方应各自承担履行本谅解备忘录和实施相关活动和项目的费用。

第四条　知识产权

一、一方根据本谅解备忘录向另一方提供材料或信息，接收方应尊重并保护提供方对上述材料或信息的所有权、知识产权及其他合法权利。未经提供方书面同意，接受方不得向任何第三方披露所接受的信息。

二、一方独立研发的与本谅解备忘录相关的一切知识产权应由研发方拥有。

三、双方使用共有资源合作研发的与本谅解备忘录相关的知识产权由双方共同拥有。

第五条　执行与协调

中国工业和信息化部指定其国际合作司、斯里兰卡邮政与电信部负责本谅解备忘录的执行与协调工作。

第六条　生效、终止、修改与争端解决

本谅解备忘录自签字之日起生效，有效期2年。除非一方在本谅解备忘录有效期满2个月前书面通知另一方终止本谅解备忘录，否则本谅解备忘录的有效期将自动延长2年，并依此法顺延。

本谅解备忘录的终止不影响第三条的效力。

经双方协商同意可对本谅解备忘录进行修改。

与本谅解备忘录的解释或应用相关的一切争端应由双方通过外交渠道协商解决。

本谅解备忘录于二〇一〇年六月十一日在科伦坡签订，一式

两份，每份都用中文、僧伽罗语和英文写成，三种文本同等作准。若解释上发生分歧，应以英文文本为准。

中华人民共和国 工业和信息化部 代　表 奚国华 （签　字）	斯里兰卡民主社会主义共和国 邮政与电信部 代　表 库马拉通 （签　字）

中华人民共和国政府与土耳其共和国政府关于互设文化中心的谅解备忘录

中华人民共和国政府与土耳其共和国政府（以下简称“双方”）根据双方于一九九三年十一月九日在安卡拉签订的《中华人民共和国政府和土耳其共和国政府文化合作协定》（以下简称《协定》），为了以友好交往与合作的方式推动双方在学术、艺术和教育活动及历史和生活方式等方面的相互了解，计划就双方互设文化中心事签订协定，并达成谅解如下：

一、双方同意在对等基础上互设文化中心，文化中心宗旨应符合《协定》的规定。

二、双方同意签订互设文化中心的协定。

三、中华人民共和国政府计划在安卡拉或伊斯坦布尔建立一个中国文化中心，土耳其共和国政府计划在北京建立一个土耳其文化中心。

双方经协商一致后，在对等基础上可以在对方国家的其他城市设立文化中心分支机构。

四、文化中心将举办面向公众的文化和教学活动。

五、双方将在遵守对方国家法律、法规和本谅解备忘录第二条提及的互设文化中心协定的基础上设立和运作各自的文化中心。

六、双方将在对等基础上，为对方设立和运作文化中心提供便利。

为文化中心提供的便利条件和所有的财务条款将在本谅解备忘录第二条提及的互设文化中心的协定中作出规定。

七、双方应通过外交渠道相互书面通知完成本谅解备忘录生效所必需的国内法律程序。本谅解备忘录自后一份通知发出之日起生效。

八、本谅解备忘录有效期为一年。如双方未在期满前书面通知对方终止本谅解备忘录，则其有效期自动延长一年，并依此法顺延。

本谅解备忘录于二〇一〇年四月十六日在安卡拉签订，一式两份，每份都用中文、土文和英文写成，三种文本同等作准。如对文本解释发生分歧，以英文本为准。

中华人民共和国政府 代　表 **蔡　武** （签　字）	土耳其共和国政府 代　表 **居纳伊** （签　字）

中华人民共和国政府与土耳其共和国政府铁路合作协定

中华人民共和国政府与土耳其共和国政府（以下简称“双方”），为共同促进中、土两国友好合作关系，加强中、土两国在铁路领域的友好交流与合作，缔结本协定。

第一条　合作原则

双方同意将本着相互尊重、平等互利的原则，在铁路领域开展全方位交流与合作。

第二条　合作领域

双方同意在各自国家法律框架内，在以下领域（但不限于以下领域），开展信息交流与合作：

（一）在铁路项目规划、设计、建设、运营管理等方面开展交流；

（二）推动企业在土耳其境内安卡拉至伊斯坦布尔高速铁路项目二期工程建设方面的合作；

（三）推动企业在土耳其和中国境内铁路既有线改造及新线建设方面的合作；

（四）推动企业合作开发中国经土耳其至欧洲铁路运输通道；

（五）开展铁路科研合作和技术标准开发；

（六）合作开展铁路管理和技术人员培训；

（七）合作开展第三国境内铁路活动。

尽管有上述规定，本协定不应影响双方各自加入、开展或将加入的其他合作。

对于土耳其境内的高速铁路项目（如安卡拉—锡瓦斯、锡瓦斯—埃尔津詹、耶尔柯伊—开塞利、埃尔津詹—卡尔斯、安卡拉—伊兹密尔、伊斯坦布尔—埃迪尔内、特拉布宗—埃尔津詹、锡瓦斯—马拉提亚—埃拉泽—迪亚巴克尔、埃斯基谢希尔—安塔利亚、科尼亚—安塔利亚），中方将积极支持，推动中资企业参与上述项目建设，并鼓励中资金融机构为这些项目融资。

第三条　合作机制

双方指定中华人民共和国铁道部和土耳其交通运输部为负责协调与执行本协定有关活动的主管部门；为保证本协定的执行，中华人民共和国铁道部和土耳其交通运输部每一年举行一次会晤，轮流在中国和土耳其举行。经双方同意，可邀请工作小组以外的组织或个人参加。具体会议时间由双方协商确定。

第四条　其他规定

本协定不影响缔约双方在履行与其他国家签订的、将签订的、已生效的双边或多边协定中所产生的权利和义务。除非另行约定，为执行本协定而产生的费用由双方各自承担。

第五条　保密条款

除非双方另有协议，否则本协定下的合作行为产生的科学技术及商务信息不得泄露给第三方。

除非资料来源方书面同意，任何一方不得将本协定下共享的保密资料及合作过程中产生的其他资料泄露给第三方。

第六条　最后条款

双方应通过外交渠道相互通知已完成使本协定生效所必需的国内法律程序。协定自后一份照会发出之日起生效。

本协定有效期5年。有效期届满，经双方同意可以延长。

协定有效期内，任何一方可向另一方发出书面通知终止本协定。本协定自书面通知收到之日起第60天终止。

本协定于二〇一〇年十月八日在安卡拉签订，一式两份，每份均用中文、英文和土耳其文写成，三种文本同等作准。如对文本的解释产生分歧，以英文本为准。

中华人民共和国政府	土耳其共和国政府
代　表	代　表
刘志军	**耶尔德勒姆**
（签　字）	（签　字）

中华人民共和国政府和土耳其共和国政府2010年至2013年文化交流计划

中华人民共和国政府和土耳其共和国政府（以下简称“双方”），为加强和加深两国人民之间业已存在的友好关系，确信在文化与艺术、教育、科学、大众传媒、青年和体育领域开展联系、交流与合作有助于更好地了解双方的历史、传统与文化，根据1993年11月9日在安卡拉签署的文化协定并遵照两国现行的法律法规，决定签署2010年至2013年文化交流计划，相信该计划将作为一个切实可行的框架，能为加强两国全面的双边关系提供坚实的基础，具体条文如下：

一、教育

第一条 双方根据共同利益并在财政允许的范围内支持教育领域交流经验和互派专家。

第二条 双方鼓励两国教育部门和机构间进行合作，以促进各自相应教育系统、计划、教育技术和教学方法的知识。

为此，双方交流经验、信息、教育数据和在本国发行的其他有关技术和大众教育的文件。

双方应在必要时组织3人以内的代表团互访，以了解对方在教育领域的最新进展。

有关代表团互访的细节由双方相关机构直接联系，并通过外交途径商定。

双方鼓励组织职业技术教育的在职培训课程。

第三条 双方交流相关信息，以便推动对双方主管部门依法颁发的文凭、学位、学衔和证书予以承认并给予同等地位。

在必要时，双方互派代表团并举行专家会议。具体细节通过外交途径商定。

第四条 双方交流信息并加强与本国文化、政治、经济和社会生活有关的对等活动，以促进更好的了解，保证本国文化、历史、地理、语言和传统的传播及丰富共识与共同的价值观。

第五条 根据联合国教科文组织的精神与宗旨，双方应互换地理和历史教科书、地图册及其他教具和材料，以便广泛地传播对本国历史、地理、语言、文化和传统客观、准确的描述。

双方可视必要召开专家会议。具体细节通过外交途径商定。

第六条 双方鼓励结成姐妹学校，以发展双方教师、学生及其家庭之间的友好联系，并鼓励双方根据各自的需要互聘教师。

第七条 双方支持中、小学学生参加在两国举行的国际活动。

第八条　双方对等地向对方提供30人/年的奖学金名额（即每年在对方国家高校学习的奖学金生总数不超过30名），用于接收本科生、硕士生、博士生和进修生。相关细节通过外交途径商定。

第九条　双方依各自国家法律支持对方国家开设本国语言课程，并提供语言教师。

双方支持在各自的高等教育机构中开设对方国家的语言和文化课程。

双方应尽可能向对方提供书籍和其他教学材料，以协助本国语言、文学、文化在对方国家的教授。

第十条　双方应促进两国高等教育机构间相互联系，通过鼓励科学家交流和信息交换，努力开展并实现联合科研、研讨会和学术会议等合作项目。

第十一条　双方应支持科学家和学者的交流，以促进双方交换观点或在共同关心的领域开设讲座。这些活动应通过外交途径展开，并遵守两国各自的法律规定。

第十二条　双方应通知并鼓励各自学者参加在对方国家举办的科学及教育领域的国际座谈会、代表大会和论坛等活动。

二、科学

第十三条　中国社会科学院愿与土耳其相应的学术机构加强联系并探讨在相关学术领域深入交流的可行方式。

土耳其历史协会准备与中方从事历史研究的相应机构签署合作协议。

第十四条　双方建立中土联合历史委员会，在历史、文化和考古领域进行联合研究并制作联合科学项目。

第十五条　在土耳其历史协会发起的“土耳其海外历史纪念碑目录”范围内，双方应促进制作一份目录，并由土耳其科学小组在华进行建立土耳其历史纪念碑的研究。

第十六条 双方鼓励相互提供数位戏剧和芭蕾学生的在职培训和技巧提高。具体细节通过外交途径商定。

第十七条 鉴于两国科技主管部门，即中华人民共和国科技部和土耳其科学与技术委员会已签署科技合作协议，有关两国双边科技交流与合作事宜均在该协议框架下进行协商和推动。

双方鼓励土耳其科学院和中国科学院适时在相关的国际论坛上进行合作，包括国际科学院组织（IAP）、国际科学院学会（IAC）、亚洲科学院协会（AASA）。

第十八条 为促进更好、更深地了解双方丰富的文化遗产与文明，双方互相举办与两国关系的历史发展、文化、政治、经济及普遍存在于本国社会中的传统价值观相关的研讨会或专题讨论，邀请来自社会各阶层的专家参加，如历史学家、院士、科学家、记者、政治家和外交家。

三、文化与艺术

第十九条 双方有着同样渊源的文化遗产和丰富的历史积累及共同价值观，在此基础上，应加强文化与美术领域的合作，通过互相支持文化财产来促进全球文化。

（一）文化日/文化周

第二十条 双方鼓励、支持互办文化日/周，并互派5人以内的代表团参加上述活动。

有关举办文化日/周的细节由双方相关机构直接联系，通过外交或其他途径商定并最后达成共识。

第二十一条 在中土建交40周年之际宣布互办“2012土耳其中国年”及“2013中国土耳其年”，双方应鼓励并支持举办相关文化促进活动。

第二十二条 考虑到伊斯坦布尔和上海的姐妹城市关系，双方应尝试广泛参与2010伊斯坦布尔欧洲文化之都和2010上海世博会，互办5场高级别的官方活动，为期不超过10天。

（二）文化中心

第二十三条　双方原则上应被允许在彼此的领土范围内建立符合文化协定中规定宗旨的文化中心。

文化中心应向公众开放，组织文化、艺术和教育活动，包括语言教学。

双方应通过外交途径努力达成一个有关互建文化中心的协议。

（三）展览

第二十四条　双方鼓励相互参加在两国举办的有关造型艺术的国际展览、双年展、讨论会及其他类似活动。

第二十五条　双方互派传统手工艺、现代艺术、具象和造型艺术展览，随展人员两名。具体细节通过外交途径另行商定。

土方告知，目前正举办多起优秀展览的土方机构伊斯坦布尔萨克普萨班茨（Sakip Sabanci）博物馆拥有所需的基础设施，有意愿承办来自中华人民共和国的重要展览。

第二十六条　双方就在本国举办的国际书展和类似活动互通信息，并鼓励相互参加。

第二十七条　双方互派有关本国歌剧、芭蕾、戏剧历史和现状介绍的宣传展览。

（四）电影与知识产权

第二十八条　双方根据对等原则在计划有效期内互办电影周，电影周期间派出由政府官员和电影艺术家组成的5人电影代表团互访。

有关举办电影周的技术及其他细节由双方相关机构直接联系，通过外交或其他途径商定，达成共识。

第二十九条　双方鼓励两国电影学院之间的合作；双方鼓励就共同感兴趣的题材合作拍片；双方鼓励引进对方国家的影片。

第三十条 双方提供信息并促进专业电影长、短片及电影艺术家（导演、演员和脚本作者）参加在两国举办的国际电影节。

双方鼓励学者之间的交流，进行电影方面的学习研究。

第三十一条 依据各自的国内法律和双方曾共同签署的国际协定，双方应保护对方国家公民和机构与本计划相关的版权。

第三十二条 双方版权主管部门促进合作并就在本国举办的关于版权的国际会议、代表大会、研讨会、专题报告会等互通信息。

第三十三条 双方版权主管部门交流关于两国立法与解决版权纠纷诉讼程序的信息、出版物和文献资料。

（五）考古学、博物馆学

第三十四条 双方遵循联合国教科文组织有关协议及参与签署的国际条约，在维护与保护文化和历史遗产方面开展合作。

第三十五条 双方在阻止非法进口/出口和转移艺术作品与文化财产方面进行合作，并由两国海关采取一切必要预防措施防止文化财产的非法交易。

第三十六条 双方在考古、艺术史、博物馆学和修复历史遗产方面进行合作，互派专家，交流关于鉴定、保护、维护和修复不可移动文化遗产、考古和自然遗址的专业知识与出版物。

第三十七条 双方支持两国文博学院学生参加联合实践课程，尤其是对艺术作品的保存和维护。

双方根据需要互派专家进行6天以内的学习访问，以使双方相互了解对方博物馆的运营情况。

双方根据需要互派专家进行6天以内的访问，以参与有关手稿修复和保存的培训班。

第三十八条 双方相互鼓励两国专家和科学家参加在维护与修复不可移动文化遗产、考古和自然遗址领域的国际大会、会议和讨论会。

（六）出版、图书馆与档案

第三十九条 双方互相促进参加在两国举办的出版物与图书

馆业领域的国际学术会议和类似活动。

第四十条　双方互相促进两国国家图书馆交流出版物和缩微胶片。

第四十一条　双方在图书馆业领域开展合作并根据两国国家法律，在两国图书馆之间开展信息、出版物、缩微胶片与手稿目录的交流，以丰富各自的收藏。双方的微缩胶片与目录应具有同等科学与图书馆价值。文流项目应在双方相关制度下达成。

在本计划执行期间，双方互派2人图书馆专业代表团，进行为期7天的访问。

第四十二条　在符合各自国内法律的基础上，双方为对方的研究者、专家进入本国公共图书馆提供方便。

在国际组织框架内，如国际图书馆公会联合会（IFLA），双方鼓励各自图书馆机构的直接交流。

第四十三条　双方互派出版代表团进行高层互访，为期7天。

第四十四条　双方鼓励土耳其总理府国家档案总局和中国国家档案局达成合作议定书，并依据各自国家法律及现有的档案领域合作的国际惯例，进行合作。

在各自国内法律的基础上，双方为对方的研究者、专家进入本国的国家档案馆提供便利。

（七）民俗文化

第四十五条　双方交流传统文化和民俗学领域的信息、文献资料、出版物、电影和语音记录。

第四十六条　双方互相邀请专家参加民俗学与传统文化的会议、研讨会和研究。双方互派4人保护民间文化代表团，进行为期7天的考察。

第四十七条　双方互派民间音乐、民间舞蹈、木偶剧、皮影戏领域的艺术家和艺术团体。具体细节通过外交途径商定。

第四十八条　双方应通知对方在其本国举办的国际民间艺术

节，并鼓励对方民间音乐和舞蹈团体参与艺术节。具体细节通过外交途径商定。

第四十九条 双方互相为有关机构提供便利，以帮助它们在本国进行民间文化的实地研究。

（八）艺术表演

第五十条 双方在本国财政条件允许的情况下，鼓励本国艺术家、艺术团组和工艺家互相参加在两国举办的国际音乐、舞蹈、民俗、戏剧、歌剧、芭蕾艺术节及其他文化活动。

第五十一条 双方互相鼓励支持有关复调音乐、歌剧、芭蕾、音乐剧、舞蹈的创作、表演和演奏会方面的交流。

第五十二条 双方鼓励两国的戏剧学院进行合作，包括互相翻译精选的剧作家的剧本，并互派剧院管理人、导演和演员。

第五十三条 双方在财政条件允许的情况下，召开戏剧文化与培训领域的戏剧研讨会和联合讨论会，并鼓励参加在两国举办的戏剧节。

第五十四条 双方支持在戏剧领域内的专家之间的交流，尤其是参与戏剧制作和表演的演员、导演、舞蹈专家、服装设计，也包括参与戏剧研究和研讨的学者、评论家、专家，及有合作项目的代表团。

（九）文学

第五十五条 双方作家组织建立友好合作关系，两国作家协会在本计划期内组派5人组成的作家代表团互访，为期10天。

第五十六条 双方本着互利的原则，在各自国内法律允许范围内，鼓励翻译并出版著名作家的文学作品。

第五十七条 双方鼓励本国的出版商发表对方的文学作品，可根据需要，向对方提供本国文学作品选目，以供翻译介绍。

中方将通知中国的出版商有关土耳其文化旅游部发起的“TEDA翻译资助项目”的信息。相关细节可登陆www.kulturturizm.gov.tr.。

土方将通知土耳其的出版商有关“中国图书对外推广计划”的信息，相关细节可登陆www.chinabookinternational.cn.。

第五十八条　双方通知对方参加本国举办的国际书展和博览会（如伊斯坦布尔国际图书博览会），并为对方国家代表参加这些活动提供便利。

第五十九条　中国文学艺术界联合会与土耳其相关艺术机构或组织开展交流活动，双方在合适时间互派6人文学艺术家代表团访问，为期5天。

四、大众传媒

第六十条　双方为对方国家的新闻媒体成员在本国开展专业工作提供帮助。

第六十一条　双方促进交流反映本国环境与文化特征的信息、内容丰富的出版物和电影电视纪录片，以加强对对方国家政治、经济、文化和社会生活的了解。

第六十二条　双方对两国广播和电视传播机构根据2000年12月签署的合作协议建立的直接联系与合作表示满意。

第六十三条　双方鼓励两国报纸、新闻机构和其他信息服务部门进行合作，以促进交流信息和印刷材料。

在计划执行期间，双方互派5人新闻代表团互访，为期10天。

第六十四条　双方对阿纳多卢通讯社（Anadolu Agency）与新华社根据互换新闻协议建立起来的富有成果的合作表示满意。

第六十五条　双方通过在利用如电缆技术和卫星等现代通讯手段进行传播的领域进行合作，来促进信息的传播并不断加以改善。具体事宜由两国主管部门通过外交途径商定。

第六十六条　双方应促进各自政府通讯部门涉及“危机管理”和“议题管理”领域内的专家交流。

五、青年与体育

第六十七条 双方认识到，体育作为一种巩固与促进人民，尤其是青年之间的和平、兄弟情谊与友谊的方式，具有重要作用。双方还对体育的教育、社会和娱乐作用及其对全民健康的积极贡献表示认同。

第六十八条 双方鼓励两国的体育和青年组织及城市进行直接联系，结成姐妹友好关系，以使两国青年在运动和体育文化各方面建立更广泛的合作。具体创意和活动通过外交途径商定。

第六十九条 双方鼓励两国体育和青年组织通过交流体育与青年事务方面的信息与经验进行合作，旨在加强年轻人之间的友谊，创造友好氛围并促进和平文化。

在这一领域即将开始的联合创意与活动受双方相关主管部门之间达成的交流协议制约。

第七十条 双方鼓励运动员、体育团组、教练员、专家和青年代表团之间的交流；鼓励参加在两国举办的国际体育比赛和相关活动。

六、人员交流

第七十一条 双方促进两国文化领域的人员交流，以促进相互理解。

双方鼓励、支持两国相关城市之间建立友好城市关系。

七、总则和财务

第七十二条 本计划中所设想的所有活动和交流项目均应按照两国的国家法律，在财政条件允许范围内，通过外交途径实施。

第七十三条　本计划不排除双方通过外交途径商定加入或实施任何其他文化活动或交流项目的可能性。

第七十四条　为保证本计划中所设想的活动与交流项目能得以顺利实施，双方应至少提前一个月告知对方即将访问的代表团、团组和个人及其姓名和日程。确切抵达和离开日期应至少提前两周告知。

第七十五条　科学研究与学习的请求应比预定的访问日期至少提前两个月通过外交途径递交给对方。此类请求应包括申请人的简历，停留期限和拟访问的机构。

第七十六条　除另有规定，派遣方应承担代表团成员或个人（至目的地并返回）的往返国际旅费，接待方应承担访问者在逗留期间的费用：本计划中所需的食宿和国内交通费用。

第七十七条　派遣方按本国留学生的选派程序进行奖学金申请人员的挑选。

双方应在学年开始前不少于两个月通知对方其教育中心是否接收奖学金申请人和他们提出的学习课程。

奖学金获得者在未接到接收国使馆关于离开日期的正式通知前不得离开往访。

第七十八条　双方应向获得奖学金者提供以下条件：

（一）按照各自国家的规定，向奖学金生提供每月固定的生活费；

（二）免除奖学金生在公立大学的学杂费和注册费；

（三）向奖学金生免费提供校内的学生宿舍；

（四）奖学金生的往返国际旅费由派遣方或奖学金生获得者本人负担。

第七十九条　接待方向奖学金获得者提供本国政府规定的医疗保险及医疗服务，不承担长期住院治疗的医疗援助、非紧急手术、补牙和牙齿矫正术。

第八十条 与影片、缩微胶片及历史和文化文件的直接影印件的准备费用由要求方承担。

第八十一条 展览方面，除历史遗产方面的展览和其他达成共识的情况以外，有关机构应遵循以下总则和条件：

派展方的职责：

原则上，应至少提前12个月提交对方有关展览的具体建议，包括必要的技术信息；

展览材料抵达承展方的第一个目的地及从最后一个地点回到原国或第三国的国际运输；

参展品往返于原储存处所至展览陈列处所之间的运输保险；

展览开始6个月前提供承展方用当地语言或英文编写的材料，以用于目录的发布；

承展方的职责：

免费提供拥有必要安全设置的展览厅（合适的空气、湿度条件，保卫等）；

为展览陪展人员的签证手续及展览材料的出入境提供便利；

为展品装运和卸载、包装和拆装、布展和撤展提供必要的工作人员；

印刷目录，如有必要，印刷海报和请柬；

宣传展览，特别是通过电视和报纸进行公共宣传；

提供派展方有关展览的材料复印本（目录、海报、请柬、评论等）；

如有展品破损，向派展方提供所有有关文件及协助，以便向有关保险公司索赔；

其他相关条款根据具体情况逐项协商。

如有破损，承展方只有通过外交途径得到派展方的书面允许后，才可以开始对展品进行修复。

有关商业展览的承办费用，针对每一个活动的情况，由双方的相关部门共同商定。

第八十二条　派展方应负责本国音乐艺术团体所用必需品到达承展方第一目的地及从最后地点返回原国或前往第三国的交通运输费用。

承展方负责所有有关来宾团体演出机构的住宿、国内交通和其他相关费用。

派展方应至少在承展国第一场表演前3个月，提供有关派出团组的所有相关信息（表演者的姓名、抵离日期、节目单、印刷材料等）。

其他有关互派团组的财务问题，由双方的组织表演机构直接商议，并通过外交途径解决。

第八十三条　双方应遵照本国国家法律促进发放参加本计划中所设想的交流项目人员的签证。

第八十四条　如认为必要，双方可要求就本计划的规划与实施举行协商会议。

本计划在双方通过外交途径通知对方有关国内相关程序已办理之后，方才生效。

本计划自生效之日起一年有效。在新的协议签订以前，本计划于随后的每年自动续期一年。

本计划于二〇一〇年十月八日在安卡拉签订，一式两份，每份都用中文、土耳其文和英文书就，三种文本具有同等效力。如对文本有分歧，应参考英文文本。

中华人民共和国政府	土耳其共和国政府
代　表	代　表
蔡　武	**达乌特奥卢**
（签　字）	（签　字）

中华人民共和国工业和信息化部与土耳其共和国交通运输和通信部在信息通信技术领域的合作谅解备忘录

中华人民共和国工业和信息化部与土耳其共和国交通运输和通信部（以下简称“双方”），

意识到发展信息通信技术将使两国在各领域受益的重要性，

铭记信息通信技术是增强两国在二十一世纪商业与技术合作，促进双方经济和社会进步的一项基本要素，

认识到在开发最新通信业务、信息通信技术网络现代化、互联网应用、软件开发管理、信息技术交流方面开展合作的重要性，通过合作提高为公众提供服务的质量和水平，

通过鼓励支持双方开展信息通信技术领域合作，提供电子贸易、电子政务等领域服务，进行商务及研发活动，实现互利双赢。

支持相互投资、技术开发以及信息通信技术行业的市场拓展，期望加强双方在国际论坛方面的协作关系，

一致同意下述备忘：

第一条　基本原则

本谅解备忘录的目的是鼓励双方依据本国法律法规及本谅解备忘录，在平等互利的原则下，在信息通信技术领域开展合作。

第二条　合作范围

双方商定在各自职责范围内，在下述共同感兴趣的领域开展

合作。

一、网络安全

二、电子签名

三、信息通信技术基础设施的规划与建设

四、信息通信技术政策与法规

五、宽带业务和其他互联网接入

六、数字技术和应用

七、技术标准和规范

八、卫星和无线通信

九、频谱管理政策

十、软件应用开发

十一、信息安全技术和应用

十二、信息通信技术领域的人力资源管理

十三、信息通信技术领域的国际合作

十四、知识产权，以及信息技术和电信标准

十五、电信市场监管

十六、促进社会信息化发展的政策和经验（包括农村信息化）

十七、双方一致认可的其他信息通信技术问题

第三条　合作方式

合作方式如下：

一、举行信息通信基础设施规划和建设方面的经验交流

二、举行政策制定与落实方面的专题研讨

三、促进并支持共同项目

四、代表团和专家互访

五、促进学术界、国家机构和相关企业间的关系

六、推动开展研讨会、专题会、展览和交易会等活动

七、促进双方认可的其他形式的合作

针对两国在信息通信技术领域的合作，双方应鼓励相关机构和企业在将来开展合作。

第四条 联合工作组

一、双方将成立信息通信技术联合工作组（以下简称“工作组”）。工作组由双方代表组成，依照商定的计划举行会晤，评估合作活动取得的进展，协商本谅解备忘录下的其他问题。

二、双方将指定联络员，负责工作组的日常联络工作。

三、工作组每次会晤前，双方将对工作组的人员构成及重要分工予以认可。

第五条 法律和资金条款

一、本谅解备忘录下的各项合作活动，应依照本国适用法律法规予以实施。

二、本谅解备忘录下的各项合作活动，应视双方资金和其他资源可用性的情况而定。双方各负责其在本谅解备忘录下活动的费用。

第六条 信息保密

根据本谅解备忘录开展合作时获取的信息，未经信息提供方的事先书面许可，不得向第三方披露。

第七条 争议解决

执行本谅解备忘录可能出现或产生的任何分歧和争议将通过双方友好协商解决。

第八条 最后条款

一、本谅解备忘录的生效日为，在收到双方通过外交途径通知对方，文件已完成本国内部法律审批程序的最后一份书面通知的日期，并在生效日后五年内有效。

二、本谅解备忘录可随时进行修订，修订的生效应根据本条第一段中所述的相同法律程序。

三、双方可以通过外交途径书面通知对方，随时终止本谅解备忘录。终止将在对方收到通知之日起六个月内生效。

四、本谅解备忘录的终止不影响根据第二、三条已经开展的各项合作活动。

五、本谅解备忘录不应被视为根据国际法律法规签署的国际协议。

本谅解备忘录于二〇一〇年十月八日在土耳其首都安卡拉签署，一式两份，每份均用中文、土耳其文和英文写成，三种文本同等作准。如对文本的解释产生分歧，以英文文本为准。

中华人民共和国 工业和信息化部 代　表 **杨洁篪** （签　字）	土耳其共和国 交通运输和通信部 代　表 **耶尔德勒姆** （签　字）

中华人民共和国政府和土库曼斯坦政府对所得避免双重征税和防止偷漏税的协定

中华人民共和国政府和土库曼斯坦政府，为促进两国间经济合作，愿意缔结对所得避免双重征税和防止偷漏税的协定，达成协议如下：

第一条　人的范围

本协定适用于缔约国一方或者同时为双方居民的人。

第二条　税种范围

一、本协定适用于由缔约国一方或其地方当局对所得征收的税收，不论其征收方式如何。

二、对全部所得或某项所得征收的税收，包括对来自转让动产或不动产的收益征收的税收，对企业支付的工资或薪金总额征收的税收，以及对资本增值征收的税收，应视为对所得征收的税收。

三、本协定特别适用的现行税种是：

（一）在土库曼斯坦：

1．法人利润（所得）税；

2．个人所得税；

（以下简称“土库曼斯坦税收”）；

（二）在中国：

1．个人所得税；

2．企业所得税；

（以下简称“中国税收”）。

四、本协定也适用于本协定签订之日后征收的属于增加或者代替现行税种的相同或者实质相似的税收。缔约国双方主管当局应将各自税法所做出的任何实质变动，在变动后的合理时间内通知对方。

第三条　一般定义

一、在本协定中，除上下文另有解释外：

（一）“土库曼斯坦”一语是根据国家法律和国际法，土库曼斯坦行使主权权利和管辖权的领土；

（二）“中国”一语指中华人民共和国，用于地理概念时，是指所有适用中国有关税收法律的中华人民共和国的领土，包括领海，以及根据国际法和国内法，中华人民共和国拥有以勘探和开发自然资源为目的的主权权利的领海以外的任何区域；

（三）“缔约国一方”和“缔约国另一方”的用语，按照上下文，是指土库曼斯坦或者中国；

（四）“税收”一语，按照上下文，是指土库曼斯坦税收或者中国税收；

（五）“人”一语包括自然人、公司和其他团体；

（六）“公司”一语是指法人团体或者在税收上视同法人团体的实体；

（七）“缔约国一方企业”和“缔约国另一方企业”的用语，分别指缔约国一方居民经营的企业和缔约国另一方居民经营的企业；

（八）“国民”一语是指：

1. 任何具有缔约国一方国籍的人；

2. 任何按照缔约国一方现行法律成立的法人、合伙企业或团体；

（九）“国际运输”一语是指缔约国一方企业以船舶、飞机或公路车辆经营的运输，不包括仅在缔约国另一方各地之间以船舶、飞机或公路车辆经营的运输；

（十）“主管当局”一语是指：

1. 在土库曼斯坦，财政部和国家税务总局或其授权的代表；

2. 在中国，国家税务总局或其授权的代表。

二、缔约国一方在实施本协定的任何时候，对于未经本协定明确定义的用语，除上下文另有要求的以外，应当具有协定实施时该缔约国适用于本协定的税种的法律所规定的含义，该缔约国税法对有关术语的定义应优先于其他法律对同一术语的定义。

第四条　居民

一、在本协定中，“缔约国一方居民”一语是指按照该缔约国一方的法律，由于住所、居所、成立地、实际管理机构所在地或者其他类似的标准，在该缔约国一方负有纳税义务的人，并且包括该缔约国一方或地方当局。但是，这一用语不包括仅因来源于该缔约国一方的所得而在该缔约国一方负有纳税义务的人。

二、由于第一款的规定，同时为缔约国双方居民的个人，其身份应按以下规则确定：

（一）应认为仅是其永久性住所所在国的居民；如果在缔约国双方同时有永久性住所，应认为仅是与其个人和经济关系更密切（重要利益中心所在）的国家的居民；

（二）如果其重要利益中心所在国无法确定，或者在缔约国任何一方都没有永久性住所，应认为仅是其有习惯性居处所在的国家的居民；

（三）如果其在缔约国双方都有或者都没有习惯性居处，应认为仅是其国籍所属国家的居民；

（四）如果发生双重国籍问题，或者其不是缔约国任何一方的国民，缔约国双方主管当局应通过协商解决。

三、由于第一款的规定，除个人以外，同时为缔约国双方居民的人，其居民身份将通过相互协商解决。

第五条　常设机构

一、在本协定中，“常设机构”一语是指企业进行全部或部分营业的固定营业场所。

二、“常设机构”一语特别包括：

（一）管理场所；

（二）分支机构；

（三）办事处；

（四）工厂；

（五）作业场所；以及

（六）矿场、油井或气井、采石场或者任何其他勘探、开采和开发自然资源的场所。

三、“常设机构”一语还包括：

（一）建筑工地，建筑、装配或安装工程，或者与其有关的监督管理活动，但仅以该工地、工程或活动连续12个月以上为限；

（二）缔约国一方企业通过雇员或雇用的其他人员在缔约国另一方提供劳务，包括咨询劳务，但仅以该性质的活动（为同一项目或相关联的项目）在任何12个月中在该国连续或累计达到183天或以上的为限。

四、虽有本条上述规定，“常设机构”一语应认为不包括：

（一）专为储存、陈列或者交付本企业货物或者商品的目的而使用的设施；

（二）专为储存、陈列或者交付的目的而保存本企业货物或者商品的库存；

（三）专为另一企业加工的目的而保存本企业货物或者商品的库存；

（四）专为本企业采购货物或者商品，或者搜集信息的目的所设的固定营业场所；

（五）专为本企业进行其他准备性或辅助性活动的目的所设的固定营业场所；

（六）专为本款第（一）项至第（五）项活动的结合所设的固定营业场所，如果由于这种结合使该固定营业场所的全部活动属于准备性质或辅助性质。

五、虽有第一款和第二款的规定，当一个人（除适用第六款规定的独立地位代理人以外）在缔约国一方代表缔约国另一方的企业进行活动，有权以该企业的名义签订合同并经常行使这种权力，这个人为该企业进行的任何活动，应认为该企业在该缔约国一方设有常设机构，除非这个人通过固定营业场所进行的活动限于第四款的规定。按照该款规定，不应认为该固定营业场所是常设机构。

六、缔约国一方企业仅通过按常规经营本身业务的经纪人、一般佣金代理人或者任何其他独立地位代理人在缔约国另一方进行营业，不应认为在该缔约国另一方设有常设机构。但如果这个代理人的活动全部或几乎全部是代表该企业进行的，不应认为是本款所指的独立代理人。

七、缔约国一方的居民公司，控制或被控制于缔约国另一方的居民公司或者在该缔约国另一方进行营业的公司（不论是否通过常设机构），此项事实不能据以使任何一方公司构成另一方公司的常设机构。

第六条　不动产所得

一、缔约国一方居民从位于缔约国另一方的不动产取得的所得（包括农业或林业所得），可以在该缔约国另一方征税。

二、"不动产"一语应当具有财产所在地的缔约国一方的法律所规定的含义。该用语在任何情况下应包括附属于不动产的财产，农业和林业所使用的牲畜和设备，有关地产的一般法律规定所适用的权利，不动产的用益权以及由于开采或有权开采矿藏、水源和其他自然资源取得的不固定或固定收入的权利。船舶、飞机和公路车辆不应视为不动产。

三、第一款的规定应适用于从直接使用、出租或者任何其他形式使用不动产取得的所得。

四、第一款和第三款的规定也适用于企业的不动产所得和用于进行独立个人劳务的不动产所得。

第七条　营业利润

一、缔约国一方企业的利润应仅在该缔约国一方征税，但该企业通过设在缔约国另一方的常设机构在缔约国另一方进行营业的除外。如果该企业通过设在缔约国另一方的常设机构在缔约国另一方进行营业，则其利润可以在缔约国另一方征税，但应仅以归属于该常设机构的利润为限。

二、除适用本条第三款的规定以外，缔约国一方企业通过设在缔约国另一方的常设机构在缔约国另一方进行营业，应将该常设机构视同在相同或类似情况下从事相同或类似活动的独立分设企业，并同该常设机构所隶属的企业完全独立处理，该常设机构可能得到的利润在缔约国各方应归属于该常设机构。

三、在确定常设机构的利润时，应当允许扣除其进行营业发生的各项费用，包括行政和一般管理费用，不论其发生于该常设机构所在缔约国一方还是其他地方。

四、如果缔约国一方习惯于以企业总利润按一定比例分配给所属各单位的方法来确定常设机构的利润，则第二款规定并不妨碍该缔约国一方按这种习惯分配方法确定其应税利润。但是，采用的分配方法所得到的结果，应与本条所规定的原则一致。

五、不应仅由于常设机构为本企业采购货物或商品，而将利润归属于该常设机构。

六、在执行上述各款时，除有适当的和充分的理由需要变动外，每年应采用相同的方法确定归属于常设机构的利润。

七、利润中如果包括本协定其他各条单独规定的所得项目时，本条规定不应影响其他各条的规定。

第八条　国际运输

一、缔约国一方企业以船舶、飞机或公路车辆经营国际运输业务所取得的利润，应仅在该缔约国一方征税。

二、第一款规定也适用于参加合伙经营、联合经营或者参加国际经营机构取得的利润。

第九条 关联企业

一、在下列任何一种情况下：

（一）缔约国一方企业直接或者间接参与缔约国另一方企业的管理、控制或资本，或者

（二）同一人直接或者间接参与缔约国一方企业和缔约国另一方企业的管理、控制或资本，

两个企业之间商业或财务关系的构成条件不同于独立企业之间商业或财务关系的构成条件，并且由于这些条件的存在，导致其中一个企业没有取得其本应取得的利润，则这部分利润应被计入到该企业的所得，并据以征税。

二、缔约国一方将缔约国另一方已征税的企业利润——在两个企业之间的关系是独立企业之间关系的情况下，这部分利润本应由该缔约国一方企业取得——包括在该缔约国一方企业的利润内征税时，缔约国另一方应对这部分利润所征收的税额加以调整。在确定调整时，应对本协定其他规定予以注意。如有必要，缔约国双方主管当局应相互协商。

第十条 股息

一、缔约国一方居民公司支付给缔约国另一方居民的股息，可以在缔约国另一方征税。

二、然而，这些股息也可以在支付股息的公司是其居民的缔约国一方，按照该缔约国一方的法律征税。但是，如果股息受益所有人是缔约国另一方居民，则所征税款：

（一）在受益所有人是公司（合伙企业除外），并直接拥有支付股息的公司至少25%资本的情况下，不应超过股息总额的5%；

（二）在其他情况下，不应超过股息总额的10%。

缔约国双方主管当局应协商确定实施限制税率的方式。

三、本条“股息”一语是指从股份或者非债权关系分享利润的其他权利取得的所得，以及按照分配利润的公司是其居民的缔约国一方法律，视同股份所得同样征税的其他公司权利取得的所得。

四、如果股息受益所有人作为缔约国一方居民，在支付股息的公司是其居民的缔约国另一方，通过设在缔约国另一方的常设机构进行营业或者通过设在缔约国另一方的固定基地从事独立个人劳务，据以支付股息的股份与该常设机构或固定基地有实际联系的，不适用第一款和第二款的规定。在这种情况下，应视具体情况适用第七条或第十四条的规定。

五、作为缔约国一方居民的公司从缔约国另一方取得利润或所得，该缔约国另一方不得对该公司支付的股息征税，也不得对该公司的未分配利润征税，即使支付的股息或未分配利润全部或部分是发生于缔约国另一方的利润或所得。但是，支付给缔约国另一方居民的股息或者据以支付股息的股份与设在缔约国另一方的常设机构或固定基地有实际联系的除外。

第十一条　利息

一、发生于缔约国一方而支付给缔约国另一方居民的利息，可以在该缔约国另一方征税。

二、然而，这些利息也可以在该利息发生的缔约国，按照该缔约国的法律征税。但是，如果利息受益所有人是缔约国另一方居民，则所征税款不应超过利息总额的10%。缔约国双方主管当局应协商确定实施限制税率的方式。

三、虽有第二款的规定，发生于缔约国一方而由缔约国另一方的政府或地方当局、中央银行或者任何完全由政府拥有的金融机构贷款、担保或保险而支付的利息，应在首先提及的缔约国一方免税。

四、关于第三款，“政府”一语：

（一）在土库曼斯坦指土库曼斯坦政府并且包括：

1．土库曼斯坦中央银行；以及

2．缔约国双方主管当局随时可同意的，由土库曼斯坦政府完全拥有的任何机构。

（二）在中国指中国政府并且包括：

1．中国人民银行；

2．国家开发银行；

3．中国农业发展银行；

4．中国进出口银行；

5．全国社会保障基金理事会；

6．中国出口信用保险公司；以及

7．缔约国双方主管当局随时可同意的，由中国政府完全拥有的任何机构。

五、本条“利息”一语是指从各种债权取得的所得，不论其有无抵押担保或者是否有权分享债务人的利润；特别是从公债、债券或者信用债券取得的所得，包括其溢价和奖金。由于延期支付而产生的罚款不应视为本条所规定的利息。

六、如果利息受益所有人作为缔约国一方居民，在利息发生的缔约国另一方，通过设在该缔约国另一方的常设机构进行营业或者通过设在该缔约国另一方的固定基地从事独立个人劳务，据以支付该利息的债权与该常设机构或者固定基地有实际联系的，不适用第一款和第二款的规定。在这种情况下，应视具体情况适用第七条或第十四条的规定。

七、如果支付利息的人是缔约国一方政府、地方当局或缔约国一方居民，应认为该利息发生在该缔约国。然而，如果支付利息的人——不论是否为缔约国一方居民——在缔约国一方设有常设机构或者固定基地，支付该利息的债务与该常设机构或者固定基地有联系，并由其负担该利息，上述利息应认为发生于该常设机构或固定基地所在的缔约国。

八、由于支付利息的人与受益所有人之间或者他们与其他人之间的特殊关系，就有关债权所支付的利息数额超出支付人与受益所有人没有上述关系所能同意的数额时，本条规定应仅适用于在没有上述关系情况下所能同意的数额。在这种情况下，对该利息的超出部分，仍应按各缔约国的法律征税，但应对本协定其他规定予以适当注意。

第十二条　特许权使用费

一、发生于缔约国一方而支付给缔约国另一方居民的特许权使用费，可以在缔约国另一方征税。

二、然而，这些特许权使用费也可以在其发生的缔约国，按照该缔约国的法律征税。但是，如果特许权使用费受益所有人是缔约国另一方居民，则所征税款不应超过特许权使用费总额的10%。缔约国双方主管当局应协商确定实施限制税率的方式。

三、本条“特许权使用费”一语是指使用或有权使用文学、艺术或科学著作（包括电影影片、无线电或电视广播使用的胶片或磁带）的版权、专利、商标、设计或模型、图纸、秘密配方或秘密程序所支付的作为报酬的各种款项，也包括使用或有权使用工业、商业、科学经验所支付的作为报酬的各种款项。

四、如果特许权使用费受益所有人作为缔约国一方居民，在特许权使用费发生的缔约国另一方，通过设在该缔约国另一方的常设机构进行营业或者通过设在该缔约国另一方的固定基地从事独立个人劳务，据以支付该特许权使用费的权利或财产与该常设机构或固定基地有实际联系的，不适用第一款和第二款的规定。在这种情况下，应视具体情况适用第七条或第十四条的规定。

五、如果支付特许权使用费的人是缔约国一方居民，应认为该特许权使用费发生在该缔约国。然而，当支付特许权使用费的人不论是否为缔约国一方居民，在缔约国一方设有常设机构或者固定基地，支付该特许权使用费的义务与该常设机构或者固定基地有联系，并由其负担该特许权使用费，上述特许权使用费应认为发生于该常设机构或者固定基地所在的缔约国。

六、由于支付特许权使用费的人与受益所有人之间或他们与其他人之间的特殊关系，就有关使用、权利或信息支付的特许权使用费数额超出支付人与受益所有人没有上述关系所能同意的数额时，本条规定应仅适用于在没有上述关系情况下所能同意的数额。在这种情况下，对该支付款项的超出部分，仍应按各缔约国的法律征税，但应对本协定其他规定予以适当注意。

第十三条　财产收益

一、缔约国一方居民转让第六条所述位于缔约国另一方的不动产取得的收益，可以在该缔约国另一方征税。

二、转让缔约国一方企业在缔约国另一方的常设机构营业财产部分的动产、或者缔约国一方居民在缔约国另一方从事独立个人劳务的固定基地的动产取得的收益，包括转让常设机构（单独或者随同整个企业）或者固定基地取得的收益，可以在该缔约国另一方征税。

三、转让由缔约国一方企业从事国际运输的船舶、飞机或公路车辆或者附属于上述船舶、飞机或公路车辆的动产取得的收益，应仅在该缔约国征税。

四、缔约国一方居民转让股份取得的收益，如果该股份价值的50%（不含）以上直接或间接来自位于缔约国另一方的不动产，可以在该缔约国另一方征税。

五、转让第一款至第四款所述财产以外的其他财产取得的收益，应仅在转让者为其居民的缔约国一方征税。

第十四条　独立个人劳务

一、缔约国一方居民由于专业性劳务或者其他独立性活动取得的所得，应仅在该缔约国征税。但具有以下情况之一的，可以在缔约国另一方征税：

（一）该缔约国一方居民为从事上述活动在缔约国另一方设有经常使用的固定基地。在这种情况下，缔约国另一方可以仅对归属于该固定基地的所得征税。

（二）在任何12个月中，该缔约国一方居民在缔约国另一方停留连续或累计达到或超过183天。在这种情况下，缔约国另一方可以仅对在该缔约国进行活动取得的所得征税。

二、"专业性劳务"一语特别包括独立的科学、文学、艺术、教育或教学活动，以及医师、律师、工程师、建筑师、牙医师和会计师的独立活动。

第十五条　非独立个人劳务

一、除适用第十六条、第十八条、第十九条、第二十条和第二十一条的规定外，缔约国一方居民因受雇取得的薪金、工资和其他类似报酬，除在缔约国另一方从事受雇的活动以外，应仅在该缔约国一方征税。在缔约国另一方从事受雇活动取得的报酬，可以在缔约国另一方征税。

二、虽有第一款的规定，缔约国一方居民因在缔约国另一方从事受雇活动取得的报酬，同时具有以下三个条件的，应仅在该缔约国一方征税：

（一）收款人在任何12个月中在缔约国另一方停留连续或累计不超过183天；

（二）该项报酬由并非缔约国另一方居民的雇主支付或代表该雇主支付；

（三）该项报酬不是由雇主设在缔约国另一方的常设机构或

固定基地所负担。

三、虽有本条上述规定，在缔约国一方企业经营国际运输的船舶、飞机或公路车辆上从事受雇活动取得的报酬，应仅在该缔约国征税。

第十六条　董事费

缔约国一方居民作为缔约国另一方居民公司董事会成员取得的董事费和其他类似款项，可以在缔约国另一方征税。

第十七条　艺术家和运动员

一、虽有第十四条和第十五条的规定，缔约国一方居民作为表演家，如戏剧、电影、广播或电视艺术家或音乐家，或作为运动员，在缔约国另一方从事个人活动取得的所得，可以在缔约国另一方征税。

二、表演家或运动员从事个人活动取得的所得，未归属于表演家或运动员本人，而归属于其他人时，虽有第七条、第十四条和第十五条的规定，该所得仍可以在该表演家或运动员从事其活动的缔约国征税。

三、虽有本条前述规定，作为缔约国一方居民的表演家或运动员，按照缔约国双方政府文化交流计划在缔约国另一方从事活动取得的所得，应在缔约国另一方免予征税。

第十八条　退休金

一、除适用第十九条第二款的规定以外，因以前的雇佣关系支付给缔约国一方居民的退休金和其他类似报酬，应仅在该缔约国一方征税。

二、虽有第一款的规定，缔约国一方政府或地方当局按社会保险制度的公共福利计划支付的退休金和其他类似款项，应仅在该缔约国一方征税。

第十九条　政府服务

一、（一）缔约国一方政府或地方当局向为履行政府职责提供服务的个人支付退休金以外的报酬，应仅在该缔约国一方征税。

（二）但是，如果该项服务是在缔约国另一方提供，而且提供服务的个人是该缔约国另一方居民，并且该居民：

1. 是该缔约国另一方的国民；或者

2. 不是仅由于提供该项服务而成为该缔约国另一方居民的，该项报酬，应仅在该缔约国另一方征税。

二、（一）缔约国一方政府或地方当局支付或者从其建立的基金中支付给向其提供服务的个人的任何退休金，应仅在该缔约国一方征税。

（二）但是，如果提供服务的个人是缔约国另一方居民，并且是其国民的，该项报酬应仅在该缔约国另一方征税。

三、第十五条、第十六条、第十七条和第十八条的规定，应适用于向缔约国一方政府或地方当局举办的事业提供服务取得的报酬和退休金。

第二十条　教师和研究人员

一、任何个人是、或者在紧接前往缔约国一方之前曾是缔约国另一方居民，仅为在该缔约国一方的大学、学院、学校或为该缔约国一方政府承认的教育机构和科研机构从事教学、讲学或研究的目的，而停留在该缔约国一方，对其由于教学、讲学或研究取得的报酬，该缔约国一方应自其第一次到达之日起，三年内免予征税。

二、本条第一款的规定不适用于并非为了公共利益，而主要是为了某人或某些人的利益从事研究取得的所得。

第二十一条　学生

一、如果一个学生是或者在紧接前往缔约国一方之前曾是缔约国另一方居民，仅由于接受教育的目的，而停留在该缔约国一方，对其为了维持生活或接受教育的目的收到的来源于该缔约国一方以外的款项，该缔约国一方应免予征税。

二、第一款所述学生取得未包括在第一款中的赠款、奖学金和劳务报酬的，在接受教育期间，该学生应与其所停留国居民享受同样的免税、减税或扣除优惠。

第二十二条　其他所得

一、缔约国一方居民取得的各项所得，不论在什么地方发生，凡本协定上述各条未作规定的，应仅在该缔约国一方征税。

二、第六条第二款规定的不动产所得以外的其他所得，如果所得收款人为缔约国一方居民，通过设在缔约国另一方的常设机构在该缔约国另一方进行营业，或者通过设在该缔约国另一方的固定基地在该缔约国另一方从事独立个人劳务，据以支付所得的权利或财产与该常设机构或固定基地有实际联系的，不适用第一款的规定。在这种情况下，应视具体情况分别适用第七条或第十四条的规定。

第二十三条　消除双重征税方法

一、在土库曼斯坦，消除双重征税如下：

（一）根据本协定规定，土库曼斯坦居民取得的所得可以在中国征税的，土库曼斯坦应允许从该居民就该项所得缴纳的税收中抵扣相当于在中国缴纳的所得税额。然而，该项抵扣额不应超过在抵扣前的土库曼斯坦应纳税额应归属于从中国取得所得项目的部分。

（二）根据本协定的任何规定，土库曼斯坦居民取得的所得在土库曼斯坦免予征税的，土库曼斯坦在计算该居民剩余所得的税收时仍可以考虑已免税所得。

二、在中国，消除双重征税如下：

（一）中国居民从土库曼斯坦取得的所得，按照本协定规定在土库曼斯坦缴纳的税额，可以在对该居民征收的中国税收中抵免。但是，抵免额不应超过对该项所得按照中国税法和规章计算的中国税收数额。

（二）在土库曼斯坦取得的所得是土库曼斯坦居民公司支付给中国居民公司的股息，并且该中国居民公司拥有支付股息公司的股份不少于20%的，该项抵免应考虑支付股息的公司就该项所得缴纳的土库曼斯坦税收。

第二十四条　非歧视待遇

一、缔约国一方的国民在缔约国另一方负担的税收或者有关条件，在相同情况下，特别是在居民身份相同的情况下，不应与该缔约国另一方的国民负担或可能负担的税收或者有关条件不同或比其更重。虽有第一条的规定，本规定也应适用于不是缔约国一方或者双方居民的人。

二、缔约国一方企业在缔约国另一方常设机构的税收负担，不应高于缔约国另一方对从事同样活动的本国企业征收的税收。本规定不应理解为缔约国一方由于民事地位、家庭责任给予缔约国一方居民的个人补贴、优惠和减免也必须给予缔约国另一方居民。

三、除适用第九条第一款、第十一条第八款或第十二条第六款的规定外，缔约国一方企业支付给缔约国另一方居民的利息、特许权使用费和其他款项，在确定该企业应纳税利润时，应像支付给该缔约国一方居民的一样，在相同情况下予以扣除。

四、缔约国一方企业的资本全部或部分、直接或间接为缔约国另一方一个或一个以上的居民拥有或控制，该企业在该缔约国一方负担的税收或者有关条件，不应与该缔约国一方其他同类企业负担或可能负担的税收或者有关条件不同或比其更重。

五、虽有第二条的规定，本条规定应适用于所有种类和性质的税收。

第二十五条　相互协商程序

一、如有人认为，缔约国一方或者双方所采取的措施，导致或将导致对其的征税不符合本协定的规定时，可以不考虑各缔约国国内法律的补救办法，将案情提交该人为其居民的缔约国主管当局，或者如果其案情属于第二十四条第一款，可以提交该人为其国民的缔约国主管当局。该项案情必须在不符合本协定规定的征税措施第一次通知之日起，三年内提出。

二、上述主管当局如果认为所提意见合理，又不能单方面圆满解决时，应设法同缔约国另一方主管当局相互协商解决，以避免不符合本协定的征税。达成的协议应予执行，而不受各缔约国国内法律的时间限制。

三、缔约国双方主管当局应通过协议设法解决在解释或实施本协定时所发生的困难或疑义，也可以对本协定未作规定的消除双重征税问题进行协商。

四、缔约国双方主管当局为达成前述各款的协议，可以相互直接联系。为有助于达成协议，双方主管当局的代表可以进行会谈，口头交换意见。

第二十六条　信息交换

一、缔约国双方主管当局应交换可以预见的与执行本协定的规定相关的信息，或与执行缔约国双方或地方当局征收的各种税收的国内法律相关的信息，以根据这些法律征税与本协定不相抵触为限。信息交换不受第一条和第二条的限制。

二、缔约国一方根据第一款收到的任何信息，都应和根据该国国内法所获得的信息一样作密件处理，仅应告知与第一款所指税种有关的评估、征收、执行、起诉或上诉裁决有关的人员或当局（包括法院和行政部门）及其监督部门。上述人员或当局应仅为上述目的使用该信息，但可以在公开法庭的诉讼程序或法庭判决中披露有关信息。

三、第一款和第二款的规定在任何情况下不应被理解为缔约国一方有以下义务：

（一）采取与该缔约国一方或缔约国另一方的法律和行政惯例相违背的行政措施；

（二）提供按照该缔约国一方或缔约国另一方的法律或正常行政渠道不能得到的信息；

（三）提供泄露任何贸易、经营、工业、商业或专业秘密或贸易过程的信息或者泄露会违反公共政策（公共秩序）的信息。

第二十七条　外交代表和领事官员

本协定应不影响按国际法一般原则或特别协定规定的外交代表或领事官员的税收特权。

第二十八条　生效

缔约国双方应以书面形式相互通知已完成本协定生效所必需的国内法律程序。本协定应自最后一方通知发出之日后第30天生效，其规定应适用于：

（一）本协定生效年度的次年1月1日或以后取得的所得源泉扣缴的税收；

（二）本协定生效年度的次年1月1日或以后开始的纳税年度中征收的其他税收。

第二十九条　终止

本协定应保持有效直到缔约国一方终止本协定。在本协定生效之日起满5年后的任一年年底前6个月，缔约国一方可以通过外交途径书面通知缔约国另一方终止本协定。在这种情况下，本协定应停止适用于：

（一）终止通知发出年度的次年1月1日或以后取得的所得源泉扣缴的税收；

（二）终止通知发出年度的次年1月1日或以后开始的纳税年度中征收的其他税收。

下列代表，经各自政府正式授权，在本协定上签字，以昭信守。

本协定于二〇〇九年十二月十三日在阿什哈巴德签订，一式两份，每份均用中文、土库曼文、俄文和英文写成，四种文本同等作准。如对文本的解释发生分歧，以英文本为准。

中华人民共和国政府 代　表 **杨洁篪** （签　字）	土库曼斯坦政府 代　表 **贾帕罗夫** （签　字）

附件：

《中华人民共和国政府和土库曼斯坦政府对所得避免双重征税和防止偷漏税的协定》议定书

在签订《中华人民共和国政府和土库曼斯坦政府对所得避免双重征税和防止偷漏税的协定》（以下简称“协定”）时，双方同意以下期定应作为协定的组成部分：

一、本协定也适用于缔约国一方行使税收管辖权的水域。

二、关于第五条（常设机构）和第七条（营业利润）

尽管有第五条第二款第六项规定，从事矿场、气井、采石场或者任何其他勘探、开采和开发自然资源活动，按协定规定征收的税收应仅限于对第七条规定的归属利润征税。

三、关于第七条（营业利润）

缔约国一方企业总机构或其分支机构支付给任何人的服务报酬，根据第三款，按在缔约国另一方常设机构的行政和一般管理费用（第十一条第七款所指的利息和第十二条第五款所指的特许权使用费除外）分摊的，该款项不应被认为是来源于缔约国另一方的所得。

下列代表，经各自政府正式授权，在本议定书上签字，以昭信守。

本议定书于二〇〇九年十二月十三日在阿什哈巴德签订，一式两份，每份均用中文、土库曼文、俄文和英文写成，四种文本同等作准。如对文本的解释发生分歧，以英文本为准。

中华人民共和国政府	土库曼斯坦政府
代　表	代　表
杨洁篪	**贾帕罗夫**
（签　字）	（签　字）

中华人民共和国政府和乌兹别克斯坦共和国政府非资源和高科技领域合作规划

中华人民共和国和乌兹别克斯坦共和国是传统的友好国家、

重要的合作伙伴。经贸关系是中乌关系的重要组成部分，深化双边经贸关系有利于两国关系的进一步巩固和发展。

2005年5月，乌兹别克斯坦总统伊斯兰姆·卡里莫夫对中国进行国事访问期间，与中国国家主席胡锦涛共同签署了《中乌友好合作伙伴关系条约》，为两国关系长期稳定发展奠定了坚实的法律基础。

近年来，中乌经济快速增长，两国保持着密切的经济联系。双边经贸合作领域不断拓展，相互投资规模日益扩大。

为经济快速、和谐发展创造良好条件，提高两国人民生活水平，进一步推动和扩大中乌非资源和高科技领域合作的长期、有序、健康发展，中华人民共和国政府和乌兹别克斯坦共和国政府（以下称“双方”）制订了非资源和高科技领域合作规划（以下称“规划”）。

一、目标

规划旨在通过加强双边非资源和高科技领域合作，深化和充实中乌友好合作关系的内涵，促进两国间关系的和谐发展，增强两国的经济实力，丰富合作内容，拓宽合作领域，全面落实双方达成的共识。

双方愿采取切实措施，促进经贸合作的平衡与和谐，提高合作水平，推动合作可持续发展。

二、原则

考虑到两国经济发展水平、市场需求结构以及双方诉求，按照公平、合理、平等原则，双方将发挥优势互补，实现互利共赢。

重点合作领域、合作项目的确定应遵从战略性、可行性、示范性、经济赢利性原则。

项目的实施要以企业为主体，按照市场运作、政府推动原则，注重实效、公平竞争，全面促进社会经济的大发展。

三、任务

促进经济增长，发展互利经贸关系；

创造两国间便利的投资环境，以扩大相互投资规模；

根据乌兹别克市场情况和开拓第三国市场的可能性，发展在应用高科技和建立合资企业方面的合作。

发展工业科技创新合作，扩大银行领域合作，发展旅游业、农业合作。

为双方企业开展非资源和高科技领域合作搭建平台、提供服务。

四、重点合作方向

考虑到双方产业互补和合作需求以及近、中期实施的条件和可能，双方确定了重点领域清单，包括：机械设备、电子产品、通讯和信息技术、化工、医药、建筑和建材、交通运输、投资和金融、旅游等。

机械设备

双方注意到两国机械设备领域的合作潜力，拟采取措施促进该领域的合作，扩大机械设备产品在双边贸易中的比重。

双方认为有必要鼓励两国企业在铁路运输、灌溉和土壤改良设备、矿山冶金设备、能源和节能设备、工程机械和其他大型成套设备方面进一步扩大合作，协助公司相互承揽大型项目。

电子产品

双方将积极推动医疗设备、家用电器、电信产品，以及电子产品生产的其他领域的深入合作。

通讯和信息技术

双方拟相互交流电信业发展的经验，在产品生产、技术研发、产业基地建设、网络建设等方面开展合作，促进两国信息和通信领域的共同发展。

双方拟加强在移动通信网与固网等通信基础设施领域的合作，认为有必要加强两国主管通讯和信息技术部门的合作，并针对通讯和信息技术领域的技术人才和管理人员举办培训班。共同参与“上海合作组织信息高速公路”示范性项目的建设。

化工

双方将积极支持两国企业加强在化工领域的合作，并在组织生产新型产品的基础上提升其发展水平，并且扩大纯碱、钾肥、氮肥、磷肥等乌兹别克斯坦化工产品的出口，以及在生产甲醇、二甲醚并将其作为动力燃料使用方面开展合作。

医药

双方将研究在组织医药联合生产方面的可能性。

建材生产领域合作

双方认为建材生产领域的合作具有广阔前景，双方将努力创造条件发展该领域的合作。

交通运输

双方将促进两国企业研究探讨合作实施公路和铁路，以及其他交通运输领域项目。

投资和金融

双方认为，有必要扩大双边相互投资规模，采取有效措施在互利基础上相互吸引直接投资。鼓励推动两国企业开展相互投资，积极支持双方企业在商业运作基础上开展以互利共赢为目的的投资合作。

双方将推动两国金融机构建立联系，探讨并开展多种形式的融资合作，为两国非资源和高科技领域合作提供优质金融服务，加强监督检查，完善风险管理，以有效促进合作项目的成功实施。

旅游

双方认为，旅游合作是两国重要的合作领域，双方主管部门应加强合作，促进两国公民的相互旅游往来便利化。

中小企业合作

加强双方中小企业政府主管部门、中小企业服务机构和中小企业之间的合作与交流，鼓励双方中小企业积极到对方国投资兴业。

双方感兴趣的其他领域和方向

五、协调和执行

本规划由中乌政府间经贸合作委员会协调规划实施。

为落实本规划，双方可制定落实中乌非资源和高科技领域合作规划的措施计划，该计划将是本规划不可分割的一部分。根据双方协商可以对措施计划进行修改和补充。

六、附则

双方拟积极推进本规划确定的重点领域的项目合作，以及对深化双边经贸关系发挥补充作用的其他领域的项目合作。

双方表示拟为上述非资源和高科技领域各项目合作创造公平、公开的投资环境。

本规划自签字之日起生效。

本规划于二〇一〇年六月九日在塔什干签订，一式两份，每份都用中文、乌兹别克文和俄文写成，三种文本同等作准。

中华人民共和国政府	乌兹别克斯坦共和国政府
代　表	代　表
陈德铭	**加尼耶夫**
（签　字）	（签　字）

《中华人民共和国政府和新加坡共和国政府关于对所得避免双重征税和防止偷漏税的协定》第三议定书

关于2007年7月11日在新加坡签订的《中华人民共和国政府和新加坡共和国政府关于对所得避免双重征税和防止偷漏税的协定》（以下简称“协定”），中华人民共和国政府和新加坡共和国政府同意下列规定作为协定的组成部分：

第　一　条

关于协定第二十五条，取消第一款、第二款和第三款，用下列代替：

“一、缔约国双方主管当局应交换可以预见的与执行本协定的规定相关的信息，或与执行缔约国双方或其地方当局征收的各种税收的国内法律相关的信息，以根据这些法律征税与本协定不相抵触为限。信息交换不受第一条和第二条的限制。

二、缔约国一方根据第一款收到的任何信息，都应和根据该国国内法所获得的信息一样作密件处理，仅应告知与第一款所指税收有关的评估、征收、执行、起诉或上诉裁决有关的人员或当局（包括法院和行政部门）及其监督部门。上述人员或当局应仅为上述目的使用该信息，但可以在公开法庭的诉讼程序或法庭判决中披露有关信息。

三、第一款和第二款的规定在任何情况下不应被理解为缔约国一方有以下义务：

（一）采取与该缔约国一方或缔约国另一方的法律和行政惯例相违背的行政措施；

（二）提供按照该缔约国一方或缔约国另一方的法律或正常行政渠道不能得到的信息；

（三）提供泄露任何贸易、经营、工业、商业或专业秘密或贸易过程的信息或者泄露会违反公共政策（公共秩序）的信息。

四、如果缔约国一方根据本条请求信息，缔约国另一方应使用其信息收集手段取得所请求的信息，即使缔约国另一方可能并不因其税务目的需要该信息。前句所确定的义务受第三款的限制，但是这些限制在任何情况下不应被理解为允许缔约国任何一方仅因该信息没有国内利益而拒绝提供。

五、在任何情况下，本条第三款的规定在任何情况下不应被理解为允许缔约国任何一方仅因信息由银行、其他金融机构、名义代表人、代理人或受托人所持有，或因信息与人的所有权益有关，而拒绝提供。”

第　二　条

缔约国双方应通过外交渠道相互通知对方已经完成该第三议定书生效所必需的国内法律程序。该第三议定书自收到后一方通知之日起生效。第三议定书的规定将适用于该第三议定书生效年度次年一月一日或以后开始的纳税期间的税收。

下列代表，经各自政府正式授权，在本议定书上签字，以昭信守。

本议定书于二〇一〇年七月二十三日在北京签订，一式两份，每份都用中文和英文写成，两种文本同等作准。

中华人民共和国政府	新加坡共和国政府
国家税务总局	国内税务局
代　表	代表
王　力	李金富
（签　字）	（签　字）

中华人民共和国政府和阿拉伯叙利亚共和国政府对所得避免双重征税和防止偷漏税的协定

中华人民共和国政府和阿拉伯叙利亚共和国政府，愿意缔结对所得避免双重征税和防止偷漏税的协定，达成协议如下：

第一条　人的范围

本协定适用于缔约国一方或者同时为双方居民的人。

第二条　税种范围

一、本协定适用于由缔约国一方或其地方当局对所得征收的税收，不论其征收方式如何。

二、对全部所得或某项所得征收的税收，包括对来自转让动产或不动产的收益征收的税收和对企业支付的工资或薪金总额征收的税收，应视为对所得征收的税收。

三、本协定适用的现行税种是：

（一）在中国：

1．个人所得税；

2．企业所得税。

（以下简称“中国税收”）

（二）在叙利亚：

1．商业、工业和非商业利润所得税；

2．薪金工资所得税；

3．非居民所得税；

4．动产和不动产收入所得税；

5．对上述税收按比例征收的附加税；包括地方当局征收的附加税。

（以下简称“叙利亚税收”）

四、本协定也适用于本协定签订之日后增加或者代替现行税种的相同或者实质相似的税收。缔约国双方主管当局应将各自税法所作的实质变动通知对方。

第三条　一般定义

一、在本协定中，除上下文另有要求的以外：

（一）“中国”一语是指中华人民共和国；用于地理概念时，是指所有适用中国有关税收法律的中华人民共和国领土，包括领海，以及根据国际法和国内法，中华人民共和国拥有勘探和开发海床和底土及其上覆水域资源主权权利的领海以外的区域；

（二）“叙利亚”一语，根据国际法，是指阿拉伯叙利亚共和国的领土，包括叙利亚拥有主权权利内部海域、领海及其底土和其上部领空，以及叙利亚为了勘探、开发和保护自然资源的目的而有权行使主权权利的其他海域；

（三）“缔约国一方”和“缔约国另一方”的用语，根据上下文的要求，是指中国或叙利亚；

（四）“人”一语包括个人、公司和其他团体；

（五）“国民”一语是指：

1．任何具有缔约国一方国籍的个人；

2．任何按照缔约国一方现行法律成立的法人、合伙企业或团体。

（六）“公司”一语是指法人团体或者在税收上视同法人团体的实体；

（七）“缔约国一方企业”和“缔约国另一方企业”的用语，分别指缔约国一方居民经营的企业和缔约国另一方居民经营的企业；

（八）“国际运输”一语是指缔约国一方企业以船舶或飞机经营的运输，不包括仅在缔约国另一方各地之间以船舶或飞机经营的运输；

（九）“主管当局”一语是指：

1．在中国方面，国家税务总局或其授权的代表；

2．在叙利亚方面，财政部长或其授权的代表。

二、缔约国一方在实施本协定的任何时候，对于未经本协定明确定义的用语，除上下文另有要求的以外，应当具有协定实施时该国适用于本协定的税种的法律所规定的含义。

第四条　居民

一、在本协定中，“缔约国一方居民”一语是指按照该缔约国法律，由于住所、居所、成立地、实际管理机构所在地，或者其他类似的标准，在该缔约国负有纳税义务的人。但是，这一用语不包括仅因来源于该缔约国的所得而在该缔约国负有纳税义务的人。

二、由于第一款的规定，同时为缔约国双方居民的个人，其身份应按以下规则确定：

（一）应认为是其永久性住所所在国的居民；如果在缔约国双方同时有永久性住所，应认为是与其个人和经济关系更密切（重要利益中心）的国家的居民；

（二）如果其重要利益中心所在国无法确定，或者在缔约国任何一方都没有永久性住所，应认为是其习惯性居处所在国的居民；

（三）如果其在缔约国双方都有或者都没有习惯性居处，应认为是其国籍所属国家的居民；

（四）如果发生双重国籍问题，或者其不是缔约国任何一方的国民，缔约国双方主管当局应通过协商解决。

三、由于第一款的规定，除个人以外，同时为缔约国双方居民的人，其居民身份应通过协商确定。

第五条　常设机构

一、在本协定中，“常设机构”一语是指企业进行全部或部分营业的固定营业场所。

二、“常设机构”一语特别包括：

（一）管理场所；

（二）分支机构；

（三）办事处；

（四）工厂；

（五）作业场所；

（六）矿场、油井或气井、采石场或者其他开采自然资源的场所。

三、建筑工地，建筑、装配或安装工程，或者与其有关的监督管理活动构成常设机构，但仅以该工地、工程或活动连续超过九个月的为限。

四、虽有本条上述规定，“常设机构”一语应认为不包括：

（一）专为储存、陈列或者交付本企业货物或者商品的目的而使用的设施；

（二）专为储存、陈列或者交付的目的而保存本企业货物或者商品的库存；

（三）专为由另一企业加工的目的而保存本企业货物或者商品的库存；

（四）专为本企业采购货物或者商品，或者搜集信息的目的所设的固定营业场所；

（五）专为本企业进行其他准备性或辅助性活动的目的所设的固定营业场所；

（六）专为本款第（一）项至第（五）项活动的结合所设的固定营业场所，如果由于这种结合使该固定营业场所的全部活动属于准备性质或辅助性质。

五、虽有第一款和第二款的规定，当一个人（除适用第六款规定的独立地位代理人以外）在缔约国一方代表缔约国另一方的企业进行活动，有权以该企业的名义签订合同并经常行使这种权力，该人为该企业进行的任何活动，应认为该企业在该缔约国一方设有常设机构，除非该人通过固定营业场所进行的活动限于第四款的规定。按照该款规定，不应认为该固定营业场所是常设机构。

六、缔约国一方企业仅通过按常规经营本身业务的经纪人、一般佣金代理人或者任何其他独立地位代理人在缔约国另一方进行营业，不应认为在该缔约国另一方设有常设机构。但如果该代理人的活动全部或几乎全部代表该企业，不应认为是本款所指的独立地位代理人。

七、缔约国一方的居民公司，控制或被控制于缔约国另一方的居民公司或者在该缔约国另一方进行营业的公司（不论是否通过常设机构），此项事实不能据以使任何一方公司构成另一方公司的常设机构。

第六条　不动产所得

一、缔约国一方居民从位于缔约国另一方的不动产取得的所得（包括农业或林业所得），可以在该缔约国另一方征税。

二、“不动产”一语应当具有财产所在地的缔约国的法律所规定的含义。该用语在任何情况下应包括附属于不动产的财产，农业和林业所使用的牲畜和设备，有关地产的一般法律规定所适用的权利，不动产的用益权以及由于开采或有权开采矿藏、水源和其他自然资源取得的不固定或固定收入的权利。船舶和飞机不应视为不动产。

三、第一款的规定应适用于从直接使用、出租或者任何其他形式使用不动产取得的所得。

四、第一款和第三款的规定也适用于企业的不动产所得和用于进行独立个人劳务的不动产所得。

第七条　营业利润

一、缔约国一方企业的利润应仅在该缔约国征税，但该企业通过设在缔约国另一方的常设机构在缔约国另一方进行营业的除外。如果该企业通过设在缔约国另一方的常设机构在缔约国另一方进行营业，则其利润可以在缔约国另一方征税，但应仅以归属于该常设机构的利润为限。

二、除适用第三款的规定以外，缔约国一方企业通过设在缔约国另一方的常设机构在缔约国另一方进行营业，应将该常设机构视同在相同或类似情况下从事相同或类似活动的独立分设企业，并同该常设机构所隶属的企业完全独立处理，该常设机构可能得到的利润在缔约国各方应归属于该常设机构。

三、在确定常设机构的利润时，应当允许扣除为常设机构发生的各项费用，包括行政和一般管理费用，不论其发生于该常设机构所在国还是其他地方。

四、如果缔约国一方习惯于以企业总利润按一定比例分配给所属各单位的方法来确定常设机构的利润，则第二款规定并不妨碍该缔约国一方按这种习惯分配方法确定其应税利润。但是，采用的分配方法所得到的结果，应与本条所规定的原则一致。

五、不应仅由于常设机构为本企业采购货物或商品，而将利润归属于该常设机构。

六、在执行上述各款时，除有适当的和充分的理由需要变动外，每年应采用相同的方法确定归属于常设机构的利润。

七、利润中如果包括本协定其他各条单独规定的所得项目，本条规定不应影响其他各条的规定。

第八条　海运和空运

一、缔约国一方企业以船舶或飞机经营国际运输业务所取得的利润，应仅在该缔约国一方征税。

二、第一款规定也适用于参加合伙经营、联合经营或者参加国际经营机构取得的利润。

第九条　关联企业

一、在下列任何一种情况下：

（一）缔约国一方企业直接或者间接参与缔约国另一方企业的管理、控制或资本，或者

（二）相同的人直接或者间接参与缔约国一方企业和缔约国另一方企业的管理、控制或资本，

两个企业之间商业或财务关系的构成条件不同于独立企业之间商业或财务关系的构成条件，并且由于这些条件的存在，导致其中一个企业没有取得其本应取得的利润，则可以将这部分利润计入该企业的所得，并据以征税。

二、缔约国一方将缔约国另一方已征税的企业利润——在两个企业之间的关系是独立企业之间关系的情况下，这部分利润本应由该缔约国一方企业取得——包括在该缔约国一方企业的利润内征税时，缔约国另一方应对这部分利润所征收的税额加以调整。在确定调整时，应对本协定其他规定予以注意。如有必要，缔约国双方主管当局应相互协商。

第十条　股息

一、缔约国一方居民公司支付给缔约国另一方居民的股息，可以在该缔约国另一方征税。

二、然而，这些股息也可以在支付股息的公司是其居民的缔约国，按照该缔约国的法律征税。但是，如果股息受益所有人是缔约国另一方居民，则所征税款：

（一）在受益所有人是公司（合伙企业除外），并直接拥有支付股息的公司至少25%资本的情况下，不应超过股息总额的5%；

（二）在其他情况下，不应超过股息总额的10%。

缔约国双方主管当局应协商确定实施限制税率的方式。

三、本条“股息”一语是指从股份或者非债权关系分享利润的其他权利取得的所得，以及按照分配利润的公司是其居民的缔约国法律，视同股份所得同样征税的其他公司权利取得的所得。

四、如果股息受益所有人作为缔约国一方居民，在支付股息的公司是其居民的缔约国另一方，通过设在缔约国另一方的常设机构进行营业或者通过设在缔约国另一方的固定基地从事独立个人劳务，据以支付股息的股份与该常设机构或固定基地有实际联系的，不适用第一款和第二款的规定。在这种情况下，应视具体情况适用第七条或第十四条的规定。

五、作为缔约国一方居民的公司从缔约国另一方取得利润或所得，该缔约国另一方不得对该公司支付的股息征税，也不得对该公司的未分配利润征税，即使支付的股息或未分配利润全部或部分是发生于缔约国另一方的利润或所得。但是，支付给缔约国另一方居民的股息或者据以支付股息的股份与设在缔约国另一方的常设机构或固定基地有实际联系的除外。

第十一条　利息

一、发生于缔约国一方而支付给缔约国另一方居民的利息，可以在该缔约国另一方征税。

二、然而，这些利息也可以在其发生的缔约国，按照该缔约国的法律征税。但是，如果利息受益所有人是缔约国另一方居民，则所征税款不应超过利息总额的10%。缔约国双方主管当局应协商确定实施限制税率的方式。

三、虽有第二款的规定，发生于缔约国一方而因缔约国另一方的政府、地方当局、中央银行或者任何完全由政府拥有的金融机构贷款、担保或保险而支付的利息，应在首先提及的缔约国一方免税。

四、本条“利息”一语是指从各种债权取得的所得，不论其有无抵押担保或者是否有权分享债务人的利润，特别是从公债、债券或者信用债券取得的所得，包括其溢价和奖金。由于延期支付而产生的罚款不应视为本条所规定的利息。

五、如果利息受益所有人作为缔约国一方居民，在利息发生的缔约国另一方，通过设在该缔约国另一方的常设机构进行营业或者通过设在该缔约国另一方的固定基地从事独立个人劳务，据以支付该利息的债权与该常设机构或者固定基地有实际联系的，不适用第一款、第二款和第三款的规定。在这种情况下，应视具体情况适用第七条或第十四条的规定。

六、如果支付利息的人是缔约国一方、其地方当局或居民，应认为该利息发生在该缔约国。然而，如果支付利息的人——不论是否为缔约国一方居民——在缔约国一方设有常设机构或固定基地，支付该利息的债务与该常设机构或固定基地有联系，并由其负担该利息，上述利息应认为发生于该常设机构或固定基地所在的缔约国。

七、由于支付利息的人与受益所有人之间或者他们与其他人之间的特殊关系，就有关债权所支付的利息数额超出支付人与受益所有人没有上述关系所能同意的数额时，本条规定应仅适用于在没有上述关系情况下所能同意的数额。在这种情况下，对该利息的超出部分，仍应按各缔约国的法律征税，但应对本协定其他规定予以适当注意。

第十二条　特许权使用费

一、发生于缔约国一方而支付给缔约国另一方居民的特许权使用费，可以在该缔约国另一方征税。

二、然而，这些特许权使用费也可以在其发生的缔约国，按照该缔约国的法律征税。但是，如果特许权使用费受益所有人是缔约国另一方居民，则所征税款不应超过特许权使用费总额的10%。缔约国双方主管当局应协商确定实施限制税率的方式。

三、本条“特许权使用费”一语是指为使用或有权使用任何文学、艺术或科学著作（包括电影影片、无线电或电视广播使用的胶片、磁带）的版权，任何专利、商标、设计或模型、图纸、秘密配方或秘密程序，或任何工业、商业、科学设备所支付的作为报酬的各种款项；或者为有关工业、商业或科学经验的信息所支付的作为报酬的各种款项。

四、如果特许权使用费受益所有人作为缔约国一方居民，在特许权使用费发生的缔约国另一方，通过设在该缔约国另一方的常设机构进行营业或者通过设在该缔约国另一方的固定基地从事独立个人劳务，据以支付该特许权使用费的权利或财产与该常设机构或固定基地有实际联系的，不适用第一款和第二款的规定。在这种情况下，应视具体情况适用第七条或第十四条的规定。

五、如果支付特许权使用费的人是缔约国一方、其地方当局或居民，应认为该特许权使用费发生在该缔约国。然而，如果支付特许权使用费的人——不论是否为缔约国一方居民——在缔约国一方设有常设机构或固定基地，支付该特许权使用费的义务与该常设机构或固定基地有联系，并由其负担该特许权使用费，上述特许权使用费应认为发生于该常设机构或固定基地所在的缔约国。

六、由于支付特许权使用费的人与受益所有人之间或他们与其他人之间的特殊关系，就有关使用、权利或信息所支付的特许权使用费数额超出支付人与受益所有人没有上述关系所能同意的数额时，本条规定应仅适用于在没有上述关系情况下所能同意的数额。在这种情况下，对该支付款项的超出部分，仍应按各缔约国的法律征税，但应对本协定其他规定予以适当注意。

第十三条　财产收益

一、缔约国一方居民转让第六条所述位于缔约国另一方的不动产取得的收益，可以在该缔约国另一方征税。

二、转让缔约国一方企业在缔约国另一方的常设机构营业财产部分的动产、或者缔约国一方居民在缔约国另一方从事独立个人劳务的固定基地的动产取得的收益，包括转让常设机构（单独或者随同整个企业）或者固定基地取得的收益，可以在该缔约国另一方征税。

三、缔约国一方企业转让从事国际运输的船舶或飞机，或者转让属于经营上述船舶或飞机的动产取得的收益，应仅在该缔约国一方征税。

四、转让第一款、第二款和第三款所述财产以外的其他财产取得的收益，应仅在转让者为其居民的缔约国一方征税。

第十四条　独立个人劳务

一、缔约国一方居民由于专业性劳务或者其他独立性活动取得的所得，应仅在该缔约国一方征税。但具有以下情况之一的，可以在缔约国另一方征税：

（一）在缔约国另一方为从事上述活动设有经常使用的固定基地。在这种情况下，该缔约国另一方可以仅对归属于该固定基地的所得征税；

（二）在有关纳税年度开始或结束的任何十二个月内在缔约

国另一方停留连续或累计达到或超过183天。在这种情况下，该缔约国另一方可以仅对在该国进行活动取得的所得征税。

二、“专业性劳务”一语特别包括独立的科学、文学、艺术、教育或教学活动，以及医师、律师、工程师、建筑师、牙医师和会计师的独立活动。

第十五条　非独立个人劳务

一、除适用第十六条、第十八条和第十九条的规定外，缔约国一方居民因受雇取得的薪金、工资和其他类似报酬，除在缔约国另一方从事受雇的活动以外，应仅在该缔约国一方征税。在缔约国另一方从事受雇活动取得的报酬，可以在该缔约国另一方征税。

二、虽有第一款的规定，缔约国一方居民因在缔约国另一方从事受雇活动取得的报酬，同时具有以下三个条件的，应仅在该缔约国一方征税：

（一）收款人在有关纳税年度开始或结束的任何十二个月内在缔约国另一方停留连续或累计不超过183天；

（二）该项报酬由并非缔约国另一方居民的雇主支付或代表该雇主支付；

（三）该项报酬不是由雇主设在缔约国另一方的常设机构或固定基地所负担。

三、虽有本条上述规定，在缔约国一方企业经营国际运输的船舶或飞机上从事受雇活动取得的报酬，可以在该缔约国一方征税。

第十六条　董事费

缔约国一方居民作为缔约国另一方居民公司董事会成员取得的董事费和其他类似款项，可以在该缔约国另一方征税。

第十七条　艺术家和运动员

一、虽有第十四条和第十五条的规定，缔约国一方居民作为表演家，如戏剧、电影、广播或电视艺术家或音乐家，或作为运动员，在缔约国另一方从事个人活动取得的所得，可以在该缔约国另一方征税。

二、表演家或运动员从事个人活动取得的所得，未归属于表演家或运动员本人，而归属于其他人时，虽有第七条、第十四条和第十五条的规定，该所得仍可以在该表演家或运动员从事其活动的缔约国一方征税。

三、虽有第一款和第二款的规定，缔约国一方居民作为表演家或运动员按照缔约国双方政府的文化交流计划在缔约国另一方从事个人活动取得的所得，应仅在首先提及的缔约国一方征税。

第十八条　退休金

一、除适用第十九条第二款的规定以外，因以前的雇佣关系支付给缔约国一方居民的退休金和其他类似报酬，应仅在该缔约国一方征税。

二、虽有第一款的规定，按缔约国一方或其地方当局的社会保险制度支付的退休金和其他款项，应仅在该缔约国一方征税。

第十九条　政府服务

一、（一）缔约国一方或其地方当局对向其提供服务的个人支付退休金以外的薪金、工资和其他类似报酬，应仅在该缔约国一方征税。

（二）但是，如果该项服务是在缔约国另一方提供，而且提供服务的个人是该缔约国另一方居民，并且该居民：

1．是该缔约国另一方的国民；或者

2．不是仅由于提供该项服务而成为该缔约国另一方居民的，该项薪金、工资和其他类似报酬，应仅在该缔约国另一方征税。

二、（一）缔约国一方或其地方当局支付或者从其建立的基金中支付给向其提供服务的个人的退休金，应仅在该缔约国一方征税。

（二）但是，如果提供服务的个人是缔约国另一方居民，并且是其国民的，该项退休金应仅在该缔约国另一方征税。

三、第十五条、第十六条、第十七条和第十八条的规定，应适用于向缔约国一方政府或其地方当局举办的事业提供服务取得的薪金、工资和其他类似报酬以及退休金。

第二十条　教师和研究人员

一、任何个人是、或者在紧接前往缔约国一方之前曾是缔约国另一方居民，为了在该缔约国一方政府认可的大学、学院、学校或教育机构或科学研究机构从事教学、讲学或研究的目的而停留在该缔约国一方，对其由于教学、讲学或研究取得的报酬，该缔约国一方应自其第一次到达之日起，一年内免予征税。

二、第一款的规定不适用于并非为了公共利益，而主要是为了某人或某些人的私人利益从事研究取得的所得。

第二十一条　学生和实习人员

一、学生、企业学徒或实习生是、或者在紧接前往缔约国一方之前曾是缔约国另一方居民，仅由于接受教育或培训的目的，停留在该缔约国一方，对其为了维持生活、接受教育或培训的目的收到的来源于该缔约国一方以外的款项，该缔约国一方应免予征税。

二、对第一款所述学生或企业学徒取得的未包括在第一款中的赠款、奖学金和受雇所得，在接受教育或培训期间，应与其所停留国居民享受同样的免税、优惠或减税。

第二十二条　其他所得

一、缔约国一方居民取得的各项所得，不论在什么地方发生，凡本协定上述各条未作规定的，应仅在该缔约国一方征税。

二、第六条第二款规定的不动产所得以外的其他所得，如果所得收款人为缔约国一方居民，通过设在缔约国另一方的常设机构在该缔约国另一方进行营业，或者通过设在该缔约国另一方的固定基地在该缔约国另一方从事独立个人劳务，据以支付所得的权利或财产与该常设机构或固定基地有实际联系的，不适用第一款的规定。在这种情况下，应视具体情况分别适用第七条或第十四条的规定。

第二十三条　消除双重征税方法

一、在中国，消除双重征税如下：

（一）中国居民从叙利亚取得的所得，按照本协定规定在叙利亚缴纳的税额，可以在对该居民征收的中国税收中抵免。但是，抵免额不应超过对该项所得按照中国税法和规章计算的中国税收数额。

（二）从叙利亚取得的所得是叙利亚居民公司支付给中国居民公司的股息，并且该中国居民公司拥有支付股息公司股份不少于10%的，该项抵免应考虑支付该股息公司就该项所得缴纳的叙利亚税收。

二、在叙利亚，消除双重征税如下：

（一）叙利亚居民取得的所得，按照本协定的规定可在中国征税的，叙利亚应允许从对该居民所得的所征税额中扣除等同于其在中国缴纳的税收的数额；然而，该项扣除在任何情况下不能超过该项所得根据叙利亚税法计算得出的税额。

（二）当按照本协定任何条款的规定，叙利亚居民从中国取得的所得在中国免税时，叙利亚在计算该居民其余所得的税额时，可以对免税的所得予以考虑。

第二十四条　非歧视待遇

一、缔约国一方的国民在缔约国另一方负担的税收或者有关要求，在相同情况下，特别是在居民身份相同的情况下，不应与该缔约国另一方的国民负担或可能负担的税收或者有关要求不同或比其更重。虽有第一条的规定，本规定也应适用于不是缔约国一方或者双方居民的人。

二、缔约国一方企业在缔约国另一方常设机构的税收负担，不应高于缔约国另一方对从事同样活动的本国企业征收的税收。本规定不应理解为缔约国一方由于民事地位、家庭责任而给予该国居民的任何税收上的个人补贴、优惠和减免也必须给予缔约国另一方居民。

三、除适用第九条第一款、第十一条第七款或第十二条第六款的规定外，缔约国一方企业支付给缔约国另一方居民的利息、特许权使用费和其他款项，在确定该企业应纳税利润时，应像支付给该缔约国一方居民的一样，在相同情况下予以扣除。

四、缔约国一方企业的资本全部或部分、直接或间接为缔约国另一方一个或多个居民拥有或控制，该企业在该缔约国一方负担的税收或者有关要求，不应与该缔约国一方其他同类企业负担或可能负担的税收或者有关要求不同或比其更重。

五、虽有第二条的规定，本条规定应适用于所有种类和性质的税收。

第二十五条　相互协商程序

一、如有人认为，缔约国一方或者双方所采取的措施，导致或将导致对其的征税不符合本协定的规定时，可以不考虑各缔约国国内法律的救济办法，将案情提交该人为其居民的缔约国主管当局，或者如果其案情属于第二十四条第一款，可以提交该人为其国民的缔约国主管当局。该项案情必须在不符合本协定规定的征税措施第一次通知之日起，三年内提出。

二、上述主管当局如果认为所提意见合理，又不能单方面圆满解决时，应设法同缔约国另一方主管当局相互协商解决，以避免不符合本协定的征税。达成的协议应予执行，而不受各缔约国国内法律的时间限制。

三、缔约国双方主管当局应通过协议设法解决在解释或实施本协定时所发生的困难或疑义，也可以对本协定未作规定的消除双重征税问题进行协商。

四、缔约国双方主管当局为达成本条上述各款的协议，可以相互直接联系。为有助于达成协议，双方主管当局的代表可以进行会谈，口头交换意见。

第二十六条　信息交换

一、缔约国双方主管当局应交换可以预见的与执行本协定的规定相关的信息，或与执行缔约国双方或其地方当局征收的各种税收的国内法律相关的信息，以根据这些法律征税与本协定不相抵触为限。信息交换不受第一条和第二条的限制。

二、缔约国一方根据第一款收到的任何信息，都应和根据该国国内法所获得的信息一样作密件处理，仅应告知与第一款所指税收有关的评估、征收、执行、起诉或上诉裁决有关的人员或当局（包括法院和行政部门）及其监督部门。上述人员或当局应仅为上述目的使用该信息，但可以在公开法庭的诉讼程序或法庭判决中披露有关信息。

三、第一款和第二款的规定在任何情况下不应被理解为缔约国一方有以下义务：

（一）采取与该缔约国一方或缔约国另一方的法律和行政惯例相违背的行政措施；

（二）提供按照该缔约国一方或缔约国另一方的法律或正常行政渠道不能得到的信息；

（三）提供泄露任何贸易、经营、工业、商业或专业秘密或贸易过程的信息或者泄露会违反公共政策（公共秩序）的信息。

四、如果缔约国一方根据本条请求信息，缔约国另一方应使用其信息收集手段取得所请求的信息，即使缔约国另一方可能并不因其税务目的需要该信息。前句所确定的义务受第三款的限制，但是这些限制在任何情况下不应被理解为允许缔约国一方仅因该信息没有国内利益而拒绝提供。

五、在任何情况下，第三款的规定不应被理解为允许缔约国一方仅因信息由银行、其他金融机构、被指定人、代理人或受托人所持有，或者因信息与人的所有权益有关，而拒绝提供。

六、信息交换的措施应按缔约国双方的国内法确定，但不构成对上述第一款至第五款规定的缔约国双方义务的限制。

第二十七条　外交代表和领事官员

本协定应不影响按国际法一般原则或特别协定规定的外交代表或领事官员的税收特权。

第二十八条　生效

一、缔约国双方政府应在完成本协定生效所必需的国内法律程序后通过外交途径通知对方。本协定自后一份通知收到之日起第30天生效。

二、本协定的规定在缔约国双方对下列税收有效：

（一）在本协定根据本条第一款生效后的次年1月1日或以后对支付或应取得的所得源泉扣缴的税收；

（二）在本协定根据本条第一款生效后的次年1月1日或以后开始的任何纳税年度对所得征收的其他税收。

第二十九条　终止

一、本协定应长期有效。但缔约国任何一方可以在本协定生效之日起满五年后任何历年结束的至少六个月以前，通过外交途径书面通知终止本协定。

二、在这种情况下，本协定在缔约国双方对下列税收应停止有效：

（一）在终止通知发出后的次年1月1日或以后对支付或应取得的所得源泉扣缴的税收；

（二）在终止通知发出后的次年1月1日或以后开始的任何纳税年度对所得征收的其他税收。

下列代表，经各自政府正式授权，在本协定上签字，以昭信守。

本协定于二〇一〇年十月三十一日在大马士革签订，一式两份，每份均用中文、阿拉伯文和英文写成，三种文本同等作准。如在解释上遇有分歧，以英文本为准。

中华人民共和国政府 代　表 **翟　隽** （签　字）	阿拉伯叙利亚共和国政府 代　表 **穆罕默德·哈德尔·赛伊德·艾哈迈德** （签　字）

中华人民共和国政府和伊拉克共和国政府2011—2013年文化合作执行计划

中华人民共和国政府和伊拉克共和国政府，根据1959年4月4日在巴格达签订的文化合作协定，为发展两国间的文化关系，同意签署2011—2013年文化合作执行计划，条文如下：

一、高等教育

第一条

双方鼓励教育机构的人员互访，参加培训、调研、举办讲座等，具体细节根据两国现行规定另行商定。

第　二　条

双方鼓励大学生和研究生进行交流，具体细节根据两国现行规定另行商定。

第　三　条

根据两国现行规定，双方邀请对方国家的高等院校有关人员参加本国举办的会议、研讨会和其他活动。

第　四　条

双方在如下领域开展合作：

1. 共同指导研究生教学；
2. 共同研究；
3. 视频会议；
4. 双方鼓励在不同学术活动中合作，具体细节另行商定。

第　五　条

双方在平等互利基础上，依据各自规定为对方提供奖学金，具体名额和细节根据各自国家现行规定另行商定。

第　六　条

双方在学习大纲、大学行政管理、考试制度等方面交换经验。

第　七　条

双方交换印刷品、出版物、刊物和其他有用的学术研究成果。

第　八　条

双方在翻译、出版各自国家的科研成果方面开展合作，具体细节另行商定。

二、普通教育

第　九　条

双方互换下列领域的教育印刷品、出版物和刊物：

1．教育管理；

2．在职培训；

3．有关工业教育、实验材料和教学设备的彩色指南；

4．有关理工科详细教学大纲和教学方法；

5．教育体制；

6．各阶段学业证书样本；

7．考试制度和试卷样本；

8．教学基础设施。

第　十　条

双方为教育工作者代表团互访提供机会，在下列领域进行考察：

1．师资培养；

2．教育规划机构；

3．教材印刷；

4．重点生培养；

5．教育管理的新经验。

三、文化

第 十 一 条

双方在图书馆、档案、信息技术领域开展合作：

1．双方互换文化艺术方面的图书、印刷品和期刊。

2．双方图书馆、档案领域人员互访，交流经验和信息。

3．双方在参加与图书、档案有关的学术会议和研讨会期间协调立场。

4．双方在图书编目、分类、检索以及与图书馆、档案有关的法律、法规等领域开展合作。

第 十 二 条

双方在电影、戏剧、音乐和民间艺术等方面开展合作：

1．双方鼓励在电影和戏剧方面交换经验。

2．双方鼓励在戏剧、电影编撰方面交换经验。

3．双方鼓励参加音乐和民间遗产研讨会，并派民间艺术团、音乐团互访。

4．双方鼓励参加文化节和音乐艺术节。

5．双方互办摄影展。

第 十 三 条

在造型艺术领域开展合作：

1．双方互办造型艺术展览、民间遗产和民间手工艺品展览，各派随展人员两名。

2．为伊拉克民间手工业者举办培训班，如织毯、木雕等，具体细节另行商定。

第 十 四 条

在儿童文化领域开展合作：

1. 参加在对方国家举办的关于儿童文化的国际会议和研讨会。

2. 儿童文化工作者互访。

3. 参加在对方国家举办的儿童图书和绘画展。

第 十 五 条

双方在博物馆和文物保护领域交换经验并加强合作：

1. 双方在考古发掘、文物和博物馆的修复和保护等领域交换经验。

2. 代表团互访，以考察博物馆、组展和布展方法，并开展博物馆方面的培训。

3. 双方在文物古迹领域交换印刷品、出版物和影像资料。

4. 双方在追索被盗文物领域开展合作。

5. 双方互办文物展览，具体办展条件另行商定。

第十六条　其他领域

1. 双方互设文化中心，以活跃和促进文化活动。

2. 双方在出版和交换对方国家语言的图书方面开展合作，双方的翻译机构开展合作。

3. 在各种文化活动中举办文化周（民间舞蹈、电影、戏剧、手工艺品展、造型艺术展等）。

4. 鼓励两国间开展文化产业领域的合作，鼓励双方文化机构和文化企业开展商业合作。

四、新闻

第 十 七 条

1．双方在可视新闻领域交流经验和培训，以获取双方在电视频道和各电视台方面的运营与管理经验。

2．双方致力于交换新闻素材和电视节目。

3．双方官方新闻机构通过交换文化娱乐节目、视频短片、电视剧以及新闻宣传产业等方面开展合作，双方在对方国家重大活动期间直播对方国家节目。

4．双方鼓励参加对方国家举办的新闻活动和研讨会，交换在新闻领域的信息、档案、研究成果等。

第 十 八 条

1．双方鼓励中国新华社与伊拉克国家新闻中心开展合作，具体细节另行商定。

2．为通讯社、卫星电视、报纸等新闻记者，以及旨在推动双边友好关系全面发展而派驻的常驻记者的工作提供便利。（在中国政府举办的全国或国际性新闻会议和活动中邀请伊拉克记者参加）。

3．双方交换共同关注的新闻通讯、报刊公报和杂志文章。

4．派代表团互访，共同举办新闻产业、公报、新闻发布会等新闻技术领域方面的培训班和工作室；派新闻专家和新闻负责人互访；在胶印、发射器材、演播室、摄像、布景、三维节目制作等方面交换经验、信息和现代工程技术。

五、青年与体育

第十九条

双方鼓励两国在体育领域开展交流与合作，具体事宜由两国相应体育部门直接商定。

六、费用与总则

第二十条　短期访问

1．派遣方负担往返国际旅费（双方另有协议的除外）。

2．接待方负担食宿、（接待方）国内交通及在公立医院就诊的医疗费用。

第二十一条　奖学金

1．派遣方负担往返国际旅费（双方另有协议的除外）。

2．接待方按相关规定负担注册费、学费、实验费、实习费、基本教材费、校内住宿费、紧急医疗保险费和提供月生活费。

3．学生必须遵守两国大学的现行规章制度。

第二十二条　展品运输

1．送展方负担展品运往展览地点和运回的费用。

2．双方就保护展品安全等措施达成一致。

3．承展方负担展品在其境内各地展出的运输费、组展费。

第二十三条

本计划不妨碍两国相关部门共同签署其他合作计划。

本执行计划自双方签字之日起生效，有效期为2011年至2013年。

本计划于公历二〇一〇年九月三十日、伊历1431年10月21日在北京签署，一式两份，分别用中文、阿拉伯文写成。

中华人民共和国政府 代　表 **高树勋** （签　字）	伊拉克共和国政府 代　表 **阿特鲁希** （签　字）

中华人民共和国政府和伊朗伊斯兰共和国政府2011年至2014年（伊历1389—1392年）文化与教育交流执行计划

中华人民共和国政府与伊朗伊斯兰共和国政府（以下简称“双方”）为进一步发展和加强两国之间的友好关系，扩大两国在文化和教育领域的合作，根据双方公历1983年9月14日（伊历1362年6月23日）签署的文化协定，同意以下各项作为公历2011年至2014年（伊历1389—1392年）交流计划：

第一章　文化、艺术与新闻出版

第一条　在本计划期间，双方在文化、艺术、文学、旅游、人类学、考古学、博物馆管理领域交换信息、交流经验，互换图书、出版物、图片、幻灯片、影片和缩微胶片。

第二条　在本计划期间，双方鼓励互办文化周和文化艺术展览，具体事宜通过外交途径商定。

第三条 在本计划期间，双方在文化遗产保护、博物馆领域开展相互合作：

（一）鼓励双方根据国内法律以及联合国教科文组织1970年《关于禁止和防止非法进出口文化遗产和非法转让其所有权的方法的公约》，签订《关于防止盗窃、盗掘和非法进出境文物协定》。

（二）双方在考古、人类学和建筑领域进行专业技术合作，互派5名博物馆、考古学和建筑学专家参观对方博物馆和古迹文物，研究对方城市的古代建筑及其风格，为期10天。

（三）双方互相交流信息和交换出版物。

（四）双方为参加两国举办的文化遗产展览及研讨会提供信息和便利条件。

第四条 两国图书馆界相互交流信息、经验、图书、出版物及手稿缩微胶片，进行互访，互邀专家和实习人员参加本国举办的图书及图书馆学会议和博览会，并在科研、教育、服务和出版等专项课题方面开展合作。

第五条 在本计划期间，双方互派由文化艺术官员和专家组成的代表团赴对方国家考察文化事务管理方式。

第六条 在本计划期间，双方鼓励在电影领域进行合作，相互创造条件互办电影周和参加电影节。

第七条 双方为参加下列活动提供必要方便并开展合作。

——举办青少年教育、科教、艺术国际和国内电影节。

——举办青少年动画和动漫节。

第八条 双方为两国中学生组织建立联系与开展合作提供必要便利。

第九条 双方在法律框架内互办青少年友谊周并举办电影、图书、绘画和电脑游戏展览和艺术节。

第十条 两国出版机构将在出版印刷、交流信息、出版印刷技术尤其是在电子出版印刷方面开展合作。彼此邀请对方参加包括图书展览在内的国家和国际性出版展览活动，具体细节由双方协商决定。

第十一条　双方为两国作家和作家协会、出版商和出版行业协会、画家之间开展合作并参加中伊双方主办的大会、研讨会、学术会议、讲习班提供必要便利。

第十二条　双方将在弘扬图书和读书文化方面开展合作，将鼓励本国出版社用本国语言介绍、翻译、出版对方国家的优秀文学作品及文化类著作，并以适当方式资助；在儿童文学和举办儿童图书展览会方面交换信息，交流经验。

第十三条　在本计划期间，双方互换一个由5人组成的新闻出版代表团，为期10天。

第十四条　在本计划期间，双方在如下领域特别是旅游方面开展相互合作：

（一）鼓励两国政府旅游部门、旅行社建立联系，扩大在旅游领域的合作。

（二）为促进在旅游领域的相互了解与合作，双方相互交流信息、教育出版物、统计数据、资料和宣传资料，进行专业人员交流。

（三）为参加两国举办的旅游展览及研讨会提供信息和便利条件。

第十五条　在本计划期间，双方将互换青少年学生事务专家研究举办短期艺术类尤其是青年和妇女艺术家培训班。

第十六条　在本计划期间，双方互派3至5名文学艺术家代表团进行为期1周的访问交流。

第十七条　在本计划期间，双方互邀人员参加本国举办的文化艺术研讨会及艺术节，鼓励艺术团参加在对方与国家举办的艺术节，提供便利条件并向对方提供国际艺术节和展览会的详细信息。

第十八条 在本计划期间，双方互相邀请代表参加在本国举办的有关文化、宗教、文明及其他社会和文化主题的地区与国际性研讨会和论坛。

第二章 教育

第十九条 在本计划期间，双方在教育、职业技术培训、学校卫生、环保教育、青年、社会、弱智儿童、教育组织和家庭与学校的合作和教育制度方面交流信息、经验、书籍和出版物。

第二十条 在本计划期间，双方互派两名负责教师培训的官员和专家考察对方的师范院校和在职教育中心。具体细节通过双方协商决定。

第二十一条 在本计划期间，双方相互邀请代表参加本国举办的教育领域的研讨会和会议。

第二十二条 在本计划期间，双方将互换奖学金生，每年在对方国家享受政府奖学金学生总数不超过15人。双方将通过外交途径继续探讨增加互换奖学金名额的可能性。派遣学生类别及有关事宜将通过协商决定。

第二十三条 双方互派中学生团组以了解对方的文化、文明、科技和教育成果。派遣团组的人数和时间通过外交途径商定。

第二十四条 双方愿意交流信息通信技术（ICT）应用方面的经验，并互派专家代表团访问。

第二十五条 双方愿意在联合国教科文组织联系学校项目（Associated School Project）框架下通过网络开展中学间的联系与合作。为此双方将通过外交途径向对方推荐至少10所中学以便交流信息和执行计划。

第二十六条 在本计划期间，双方视各自教学需要，互换1名波斯语教授和1名汉语教授，为期1年。经双方同意，时间可延长。教师的国际旅费由派遣方提供，工资由接受方根据本国的现行规定支付。

第二十七条　在本计划期间，双方鼓励两国大学和高等教育机构在如下领域开展交流与合作：

（一）互换教授、研究人员和专家。

（二）交流科学和研究出版物。

（三）联合研究共同感兴趣的课题，举办学术会议。

（四）交换教育、研究和技术方面的信息、科学刊物、科研论证材料、学生毕业论文、计算机软件。

第二十八条　双方将探讨互换留学生学历学位的认证问题。

第二十九条　双方将通过外交途径研究和落实本计划教育部分所列各项条款的实施办法。

第三章　卫生和社会福利

第三十条　在本计划期间，双方交流有关照顾、康复、教育，对失明、失聪、脑障、肢残、老年人、孤残儿童的照顾、康复、教育、卫生保健、公众参与卫生事业和社会志愿服务等方面的信息经验并进行互访和开展双边合作。

第三十一条　在本计划期间，双方互派由主管社会福利方面的官员和专家组成的代表团参观访问对方的福利中心及康复机构。

第四章　新闻媒介

第三十二条　双方再次确认新华通讯社和伊朗伊斯兰共和国通讯社所签订的新闻交流与合作协定，并为落实该协定条款提供必要便利条件。

第三十三条　双方强调，两国通讯社驻德黑兰和北京的常驻代表机构和记者继续从事职业、技术等合法活动；同时可视需要为对方国家派往本国的非常驻特派记者和新闻摄影人员提供力所能及的便利。

第三十四条 双方支持对方在国际新闻联盟和亚洲及太平洋地区通讯社组织（OANA）内的专业立场。

第三十五条 在本计划期间，双方在必要时互派由新闻专家组成的代表团。具体事宜双方另行商定。

第三十六条 双方保证各自的新闻媒介尊重对方民族和宗教尊严。

第五章 体育和青年

第三十七条 双方鼓励和支持两国在体育领域的交流与合作，具体交流活动由两国体育主管部门直接商定。

第三十八条 双方鼓励各自负责青年事务的政府部门和有关机构进行友好交往与合作。在本计划执行期间，双方互派青年代表团赴对方国家考察有关青年政策、青年参与社会经济发展等情况。

第六章 财务规定和总则

第三十九条 本计划的一切活动均将依照两国的法律规定实施。

第四十条 为确保本计划所拟项目的圆满实施，双方至少提前一个月通知对方所派团组人员的名单和访问计划。至少提前两周通知对方确切抵离时间。

第四十一条 派遣方应通过外交途径向接待方推荐根据本计划规定进行交流的人员。

第四十二条 需求方负担关于影片、缩微胶片和历史文化文献拷贝的制作费用。

第四十三条　派遣方负担访问团组和个人的往返国际旅费，接待方负担其国内食宿交通费用。

第四十四条　派遣方负担艺术团组的个人行李及道具的国际运输费用。接待方负担其国内运输费用和安排合适的演出场所的费用。

第四十五条　派遣方负担展品的往返国际运费，接待方负担其国内运输和保险及安排合适展览的场所费用。

第四十六条　接待方负担来访人员紧急医疗费用，派遣方或来访人员个人负担长期医疗费用和大型外科手术费用。

第四十七条　有关互换奖学金生的财务条件将根据各自现行规定执行。

本计划于二〇一〇年九月二十八日在德黑兰签署，共计六章四十七条，一式两份，每份都用中文、波斯文和英文三种文字写成，三种文本具有同等效力。如就上述文本的解释发生任何意见分歧，可参阅英文文本，如不能解决，双方应通过外交途径解决。

中华人民共和国政府	伊朗伊斯兰共和国政府
代　表	代　表
蔡　武	**侯赛尼**
（签　字）	（签　字）

中华人民共和国政府和以色列国政府关于促进产业研究和开发的技术创新合作协定

中华人民共和国政府（以下简称“中方”）和以色列国政府（以下简称“以方”）（以下简称“双方”）：

希望发展和加强技术创新合作以推动产业研究和开发；

考虑到双方在产业和技术研发领域的共同兴趣以及由此对两国产生的共同利益；

认识到激励和促进创新、经济增长是双方面临的共同挑战；

希望通过产业研发合作来加强产业竞争力，并增强两国的经济和商业合作；

决心采取长期措施来促进、帮助和支持两国企业、公司或实体（以下统称为“实体”）间的联合产业研发项目；

达成协议如下：

第一条　目标

双方确定本协定的目标是：

（一）通过促进两国产业部门的技术和产业活动来加强双边技术创新和产业研发合作；

（二）帮助两国的实体确定具体项目、伙伴关系或协作，以推动产业研发合作；

（三）整合并集中相应的政府资源和计划，重点支持产业合作和研发成果商业化活动；

（四）为落实合作项目，双方应建立经费资助体系，对两国实体共同批准的产业研发合作项目进行资金支持，使项目成果在国际市场上实现产业化。

第二条　定义

本协定中提及的产业研发是指开发新产品、新工艺、新材料等的研发活动，开发上述新产品、新工艺或新材料目的旨在全球市场上实现商业化。

第三条　执行机构

一、中国科学技术部（以下简称“科技部”）和以色列工业贸易和劳务部（以下简称“工贸部”）将负责本协定的执行，并应指定具体的合作机构以执行本协定。

二、科技部国际合作司（以下简称“合作司”）和工贸部首席科学家办公室（以下简称“首科办”）将分别作为执行本协定的具体合作机构。合作司和首科办将各自承担在促进本协定目标实现过程中所发生的费用，包括差旅费、举办研讨会和发行出版物的费用。

第四条　研发项目

一、双方应在各自权限范围内，根据各自适用的国内法律、法规、规章、程序和机制，促进、支持和鼓励两国实体在技术和产业研发领域开展合作项目，以进行基于创新技术的产品和工艺（以下简称“项目”）的联合开发，并在国际市场上实现商业化。

二、项目各合作伙伴可根据其适用的国内法律、法规、规章、程序和机制申请获得各自政府对其产业研发的帮助和资助，其中包括支持程度、获得支持的条件以及在某些情况下履行支付使用费的义务。

三、双方可通过以下方式方法鼓励和促成项目：

（一）组织两国实体召开会议，共同评估合作机遇；

（二）共同组织针对产业和技术创新研发的讨论会、座谈会和其他会议；

（三）开展其他有助于促进两国实体开展合作的活动。

第五条　公平公正待遇

根据双方各自适用的国内法律、法规、规章、程序和机制，一方应给予另一方从事本协定所规定活动的个人、政府部门和其他实体以公平公正的待遇。

第六条　信息披露

一、一方根据其适用的国内法律、法规、规章，承诺未经另一方书面同意，不得向任何第三方（个人、组织或国家）披露有关本协定下的产业研发合作项目所取得的成果信息。

二、如按法律要求，一方须披露与本协定相关的保密性信息或文件，应事先通知另一方。

三、须披露信息的一方在任何情况下都应尽最大努力保证获取信息的第三方（个人、组织或国家）在任何时候都保护信息的机密性，并遵守本协定的条款。

第七条　知识产权

一、根据本协定接受资助的项目合作伙伴应向双方提交关于项目执行情况、项目成果产业化的合同证明，特别是关于使用费和知识产权：

（一）项目执行前项目合作伙伴间专有技术和知识产权的所有权及使用情况；

（二）对项目执行过程中产生的专有技术和知识产权的所有权归属及使用的相关安排。

二、项目合作伙伴之间的合同安排需符合各自国家国内法律、法规、规章、程序和机制。

三、尽管本条第一款做出了相关规定，但本协定下的项目合作伙伴仍应承担起保护双方或者各自所有及使用的专业技术和知识产权的责任。

四、除非双方或双方实体间另有书面约定，本协定框架下开展的合作活动所产生的非专有性科技信息可通过常规渠道公布于众。

第八条　最后条款

一、一方应当通过外交渠道书面通知另一方已完成使本协定生效所必需的国内法律程序。本协定自后一份通知发出之日起生效。

二、本协定长期有效。缔约一方可通过外交渠道书面通知另一方终止本协定，本协定将自该通知发出之日起六个月后终止。

三、双方在书面同意的情况下，可对本协定进行修订。修订条款将根据本条第一款所规定的程序生效。

四、本协定的修订或终止不影响协定项下合作项目已达成的安排或缔结的合同的效力。

五、本协定不影响双方在其他国际条约或协定下的权利和义务。

下列代表，经各自政府授权，签署本协定，以昭信守。

本协定于二〇一〇年五月二十日，即犹太历5770年的西万月第七天在特拉维夫签订，一式两份，每份均用中文、希伯来文和英文写成，三种文本同等作准。如对文本的解释产生分歧，以英文本为准。

中华人民共和国政府 代　表 **万　钢** （签　字）	以色列国政府 代　表 **本·埃利泽** （签　字）

中华人民共和国政府和印度共和国政府关于简化两国机组人员签证手续的协议

中华人民共和国政府和印度共和国政府（以下简称“双方”），鉴于民用航空在两国人员交往方面发挥的重要作用，达成协议如下：

第一条

根据对等原则，双方执行定期航班任务的机组人员（包括第三国国籍机组人员），可凭有效护照及机长向口岸边防检查机关提供的加盖航空公司印章的该航班机组人员名单（包括姓名、性别、出生日期、国籍、职务、护照号码）入出对方国境，免办签证。

第二条

上述机组人员在进入对方国境后，如因机组正常换班、患病、事故、飞机故障、气候或其他不可抗拒的原因需继续停留的，三十日以内不需申办签证；但若因个人原因需要停留的，须凭有效护照向对方主管机关申办签证。

本协议自签字之日起第三十一日生效，长期有效。如缔约一方要求终止本协议，应当通过外交途径书面通知缔约另一方。本协议自书面通知发出之日起第三十一日终止。

本协议于二〇一〇年五月二十七日在北京签订，一式两份，每份均用中文、印地文和英文写成，三种文本同等作准。如对文本的解释产生分歧，以英文文本为准。

中华人民共和国政府	印度共和国政府
代　表	代　表
胡正跃	拉奥琪
（签　字）	（签　字）

中华人民共和国政府和印度尼西亚共和国政府关于修订《互免持外交和公务护照人员签证的协定》的换文

中方去照

（2010）第0634号

印度尼西亚共和国外交部：

中华人民共和国驻印度尼西亚共和国大使馆向印度尼西亚共和国外交部致意，并谨代表中华人民共和国政府确认双方对二〇〇五年四月二十五日签订的《中华人民共和国政府和印度尼西亚共和国政府关于互免持外交和公务护照人员签证的协定》第一条、第八条、第十一条第二款共同作出的修改和补充。具体内容为：

第一条　互免签证

持有效外交或公务护照的任一缔约方公民，在缔约另一方入境、停留、过境，自入境之日起不超过三十天者，免办签证。

第八条　护照样本

一、缔约双方应在本协定签署之日起三十日内，通过外交途径交换其有效外交和公务护照的样本。

二、如缔约一方正式公布修改现有或启用新版外交、公务护照，应提前三十日通过外交途径书面通知缔约另一方。

三、如缔约一方持外交或公务护照公民在缔约另一方境内丢失或损坏其护照，应及时将相关情况通过所属国驻当地使领馆通知缔约另一方有关部门、其所属国驻当地使领馆应依照本国法律为其办理回国证件。

第十一条　生效、有效期和终止

二、本协定有效期为五年，如在期满九十天前，任何一方未书面通知另一方要求终止本协定，则本协定有效期自动延长五年。

如蒙外交部代表印度尼西亚共和国政府复照确认上述内容，本照会和外交部的复照即构成对二〇〇五年四月二十五日《中华人民共和国政府和印度尼西亚共和国政府关于互免持外交和公务护照人员签证的协定》的正式修订，并自外交部复照之日起生效。

顺致最崇高的敬意。

中华人民共和国驻印度尼西亚共和国大使馆（印）

二〇一〇年十一月十二日于雅加达

印尼方来照

第 0/03137/11/2010/30 号

中华人民共和国驻印度尼西亚大使馆：

（内容同中方去照，略——编者）

印度尼西亚共和国外交部（印）

二〇一〇年十一月十二日于雅加达

中华人民共和国政府和越南社会主义共和国政府关于越南驻华大使馆领事部驻上海办公室升格为总领事馆的换文

中方去照

（2010）部领字第320号

越南社会主义共和国外交部：

中华人民共和国外交部向越南社会主义共和国外交部致意，并谨确认收到越南社会主义共和国外交部二〇一〇年五月二十日第320/CH-BNG-LS号照会，内容如下：

"越南社会主义共和国外交部向中华人民共和国外交部致意，并谨代表越南社会主义共和国政府确认：越南社会主义共和国政府和中华人民共和国政府本着进一步发展两国友好关系的共同愿望，经过友好协商，就越南社会主义共和国驻华大使馆领事部驻上海办公室升格为越南社会主义共和国驻上海总领事馆，及扩大该总领事馆领区范围事宜达成协议如下：

一、中华人民共和国政府同意越南社会主义共和国驻华大使馆领事部驻上海办公室升格为越南社会主义共和国驻上海总领事馆，领区由上海市扩大为上海市、江苏省和浙江省。

二、中华人民共和国政府将根据一九六三年四月二十四日《维也纳领事关系公约》、一九九八年十月十九日签订并于二〇〇〇年七月二十六日生效的《中华人民共和国和越南社会主义共和国领事条约》和中华人民共和国有关法律规定，为越南社会主义共和国设立驻上海总领事馆和执行领事职务提供必要的协助和便利。

三、双方将根据包括一九六三年四月二十四日《维也纳领事关系公约》、一九九八年十月十九日签订并于二〇〇〇年七月二十六日生效的《中华人民共和国和越南社会主义共和国领事条约》在内的国际法及国际惯例，并本着对等原则，通过友好协商解决两国领事关系中可能出现的问题。

越南社会主义共和国外交部请中华人民共和国外交部代表中华人民共和国政府复照确认上述内容。本照会和中华人民共和国外交部的复照即构成越南社会主义共和国政府和中华人民共和国政府之间的一项协议，并自外交部复照之日起生效。”

中华人民共和国外交部谨代表中华人民共和国政府确认，同意上述照会内容。

顺致崇高的敬意。

中华人民共和国外交部（印）

二〇一〇年六月十一日于北京

越方来照

第320/CH-BNG-LS

中华人民共和国外交部：

（同中方去照引号内的内容，略——编者）

顺致崇高的敬意。

越南社会主义共和国外交部（印）
二〇一〇年五月二十日于河内

中华人民共和国政府和越南社会主义共和国政府关于加强预防和打击拐卖人口合作的协定

中华人民共和国政府和越南社会主义共和国政府（以下简称“双方”），

认识到在预防、发现和打击拐卖人口双边合作的效果；

在相互尊重两国的独立、主权和平等的基础上，为加强两国执法合作，更有效地预防、制止和惩治跨国拐卖人口的犯罪活动，并给予拐卖受害人必要的保护和救助；

达成协议如下：

第　一　条

双方应遵照各自国内的法律和共同参加的国际条约，在以下方面开展合作：

（一）预防涉及两国的拐卖人口犯罪和保护、救助拐卖受害者；

（二）共同打击涉及两国的拐卖人口犯罪活动，移交犯罪嫌疑人，遣返拐卖受害者；

（三）制定涉及两国的跨国拐卖受害者认定标准，及时认定拐卖受害者；

（四）开展跨国拐卖人口犯罪案件调查和拐卖受害者保护领域的联合培训；

（五）交流跨国拐卖人口犯罪案件信息以及相关法律法规；

（六）建立边境打拐联络机制，加强两国边境地区打击跨国拐卖犯罪的沟通与合作。

第二条

双方应采取适当措施保护拐卖受害者的人身安全。

（一）双方不对拐卖受害者非法入（出）该国境的行为或者因被拐卖直接导致的其他违法行为予以惩罚；

（二）拐卖受害者的身份一经确认后，应该按正规途径及时遣返；

（三）双方保护拐卖受害者的安全和隐私，并为其提供适当的协助和保护，包括提供中转安置场所、法律援助、身体康复、心理咨询；

（四）在认定、临时援助、遣返以及司法程序过程中，受害者将受到人道和有尊严的待遇；

（五）如受害者为未成年人，应在保护、遣返和司法程序过程中对其给予特殊关照，并始终考虑到未成年人的最大利益。

第三条

双方将合作确保拐卖受害者被安全、及时遣返。

（一）一方应事先通过外交或警务合作渠道向另一方通报受害者的姓名以及相关信息，以便双方协商安排遣返；

（二）双方应该按照双方同意的程序，简化遣返程序，畅通遣返渠道，在接到对方核查请求后的30天内完成对拐卖受害者国籍、身份核查，确保拐卖受害者被安全、及时遣返。

（三）移交受害人应提前5个工作日通知接收方。移交在双方政府确定的开放口岸进行，双方的有关官员应签署交接书。

（四）双方将确定各自核查和接收受害人的主管部门，并书面通知对方。

第　四　条

本协定主管部门分别为中华人民共和国公安部和越南社会主义共和国公安部。双方主管部门每年会晤一次，在两国轮流举行，以协商打拐合作有关事宜。如遇紧急情况，双方可另行协商确定临时会晤时间和地点。

根据本协定互派代表团（组）往返的国际旅费，由派遣方负担；在接受国停留所需费用，由接待一方负担，但双方事先另有协议的除外。

第　五　条

双方间的情报交流必须严格遵循保密原则。未经提供方书面同意，接收方不得对外公布或透露给第三方。

第　六　条

本协定不影响双方根据各自缔结或者参加的其他国际条约所享有的权利和承担的义务。

第　七　条

在执行本协定过程中产生的争议，双方应本着友好和相互理解的精神，通过协商解决。

经双方协商同意，可对本协定进行补充和修改。

第　八　条

当一方根据本协定向另一方提出协助请求时，如被请求方认为执行对方的请求可能损害其主权、安全、公共秩序、基本利益或法律的基本原则，可以拒绝提供此项协助，并应将拒绝的理由通知请求方。

第 九 条

本协定在双方完成各自法律程序后，应当通过外交途径书面通知对方。本协定自第二份通知收到后生效。任何一方可以通过书面通知另一方而终止本协定。本协定将于另一方收到该通知之日起三个月后失效。

本协定于二〇一〇年九月十五日在北京签订，一式两份，每份都用中文、越文和英文写成，三种文本同等作准。如对文本的解释产生分歧，以英文文本为准。

中华人民共和国政府	越南社会主义共和国政府
代 表	代 表
孟建柱	**黎鸿英**
（签 字）	（签 字）

中华人民共和国政府与国际马铃薯中心关于建立国际马铃薯中心亚太中心（中国）的东道国协议

前 言

中华人民共和国政府和国际马铃薯中心（以下简称“双方”）：

鉴于国际农业研究磋商组织是由世界银行、联合国粮农组织、联合国开发计划署及国际农业发展基金等机构联合创建的非赢利性国际农业研究机构，致力于全球和区域公益性研究的开发与传播；

鉴于中华人民共和国自1984年正式成为国际农业研究磋商组织的成员国，并每年定期向其捐款；

鉴于国际马铃薯中心是国际农业研究磋商组织下属的15个国际研究中心之一，并遵守国际农业研究磋商组织的章程；自其1971年成立之初，国际马铃薯中心就具有全球性使命，承担着关于马铃薯、甘薯及其他薯类作物的研究、推广与培训，帮助发展中国家提高薯类作物的生产力，改善农民生活水平；

鉴于马铃薯和甘薯是中国和亚太地区的重要粮食和经济作物，及其在保障粮食安全和扶贫开发中的重要作用；

鉴于双方决定在中国建立国际马铃薯中心亚太中心（中国）（以下简称“亚太中心”）；

因此，双方认为有必要就建立亚太中心达成东道国协议，以明确其法律地位、待遇及相关条件，确保亚太中心在中国的建立（包括设施的提供）及运转；

兹协议如下：

第一条　定义

为本协议的目的：

一、“东道国”指中华人民共和国；

二、“政府”指中华人民共和国政府；

三、“有关当局”指根据东道国法律和规章制度设立的中央及地方政府机关；

四、“管理指导委员会”指亚太中心管理指导委员会。该委员会的详细职能和权利见亚太中心章程；

五、“主任”指亚太中心主任，由国际马铃薯中心与东道国政府磋商后予以任命，对亚太中心拥有法律和管理上的责任和权利；主任的具体作用和责任见亚太中心章程；

六、“官员”指中心主任以及由国际马铃薯中心或亚太中心聘用的、担任管理职务的专业人员；

七、“专家”指除“官员”外，所有由国际马铃薯中心或亚太中心聘用的从事科学研究的专业工作人员；

八、“缔约双方”指国际马铃薯中心和政府；

九、“房舍”指供亚太中心公务使用的建筑物或建筑物的各部分及其附属的土地，不论其所有权形式及归属。

第二条 建立与地位

一、国际马铃薯中心总部设在秘鲁利马，是国际农业研究磋商组织下属的15个国际研究中心之一。中华人民共和国于1984年成为国际农业研究磋商组织的正式成员，1985年与国际马铃薯中心建立正式合作关系，在中国农业科学院设有联络办事处。

二、中国政府和国际马铃薯中心同意在中国北京联合建立亚太中心。

三、亚太中心是国际马铃薯中心的一个区域中心，通过国际马铃薯中心与中国政府之间的东道国协议，在中国具有国际法人地位。

四、亚太中心总部设在中国北京。

五、缔约双方应本着合作精神，确保亚太中心顺利运作。

第三条 任务、使命、组织和管理

关于亚太中心的任务、使命、组织和管理，见亚太中心章程。

第四条 法律人格和行为能力

按照本协议第二条，亚太中心具有法律人格及以下行为能力，以便：

（一）订立契约；

（二）取得及处置不动产和动产；

（三）提起诉讼。

第五条　房舍

一、亚太中心的房舍不可侵犯。

二、亚太中心的房舍应仅用于推进亚太中心宗旨和活动之目的。

三、亚太中心房舍不得用于与亚太中心职能和任务不相符或有损东道国安全和利益的目的。亚太中心应当防止其房舍被东道国缉拿的在逃人员、被政府要求引渡至他国的人员或企图逃避法律程序或司法诉讼的人员利用为避难所。

四、有关当局应采取合理的步骤保护亚太中心的房舍不受任何侵入或损坏，并防止任何干扰亚太中心安宁或有损亚太中心尊严的扰乱治安之行为。

五、除非协定或公约中另有规定，在东道国适用的法律应在亚太中心的房舍内适用。但是，亚太中心的房舍应在亚太中心的管制之下，且亚太中心可为在房舍内履行其职能并制订规章制度。

六、亚太中心有权在其房舍悬挂其标识及徽章。

第六条　公共服务

一、有关当局应确保为亚太中心的房舍提供必要的公用事业设施和服务，且应以合理的市场价格提供此种设施和服务。

二、主任应根据要求作适当安排，使有关公用事业服务机构能够在不过分干扰亚太中心履行职能的条件下，在亚太中心的房舍内检查、维修、保养、重建和迁移各种公用事业设施、管道、电线和下水管道。

第七条　档案

亚太中心的档案不可侵犯。

第八条　通讯和出版物

一、政府给予亚太中心公务通讯所需的通信设施，在电子邮件、海底电报、电报、电话及其他通信等的安装和使用、优先权、收费，以及新闻界和电台的信息收费方面一定优惠待遇。

二、发给亚太中心或其官员的所有公务通讯以及亚太中心向外发出的所有公务通信，无论以何种形式传递，应免受审查，且不受任何其他形式的干涉。

三、亚太中心在其宗旨和活动领域范围内可出版研究报告以及学术出版物。本协议下由亚太中心的活动所产生的知识产权应归亚太中心所有。但是，除非缔约双方逐案另有商定，政府有权在东道国境内将任何此类出版物用于官方目的，并免付版税或任何类似性质的费用。

第九条　资金、资产和财产

一、亚太中心及其资金、资产和财产，不论其位于何处，亦不论由何人持有，均应享有各种法律程序豁免。但经亚太中心明示放弃其豁免时，不在此限。但放弃豁免并不适用于任何强制执行措施。

二、亚太中心的资金、资产和财产，不论其位于何处，亦不论由何人持有，均应免于搜查、征用、没收、征收和任何其他方式的干扰，不论是由于行政行为、司法行为或立法行为。

三、亚太中心可按规定开立人民币或可自由兑换货币的账户。亚太中心办理外汇收支应遵守中国外汇管理的有关规定。

四、亚太中心在开展其财务活动时应享受合法的汇率并遵守有关法律。

五、亚太中心在直接需求的合理数量范围内为公务目的所进口或出口的物品，按东道国有关法律法规规定，免除关税和其他有关税收，并按照东道国海关规定办理相关手续，未经政府批准不得出售或转让。

六、亚太中心为开展马铃薯、甘薯及其他薯类作物的科研以及应用项目所确有必要进口的科研仪器、设备及部件，经审批可免除关税和其他有关税收。上述科研仪器、设备及部件，除非东道国政府同意并按照东道国政府同意的条件，不得在东道国境内出售、转让或挪作他用。

七、本条下各项免税规定和便利不适用于为亚太中心提供服务所征收的税款或收费。

第十条　行政、财务和相关安排

东道国将与国际马铃薯中心另行签署亚太中心的行政、财务和相关安排协议。

第十一条　入境和过境

一、政府应采取必要措施确保下述人员在为亚太中心的公务旅行而出入东道国国境提供便利，免受过分延误：

（一）管理指导委员会委员；

（二）亚太中心主任、官员和专家；

（三）访问学者和受训人员；

（四）亚太中心因公务邀请的其他人员。

二、有关当局在需要时应尽快向上述人员提供签证、入境、过境许可方面的便利。

三、政府和有关当局有权拒绝不适宜入境的上述人员入境或终止其在境内逗留，并无需说明理由。

第十二条　亚太中心管理指导委员会委员、官员和专家的特权、豁免和其他便利

一、亚太中心管理指导委员会委员在出席中心召开的会议时，在履行其职责和在其往返会议地点的旅行途中，应享有下列特权和豁免：

（一）其人身不受逮捕或拘禁，其私人行李不受扣押，其以公务资格发表的口头或书面言论及其所实施的一切行为，豁免各种法律程序；

（二）其一切文书和文件均属不可侵犯；

（三）在其为执行公务而在东道国停留或过境期间，其本人及配偶免除移民限制、外侨登记、或国民服役的义务；

（四）关于货币或外汇之限制，享有给予负临时公务使命的外国政府代表的同样便利。

二、亚太中心的官员应享有下列特权、豁免和便利：

（一）其以公务身份发表的口头或书面言论及所实施的一切行为豁免法律程序，下列情况除外：

1．因官员所有的或官员驾驶的交通工具造成交通事故而提出的损害赔偿诉讼；

2．因官员的行为造成死亡或人员伤害而提出的损害赔偿诉讼。

（二）亚太中心官员取得的由国际马铃薯中心支付的薪金和报酬免纳税捐；

（三）豁免国民服务的义务；

（四）在初次就职到任后6个月内，经海关审核有权免税进境直接需用数量合理的自用物品，包括免税进口一辆机动车，并按照东道国海关规定办理相关手续，未经批准不得出售、转让或挪作他用。本项规定不适于具有中国国籍或为中国永久居民的中心官员。

三、亚太中心的专家应享有如下特权、豁免和便利：

（一）其在执行公务期间发表的口头或书面的言论和他们所实施的行为豁免一切法律程序，下列情况除外：

1. 因专家所有的或专家驾驶的交通工具造成交通事故而提出的损害赔偿诉讼；

2. 因专家的行为造成死亡或人员伤害而提出的损害赔偿诉讼。

（二）其一切文书及文件均属不可侵犯；

（三）按照东道国海关对非居民长期旅客进出境自用物品规定办理相关手续；

（四）关于货币或外汇限制享有给予负临时公务使命的外国政府代表的同样便利。

四、本条中所述人员如为中国公民或在中国永久居留者，仅就其以官方身份执行公务的行为享有免于法律程序和不受侵犯的特权与豁免。

五、本协议赋予的特权和豁免是为亚太中心的利益，而并非为有关人员的个人私利。亚太中心主任如认为给予相关人员的豁免足以妨碍司法的进行，且放弃豁免并不损害亚太中心的利益时，有权利和责任放弃该项豁免。亚太中心主任的特权与豁免的放弃，由管理指导委员会决定之。

第十三条　争端的解决

国际马铃薯中心与政府就本协定的解释和适用而产生的任何争端将通过缔约双方友好协商解决。

第十四条　尊重当地的法律法规

一、在不影响本协议所赋予的特权和豁免的前提下，所有享受这些特权和豁免的人员均有义务遵守东道国的法律和法规。他们亦有义务不干涉东道国内政。

二、亚太中心应始终与有关当局合作，为正当执法提供方便；确保遵守公安条例并避免出现任何滥用本协议所规定的特权、豁免和便利的情况。一旦政府认为出现了滥用本协议所提供的特权或豁免的情况，亚太中心主任须应要求与有关当局协商，确定是否出现了这种滥用，并决定是否放弃有关特权与豁免。

第十五条　最后条款

一、双方应当相互书面通知已完成使协议生效所必需的内部法律程序。协议自收到后一份通知之日起生效，直到出现本条第四款中所述情况而终止为止。

二、可根据任何一方的要求就修改本协议进行磋商。任何修订需得到双方书面同意。

三、国际马铃薯中心与政府可在必要时通过联合书面协议缔结补充协定。缔约方将对对方根据本款而提出的任何建议予以充分的通情达理的考虑。

四、本协议在缔约双方中任何一方以书面形式通知对方其终止协定的决定之日起6个月后停止生效，但亚太中心活动正常终止和亚太中心在东道国的财产的处置以及双方之间任何争端的解决除外。

为此，双方代表经充分授权，签字如下，以昭信守。

本协议于二〇一〇年二月四日在北京签订，一式两份，每份均用中文和英文写成，两种文本同等作准。

中华人民共和国政府	国际马铃薯中心
代　表	代　表
韩长赋	**帕米拉·安德森**
（签　字）	（签　字）

中华人民共和国政府和东南亚国家联盟各成员国政府航空运输协定

中华人民共和国（以下简称“中国”）政府；

和

由如下国家组成的东南亚国家联盟各成员国（以下合称“东盟”或“东盟各成员国”，或在指单一国家时称“东盟成员国”）政府：

文莱达鲁萨兰国，

柬埔寨王国，

印度尼西亚共和国，

老挝人民民主共和国，

马来西亚，

缅甸联邦，

菲律宾共和国，

新加坡共和国，

泰王国，

越南社会主义共和国；

（以上国家政府合称“缔约各方”或单称“缔约一方”）

忆及2002年的《中国与东盟全面经济合作框架协议》；

忆及为支持于2010年建立中国—东盟自由贸易区，于2007年11月2日在新加坡召开的第六次中国和东盟运输部长级会议上通过的旨在便利客货运输和旅客、货物流动，增进中国和东盟的贸易和经济的《中国与东盟航空合作框架》；

注意到中国和东盟各成员国之间的现有双边航空运输协定；

确认在缔结中国—东盟航空运输协定时应优先考虑东盟的完整、团结和一体化；

愿意在中国和东盟之间建立一体化、高效和有竞争力的国际航空运输，以加强贸易、消费者的福利和经济增长；

愿意通过中国和东盟之间航空运输的逐步自由化，推动地区和国际民用航空的发展；

重申1944年12月7日在芝加哥开放签字的《国际民用航空公约》的原则和规定；

愿意缔结本协定，以经营中国和东盟之间的航空运输；

达成协议如下：

第一条　定义

除非本协定另有规定，本协定中的术语定义如下：

（一）“航空运输”，指以取酬或者出租为目的，以航空器单独或者混合载运旅客、行李、货物和邮件的公共运输；

（二）“航空当局”，中华人民共和国方面指中国民用航空局；东盟各成员国方面指每一东盟成员国负责民用航空的部长；或者在上述两方面均指受权执行当前由所述当局行使的职能的任何其他当局或者个人；

（三）“协定”，指本协定及其附件和实施议定书，以及对它们的任何修改；

（四）“公约”，指1944年12月7日在芝加哥开放签字的《国际民用航空公约》，包括：1．已根据公约第九十四条第一款生效的并已由本协定的缔约各方批准的任何修改，以及2．根据公约第九十条通过的任何附件或者对附件的任何修改，只要上述附件或修改在任何特定时间对本协定的缔约各方均生效；

（五）“领土”，指陆地领土、内水、群岛水域和领海及其海床和底土，以及它们上方的空域；

（六）“指定空运企业”，指根据本协定第三条（指定和许可）

规定经指定和许可的空运企业；

（七）“航线表”，指本协定附件规定的航线表或者根据本协定第二十二条（修改）规定修改的航线表；

（八）“规定航线”，指航线表中规定的航线；

（九）“运价”，指由空运企业，包括其代理人为在航空运输（包括与此相连接的任何其他运输方式）中载运旅客、行李和(或）货物（不包括邮件）所收取的任何票价、费率或收费，和获得此种票价、费率或收费所附加的条件；

（十）“用户费”，指由主管当局向空运企业收取的，或经主管当局允许而收取的，旨在为航空器、机组、旅客和货物提供机场物业或设施、或者空中导航设施或航空保安设施或服务，包括相关服务和设施的费用；

（十一）“航班”、“国际航班”、“空运企业”和“非运输业务性经停”，具有公约第九十六条规定的定义；

（十二）“保存人”，就中国和东盟各成员国而言，指东盟秘书长；

（十三）根据上下文需要，凡提及单数形式的词时均应视为包括复数，凡提及复数形式的词时均应视为包括单数。

第二条　授权

一、缔约一方给予缔约另一方以本协定规定的权利，以便在航线表中规定的航线上经营国际航班（以下称为“协议航班”）。

二、在不违反本协定规定的情况下，缔约一方指定空运企业享有下列权利：

（一）沿缔约另一方航空当局规定的航路不经停飞越缔约另一方领土的权利；

（二）在缔约另一方领土作非运输业务性经停的权利；

（三）本协定中另行规定的权利，包括本协定附件一（定期航班）、附件二（非定期/包机航班）和在适用的情况下包括附件三（实施议定书）中所述的权利。

三、除根据本协定第三条（指定和许可）指定的空运企业外，缔约一方的空运企业也应享有本条第二款第一项和第二项中规定的权利。该空运企业应满足该缔约方通常适用于国际航班经营的法律、法规和规章中规定的其他条件。

四、本条的规定不得被视为给予缔约一方指定空运企业以取酬为目的，在缔约另一方领土内装载旅客、货物和邮件前往该缔约方领土内另一地点的权利。

第三条　指定和许可

一、缔约一方有权以书面方式指定一家或者多家空运企业，按照本协定经营协议航班，并且有权撤销或者更改上述指定。上述指定应通过外交途径书面通知保存人，由保存人通知所有缔约方。

二、在不违反以下规定的情况下，缔约一方应在收到上述指定通知及指定空运企业按照申请经营许可和技术许可所规定的形式和方式提交的申请之后，给予适当的经营许可和技术许可，不应无故迟延：

（一）1. 该空运企业的主要所有权和有效管理权属于指定该空运企业的缔约方、该缔约方的国民或者两种情况兼有；或者

2. 该指定空运企业在东盟成立，其主要营业地在东盟并且其主要所有权和有效管理权属于并继续属于一个或者多个东盟成员国和（或）其国民，并且指定该空运企业的东盟成员国对其拥有并保持有效监管权，但收到该东盟成员国上述申请的缔约一方应接受上述指定；以及

（二）指定该空运企业的缔约一方遵守本协定第七条（安全）和第八条（航空保安）所述的规定；以及

（三）该指定空运企业有能力满足收到指定通知的缔约一方通常适用于国际航班经营的法律和法规所规定的其他条件。

三、在收到本条第二款所述的经营许可和技术许可之后，指定空运企业可于任何时间开始经营指定其经营的协议航班，但是该空运企业必须遵守本协定有关规定。

四、缔约一方根据本条第二款颁发经营许可和技术许可后应通知保存人，保存人应通知所有缔约方。

第四条　许可的拒发、撤销、限制或者暂停

一、有下列情形之一的，缔约一方有权拒绝给予缔约另一方指定空运企业本协定第三条（指定和许可）中提到的经营许可和技术许可，并有权临时性地或永久性地对上述许可予以撤销、限制、暂停或者附加条件：

（一）该空运企业未能证明其符合本协定第三条（指定和授权）第二款第一项第一目或第二目所适用的规定条件；或者

（二）缔约另一方未保持和执行本协定第七条（安全）和第八条（航空保安）中所规定的标准；或者

（三）该空运企业未遵守本协定第五条（法律和法规的适用）所提及的法律和法规。

二、除非本条规定的权利必须立即执行，以防止该指定空运企业不遵守本条第一款第二项或者第三项，上述权利只能在根据本协定第二十条（磋商）与指定该空运企业的缔约一方磋商后方可行使。

三、缔约一方根据本条第一款行使了拒绝给予一家或者多家空运企业经营许可或者技术许可或者对经营许可或者技术许可予以暂停、撤销、限制或者附加条件的权利，该缔约一方应通知保存人，保存人应立即通知所有缔约方。

第五条　法律和法规的适用

一、在进出缔约另一方领土或者在缔约另一方领土内停留时，缔约一方的指定空运企业应遵守该缔约另一方关于航空器运

行和航行的法律和法规。

二、在进出缔约另一方领土或者在缔约另一方领土内停留时，缔约一方指定空运企业的机上旅客、机组或者货物应遵守或者代表其遵守该缔约另一方关于此类旅客、机组、行李或货物进出其领土的法律和法规（包括关于入境、放行、航空保安、移民、护照、海关和检疫法律和法规，如涉及邮件，则包括邮政方面的法律和法规）。

三、缔约一方在适用其移民、海关、检疫和类似法律和法规时，不得给予本国或任何其他空运企业比缔约另一方从事类似国际航空运输的指定空运企业更优惠的待遇。

第六条　直接过境

对直接过境缔约一方领土并且不离开为此目的而设的机场区域的旅客、行李、货物和邮件，除出于航空保安、麻醉品管制和防止非法入境等原因或者在特殊情形下采取的措施外，应采取简化的控制措施。直接过境的行李、货物和邮件应免纳关税或者其他类似税收。

第七条　安全

一、缔约一方应承认缔约另一方为其指定空运企业经营本协定所规定的协议航班而颁发或者核准且仍然有效的适航证、合格证和执照的有效性，但对上述证件或者执照的要求应至少相当于根据公约制定的最低标准。但是，缔约一方有权拒绝承认缔约另一方向其本国国民颁发或者核准的，以在其本国领土上空飞行为目的的合格证与执照的有效性。

二、缔约一方可随时要求就缔约另一方在航行设施、飞行机组、航空器和航空器运行方面所保持的安全标准进行磋商。磋商应在提出要求之日起三十（30）天内进行。

三、如果缔约一方在磋商之后发现该缔约另一方未能有效地保持和执行本条第一款所述方面的安全标准，以满足当时根据公约所制定的标准，缔约一方应将上述结论以及为达到国际民航组织标准所应采取的必要步骤告知该缔约另一方。缔约另一方应在商定的期限内采取适当的改正行动。

四、根据公约第十六条，缔约各方进一步同意，缔约一方指定的空运企业经营或代表其经营的进出缔约另一方领土的航班的航空器在缔约另一方领土内时，缔约另一方的授权代表可对其进行检查，但应避免对航空器运行造成不合理的延误。尽管有公约第三十三条规定的义务，检查的目的是查验相关的航空器文件、机组执照的有效性，以及航空器的设备和状况是否符合国际民航组织的标准。

五、如必须采取紧急行动以确保空运企业的经营安全，缔约一方保留立即暂停或者修改缔约另一方一家或者多家指定空运企业的经营许可或者技术许可的权利。

六、一旦采取上述行动的依据不复存在，缔约一方根据本条第五款采取的任何行动应予停止。

七、关于本条第三款，如果确认缔约另一方在商定的期限过后仍未遵守国际民航组织的标准，缔约一方应将该情况告知国际民航组织秘书长。在问题解决后，有关结果亦应告知秘书长。

第八条　航空保安

一、根据国际法为其规定的权利和义务，缔约各方重申，为保护民用航空安全免遭非法干扰而相互承担的义务，构成本协定不可分割的组成部分。在不影响国际法为其规定的权利和义务的普遍适用性的情况下，缔约各方应特别遵守1963年9月14日在东京签订的《关于在航空器内的犯罪和其他某些行为的公约》、1970年12月16日在海牙签订的《关于制止非法劫持航空器的公约》、1971年9月23日在蒙特利尔签订的《关于制止危害民用航空安全的非法行为的公约》以及所有缔约方均参加的任何其他与民用航空保安有关的公约和议定书。

二、缔约各方应根据请求相互提供一切切实可行的协助，防止非法劫持民用航空器的行为和其他危及航空器及其旅客和机组、机场和空中航行设施安全的非法行为，以及应对危及民用航空安全的任何其他威胁。

三、缔约各方在其相互关系中，应遵守国际民航组织制定的、作为公约附件的对缔约各方均适用的航空保安规定；缔约各方应要求在其领土内注册的航空器经营人或者主要营业地或永久居住地在其领土内的航空器经营人以及在其领土内的机场经营人遵守上述航空保安规定。

四、缔约一方同意，应要求其指定空运企业在进出缔约另一方领土或者在缔约另一方领土内停留时遵守缔约另一方所要求的本条第三款所述的航空保安规定。缔约一方应保证在其领土内采取足够有效的措施，在登机、装机或下机（卸机）之前和在此期间保护航空器，并对旅客、机组、随身携带物品、行李、货物和机上供应品进行检查。缔约一方对缔约另一方提出的为对付特定威胁而采取合理的特殊保安措施的要求，应给予同情的考虑。

五、当发生非法劫持民用航空器事件或者以劫持航空器事件相威胁，或者发生其他危及航空器及其旅客和机组、机场或者航行设施安全的非法行为时，缔约各方应相互协助，提供联系的方便并采取其他适当的措施，以便迅速、安全地结束上述事件或者威胁。

六、当缔约一方有合理理由相信，缔约另一方已经背离本条的航空保安规定时，该缔约方航空当局可要求与缔约另一方航空当局立即进行磋商。如在收到上述要求之日起十五（15）天内未能达成令人满意的协议，该缔约方有理由适用本协定第四条（许可的拒发、撤销、限制或者暂停）。如果情况紧急，或者为了防止发生进一步违反本条所述规定的行为，该缔约方可在十五（15）天期限结束之前采取临时行动。

七、缔约一方应要求缔约另一方提供航班服务的空运企业向其提交一份书面的、已由该空运企业所属缔约方的航空当局批准的经营人保安方案，供其认可。

第九条　运价

一、缔约一方指定空运企业对本协定所述航班所适用的运价，应在合理的水平上制定，适当照顾到一切有关因素，包括用户利益、经营成本、航班特点、合理利润、其他空运企业运价，以及市场中的其他商业考虑。

二、空运企业收取的运价无需向缔约各方备案或者由其批准。但是，如果缔约一方的国家法律要求事先批准运价，应对运价申报做相应规定。在此情形下，相关缔约各方可以自行决定适用对等原则。

三、缔约各方同意特别关注可能遭到反对的运价，包括具有过分的歧视性、由于滥用支配地位而定价过高或者过具限制性，或者由于享受直接或间接政府补贴或援助或者其他反竞争做法而人为地定价过低。

四、缔约各方应确保指定空运企业向公众提供关于票价、运价以及广告宣传中票价所附条件的完整、全面的信息。

第十条　保障措施

一、缔约各方同意可将下列空运企业做法视为值得进一步审查的可能的反竞争做法：

（一）航线票价和运价水平总体看来不足以抵补提供与票价和运价相关的航班所需成本；

（二）增加过多的航班班次；

（三）所述做法为持续性的而非临时性的；

（四）所述做法对另一空运企业有严重负面经济影响或者给其造成重大损害；

（五）所述做法反映出将另一空运企业击垮、或者将其从市场中逐出或挤走的明显意图，或者具有此种可能效应；以及

（六）表明在航线上滥用支配地位的行为。

二、国家援助和（或）补贴的给予应在缔约各方之间保持透明，且不应扭曲缔约各方指定空运企业之间的竞争。有关缔约方应根据要求，向其他相关缔约方提供关于给予国家援助和（或）补贴以及修改或扩大国家援助和（或）补贴的完整信息。此种信息应高度保密。

三、如果缔约一方航空当局认为，缔约另一方指定空运企业意图进行或者业已进行的一次或者多次经营可构成本条第一款所列的反竞争行为，或者由于该缔约另一方提供不适当的国家援助和（或）补贴构成任何歧视，可根据本协定第二十条（磋商）要求进行磋商，以求解决问题。提出磋商要求时应说明要求磋商的理由，并且磋商应于收到上述要求后十五（15）天内举行。

四、如果相关缔约各方未能通过磋商解决问题，可诉诸本协定第二十一条（争端的解决）规定的争端解决机制解决争端。

五、缔约一方如有合理理由相信，由缔约另一方或者其指定空运企业采取的与本条第一款和第二款相关的不公平或反竞争做法严重影响到其指定空运企业的经营，该缔约一方有权对缔约另一方指定空运企业临时适用本协定第四条（许可的拒发、撤销、限制或者暂停）。

第十一条　公平竞争

一、缔约一方应给予缔约各方的指定空运企业公平均等的机会，在提供本协定规定的国际航班时开展竞争。

二、缔约一方同意采取适当行动，消除由缔约一方和（或）其空运企业采取的被视为对缔约另一方指定空运企业的竞争地位造成不利影响的各种形式的歧视和（或）反竞争做法。

第十二条　商务活动

一、根据缔约另一方的法律和法规，缔约一方的指定空运企业有权：

（一）在入境、居留和就业方面，向缔约另一方领土内派驻管理和其他专业人员，以及运入经营国际航班所需的办公设备和其他相关设备和宣传材料；

（二）为提供、宣传和销售航班的目的，在缔约另一方领土内设立代表机构；

（三）在缔约另一方领土内直接从事航班销售，以及自行决定通过持有执照的代理机构进行航班销售。进行航班销售时，任何人均有权以该缔约国当地货币或者在不违反国家法律和法规的情况下，以其他国家可自由兑换货币购买上述航班；

（四）根据要求将当地收入扣除当地支出后的结余部分汇兑至其公司所在国。应根据相关缔约国的外汇管理法律和法规，允许在不受限制或不予征税的情况下以适用于经常项目交易和汇款的汇率即时进行汇兑；

（五）在其他缔约方领土内以当地货币支付当地开支，包括购买燃料。缔约一方的指定空运企业可自行决定按照当地货币管理规定，以可自由兑换货币支付在其他缔约方领土内的上述开支。

第十三条　合作市场营销安排

一、在规定航线上经营或者提供协议航班时，指定空运企业可在不违反国家法律、法规和政策的情况下，作为经营方空运企业或非经营方空运企业（以下简称为“市场方空运企业”）与如下各方达成可包括但不限于合作经营、包座或代码共享安排在内的合作市场营销安排：

（一）同一缔约方的一家或多家空运企业；以及

（二）缔约另一方的一家或多家空运企业。

但是此类安排的所有参与方均应拥有相关业务权和适当许可，并满足适用于此类安排的要求。

二、在根据本条第一款达成的任何合作市场营销安排拟采用之前，有关缔约方的航空当局可要求市场方空运企业或者经营方空运企业向其提出批准申请。

三、在提供所销售的航班时，市场方空运企业应在销售点向此类航班机票的购买者说明航班的每一航段由哪家空运企业经营和购买者在与哪一家或哪几家空运企业达成契约关系。

第十四条　租赁

一、缔约一方可禁止使用违反本协定第七条（安全）和第八条（航空保安）规定的租赁航空器经营本协定规定的航班。

二、在不违反本条第一款的情况下，缔约一方的指定空运企业可在满足下列条件时使用从任何公司，包括从其他空运企业租赁的航空器（或者航空器及机组）：

（一）租赁不会导致出租人空运企业行使其并不拥有的业务权；

（二）出租人空运企业所获取的财务收益不取决于相关指定空运企业经营的盈亏；以及

（三）已按照公约确定了对缔约一方指定空运企业经营的任何租用航空器的持续适航性及其是否具有适当运行和维修标准的监管责任。

三、缔约一方指定空运企业未因其他情形被禁止使用租赁的航空器（或者航空器及机组）提供航班时，其任何租赁安排均应满足缔约另一方通常适用的条件。

第十五条　多式联运

在不违反缔约各方的国家法律和法规的情况下，缔约一方的任何指定空运企业和货物运输的间接提供者有权不受限制地在衔接国际货运航班时利用前往或者来自缔约各方领土以内或以外任何地点的任何地面货物运输，包括往返于配有海关设施的所有机场的运输，并在适用的情况下包括有权根据适用的法律和法规运输保税货物。此类货物不论是地面运输还是航空运输，均可使用机场海关处理设施。在不违反缔约各方的国家法律和法规的情况下，指定空运企业可以选择自行提供地面运输或者通过与其他地面承运人之间的联程安排提供地面运输，其中包括由其他空运企业或货物运输的间接提供者经营的地面运输。在提供多式联运服务时，可采用航空和地面联运的单一联运价，但不得使托运人对此种运输的事实情况产生误解。

第十六条　用户费

一、缔约一方对缔约另一方指定空运企业征收或准许征收的用户费不得高于对任何经营类似国际航班的其他缔约方或非缔约方的空运企业征收的费用。

二、缔约一方应鼓励其收费主管当局与使用由这些收费当局提供的服务和设施的空运企业在可行的情况下通过这些空运企业的代表组织就用户费进行协商。应向此类用户提供关于用户费变更的任何提案的合理通告，以便在做出变更前使用户能够表达意见。缔约一方应进一步鼓励其收费主管当局和此类用户交换用户费方面的适当信息。

第十七条　关税

一、缔约一方应在对等的基础上以其国家法律所允许的最大限度免除缔约另一方指定空运企业的关税、国内消费税、检验费以及针对如下各项收取的其他国家税费：航空器、燃料、润滑油、技术耗材、包括发动机在内的零备件、正常航空器设备、机上供应品和其他物品，如客票、货运单、印有公司标志的任何印刷材料和由该指定空运企业免费发放的普通宣传品，以上物品旨在用于或专门用于该缔约另一方指定空运企业经营协议航班的航空器的经营和维护。

二、本条给予的豁免应适用于本条第一款中所提及的：

（一）由缔约另一方的指定空运企业或者代表该空运企业运入缔约一方领土内的物品；

（二）抵离缔约另一方领土时留置在缔约一方指定空运企业航空器上的物品；或者

（三）缔约一方指定空运企业航空器在缔约另一方领土内装上的旨在用于经营协议航班的物品。

无论此类物品是否完全在给予豁免的该缔约方领土内使用或消耗，但是此类物品的所有权不得在该缔约方领土内转让。

三、缔约一方指定空运企业航空器上的正常机载设备以及通常留置在航空器上的材料和供应品只有经缔约另一方海关当局同意后，方可在该缔约另一方领土内卸下。在此情形下，上述物品应受该缔约另一方海关当局的监管直至重新运出，或者根据海关法规另作处理。

四、缔约一方指定空运企业如与另一家在缔约另一方或者另外各方领土内享有同样豁免待遇的空运企业订有合同，在缔约另一方或者另外各方领土内向其租借或者转让本条第一款所述物品，亦应适用本条的豁免规定。

第十八条　统计资料

缔约一方航空当局可根据要求，向缔约另一方航空当局提供关于协议航班上所载业务的定期统计资料或者其他类似资料。

第十九条　班期时刻表的批准

一、缔约一方的指定空运企业可被要求不迟于协议航班经营之前六十（60）天向缔约另一方的航空当局提交其预计的班期时刻表供其批准。对时刻表的任何修改应不迟于生效前三十（30）天提交审核。

二、对于缔约一方指定空运企业欲于批准的班期时刻表之外经营协议航班的加班飞行，该空运企业必须事先得到缔约另一方航空当局的许可。此种申请通常应至少在进行上述飞行前四（4）个工作日提交。

第二十条　磋商

一、缔约各方航空当局应本着密切合作的精神经常互相磋商，以保证本协定各项规定的实施和满意遵守。除非另有协议，磋商应尽早开始，并应在缔约另一方通过外交或其他适当途径收到书面磋商要求，包括对拟磋商议题的解释之日起六十（60）天内进行。在商定磋商日期后，提出磋商要求的缔约一方应向其他缔约各方通报将要进行的磋商和有待提出的议题。任何缔约方均可参加磋商。磋商完成后，应立即向所有缔约方以及保存人通报结果。

二、如果认为有必要，缔约一方也可要求召开最高为部长一级的“工作组级别”的会议，以推进磋商进程。

第二十一条　争端的解决

如缔约各方之间发生任何争端，有关缔约各方的航空当局应寻求通过磋商解决争端。如不能达成协议，应通过外交途径予以解决。

第二十二条　修改

一、任何缔约一方可提议对本协定进行修改。任何修改的文本和修改的理由应发送保存人，并由保存人分送缔约各方。

二、缔约各方应告知保存人拟议的修改是否可以接受，并就此提交意见。

三、如果所有缔约方均同意拟议的修改，并相应地向保存人发出通知，则该项修改应在第十一份通知发出之日起生效。此项修改构成本协定的组成部分。

第二十三条　与其他协定的关系

一、本协定或就本协定采取的任何行动不得影响缔约各方亦作为缔约方的任何现有协定或国际公约所赋予的权利和义务，本条第三款中规定的情况除外。

二、本协定中的任何规定不得对缔约任一方根据1982年《联合国海洋法公约》的规定，特别是关于船舶和航空器的公海自由、无害通过权、群岛海道通行权或者过境通行权有关的规定以及根据《联合国宪章》所享有的权利或这些权利的行使造成损害。

三、如果本协定中的某项规定和任何现有双边或多边航空运输协定（包括对其所作的任何修改）中的某项对两个或两个以上缔约方均有约束力的规定或者本协定中未涵盖的规定之间存在不一致，并且如果缔约各方同时受上述双边或多边航空运输协定和本协定的约束，则应在缔约各方之间适用限制性较小或者自由度较高的或者本协定未涵盖的那项规定。如果不一致与有关安全或航空保安的规定相关，则应适用载有更高或者更严格的安全或航空保安标准的规定。

第二十四条　登记

一经生效，保存人应向国际民航组织登记本协定以及对本协定的任何修改。

第二十五条　最后条款

一、本协定应交由保存人保存。保存人应立即向缔约各方提供一份核证无误的协定副本。

二、缔约各方应完成使本协定生效所需的国内相关法律程序。在完成国内法律程序后，缔约各方应向保存人发出书面通知，由保存人立即告知其他缔约方。

三、本协定应在以下通知交由保存人保存之日起生效：

（一）来自中国的书面通知；以及

（二）来自至少两个东盟成员国的书面通知；

生效日期应以上述通知的最后一个发出日期为准，并应仅在已交存书面通知的缔约方之间生效。对于在本协定生效后交存书面通知的缔约方，本协定应在该缔约方交存书面通知之日起对该缔约方生效。

四、在将本协定及其实施议定书的相关书面通知交由保存人保存后，缔约一方承诺在业务权方面向交存了相关书面通知的所有缔约方提供的优惠待遇不低于本协定的实施议定书中所规定的待遇。

五、在不违反本条第三款和第四款的情况下，本协定附件三中所列的实施议定书应在按照每一实施议定书最后条款规定的方式生效。

六、保存人应将本协定的生效通知缔约各方。

七、保存人应根据本协定第三条（指定和许可）建立一个有关空运企业的指定和经营许可或者技术许可的集中登记册。

八、缔约任一方均可通过向保存人发出书面通知的形式，退出本协定，而保存人应在收到退出通知后三十（30）天之内通知其他缔约方。

九、退出应在保存人收到该通知之日起十二（12）个月后生效，除非该缔约方在此十二（12）个月期限内向保存人以书面形式撤销其退出的书面通知。

十、如果退出本协定时，缔约一方尚未完成根据本协定所承担的义务，则在该缔约方履行完该项义务前，本协定的规定应继续适用。

下列代表，经其各自政府正式授权，在本协定上签字，以昭信守。

本协定于以下日期签订，一式两份，每份均用中文和英文写成，两种文本同等作准。如对文本的解释产生分歧，以英文文本为准。

中华人民共和国政府 代　表 李家祥 （签　字） 2010年11月19日	文莱达鲁萨兰国政府 代　表 PEHIN DATO ABDULLAH BAKAR （签　字） 2010年11月12日

柬埔寨王国政府
代　表
MAO HAVANNALL
（签　字）
2010年11月12日

印度尼西亚共和国政府
代　表
MOH. IKSAN TATANG
（签　字）
2010年11月12日

老挝人民民主共和国政府
代　表
SOMMAD PHOLSENA
（签　字）
2010年11月12日

马来西亚政府
代　表
DATO'SERI KONG CHO HA
（签　字）
2010年11月12日

缅甸联邦政府
代　表
U THEIN SWE
（签　字）
2010年11月12日

菲律宾共和国政府
代　表
JOSE P. DE JESUS
（签　字）
2010年11月12日

新加坡共和国政府
代　表
RAYMOND LIM
（签　字）
2010年11月12日

泰王国政府
代　表
SOPHON ZARAM
（签　字）
2011年1月13日

越南社会主义共和国政府
代　表
HO NGHIA DZUNG
（签　字）
2010年11月12日

附件一：

定期航班

第一部分

航线表

一、缔约各方的指定空运企业有权在下列航线上经营协议航班：

中国的指定空运企业：

中国境内始发点	中间点	东盟境内目的点	以远点
任何点	任何点	任何点	任何点

每一东盟成员国的指定空运企业：

东盟境内始发点	中间点	中国境内目的点	以远点
指定该空运企业的东盟成员国境内的任何点	任何点	任何点	任何点

二、除非中国和东盟之间另有协议，缔约任一方在中国境内所选的地点不得包括香港特别行政区、澳门特别行政区和台湾省内地点。

第二部分

三、经营的灵活性

任何指定空运企业可自行选择在任何或者所有航班上：

（一）经营单程或往返航班；

（二）在一次航空器运行中，组合使用不同的航班号；

（三）以任何组合和任何顺序经营航线上的缔约各方领土内的中间点和以远点；以及

（四）可不经停任何一个或者多个地点，但协议航班应在指定该空运企业的缔约方领土内始发或者终止。

上述经营可不受方向或者地理位置的限制，并可保留本协定所允许的载运业务的权利，但该航班应执飞指定该空运企业的缔约一方领土内的一点，并且提供航班服务的所有地点均应为国际机场。

附件二：

非定期/包机航班

一、缔约一方根据本协定指定的空运企业根据本附件进行经营时，应有权在缔约各方之间经营非定期航班。空运企业必须向缔约另一方的航空当局提出申请并获得事先许可。上述申请通常至少应在航班经营之前十四（14）个工作日提交。

二、根据其本国法律和法规，缔约一方的指定空运企业经营的非定期/包机航班不得不适当地影响航线上协议航班的经营。

附件三：

实施议定书

缔约各方应缔结构成本协定组成部分的实施议定书，包括：

· 第一议定书　缔约各方任何地点之间无限制的第三和第四种自由业务权

关于缔约各方任何地点之间无限制的第三和第四种自由业务权的第一议定书

中华人民共和国（以下简称“中国”）政府；

和

由如下国家政府组成的东南亚国家联盟各成员国（以下合称“东盟”或“东盟各成员国”，或在指单一国家时称“东盟成员国”）政府：

文莱达鲁萨兰国，

柬埔寨王国，

印度尼西亚共和国，

老挝人民民主共和国，

马来西亚，

缅甸联邦，

菲律宾共和国，

新加坡共和国，

泰王国，

越南社会主义共和国；

（以上国家政府合称“缔约各方”或单称“缔约一方”）

忆及于2010年11月12日在文莱斯里巴加湾签署的《中华

人民共和国政府和东南亚国家联盟各成员国政府航空运输协定》（以下简称“协定”）；

承认该协定的附件三规定了缔结协定的实施议定书；

愿消除对航班服务的限制，从而实现东盟和中国之间及以远地区的航班服务完全自由化；

达成协议如下：

第一条　航线和业务权

一、自2010年12月31日起，中国的指定空运企业有权在其领土内设有国际机场的任何地点和东盟各成员国领土内设有国际机场的任何地点之间经营往返客运和（或）货运航班，并享有充分的第三和第四种自由业务权。

二、自2010年12月31日起，每一东盟成员国的指定空运企业有权在其领土内设有国际机场的任何地点和中国领土内设有国际机场的任何地点之间经营往返客运和（或）货运航班，并享有充分的第三和第四种自由业务权。

第二条　运力和班次

对于在本议定书下根据本议定书第一条的规定运营的客运和货运航班，不应施加运力、班次和航空器型号方面的限制。

第三条　最后规定

一、本议定书应交由协定保存人保存。保存人应立即向每一缔约方提供一份经核证的议定书副本。

二、每一缔约方应完成本议定书生效所需的国内相关法律程序。在完成国内法律程序后，每一缔约方应向保存人发出书面通知，由保存人立即告知每一缔约方。

三、本议定书应在将以下通知交由保存人保存之日起生效：

（一）来自中国的书面通知；以及

（二）来自至少两个东盟成员国的书面通知。

生效日期应以上述通知的最后一个发出日期为准，并应仅在已交存书面通知的缔约方之间生效。对于在本议定书生效后交存书面通知的缔约方，本议定书应在该缔约方交存其书面通知之日起对该缔约方生效。

四、根据协定的第二十二条（修改），对本议定书的规定所做的任何修改，应经所有缔约方同意之后方可生效。

下列代表，经其各自政府正式授权，在本议定书上签字，以昭信守。

本议定书于以下日期签订，一式两份，每份均用中文和英文写成，两种文本同等作准。如对文本的解释产生分歧，以英文文本为准。

中华人民共和国政府
代　表
李家祥
（签　字）
2010年11月19日

文莱达鲁萨兰国政府
代　表
PEHIN DATO ABDULLAH BAKAR
（签　字）
2010年11月12日

柬埔寨王国政府
代　表
MAO HAVANNALL
（签　字）
2010年11月12日

印度尼西亚共和国政府
代　表
MOH. IKSAN TATANG
（签　字）

2010年11月12日

老挝人民民主共和国政府

代　　表

SOMMAD PHOLSENA

（签　字）

2010年11月12日

马来西亚政府

代　　表

DATO'SERI KONG CHO HA

（签　字）

2010年11月12日

缅甸联邦政府

代　　表

U THEIN SWE

（签　字）

2010年11月12日

菲律宾共和国政府

代　　表

JOSE P. DE JESUS

（签　字）

2010年11月12日

新加坡共和国政府

代　　表

RAYMOND LIM

（签　字）

2010年11月12日

泰王国政府

代　　表

SOPHON ZARAM

（签　字）

2011年1月13日

越南社会主义共和国政府

代　　表

HO NGHIA DZUNG

（签　字）

2010年11月12日

非 洲

中华人民共和国工业和信息化部与阿拉伯埃及共和国贸易和工业部关于工业合作谅解备忘录

为不断促进和深化中华人民共和国与阿拉伯埃及共和国（以下简称“中埃”）在工业领域的广泛合作与交流，中华人民共和国工业和信息化部与阿拉伯埃及共和国贸易和工业部（以下简称“双方”）本着平等互利的原则，经友好协商，达成协议如下：

第 一 条

在遵守中埃两国现行法律规定的基础上，本着相互信任、平等合作、互惠互利、共同发展的原则，双方同意在各自职责范围内，开展双边交流与合作，以促进中埃工业合作与发展。

第 二 条

双方同意开展包括但不限于以下领域的合作与交流：

一、开展工业发展信息和经验交流；

二、开展工业政策、工业标准及相关法规交流；

三、促进中埃企业在纺织、原材料、电子制造、软件、服装、工程技术、建筑建材、钢铁冶金、水泥铝管、交通工具、玻璃纤维管、涂料和食品工业的交流与合作；

四、开发并实施具体的科技创新项目，包括陶瓷工业余热回收，水泥工业的替代燃料，可再生能源技术在食品、纺织制品业的开发，提升纺织业染整工艺，组合式家具及提高大理石表面质量等方面；

五、开展新兴产业和技术的合作与交流，例如节能和环保、工业用水的净化和处理；

六、开展中小企业合作发展经验的交流；

七、鼓励中埃企业和研究机构开展各种形式的合作研究；

八、双方商定的其他合作活动。

第 三 条

为执行本谅解备忘录，双方同意成立联合委员会（以下称“联委会”），由双方副部长级官员担任联委会共同主席。其职责是：

一、实施第二条所确定的合作内容；

二、确定双方优先合作领域；

三、研究拟订年度合作计划；

四、研究在双方职责范围内推动双边关系发展的可能性；

五、协调解决本谅解备忘录执行过程中可能出现的问题。

联委会在中国和埃及每年轮流召开一次会议。根据需要，联委会可召开临时性特别会议或司（局）级工作会议，研究解决合作中突然出现的问题。

会议东道方负责会议费用，双方各自负担本方人员包括国际旅费和食宿费在内的各项费用。在本谅解备忘录下开展的其他合作活动，双方各自负担其所需费用。各方应积极为对方提供支持和帮助。

中华人民共和国工业和信息化部国际合作司和阿拉伯埃及共和国贸易和工业部工业现代化中心为联委会的日常协调和联络

机构。

第　四　条

经双方书面同意，可对本谅解备忘录做出修改和补充。修改和补充的内容视为本谅解备忘录的组成部分。所有修改和补充都应以书面形式完成。

第　五　条

本谅解备忘录自双方签字之日起生效，有效期5年。

如果任何一方在本谅解备忘录期满6个月前未书面正式通知对方终止本谅解备忘录，则本谅解备忘录将自动延长5年，并依此法顺延。

本谅解备忘录的终止不影响其终止前正在执行中的合作项目。

本谅解备忘录由双方于二〇一〇年九月二十六日在埃及开罗签订，一式两份，每份分别用中文、阿拉伯文和英文写成，三种文本同等作准。如对文本的解释产生分歧，以英文文本为准。

中华人民共和国	阿拉伯埃及共和国
工业和信息化部	贸易和工业部
代　表	代　表
李毅中	**拉希德**
（签　字）	（签　字）

中华人民共和国政府和埃塞俄比亚联邦民主共和国政府文化合作协定二〇一〇年至二〇一三年执行计划

中华人民共和国政府和埃塞俄比亚联邦民主共和国政府（以下简称“双方”），为促进两国友好关系的进一步发展，加强两国文化交流与合作，根据1988年6月23日签订的两国政府文化合作协定，同意签订2010年至2013年执行计划，条文如下：

一、文化艺术

1. 中国政府文化代表团（部级）一行4至6人访问埃塞俄比亚，为期7天。

2. 埃塞俄比亚政府文化代表团（部级）一行4至6人访问中国，为期7天。

3. 中国表演艺术团（不超过20人）赴埃塞俄比亚访演，为期7至10天。

4. 埃塞俄比亚表演艺术团（不超过20人）来华访演，为期7至10天。

5. 中方在埃举办艺术展览，展期10天，随展2人。

6. 埃方在华举办艺术展览，展期10天，随展2人。

7. 中方造型艺术家或作家2人赴埃客座创作，为期1至2月。

8. 埃方造型艺术家或作家2人来华客座创作，为期1至2月。

二、文物、图书、广播和影视

9．双方鼓励两国文物主管部门互换文化遗产信息并派专家互访。

10．双方鼓励两国文物主管部门在文物保护和管理方面开展交流与合作。

11．双方鼓励两国国家图书馆开展技术交流与合作，如互换出版物和互派代表团。

12．双方鼓励两国在广播、影视领域开展交流与合作，如互派代表团、互办电影周、互换广播和影视资料。

三、财务规定

13．根据本执行计划派出的互访人员，由派遣方负担国际旅费，接待方负担在其境内的食宿、交通和突发疾病的医疗费用。

14．艺术团互访的派遣方负担演出道具的国际运费，接待方负担演出道具在其境内的运输和组织演出的有关费用。

15．展览的派遣方负担展品的往返国际旅运费和保险费，承展方负担展品在其境内的运输、保险和组织展览的有关费用。

16．双方鼓励企业赞助双边执行计划项目。

四、其他规定

17．本执行计划不排除为扩大两国在相关领域进行合作而相互同意进行的其他活动。

18．执行本计划项目的相关细节，由双方有关部门另行商定。

19．在执行本计划过程中，如出现其他问题和分歧，由双方友好协商解决。

20．本执行计划自签字之日起生效，有效期截至2013年12月31日。

缔约双方政府授权本国代表在本协议书上签字，以昭信守。

本执行计划于二〇一〇年一月二十日在亚的斯亚贝巴签订，一式两份，每份均用中文和英文写成，两种文本同等作准。

中华人民共和国政府 代　　表 **顾小杰** （签　字）	埃塞俄比亚联邦民主共和国政府 代表 **迪里尔** （签　字）

中华人民共和国环境保护部与安哥拉共和国环境部环境合作谅解备忘录

中华人民共和国环境保护部与安哥拉共和国环境部（以下简称“双方”），

认识到环境问题的区域性和全球性，以及需要通过国际合作寻求持久有效的解决方法和协调双方共同行动的重要性；

秉承1992年联合国环境与发展大会通过的《21世纪议程》中的可持续发展精神；

共同关注并承担双方在环境保护和可持续发展领域加强合作的责任；

确信双方在环境保护与可持续发展领域的合作具有互利性，并将进一步促进两国友好关系的发展；

达成协议如下：

第 一 条

本谅解备忘录旨在平等互利原则基础上，促进双方在环境领域的合作。

第 二 条

双方同意下列领域为合作的优先领域：

（一）环境政策和管理；

（二）固体废物管理；

（三）水污染控制；

（四）大气污染控制；

（五）环境保护技术和产业；

（六）环境与气候变化；

（七）环境教育和培训；

（八）双方同意的其他合作领域。

第 三 条

在本谅解备忘录下，双方将通过以下方式进行合作：

（一）交换相关环境信息及资料；

（二）专家、学者、代表团互访；

（三）共同举办由科学家、专家、管理人员和其他有关人员参加的研讨会、专题讨论会及其他会议；

（四）双方同意的其他合作方式。

第 四 条

一、为执行本谅解备忘录，双方将鼓励两国环境保护团体、企业、城市和研究机构在环境保护领域建立和发展直接的联系。

二、双方将各自承担为执行本谅解备忘录下合作活动所产生的各项费用。

第 五 条

本谅解备忘录不影响双方在已缔结或参加的任何与环境保护相关的条约、公约、区域或国际协定中承担的义务。

第 六 条

本谅解备忘录在理解或执行上的任何分歧由双方通过友好协商解决。

第 七 条

一、本谅解备忘录自签字之日起生效，有效期五年。

二、除非在有效期满前三个月，一方以书面形式通知另一方终止本谅解备忘录，本谅解备忘录有效期将自动延长五年。

三、本谅解备忘录的终止将不影响在本谅解备忘录下业已作出任何安排的有效性。

本谅解备忘录于二〇一〇年六月二十五日在北京签署，一式两份，每份均用中文、葡萄牙文和英文写成，三种文本同等作准。如对文本解释发生分歧，以英文文本作准。

中华人民共和国环境保护部	安哥拉共和国环境部
代 表	代 表
周生贤	**雅尔丁**
（签 字）	（签 字）

中华人民共和国政府和刚果共和国政府文化合作协定二〇一一至二〇一三年执行计划

中华人民共和国政府和刚果共和国政府（以下简称“双方”），为发展两国的文化交往和加强两国人民的友好关系，根据二〇〇〇年三月二十日在北京签署的两国政府文化合作协定，签署二〇一一至二〇一三年执行计划，条文如下：

一、文化艺术

1．双方互派一政府文化代表团访问（部级），人数不超过6人，为期7天。

2．双方互派艺术团访演，人数不超过20人，为期7至10天。

3．双方互办艺术展览，随展2至3人，为期不超过15天。

4．双方互派造型艺术家或作家共2人赴对方国家进行客座创作，为期不超过2个月。

二、文物、图书馆和博物馆

5．双方鼓励两国文物主管部门互换文化遗产信息并就文物保护和管理进行专家互访和经验交流。

6．双方将探讨并商签“防止盗窃、盗掘和非法进出境文物的协定”的可能性。

7．双方鼓励两国国家图书馆开展技术交流与合作，如互换出版物和互派代表团。

8．双方鼓励两国国家博物馆开展技术交流与合作，如互派专家访问。

三、培训

9．双方鼓励两国在人员培训方面开展交流与合作，具体项目由两国政府有关部门另行商定。

10．双方将探讨互派专家进行文化艺术培训的可能性。

四、财务规定

11．根据本执行计划派出的互访人员，由派遣方负担国际旅费；接待方负担在其境内的食宿、交通和突发疾病的医疗费用。

12．艺术团互访的派遣方负担演出道具的国际运费，接待方负担演出道具在其境内的运输和组织演出费用。

13．展览的派遣方负担展品的国际运费和保险费，承展方负担展品在其境内的运输、保险费和组织展览的有关费用。

五、其他规定

14．本执行计划不排除双方为扩大两国在相关领域进行合作而相互同意进行的其他活动。

15．双方鼓励企业赞助本执行计划的交流项目。

16．执行本计划项目的相关细节，由双方有关部门另行商定。

17．执行本计划过程中，如出现其他问题和分歧，由双方友好协商解决。

18．本执行计划自签字之日起生效，有效期截至2013年12月31日。

缔约双方政府授权本国代表在本协议书上签字，以昭信守。

本执行计划于二〇一〇年六月十一日在北京签订，一式两份，每份均用中文和法文写成，两种文本同等作准。

中华人民共和国政府	刚果共和国政府
代　表	代　表
赵少华	**高索·让–克劳德**
（签　字）	（签　字）

中华人民共和国政府和加纳共和国政府文化合作协定二〇一〇年至二〇一二年执行计划

中华人民共和国政府和加纳共和国政府（以下简称“双方”），为促进两国友好关系的进一步发展，加强两国文化交流与合作，根据1981年12月4日在阿克拉签订的两国政府文化合作协定，同意签订2010年至2012年执行计划，条文如下：

一、文化艺术

1．中国政府文化代表团（部级）一行4至6人访问加纳，为期7天。

2．加纳政府文化代表团（部级）一行4至6人访问中国，为期7天。

3. 中国表演艺术团（不超过20人）赴加访演，为期7至10天。

4. 加纳表演艺术团（不超过20人）来华访演，为期7至10天。

5. 中方在加举办艺术展览，展期10天，随展2人。

6. 加方在华举办艺术展览，展期10天，随展2人。

7. 中方造型艺术家或作家2人赴加客座创作，为期1至2月。

8. 加方造型艺术家或作家2人来华客座创作，为期1至2月。

二、文物、图书、广播影视

9. 双方鼓励两国文物主管部门互换文化遗产信息并派专家互访。

10. 双方鼓励两国文物主管部门在文物保护和管理方面开展交流与合作。

11. 双方鼓励两国国家图书馆开展技术交流与合作，如互换出版物和互派代表团。

12. 双方鼓励两国在广播、影视领域开展交流与合作，如互派代表团、互办电影周、互换广播和影视资料。

三、教育

13. 双方鼓励两国教育专家互访。

14. 双方鼓励两国高等院校间的交流与合作。

四、财务规定

15．根据本执行计划派出的互访人员，由派遣方负担国际旅费，接待方负担在其境内的食宿、交通和突发疾病的医疗费用。

16．艺术团互访的派遣方负担演出道具的国际运费，接待方负担演出道具在其境内的运输和组织演出的有关费用。

17．展览的派遣方负担展品的往返国际旅运费和保险费，承展方负担展品在其境内的运输、保险和组织展览的有关费用。

18．双方鼓励企业赞助双边执行计划项目。

五、其他规定

19．本执行计划不排除为扩大两国在相关领域进行合作而相互同意进行的其他活动。

20．执行本计划项目的相关细节，由双方有关部门另行商定。

21．在执行本计划过程中，如出现其他问题和分歧，由双方友好协商解决。

22．本执行计划自签字之日起生效，有效期截至2012年12月31日。

缔约双方政府授权本国代表在本协议书上签字，以昭信守。本执行计划于二〇一〇年六月二十二日在阿克拉签订，一式两份，每份均用中文和英文写成，两种文本同等作准。

中华人民共和国政府	加纳共和国政府
代　表	代　表
于文哲	**阿苏丹－阿汉萨**
（签　字）	（签　字）

中华人民共和国政府和津巴布韦共和国政府文化协定2010年至2013年执行计划

中华人民共和国政府和津巴布韦共和国政府（以下简称“缔约双方”），为加强两国在艺术、文化、教育、出版、广播、影视和体育等领域的交流合作，并促进友好关系的进一步发展，根据两国政府1981年5月14日在北京签署的文化协定，兹同意签订2010年至2013年执行计划如下。

一、艺术和文化

1．中方组派一4至6人的政府文化代表团（部政策制定者和高级教育管理者）访津，为期不超过10天。

2．津方组派一4至6人的政府文化代表团（部政策制定者和高级教育管理者）访华，为期不超过10天。

3．中方鼓励津方一文化管理官员和文学艺术领域知名人士代表团访华，具体事宜由缔约双方商定。

4．津方鼓励中方一文化管理官员和文学艺术领域知名人士代表团访津，具体事宜由缔约双方商定。

5．中方组派一不超过20人的表演艺术团赴津访演，为期10天。

6．津方组派一不超过20人的表演艺术团赴华访演，为期10天。

7．中方在津举办一艺术和工艺品展览，随展2至3人，为期不超过一个月。

8. 津方在华举办一艺术和工艺品展览，随展2至3人，为期不超过一个月。

9. 中方造型艺术家或作家2人赴津客座创作，为期1至2月。

10. 津方造型艺术家或作家2人来华客座创作，为期1至2月。

11. 缔约双方鼓励两国艺术文化机构、知名人士和组织间：

（1）建立关系和联系；

（2）开展交流与合作。

缔约双方进一步鼓励两国在文学、文化遗产保护和文化表现多样性领域的交流与合作。

二、教育

12. 缔约双方鼓励两国教育机构间进行交流与合作。

13. 中国政府每年向津方提供8人/年全额奖学金名额，用于培养本科生、研究生、进修生，即每年在华学习的津方留学生总数不超过8人。有关奖学金的财务规定按照中国教育部有关规定办理。

14. 缔约双方互派访问和考察团组，分享对方优秀的教育实践经验和课程创新经验。

三、出版、广播和影视

15. 缔约双方鼓励两国出版机构进行交流与合作。

16. 缔约双方鼓励两国广播、影视机构进行交流与合作。

17. 中国政府应加强津部委的能力建设，以发展教材的开发印制和信息通讯技术方面的内部出版事业。

四、体育

18．缔约双方鼓励两国在体育领域加强交流与合作。具体事宜由两国相应的体育部门和协会直接商定。

五、财务规定

19．根据本计划派出的互访人员，由派遣方负担国际旅费，接待方负担在其境内访问期间的食宿、交通和紧急情况医疗费。

20．根据本执行计划互办的展览，由送展方负担展品的往返国际运费和保险费，承展方须确保展品在其境内的安全，提供展览场地，并负担展览运输、布置和推广（包括宣传和印制请柬、目录和手册等）费用。

21．缔约双方鼓励企业赞助双边执行计划项目。

本执行计划自签字之日起生效，有效期至2013年12月31日。

缔约双方政府授权本国代表在本执行计划上签字，以昭信守。

本执行计划于二〇一〇年一月二十日在哈拉雷签订，一式两份，每份均用中文和英文写成，两种文本同等作准。

中华人民共和国政府	津巴布韦共和国政府
代　　表	代　　表
忻顺康	考塔特
（签　字）	（签　字）

中华人民共和国政府和大阿拉伯利比亚人民社会主义民众国2009年至2012年文化与新闻合作执行计划

中华人民共和国政府和大阿拉伯利比亚人民社会主义民众国，为发展两国在文化、新闻领域的友好合作关系，根据1985年8月11日在北京签订的中利文化合作协定，同意签订2009年至2012年执行计划，条款如下：

第　一　条

双方鼓励两国电台、电视台进行合作，在重大活动期间，互换和互播反映两国政治、经济、文化发展的广播电视节目。

第　二　条

双方鼓励两国通讯社发展合作关系，互换国内、国际新闻和新闻图片。具体事宜由两国通讯社另行商定。

第　三　条

双方鼓励两国在印刷、出版、发行等新闻文化机构间建立联系，在文化、科学和新闻类书籍的翻译方面进行合作，参加对方举办的书展。

第　四　条

双方鼓励新闻代表团互访，尤其是在双方国家节庆期间，互派记者了解和报道对方人民所取得的成就。

第　五　条

双方鼓励两国有关新闻、出版、文化和文献研究中心间进行合作并加强联系。

第　六　条

根据两国现行法律和制度，双方支持在对方国家设立文化中心，以介绍两国文化遗产，并为之提供必要的便利。

第　七　条

双方互办文化周，互办展览和其他文化活动，以向两国人民介绍两国文化遗产。

第　八　条

双方鼓励互派艺术团参加在对方国家举办的国内或国际文化节。

第　九　条

双方同意参加对方国家举办的电影周，交换影视音像资料，电影业内人士互访，电影电视产业领域的专家和技术人员互访，开辟影视合作的途径。

第　十　条

双方鼓励在人员培训方面进行合作，交流经验，利用两国培训中心与专业院校举办短训班、培训班。同时增进两国在文化、新闻等领域的互访。

第 十 一 条

双方在地区和国际性会议中进行协商，交换意见，统一观点。

第 十 二 条

双方对本计划有关活动的举办时间、地点、代表团抵离时间、团员姓名和职务应在足够时间内提前通知对方，以便对方准备接待工作。

第 十 三 条

派遣方负担本计划内代表团成员的国际旅费，接待方负担代表团访问期间的全部食宿和国内交通费。

第 十 四 条

举办展览，送展方负担展品的运输和保险费，承展方提供展厅并负担宣传品印刷费及展品境内运输费。

第 十 五 条

本计划不妨碍两国新闻、文化、出版机构间协商签署双边计划和协定。

第 十 六 条

本计划所列项目的联络工作，将通过中华人民共和国政府有关部门和大阿拉伯利比亚人民社会主义民众国文化总署进行。

第 十 七 条

本计划自双方履行各自国家的法律程序并相互告知之日起生

效，有效期四年。如任何一方在本计划期满六个月前未通过外交渠道通知另一方要求修订或终止，则本计划自动延续。

本计划于二〇一〇年八月三日在北京签订，一式两份，分别用中文和阿拉伯文写成，两种文本具有同等效力。

中华人民共和国政府	大阿拉伯利比亚人民社会主义民众国
代　表	代　表
李洪峰	**希亚莱**
（签　字）	（签　字）

中华人民共和国政府和大阿拉伯利比亚人民社会主义民众国关于促进和保护投资的协定

中华人民共和国政府和大阿拉伯利比亚人民社会主义民众国（以下称“缔约双方”），

愿为缔约一方的投资者在缔约另一方领土内投资创造有利条件，

认识到相互鼓励、促进和保护投资将有助于激励投资者经营的积极性和增进两国繁荣，

愿在平等互利原则的基础上，加强两国间的合作，

达成协议如下：

第一条　定义

本协定内：

一、“投资”一词系指缔约一方投资者依照缔约另一方的法律和法规在缔约另一方领土内所投入的各种财产，包括但不限于：

（一）动产、不动产及抵押、质押等其他财产权利及类似权利；

（二）公司的股份、债券、股票或其他形式的参股；

（三）金钱请求权或任何其他与投资相关的具有经济价值的履行请求权；

（四）知识产权，特别是著作权、专利、商标、商号、工艺流程、专有技术和商誉；

（五）法律或法律允许依合同授予的商业特许权，包括勘探、耕作、提炼或开发自然资源的特许权。

作为投资的财产发生任何符合投资所在的缔约方的法律法规的形式上的变化，不影响其作为投资的性质。

二、“投资者”一词，系指，

（一）根据缔约任何一方法律具有该缔约方国籍的自然人；投资者不包括拥有东道国国籍的自然人。

（二）法律实体，包括根据缔约任何一方法律设立或组建且住所地在该缔约方境内的公司、社团、合伙及其他组织。

三、“收益”一词系指由投资所产生的款项，包括利润、股息、利息、资本利得、提成费、费用和其他合法收入。

四、“可兑换货币”一词系指可以在国际商务交易中用于现金支付的，在经常项目国际货币市场流通的并且可以自由兑换成其他货币的任何可兑换货币。

五、“领土”一词，系指：

（一）对于中华人民共和国，系指所有中华人民共和国领土，包括其领陆、领海及其领空，以及根据国际法和国内法，以勘探和开发自然资源为目的，中国拥有主权权利或管辖权的领海以外的海域；

（二）对于大阿拉伯利比亚人民社会主义民众国，系指所有领土，包括领陆、领海及其领空，以及大阿拉伯利比亚人民社会主义民众国根据国际法拥有主权权利和管辖权的延伸到领海以外的专属经济区和大陆架。

第二条　促进和保护投资

一、缔约一方应鼓励缔约另一方的投资者在其领土内投资，并依照其法律和法规接受这种投资。

二、缔约一方投资者在缔约另一方境内的投资，应享受持续的保护和安全。

三、在不损害其法律法规的前提下，缔约一方不得对缔约另一方投资者在其境内投资的管理、维持、使用、享有和处分采取任何不合理的或歧视性的措施。

四、缔约一方应依据其法律和法规，为在其领土内从事与投资有关活动的缔约另一方国民获得签证和工作许可提供帮助和便利。

第三条　投资待遇

一、缔约一方的投资者在缔约另一方的领土内的投资应始终享受公正与公平的待遇。

二、在不损害其法律法规的前提下，缔约一方应给予缔约另一方投资者在其境内的投资及与投资有关活动不低于其给予本国投资者的投资及与投资有关活动的待遇。

三、缔约一方给予缔约另一方投资者在其境内的投资及与投资有关活动的待遇，不应低于其给予任何第三国投资者的投资及与投资有关活动的待遇。

四、本条第三款的规定，不应解释为缔约一方有义务将由下列原因产生的待遇、优惠或特权给予缔约另一方投资者：

（一）关税同盟、自由贸易区、经济联盟以及产生此类联盟或类似机构的任何国际协议；

（二）任何全部或主要与税收有关的国际协议或安排；

（三）任何便利边境地区小额边境贸易的安排。

第四条　征收

一、缔约任何一方对缔约另一方的投资者在其领土内的投资不得采取征收、国有化或其他类似措施（以下称“征收”），除非符合所有下列条件：

（一）为了公共利益；

（二）依照国内法律程序；

（三）非歧视性的；

（四）给予补偿。

二、本条第一款所述的补偿，应等于采取征收前或征收为公众所知时中较早一刻被征收投资的价值。该补偿应等于公平市场价值。补偿应包括自征收之日起到付款之日按正常商业利率计算的利息。补偿的支付不应迟延，并应可有效兑换和自由转移。

第五条　损害与损失赔偿

缔约一方的投资者在缔约另一方领土内的投资，如果由于发生在缔约另一方领土内的战争、全国紧急状态、叛乱、暴乱或其他类似事件而遭受损失，该缔约另一方给予其恢复原状、赔偿、补偿或采取其他措施的待遇，不应低于它给予本国或任何第三国投资者待遇中较优者。

第六条　转移

一、缔约任何一方应按照其法律和法规，保证缔约另一方投资者转移在其领土内的投资和收益，包括：

（一）利润、股息、利息及其他合法收入；

（二）全部或部分出售或清算投资获得的款项；

（三）与投资有关的贷款协议的偿还款项；

（四）本协定第一条第一款第（四）项中事项有关的提成费；

（五）技术援助款项或技术服务费、管理费；

（六）有关承包工程的支付；

（七）在缔约一方的领土内从事与投资有关工作的缔约另一方国民的收入。

二、本条第一款的规定不得影响依据本协定第四条和第五条获得的赔偿的自由转移。

三、上述转移应以可自由兑换的货币按照转移当日接受投资缔约一方通行的市场汇率进行。

第七条　代位

如果缔约一方或其指定的机构根据其对非商业风险的一项担保或保险合同就在缔约另一方领土内的某项投资向投资者作了支付，缔约另一方应承认：

（一）该投资者的权利和请求权依照缔约前者一方的法律或法律程序转让给了缔约前者一方或其指定机构；以及

（二）缔约前者一方或其指定机构在与投资者同等的范围内，代位行使该投资者的权利或执行该投资者的请求权，并承担其与投资相关的义务。

第八条　缔约双方间争议解决

一、缔约双方对本协定的解释或适用所产生的任何争议，应尽可能通过外交途径协商解决。

二、如果该争议6个月内未能友好解决，根据缔约任何一方的要求，应将争议提交专设仲裁庭解决。

三、该等仲裁庭由三名仲裁员组成。自收到书面仲裁要求之日起两个月内，缔约双方应各自任命一名仲裁员。该两名仲裁员应自前两名仲裁员任命之日起两个月内共同选定一位与缔约双方均有外交关系的第三国国民担任首席仲裁员。

四、如果仲裁庭未能在自书面仲裁申请提出之日起4个月内组成，缔约双方间又无其他约定，缔约任何一方可以提请国际法院院长作出必要的任命。如果国际法院院长是缔约任何一方的国民，或由于其他原因不能履行此项任命，应请国际法院中非缔约任何一方的国民也无其他不胜任原因的最资深法官履行此项任命。

五、仲裁庭应自行决定其程序，仲裁庭应按照本协定以及缔约双方都承认的国际法原则作出裁决。

六、仲裁庭的裁决应以多数票作出。裁决是终局的，对缔约双方均有拘束力。应缔约任何一方的请求，仲裁庭应对其所作的裁决进行解释。

七、缔约双方应承担其任命的仲裁员及其出席仲裁程序的费用。首席仲裁员和仲裁庭的相应费用应由缔约双方平均承担。

第九条　缔约一方与缔约另一方投资者之间的争议解决

一、缔约一方投资者与缔约另一方之间有关缔约另一方领土内的投资的任何法律争议，应尽可能由争议双方当事人通过协商友好解决。

二、如争议自争议一方提出协商解决之日起6个月内，未能通过协商解决，争议应按投资者的选择提交：

（一）作为争议一方的缔约方有管辖权的法院；

（二）依据一九六五年三月十八日在华盛顿签订的《解决国家和他国国民之间投资争端公约》设立的“解决投资争端国际中心”，当缔约双方都是该公约的成员方时；或者

（三）根据联合国贸易法委员会仲裁规则设立的临时特设仲裁庭。

争议所涉的缔约方可以要求有关投资者在将争议提交本款第（二）项和第（三）项所述之仲裁庭之前，用尽该缔约方法律和

法规所规定的国内行政复议程序。

一旦投资者将争议提交本款所述三种程序之一，该选择应是终局的。

三、各缔约方在此无条件的同意将其与另一缔约方投资者之间的争议根据本条的规定提交仲裁解决。

四、仲裁裁决应根据作为争议一方的缔约方包括其冲突法规则在内的法律、本协定的规定和被普遍接受的国际法原则作出。

五、裁决是终局的，对争议双方具有拘束力。缔约双方应承担执行裁决的义务。

第十条　其他义务

一、如果缔约一方的立法或缔约双方之间现存或其后设立的国际义务使缔约一方投资者的投资享受比本协定规定的更优惠待遇的地位，该地位不受本协定的影响。

二、缔约任何一方应恪守其与缔约另一方投资者就投资所作出的承诺。

第十一条　适用

本协定应适用于缔约一方投资者在缔约另一方境内依照缔约另一方法律法规于本协定生效前或生效后作出的投资，但不适用本协定生效前引起的争议。

第十二条　磋商

一、缔约双方代表为下列目的，应不定期进行会谈：

（一）审查本协定的执行情况；

（二）交流法律信息和投资机会；

（三）解决因投资产生的争议；

（四）提出促进投资的建议；

（五）研究与投资有关的其他事宜。

二、若缔约一方提出就本条第一款所列任何事宜进行磋商，缔约另一方应及时作出反应，且磋商将轮流在北京与的黎波里进行。

第十三条　生效、有效期和终止

一、缔约双方应通过外交渠道相互书面通知已完成使本协定生效所必需的各自国内法律程序。本协定自收到后一份通知之日起的第30天开始生效，有效期为10年。

二、如果缔约任何一方未在本协定第一个10年有效期届满前一年或届满后任何时间书面通知缔约另一方终止本协定，本协定将继续有效。

三、对本协定终止之日前所作出的投资，本协定第一条至第十二条的规定应自本协定终止之日起继续适用10年。

四、本协定可以以缔约双方书面协议修改。任何修改应按与本协定生效所需程序相同的程序生效。

由缔约双方正式授权其各自代表签署本协定，以昭信守。

本协定于二〇一〇年八月四日在北京签订，一式两份，每份都用中文、阿拉伯文和英文写成，所有文本同等作准。发生歧义时，以英文本作准。

中华人民共和国 政府 代　表	大阿拉伯利比亚 人民社会主义民众国 代　表
陈德铭	**泽利塔尼**
（签　字）	（签　字）

中华人民共和国政府和卢旺达共和国政府文化和科学合作协定二〇一〇年至二〇一二年执行计划

中华人民共和国政府和卢旺达共和国政府（以下简称“双方”），为促进两国友好关系的进一步发展，加强两国文化交流与合作，根据1983年5月11日签订的两国政府文化和科学合作协定，同意签订2010年至2012年执行计划，条文如下：

一、文化艺术

1．中国政府文化代表团（部级）一行4至6人访问卢旺达，为期7天。

2．卢旺达政府文化代表团（部级）一行4至6人访问中国，为期7天。

3．中国表演艺术团（不超过30人）赴卢访演，为期7至10天。

4．卢旺达表演艺术团（不超过30人）来华访演，为期7至10天。

5．中方在卢举办艺术展览，展期10天，随展2人。

6．卢方在华举办艺术展览，展期10天，随展2人。

7．中方造型艺术家或作家2人赴卢客座创作，为期1至2月。

8．卢方造型艺术家或作家2人来华客座创作，为期1至2月。

9．双方鼓励两国文化艺术团体参加在对方国家举行的国际艺术节，并尽可能为此提供便利。

10. 双方鼓励在文化领域开展人力资源开发合作，具体事宜将通过外交途径商定。

11. 双方鼓励两国文化主管部门在信息领域进行合作，推介对方国家的文化，以增进两国文化的交流互鉴。

二、文物、图书、广播、影视

12. 双方鼓励两国文物主管部门互换文化遗产信息并派专家互访。

13. 双方鼓励两国文物主管部门在文物保护和管理方面开展交流与合作。

14. 双方鼓励两国国家图书馆开展技术交流与合作，如互换出版物和互派代表团。

15. 双方鼓励两国在广播、影视领域开展交流与合作，如互派代表团、互办电影周、互换广播和影视资料。

三、教育

16. 双方鼓励两国教育专家互访。

17. 双方鼓励两国高等院校间的交流与合作。

18. 双方根据需要和可能向对方提供政府奖学金名额。具体数量将通过外交途径另行商定。

四、体育

19. 双方鼓励两国在体育领域进行交流与合作。

20. 双方鼓励两国体育主管部门官员互访。

21. 双方将在体育领域进行人力资源开发合作。具体事宜将通过外交途径另行商定。

五、财务规定

22．根据本执行计划派出的互访人员，由派遣方负担国际旅费，接待方负担在其境内的食宿、交通和突发疾病的医疗费用。

23．艺术团互访的派遣方负担演出道具的国际运费，接待方负担演出道具在其境内的运输和组织演出的有关费用。

24．展览的派遣方负担展品的往返国际旅运费和保险费，承展方负担展品在其境内的运输、保险和组织展览的有关费用。

25．双方鼓励企业赞助双边执行计划项目。

六、其他规定

26．本执行计划不排除为扩大两国在相关领域进行合作而相互同意进行的其他活动。

27．执行本计划项目的相关细节，由双方有关部门另行商定。

28．在执行本计划过程中，如出现其他问题和分歧，由双方友好协商解决。

29．本执行计划自签字之日起生效，有效期截至2012年12月31日。

缔约双方政府授权本国代表在本协议书上签字，以昭信守。

本执行计划于二〇一〇年三月二十三日在北京签订，一式两份，每份均用中文和英文写成，两种文本同等作准。

中华人民共和国政府	卢旺达共和国政府
代　表	代　表
蔡　武	**哈比纳扎**
（签　字）	（签　字）

中华人民共和国政府和马拉维共和国政府文化协定

中华人民共和国政府与马拉维共和国政府（以下简称“缔约双方”），为加强两国间的友好关系和促进两国在文化领域的交流，决定缔结本协定。条文如下：

第　一　条

缔约双方同意根据平等互利的原则，发展两国在文化、艺术、教育、体育、出版、新闻和广播电影电视等方面的交流与合作。

第　二　条

缔约双方同意在文化艺术方面按下列方式进行交流合作：

一、互派作家、艺术家和其他文化领域的专家访问；

二、互派艺术团体访问演出；

三、相互举办文化艺术展览；

四、互派文化遗产保护和管理专家互访；

五、在两国支持文化和文化产业发展的机构和组织之间建立直接联系与合作。

第　三　条

缔约双方同意在教育方面按下列方式进行交流与合作：

一、互派教师、学者和专家进行访问、考察、教学；

二、根据需要与可能，相互提供奖学金名额，并鼓励派遣留学生；

三、促进并支持两国高等院校之间建立直接的校际联系和合作；

四、鼓励两国教育机构交换教科书及其他教育方面的图书、资料；

五、鼓励对方国家的学者或专家参加在本国召开的国际学术会议，并尽可能为此提供便利。

第　四　条

缔约双方：

一、同意相互翻译、出版对方的优秀文学艺术作品。为此，缔约双方应遵守双方的版权法规、文化法规及双方均加入的国际文化、版权和遗产公约。

二、相互支持艺术作品的再创作。

三、将交换文化艺术方面的书刊、杂志和其他资料。

第　五　条

缔约双方同意加强两国体育机构间的联系和合作，根据需要和可能，双方互派运动员、教练员和体育队进行友好访问和比赛，开展体育技术交流。

第　六　条

缔约双方同意在新闻、广播、电视和电影方面进行交流和合作。

第　七　条

缔约双方鼓励两国的图书馆、古代遗产保护机构、档案馆和博物馆之间进行交流合作。双方将在考古学、古生物学、文化遗产管理和文化领域研究项目上开展合作。同时，双方在文化官员实习以及相关项目上开展合作。

第 八 条

缔约双方同意，为实施本协定，有关年度文化交流执行计划和费用问题的规定，由双方另行商定。

第 九 条

本协定自签字之日起生效，有效期为五年。如缔约任何一方在期满前六个月未以书面通知另一方要求终止本协定，则本协定将自动延长五年，并依此法顺延。

本协定于二〇一〇年三月二十四日在利隆圭签订，一式两份，每份都用中文和英文写成，两种文本具有同等效力。

中华人民共和国政府	马拉维共和国政府
代　表	代　表
林松添	**卡齐科**
（签　字）	（签　字）

中华人民共和国政府和马里共和国政府关于相互促进和保护投资协定

中华人民共和国政府和马里共和国政府（以下称“缔约双方”），愿为缔约一方的投资者在缔约另一方领土内投资创造有利条件，

认识到在平等互利基础上相互鼓励、促进和保护投资将有助于激励投资者经营的积极性和增进两国繁荣，

深信对此类投资的促进和保护将促进缔约双方间为了经济发展而进行资金和技术的转移，

认同缔约任何一方有权制定与其领土内投资的准入和设立有关的法律，

达成协议如下：

第一条　定义

本协定内：

一、"投资"一词系指缔约一方投资者依照缔约另一方的法律和法规在缔约另一方领土内所投入的各种财产，包括但不限于：

（一）动产、不动产和其他财产权利，如抵押、质押、留置、特许、用益及类似权利；

（二）股票、债券、资本和其他形式的公司参股；

（三）金钱请求权或其他与投资相关的具有经济价值的行为请求权；

（四）知识产权和工业产权，特别是著作权、专利、注册商标、商号、工艺流程、专有技术和商誉；

（五）法律规定的或法律允许依合同授予的商业特许权，包括勘探、耕作、提炼或开发自然资源的特许权。

作为投资的财产发生任何符合投资所在的缔约方的法律法规的形式上的变化，不影响其作为投资的性质。

二、"投资者"一词，系指：

（一）根据中华人民共和国或马里共和国的法律，分别具有中华人民共和国或马里共和国国籍并在缔约另一方领土上投资的自然人；

（二）法律实体，包括根据中华人民共和国或马里共和国的法律设立或组建且所在地在中华人民共和国或马里共和国境内的公司、社团、合伙及其他组织。

三、“收益”一词系指由投资所产生的款项，包括利润、股息、利息、资本利得、许可使用费和其他合法收入。

四、“领土”一词系指缔约一方的领土，包括领陆、内水、领海、领空以及根据国际法和国内法，其行使主权权利和管辖权的领海以外的海域。

第二条　促进和保护投资

一、缔约一方应尽力鼓励缔约另一方的投资者在其领土内投资，并依照其法律和法规接受并保护这种投资。

二、缔约一方投资者在缔约另一方境内的投资，应享受持续的保护和安全。

三、在不损害其法律法规的前提下，缔约一方不得对缔约另一方投资者在其境内投资的管理、维持、使用、享有和让与采取任何不合理的或歧视性的措施。

四、缔约一方应依据其法律和法规，为在其领土内从事与投资有关活动的缔约另一方国民获得签证和工作许可提供帮助和便利。

第三条　投资待遇

一、缔约一方的投资者在缔约另一方的领土内的投资应始终享受公正与公平的待遇。

二、在不损害其法律法规的前提下，缔约一方应给予缔约另一方投资者在其境内的投资及与投资有关活动不低于其给予本国投资者的投资及与投资有关活动的待遇。

三、缔约一方给予缔约另一方投资者在其境内的投资及与投资有关活动的待遇，不应低于其给予任何第三国投资者的投资及与投资有关活动的待遇。

四、本条第三款所述的待遇，不应解释为缔约一方有义务将由下列原因产生的待遇、优惠或特权给予缔约另一方投资者：

（一）关税同盟，自由贸易区，经济联盟以及产生此类同盟或类似机构的任何国际协议；

（二）任何全部或主要与税收有关的国际协议或安排；

（三）任何便利边境地区小额边境贸易的安排。

第四条　征收

一、缔约任何一方对缔约另一方的投资者在其领土内的投资不得采取征收、国有化或其他类似措施（以下称“征收”），除非符合所有下列条件：

（一）为了公共利益；

（二）依照国内法律程序；

（三）非歧视性的；

（四）给予补偿。

二、本条第一款所述的补偿，应等于采取征收或征收为公众所知时中较早一刻被征收投资的价值。该价值应根据普遍承认的估价原则确定。补偿包括自征收之日起到付款之日按正常商业利率计算的利息。补偿的支付不应迟延，并应有效兑换和自由转移。

第五条　损害与损失赔偿

缔约一方的投资者在缔约另一方领土内的投资，如果由于战争或其他武装冲突、全国紧急状态、叛乱、暴乱或发生在缔约另一方领土内的其他类似事件而遭受损失，该缔约另一方给予其恢复原状、赔偿、补偿或采取其他措施的待遇，不应低于它给予本国或任何第三国投资者待遇中较优者。

第六条　转移

一、缔约任何一方应按照其法律和法规，保证缔约另一方投资者转移在其领土内的投资和收益，包括：

（一）利润，股息，利息及其他合法收入；

（二）全部或部分出售或清算投资获得的款项；

（三）与投资有关的贷款协议的偿还款项；

（四）本协定第一条第一款第（四）项中知识产权和工业产权特许费或有关的费用；

（五）技术援助或技术服务费、管理费；

（六）有关承包工程的支付；

（七）在缔约一方的领土内从事与投资有关活动的缔约另一方国民的收入。

二、本条第一款的规定不得损害投资者依据本协定第四条和第五条获得的赔偿的自由转移。

三、上述转移应以可自由兑换的货币按照转移当日接受投资缔约一方通行的市场汇率进行。

四、在没有外汇市场的情况下，使用的汇率应为支付当日国际货币基金组织规定的缔约双方货币与特别提款权之间的汇率得出的交叉汇率。

第七条　代位

如果缔约一方或其指定的机构根据其对非商业风险（如战争、内乱、货币汇兑的改变、征收、国有化或类似措施）的担保或保险合同就在缔约另一方领土内的某项投资向投资者作了支付，缔约另一方应承认：

（一）该投资者的权利和请求权依照缔约前者一方的法律或法律程序转让给了缔约前者一方或其指定机构；以及

（二）缔约前者一方或其指定机构在与投资者同等的范围内，代位行使该投资者的权利或执行该投资者的请求权，并承担其与投资相关的义务。

第八条　缔约双方间争议解决

一、缔约双方对本协定的解释或适用所产生的任何争议，应尽可能通过外交途径协商解决。

二、如果该争议在协商开始后6个月内未能友好解决，根据缔约任何一方的要求，可将争议提交专设仲裁庭解决。

三、仲裁庭由3名仲裁员组成。自收到书面仲裁要求之日起3个月内，缔约双方应各自任命一名仲裁员。该两名仲裁员应自前两名仲裁员任命之日起2个月内共同选定一位与缔约双方均有外交关系的第三国国民担任首席仲裁员。

四、如果仲裁庭未能在自书面仲裁申请提出之日起5个月内组成，缔约双方间又无其他约定，缔约任何一方可以提请国际法院院长作出必要的任命。如果国际法院院长是缔约任何一方的国民，或由于其他原因不能履行此项任命，应请国际法院中非缔约任何一方的国民也无其他不胜任原因的最资深法官履行此项任命。

五、仲裁庭应自行决定其程序，并应按照本协定以及缔约双方都接受的国际法原则作出裁决。

六、仲裁庭的裁决应以多数票作出。裁决是终局的，对缔约双方均有拘束力。应缔约任何一方的请求，仲裁庭应对其所作的裁决进行解释。

七、争议各方应承担其仲裁员及出席仲裁程序的代表的费用。首席仲裁员和仲裁庭的任何其他费用应由争议双方平均承担。

第九条　缔约一方投资者与缔约另一方争议解决

一、本协定所指的缔约一方与缔约另一方投资者之间的投资争议，应尽可能由争议双方通过协商友好解决。

二、如自争议一方提出争议之日起6个月内，未能通过协商解决，争议可按投资者的选择提交投资所在国有管辖权的法院或国际仲裁庭解决。

三、在提交国际仲裁的情形下，争议可选择提交：

（一）依据1965年3月18日在华盛顿签订的《解决国家和他国国民之间投资争端公约》设立的“解决投资争端国际中心”；或

（二）按照《联合国国际贸易法委员会仲裁规则》设立的专设仲裁庭；

前提是争议所涉的缔约方可以要求有关投资者在提交国际仲裁之前，用尽该缔约方法律和法规所规定的国内行政复议程序。

四、一旦投资者决定将争议提交本条第二、三款规定的投资所在国的有管辖权的法院、“解决投资争端国际中心”或专设仲裁庭，对上述三种程序之一的选择应是终局的。

五、仲裁庭作出裁决应根据：

（一）本协定之规定；

（二）投资所在国法律，包括其冲突法规则；

（三）缔约双方接受的国际法原则；

（四）缔约双方间有关投资的双边特别协定；

（五）其他缔约双方同为缔约方或可能共同成为缔约方的有关国际投资的条约。

六、裁决是终局的，对争议双方具有拘束力。缔约双方应承担执行裁决的义务。

第十条　其他义务

一、如果缔约一方的立法或缔约双方之间现存或其后设立的国际义务使缔约一方投资者的投资享受比本协定规定的更优惠待遇的地位，该地位不受本协定的影响。

二、缔约任何一方应恪守其与缔约另一方投资者就投资所作出的承诺。

第十一条　适用

一、本协定的适用不受缔约双方国家有无外交或领事关系的影响。

二、本协定应适用于缔约一方投资者在缔约另一方境内依照缔约另一方法律法规于本协定生效前或生效后作出的投资，但不适用本协定生效前引起的争议。

第十二条　磋商

一、缔约双方为下列目的可定期进行会谈：

（一）审查本协定的执行情况；

（二）交流投资机会的信息；

（三）提出促进投资的建议；

（四）研究与投资有关的其他事宜。

二、若缔约一方提出就本条第一款所列任何事宜进行磋商，缔约另一方应通过外交途径及时作出反应。磋商将轮流在北京与巴马科进行。

第十三条　生效、有效期和终止

一、本协定自缔约双方完成各自国内法律程序并以书面形式相互通知之日起第30天开始生效。

二、本协定有效期为10年。如果缔约任何一方未在该有效期届满前12个月书面通知缔约另一方终止本协定，本协定将继续有效。

三、对本协定终止之日前所作出的投资，本协定的规定应自本协定终止之日起继续适用10年。

第十四条　修改

本协定可以以缔约双方书面协议修改。任何修改应按与本协定生效所需程序相同的程序生效。

下列代表，由双方政府正式授权签署本协定，以昭信守。

本协定于二〇〇九年二月十二日在巴马科签订，一式两份，每份都用中文、法文写成，两种文本同等作准。

中华人民共和国政府	马里共和国政府
代　表	代　表
陈德铭	莫克塔尔·瓦内
（签　字）	（签　字）

中华人民共和国政府和摩洛哥王国政府文化合作协定2010年至2013年执行计划

中华人民共和国政府和摩洛哥王国政府（以下简称为“双方”），希望加强和发展两国的文化合作，并根据两国1982年2月25日缔结的文化协定，决定签订2010年至2013年度文化合作执行计划，条款如下：

一、文化

（一）古迹与遗产

第　一　条

双方互换有关文化遗产的清点、整理以及保护、维修历史建筑和名胜古迹的各种文献资料和出版物。

第 二 条

双方鼓励文化遗产保护机构在古建筑的修缮、维护和使用方面进行合作，并交换保护、修缮名胜古迹方面的资料和经验。

第 三 条

根据双方商定的时间表，双方每年互派1至2名文化财产研究和保护方面的专家进行互访，考察对方在保护、修缮历史文物古迹方面的工作。

第 四 条

双方鼓励摩洛哥王国国家文化遗产科学研究院与中国相应机构建立联系并进行合作，通过派遣和接待考古学和古迹维护方面的专家来交流相关的经验和资料。

第 五 条

双方将探讨并商签《防止盗窃、盗掘和非法进出境文化财产的协定》的可行性。

第 六 条

双方鼓励中国有关博物馆与摩洛哥相关博物馆在博物馆运作、管理、馆藏文物保护及文物展览等方面进行合作，并每年互派1至2名该领域的专家以了解对方的经验，交流信息。

第 七 条

双方共同组建手工艺、传统工艺方面的工作室。

（二）图书、出版与档案

第　八　条

1．双方鼓励在图书、出版及公众阅读方面进行合作。

2．双方在本计划有效期内组派5人新闻出版代表团互访，为期一周。

3．双方鼓励相互介绍对方国家包括儿童读物在内的重要的思想和创作成果，并在本国翻译、出版。中方根据现有项目向摩方有关出版机构翻译和出版中国的图书提供资金帮助。

第　九　条

双方鼓励各自的图书出版和发行机构积极参加在对方国家举办的国际书展。

第　十　条

双方鼓励摩洛哥王国国家图书馆和中国国家图书馆之间开展合作，交换两馆文化和遗产方面的阿拉伯语或拉丁语图书、论文和出版物。

第　十　一　条

双方派遣2名手稿修复和数字化领域的专家进行互访，交换经验，并为摩方在此领域学习中方经验提供方便。双方派遣4名多媒体图书馆和图书保管方面的专家进行互访，以互相了解公众阅读领域的经验。

第　十　二　条

双方派遣2名图书馆学或图书馆信息网络方面的专家进行互访，并接待对方2名公共图书馆管理人员，以了解对方在公众阅览管理方面的经验。

第 十 三 条

双方鼓励互换两国文化遗产方面的光盘和视听资料。

（三）艺术与戏剧

第 十 四 条

双方在绘画和造型艺术领域交流经验并互办展览，鼓励摩洛哥德土安国家美术学院与中国相应机构中造型艺术领域的教授进行互访。

第 十 五 条

1. 双方鼓励两国传统音乐团组参加在对方国举办的文化艺术节。

2. 中方支持摩方参加将于2010年上海世博会期间举办的文化活动。

第 十 六 条

双方鼓励拉巴特穆罕默德五世剧院与在北京的国家剧院开展合作，建立机构间的文化合作关系，交流戏剧方面的经验并互派专家。

第 十 七 条

双方鼓励在戏剧艺术与文化活动领域开展合作，互换信息、资料，中方派遣形体表演、杂技动作技巧等舞台艺术和技术领域的专业老师，到拉巴特高等戏剧学院为学生授课并组织培训。

第 十 八 条

中方派遣2名哑剧和木偶剧专业的老师到拉巴特高等戏剧学院授课。

第 十 九 条

摩方派遣1名拉巴特高等戏剧和文化活动学院的教授或负责人访华，以了解中国高等院校在戏剧创作方面的经验。

第 二 十 条

双方鼓励两国的文学艺术联合会等有关机构增进了解和直接联系。

（四）文化活动

第二十一条

双方互换文化发展、文化活动和民间艺术方面的信息和资料，加强上述相关机构，特别是摩洛哥有关文化宫的管理和运行机构与中国相应机构间的合作关系。

第二十二条

双方互办各种文化艺术活动，包括举办为期1至2周的造型艺术展。

第二十三条

双方在本计划有效期内派高级文化代表团互访，磋商和交流文化领域的经验。

二、基础教育

第二十四条

双方致力于围绕摩洛哥王国为振兴教育而制定的促进改革计划内容开展合作，特别是以下领域：

1. 支持摩洛哥的教育体制建设，在非中的范围内统一资源；
2. 提高初等教育水平，拓宽教学基础；
3. 支持技术教育；
4. 在认证教学机构和提高学校生活质量方面交流经验；
5. 提高精英教育和科研；
6. 加强语言教学；
7. 杜绝教育资源浪费；
8. 提高特需教育，强调就学机会均等；
9. 发展教育培训、跟踪和校正机制；
10. 提高管理和教育人员素质，合理配置资源；
11. 在教学制度中使用现代通讯手段；
12. 在教育领域制定集宣传、联络和指导为一体的计划。

第二十五条

双方努力与非洲国家发展教育领域的三方合作。

三、高等教育

第二十六条

双方鼓励两国大学、高教科研机构、人才培训机构之间通过签订合作协定进行直接的合作。

第二十七条

鼓励双方在以下领域交流经验：

1. 职业技术培训，特别是一些需要授予文凭证书的培训；

2. 如何发挥学校的自主独立性；

3. 校际合作与经济和社会环境的联系；

4. 高等教育投资；

5. 对学生的引导；

6. 在摩洛哥大学开展中文教学；

7. 保证高等教育质量；

8. 创新和科技领域；

9. 大学排名的主要指标。

第二十八条

1. 中方每年向摩方提供15个研究生全额奖学金名额（即摩方每年在华的留学生人数不超过15人）。

2. 摩方每年向中方提供10个研究生奖学金名额，注册专业由双方商定，中方学生应符合摩洛哥有关机构所要求的资历条件。

第二十九条

双方鼓励互换：

1. 两国高校和科研机构的文献资料、出版物、图书和学术论文。

2. 大学教师进行短期访问，举办讲座，并参加对方大学举办的各种研讨会、论坛或科学、文化展览会。

3. 专家和负责人访问，考察对方的教学大纲和科研领域。

4. 两国高等教育制度的文献资料和信息、高等教育大纲及文凭。

四、新闻与宣传

（一）广播与电视

第三十条

双方致力于：

1. 安排两国新闻机构的负责人和专家定期会面，探讨合作机会，确定合作领域，并制定专门的协定。

2. 交换反映重大事件及两国各个机构历史发展和进步面貌的节目。

3. 鼓励两国合作进行电视节目制作，特别是儿童节目制作。

4. 交换两国视听方面的档案资料和图片，以便制作有关两国历史文化遗产的节目。

5. 在双方新闻机构达成共识的领域为两国的专家和技术人员安排培训。

（二）通讯社

第三十一条

双方鼓励和支持交流经验，互派阿拉伯摩洛哥通讯社和新华社的记者和工作人员进行访问，推动执行两家通讯社之间已经签署的合作条款。

（三）电影

第三十二条

双方轮流在对方国家举办电影周，参加在对方国家举办的电影节。

第三十三条

双方鼓励在本国发行对方国家的电影片；鼓励两国的国家电影资料馆交换馆藏影片及资料。

（四）培训

第三十四条

双方鼓励摩洛哥新闻通讯高等学院与中国相关机构在新闻、通讯、信息技术等领域的人才培训方面开展合作，并交流经验和研究论文。

（五）广告

第三十五条

双方鼓励两国广告机构间的技术合作。

第三十六条

双方交换下列资料和统计数据：

1. 两国的广告市场状况；
2. 电视频道中的广告价格；
3. 广告制作及其评估；
4. 两国负责电视和广播收视调查的相关机构的经验；
5. 广告方面的立法；
6. 广告业的行业准则。

第三十七条

摩方吸取中方在广告赞助领域的经验。

五、青年与体育

第三十八条

根据摩洛哥青年与体育部和中华人民共和国国家体育总局于2009年9月17日在北京签署的体育合作会议纪要有关内容，双方鼓励和支持两国在体育领域的合作。

第三十九条

根据摩洛哥青年体育部和中华全国青年联合会达成的共识，双方鼓励两国在青年领域的合作。

六、妇女、儿童与残疾人事务

第 四 十 条

双方在以下方面交流信息、研究成果和经验：

1. 改善妇女地位和状况；
2. 帮助残疾人士；
3. 保护儿童；
4. 关爱老年人；
5. 两国开辟新的志愿者工作和社区工作的领域。

第四十一条

双方在专业教师培训课程方面交流经验，使残疾儿童能够上学，使那些条件困难的儿童能够得到社会救助。

第四十二条

双方促进以下方面的合作：

1. 共同推动联合国制订和实施《残疾人权利公约》；

2．相互交流残疾人领域中的立法经验和政策研究结果；

3．利用先进信息手段促进残疾人士职业技能培训。

第四十三条

双方在体育、文化、艺术方面：

1．发展残疾人体育、文化和艺术活动，鼓励他们参与多种国际性或地区性竞赛；

2．参加残疾人、关心儿童、提高妇女社会地位的相关的各类论坛、讲座和展览。

七、宗教与伊斯兰事务

第四十四条

双方在伊斯兰研究、宗教律法教学方面交流信息和经验，鼓励中摩两国伊斯兰宗教学校的教师互访。

第四十五条

双方鼓励两国全国性宗教团体互赠为培训宗教人才编写的教材，并在两国的宗教学院和宗教机构之间进行制定培训计划和战略规划方面的合作，同时在培训伊玛姆（相当于阿訇）和从事伊斯兰教演说、训诫、宗教指导人才方面交流经验。

第四十六条

摩方研究中方提出的官方推荐人选，招收中方10名穆斯林学生在摩方的宗教学校学习阿拉伯语和宗教哲学。

第四十七条

双方鼓励在伊斯兰图书印刷领域进行合作，把其翻译成阿拉伯语、中文和其他外语出版发行，并优先考虑反映当代社会伊斯兰教内容的图书，鼓励在复兴伊斯兰遗产领域的合作，鼓励交换伊斯兰题材的书籍、印刷品和手稿。

第四十八条

双方通过正式渠道，互相邀请对方学者参加在本国举办的座谈会、见面会及讲座。

第四十九条

双方在制作宗教宣传的视听节目方面交流经验。

八、总则与财务

第 五 十 条

本计划不排除通过外交途径商定的其他合作项目。

第五十一条

双方努力于实施本计划内既定项目，关于费用、举办时间、代表团人数以及任何需要通过外交途径确定的细节，双方根据以下条款执行：

1．任何一方在邀请对方参加其组织的会议、艺术节及各种活动时，应提前足够的时间向对方发送邀请函。

2．在对方国家举办文化艺术活动，举办方应提前三个月将活动举办的日期通知对方，并提供所有必要的艺术和技术资料。

3．任何一方至少提前一个月通知对方有关互访团组的抵达日期。

4．派遣方负担参加文化活动的代表团成员及展品和电影片的往返国际旅运费和保险费用；接待方负担代表团在其国内的食宿、交通、医疗费用，以及组织展览和举办电影活动的费用，并负责展品和影片在其国内的安全和维护。

5．留学生派遣方负担其往返国际旅费。此外双方留学生的住宿和学习等相关费用，根据各自规定执行。

第五十二条

本计划自签字之日起生效。有效期至2013年。本计划将持续生效，直到双方签署新的相同领域内的执行计划。

本计划于二〇一〇年六月二十二日在北京签署，一式两份，每份用中文和阿拉伯文写成，两份文本具有同等效力。

中华人民共和国政府	摩洛哥王国政府
代　表	代　表
蔡　武	**希米什**
（签　字）	（签　字）

中华人民共和国政府和南非共和国政府关于互免持外交护照人员签证的协定

序　言

中华人民共和国政府和南非共和国政府（以下简称"缔约双方"或"缔约一方"），为促进缔约双方友好关系以及在共同关心领域更为密切的合作，以缔约双方关于缔约双方持有效外交护照的公民在缔约任何一方入境、停留或过境时免办签证的商讨为指导，根据平等互惠原则，达成协议如下：

第一条　免办签证

一、缔约任何一方持本国有效外交护照的公民，在缔约另一方入境、出境、过境或停留，自入境之日起不超过三十天者，在此期间免办签证。

二、第一款所述人员，如希在缔约另一方境内停留超过第一款所述的三十天，应依照缔约另一方主管机关的相关规定办理必要的居留或延期手续。

第二条　外交和领事机构常驻人员

缔约一方持有效外交护照的公民，以及其家庭成员，常驻任期内在缔约另一方入境、出境、过境或停留，免办签证，但需在首次入境后三十日内办理就任和居留手续。

第三条　高官访问通报

本协定第一条第一款所述人员中以下级别官员因公访问缔约另一方，在其抵达缔约另一方前，缔约一方应当通过外交途径征得缔约另一方的同意：

（一）中华人民共和国政府副部长及以上职位的官员；

（二）南非共和国政府副部长及以上职位的官员；

（三）缔约双方军队将级及以上军衔的军官。

第四条　人员流动控制

本协定第一条所述缔约双方的公民应从缔约另一方国际口岸入境、出境或过境，并履行缔约另一方法律所规定的相关手续。

第五条　遵守法律法规

本协定第一条所述缔约双方的公民在缔约另一方境内，应遵守缔约另一方的法律法规，且不应因本协定而免于履行该义务。

第六条　国际法

本协定不应影响缔约双方作为其他国际条约缔约方的权利和义务。

第七条　不受欢迎和被禁入境人员

缔约双方有权随时驱逐其所认定的不受欢迎或被禁入境本协定第一条所述人员，或拒绝让其进入本国领土，并无须向缔约另一方说明理由。

第八条　中止

一、由于社会治安、公共卫生或国家安全等原因，缔约双方可中止实施本协定的全部或部分条款。

二、本条第一款所述中止本协定的缔约一方应通过外交途径将中止情况及其原因通知缔约另一方，协定之中止自缔约另一方收到通知之日起生效。

三、在中止原因消失后或其他情况下，中止协定一方应在合理的时间内取消中止并通过外交途径通知缔约另一方，本协定将于缔约另一方通过外交途径接受通知之日起恢复效力。

第九条　护照样本备案

一、缔约双方应当在协定签署之日起三十日内，通过外交途径向对方提供其现行外交护照的样本及详细说明。

二、缔约双方如更新上述护照样式，应在新护照启用前至少三十日通过外交途径向缔约另一方提供新护照的样本及详细说明。

第十条　修改

本协定经双方同意可通过外交途径以换文的方式进行修改。

第十一条　争议解决

缔约双方在本协定解释或执行中产生争议，应通过双方友好协商或谈判解决。

第十二条　生效、有效期和终止

一、缔约双方应当通过外交途径相互书面通知已完成使本协定生效所必须的国内法律程序，本协定自后一份通知落款之日起第三十日生效。

二、本协定无限期有效，除非缔约任何一方按照本条第三款规定的情况终止本协定。

三、缔约任何一方可通过外交途径，书面通知缔约另一方其终止本协定的意愿，本协定自书面通知收到之日起第三十日失效。

本协定于二〇一〇年八月二十四日在北京签订，一式两份，每份均用中文、英文写成，两种文本同等作准。

中华人民共和国政府	南非共和国政府
代　表	代　表
杨洁篪	祖　马
（签　字）	（签　字）

中华人民共和国政府与南非共和国政府关于能源领域合作的谅解备忘录

中华人民共和国政府与南非共和国政府（以下合称为“双

方”，单称“一方”），愿意发展和加强两国在能源领域的双边合作关系，达成以下共识：

第一条　宗旨

本谅解备忘录的宗旨是：在双方之间建立平等、互利的长期合作关系。

第二条　主管机关

一、负责协调根据本谅解备忘录达成的合作计划的主管机关为：

（一）中华人民共和国：国家发展和改革委员会、国家能源局；

（二）南非共和国：能源部。

二、主管机关负责：

（一）核定计划和指定执行机构；

（二）监督进展；

（三）评估结果；

（四）考虑与促进双边合作相关的其他各个方面。

第三条　范围

一、双方合作范围包括：

（一）加强在如下能源领域的磋商：

1．碳氢化合物；

2．可再生能源；

3．电力；

4．核能；

5．能效（包括能源节约和环境保护）；

（二）交换能源政策、战略、技术和项目信息；

（三）为两国能源企业在中国、南非和第三国开展务实合作创造条件。

二、双方同意鼓励企业在遵守两国法律法规的基础上，探讨在能源领域进行双边互利合作以及在第三国开展合作的可能性。

第四条　合作领域

一、合作包括但不限于以下主要领域：

（一）交流双方各自在如下领域的信息：

1. 能源政策；

2. 机制协议；

3. 监管框架；

4. 政府对石油衍生品商业开发、配送及市场潜力方面的计划；

（二）推动核能、可再生能源（太阳能、风能及水能）、电力、能效及碳氢化合物领域的技术转让；

（三）研究开发及建立数据库；

（四）交换开展能源规划的经验；

（五）双方负责制定和实施能源政策的决策者及技术专家互访；

（六）双方促进针对各具体能源行业的专家培训以及在力所能及的条件下为培训学员安排差旅和办理手续；

（七）共同举办和参加各种研讨会、会议及展览，为双方能源行业进行招商引资；

（八）交流关于制定能源部门法律、法规和政策和建立管理能源部门监管机构方面的经验；

（九）促进国有石油公司和油气公司之间的协作，批准和支持双方油气公司之间在油气行业各领域内建立伙伴关系，以实现专业技术的顺利转让；

（十）促进双方各自相关机构联合开发电力基础设施的建设、运营及维护项目并共同进行项目实施；

（十一）推广使用新能源及可再生能源（太阳能、风能、水能）。

二、根据两国2006年6月签署的《中华人民共和国政府和南非共和国政府和平利用原子能合作协定》，核能领域的合作应包括：

（一）秉承平等和互利的原则，努力扩大和深化在核能领域的合作；

（二）促进双方相关机构在如下领域的合作：

1．核电项目开发、建设和运营领域；

2．技术信息交流；

（三）双方相关机构在核能领域的技术交流和研发方面的合作；

（四）中国方面由中国广东核电集团有限公司作为受权机构，南非方面由南非国家电力公司作为受权机构，具体沟通在南非新建核电项目上的合作。

第五条　联合项目

一、双方将优先考虑在以下领域的合作项目立项及开发：

（一）碳氢化合物领域：

1．石化产品及石油衍生品；

2．石油衍生品的储存、销售、运输及配送；

3．基础设施建设和维护：

（1）石油基础设施以及石油技术的应用；

（2）天然气基础设施以及天然气技术的应用；

4．石油战略储备建设和维护；

5．石油和天然气定价；

6．与以上相关且对双方有利的其他任何事物。

（二）电力领域：

1．利用能源矿物（铀、天然气、煤）发电；

2．独立发电及热电联产；

3．能源技术的本地化生产；

4．电力部门人力资源开发；

5．研究开发；

6．能效（能源节约）；

7．二氧化碳捕集和存储（CCS）；

8．与以上相关且对双方有利的其他任何事物。

（三）核电领域：

1．核电项目融资；

2．核电技术转让；

3．联合开发核电新技术；

4．铀矿勘探与开发技术研究；

5．核电站建设；

6．与以上相关且对双方有利的其他任何事物。

（四）可再生能源领域：

1．太阳能光伏（PV）电池；

2．太阳能热水器；

3．风电；

4．水电；

5．与以上相关且对双方有利的其他任何事物。

二、双方应指定各自有授权的实体探讨如下合作：

（一）就南非石油公司在南非国内和国外拥有的区块进行石油天然气勘探和生产合作，以及页岩气勘探和生产领域合资合作；

（二）指定各自有授权的实体就南非即将新建的墨索姆博炼油项目进行探讨，南非方代表企业为南非石油公司，中方代表企业为中石化。

第六条　工作机制

一、双方将通过中南国家委员会能源合作分委会实施合作。

二、双方及各自的执行机构应各自负责参加合作计划会议以及参加执行机构的人员的差旅费用。

第七条　报告和保密

如果根据本谅解备忘录达成的具体合作计划成果或结果尚不属于公共领域，双方应加以保密。如果有一方愿与第三方分享结果，应事先获得另一方的书面同意。

第八条　争议解决

如双方对于本谅解备忘录的执行或解释发生分歧，应通过双方之间友好协商或沟通解决。

第九条　修订

本谅解备忘录可以在双方同意的基础上，由双方通过外交渠道互换照会的形式进行修订。

第十条　生效和有效期限

一、本谅解备忘录自签字之日生效。

二、本谅解备忘录有效期为5年。除非任何一方有效期满6个月以前以书面通知另一方终止本谅解备忘录，则本谅解备忘录的有效期将自动延期5年。

三、本谅解备忘录自一方收到另一方终止本谅解备忘录的通知之日起6个月后终止。

下列签字人，经各自政府授权，签署本谅解备忘录。

本谅解备忘录于二〇一〇年八月二十四日在北京签订，一式两份，每份均用中文和英文写成，两种文本同等作准。

中华人民共和国政府 代　表	南非共和国政府 代　表

张国宝　　　　　　　彼得斯
（签　字）　　　　　（签　字）

中华人民共和国政府与南非共和国政府运输合作谅解备忘录

前　言

中华人民共和国政府和南非共和国政府（以下简称“双方”），

基于两国领导人关于深化在各领域合作共识的定期会晤、高层磋商以及双边会谈；

希望进一步增强和加深中华人民共和国（以下简称“中国”）和南非共和国（以下简称“南非”）之间的友好关系；

认识到在非洲发展新型伙伴关系和中非合作论坛的大框架下，重大国际经济挑战和机遇对于两国关系的影响；

决定在尊重国家主权原则的指导下，以互利合作为目的，以经济发展为重点，利用开展共赢的世界级项目的机会，寻求加强、扩大和深化中国和南非在交通运输领域更好、更快发展的新方法和新战略；

希望在平等的基础上，确定各方在本领域内应执行的工作任务和应承担的义务，旨在促进投资的持续增长，深化包括公共机构之间合作在内的贸易合作；

达成谅解如下：

第一条　主管机关

实施本谅解备忘录的主管机关为：

中方：交通运输部；

南非：交通部。

第二条 合作原则

一、利用在政策、法律和法规框架的制定过程中以及在交通基础设施建设项目的实施、养护和融资实践中所积累的经验，双方应与中国和南非的相关公共和私营部门合作。

二、双方在本谅解备忘录第三条至第十五条中所述的合作领域的范围，应包括确定中国和南非具有开发特定项目的能力、并有资金和技术实力来实施这些项目的技术主管部门，例如研究机构、大学和私营公司等。

三、为促进特定运输领域和项目上的双边合作，双方同意向有意愿和能力建立、完成和/或改建运输领域具体项目的南非和中国的潜在投资者进行宣传。

四、第三条至第十五条所指合作按上述合作原则开展。

第三条 民用航空

双方同意由各自民航主管部门在航空安全、机场管理、空中交通管制、适航标准、飞行标准等领域开展交流与合作。

第四条 海上运输

双方在水运领域的合作重点如下：

（一）船舶融资和登记；

（二）船舶经营和为船舶颁发许可证；

（三）内河航道；

（四）海上保安与防范海盗；

（五）内河航道污染控制；

（六）人力资源开发；

（七）专业技术交流；

（八）技术转让；
（九）港口建设；
（十）港口基础设施安全与防范。

第五条　陆上运输基础设施

双方在陆上运输基础设施领域的合作重点如下：
（一）公路网络的开发、规划和保障；
（二）公路融资；
（三）超载控制；
（四）公路基础设施维护；
（五）公共机构管理与公路管理局；
（六）人力资源开发；
（七）专业技术交流；
（八）技术转让；
（九）技术标准协调；
（十）基础设施保护。

第六条　陆上运输安全

双方在陆上运输安全领域的合作重点如下：
（一）公路安全战略与活动；
（二）运输保安。

第七条　运输服务

双方在运输服务领域的合作重点如下：
（一）提供高效的货物运输；
（二）通道发展；
（三）货物的高效综合运输；
（四）促进公共客运领域的综合运输；
（五）公共运输战略和市场准入；

（六）综合运输规划；
（七）管理、控制、许可和执法；
（八）信息管理；
（九）运营商的资格认证；
（十）人力资源开发；
（十一）专业技术交流；
（十二）技术转让；
（十三）减少运输障碍。

第八条　公路交通

双方在公路交通管理领域的合作重点如下：
（一）合格的驾驶员；
（二）适宜的车辆、车辆安全标准和设施；
（三）车辆的规格和组合；
（四）车辆荷载和危险品；
（五）公路交通标志和标线；
（六）交通作业和公路规则；
（七）公路交通管理与执法；
（八）公路交通信息系统；
（九）专业技术交流；
（十）技术转让。

第九条　公共客运

双方在公共客运领域的合作重点如下：
（一）促进公共客运领域的多式联运；
（二）管理、控制、执照与执法；
（三）信息管理；
（四）人力资源开发；
（五）专业技术交流；

（六）技术转让。

第十条　综合运输总体规划

双方在交通规划领域的合作重点如下：

（一）综合基础设施规划；

（二）基础设施投资战略；

（三）基础设施发展模式和标准；

（四）基础设施维护和运营；

（五）网络发展规划；

（六）交通基础设施投资；

（七）制度能力开发；

（八）人力资源开发；

（九）专业技术交流；

（十）技术转让；

（十一）技术标准制订。

第十一条　合资企业

双方应积极推动中国和南非企业和资源在交通基础设施开发项目和运输相关服务方面进行合作。合作应包括但不限于以下领域：

（一）合作建立中国和南非合资公司；

（二）建立联营体；

（三）鼓励探索其他可行的方案，以扩展中国和南非企业在亚洲和非洲的商业机会；

（四）向潜在的投资者营销交通工程。

第十二条　安全、保安与可持续发展

中国和南非同意在全球性国际组织（如国际海事组织、国际民用航空组织、世界贸易组织和其他联合国机构）项下开展如下

合作:

（一）气候变化;

（二）行业发展（包括获益）;

（三）安全;

（四）能力建设;

（五）培训和人力资源开发;

（六）技术交流;

（七）专业技术知识交流。

第十三条　专业技术交流和技术转让

双方应在本谅解备忘录第三条至第十条提及的相关方面开展包括但不限于以下领域的专业技术交流:

（一）工程师和其他专业人员;

（二）环境影响评价;

（三）标准和规范;

（四）交通需求管理;

（五）航行服务;

（六）公路安全;

（七）运输总体规划和可持续发展;

（八）智能交通系统;

（九）公路交通量信息;

（十）研究和创新技术;

（十一）运输综合规划;

（十二）劳动密集型最佳实践。

第十四条　培训和能力建设

双方应在本谅解备忘录第三条至第十一条提及的相关方面开展包括但不限于以下领域的培训和能力建设:

（一）海事

1．航海和轮机；
2．船长；
3．海事律师；
4．引航员；
5．验船师；
6．海洋环境；
7．船舶构造。
（二）搜救
1．搜救协调员。
（三）货物运输业
1．船队管理和经营人员；
2．调度人员；
3．卡车司机；
4．运输与起吊操作员；
5．物流经理；
6．码头经理；
7．疏运经理；
8．仓库经理。
（四）公路交通
1．建筑师；
2．车检人员；
3．计划人员；
4．设计师；
5．公路铁路安全技术人员。
（五）其他与运输有关的技能
1．气候变化与环境影响评估人员；
2．标准与规范技术人员；
3．交通需求管理专家；
4．公路安全技术人员；

5．城市与农村交通规划师；

6．综合交通规划师；

7．运输经济学家。

第十五条 资金

双方在融资领域的合作重点如下：

（一）资金战略和模式；

（二）财政融资；

（三）扩大公共和私营伙伴关系的作用；

（四）收费公路和向公路使用者收取费用的其他方式；

（五）向潜在投资商推介运输项目；

（六）管理和责任。

第十六条 双边工作委员会

一、双方应成立双边工作委员会，以促进本谅解备忘录的执行。

二、双边工作委员会应由每方派出等额代表组成。

三、双边工作委员会应由部级领导担任主席，或在部级领导缺席的情况下，由其授权的高官担任主席。

四、双边工作委员会应每年举行一次会议或按实际需要经常会晤，会议轮流在中国和南非举行。

第十七条 一般条款

一、本谅解备忘录为双方提供了广泛的合作基础，旨在提高两国私营部门在实施确定的工程前经过磋商就具体操作谅解备忘录达成一致并共同参与合作的兴趣。

二、本谅解备忘录并不授予中国和（或）南非投资者对于确定的工程拥有任何特权。

三、本谅解备忘录并不意味着任何一方在确定项目上承担着比本谅解备忘录规定的更多义务。

第十八条　修订

经双方同意，本谅解备忘录可通过换文方式予以修订。

第十九条　争议解决

在解释或实施本谅解备忘录中产生的争议应通过双方友好协商或谈判解决。

第二十条　生效、有效期限和终止

一、本谅解备忘录自签字之日起生效，有效期3年，除非按本条第二款规定宣布其终止。

二、本谅解备忘录可在一方提前6个月通过外交途径书面通知另一方其终止本谅解备忘录的意愿后终止。

三、除非双方另有书面协议，否则本谅解备忘录的终止不应影响其终止前实施的任何项目，也不应影响其终止时尚未完成的合作活动。

本谅解备忘录由下列经各自政府正式授权的代表签署，以昭信守。

本谅解备忘录于二〇一〇年八月二十四日在北京签订，一式两份，每份都用中文和英文写成，两种文本同等作准。

中华人民共和国政府	南非共和国政府
代　表	代　表
李盛霖	**恩德贝莱**
（签　字）	（签　字）

中华人民共和国政府和南非共和国政府环境管理领域合作谅解备忘录

中华人民共和国政府和南非共和国政府（以下简称“双方”）；

遵照1992年在里约热内卢达成的《里约环境与发展宣言》和2002年在约翰内斯堡达成的《约翰内斯堡可持续发展宣言》和《可持续发展世界首脑会议实施计划》所述之目标和原则；

认识到环境问题的区域性和全球性，通过国际合作寻求持久有效解决方法的必要性，以及协调双方共同行动的重要性；

秉承1992年联合国环境与发展大会通过的《21世纪议程》中的可持续发展精神；

共同关注并承担双方在环境保护和可持续发展领域加强合作的责任；

确信双方在环境保护与可持续发展领域的合作具有互利性，并将进一步促进两国友好关系的发展；

达成谅解如下：

第一条　目标

本谅解备忘录旨在平等互利基础上，促进双方在环境管理领域的合作。

第二条　合作领域

下列领域为双方认可的优先合作领域：

（一）生物多样性保护；

（二）环境管理；
（三）环境政策执行；
（四）环境监测、环境守法与执法；
（五）环境技术；
（六）危险、有毒废物管理；和
（七）双方同意的与第一条所述之目标相关的其他领域。

第三条　合作方式

双方将开展下列合作：
（一）交换相关环境信息与资料；
（二）组织专家、学者和代表团互访；
（三）共同举办由科学家、专家、管理者和其他有关人员参加的研讨会、专题讨论会及其他会议；和
（四）探讨确定第二条第七款规定的其他合作领域的具体合作。

第四条　主管当局

负责本谅解备忘录执行的双方主管当局为中华人民共和国环境保护部和南非共和国环境事务部。

第五条　执行

一、为执行本谅解备忘录，双方将鼓励两国环境保护团体、企业和研究机构在环境管理领域建立和发展直接的联系。

二、双方将各自承担其执行本谅解备忘录所产生的各项费用。

第六条　义务

本谅解备忘录不影响双方在任何与环境相关的条约、公约、全球或区域协定中所承担的权利和义务，谅解备忘录的执行应分

别遵守两国国内法。

第七条　争议的解决

双方因本谅解备忘录的解释或执行而产生的任何争议应通过友好协商解决。

第八条　修订

本谅解备忘录可在双方一致同意的情况下通过外交渠道以换文形式进行修订。

第九条　生效、有效期与终止

一、本谅解备忘录自签字之日起生效，有效期5年，期满后自动延期5年，除非根据本条第二款的规定终止本谅解备忘录。

二、任何一方可以书面形式提前6个月通知另一方终止本谅解备忘录。

三、本谅解备忘录的终止将不影响在本谅解备忘录终止前已开始的相关合作，除非双方另行达成书面协议。

本谅解备忘录于二〇一〇年八月二十四日在北京签订。

本谅解备忘录由双方政府授权代表签署，以昭信守。备忘录一式两份，每份均用中文和英文写成，两种文本同等作准。

中华人民共和国政府	南非共和国政府
代　表	代　表
周生贤	**松吉卡**
（签　字）	（签　字）

中华人民共和国政府和塞舌尔共和国政府文化协定二〇一一年至二〇一四年执行计划

中华人民共和国政府和塞舌尔共和国政府（以下简称“双方”），为促进两国长期以来的友好合作关系的进一步发展，加强两国在文化艺术、教育、新闻出版、广播、影视等方面的交流与合作，根据1983年4月29日在北京签署的两国政府文化协定，同意签订2011年至2014年执行计划，条文如下：

一、文化艺术

1．双方互派一不超过6人的部级政府文化代表团访问对方国家，为期不超过10天。

2．双方互派一不超过20人的表演艺术团赴对方国家访演交流，为期7至10天。

3．双方在对方国家举办一艺术展览，展期10天，随展2人。

4．双方互派造型艺术家或作家共2人赴对方国家客座创作，为期1至2个月。

5．双方鼓励两国开展文化艺术领域的人力资源培训合作，如为对方国家相关艺术领域人员进行培训、组派文化艺术官员和人士赴对方国家相关机构挂职等，具体事宜由双方进一步商定。

二、文化遗产和博物馆

6．双方鼓励两国文化遗产主管部门在文化遗产保护和管理，以及博物馆领域（如陈列布置、主题展设立等）开展交流与培训合作，具体项目由双方进一步商定。

7．在本执行计划有效期内，双方商签防止盗窃、盗掘和非法进出境文化财产的协定，共同打击文物犯罪。

三、教育

8．双方鼓励两国在教育方面开展交流与合作，如互派代表团、在高等院校间开展交流合作等。

9．中方每年向塞方提供10人/年的奖学金名额（即塞方每年享受中国政府奖学金在华学习的总人数不超过10名）。

四、广播、影视、新闻出版、图书馆

10．双方鼓励两国开展广播、影视领域的交流与合作，如互派代表团、互换广播和影视相关资料、互办电影周等。

11．双方鼓励两国开展出版领域的交流与合作；鼓励并资助本国出版社用本国语言介绍、翻译、出版对方国家的优秀文学作品及各类著作；鼓励本国出版机构积极参加在对方国家举办的国际书展。

12．双方鼓励两国国家图书馆开展交流与合作。

五、财务规定

13．根据本执行计划派出的互访人员，由派遣方负担国际旅费，接待方负担在其境内的食宿、交通费和突发疫病的医疗费。表演艺术团和展览互访的人员，由接待方提供一定数额的零用补助。

14．表演艺术团互访，由派遣方负担演出道具的国际运费，接待方负担演出道具在其境内的运费以及组织演出的相关费用。

15．展览互访，由派遣方负担展品国际往返的运费和保险费，承展方负担展品在其境内的运费、保险费和组织展览的相关费用。

16．双方鼓励企业赞助本执行计划的交流项目。

17．双方互派留学生的费用，根据各自规定执行。此外，中方向塞方享受中国政府奖学金者提供来华报到和毕业回国国际机票。

六、其他规定

18．本执行计划不排除为扩大两国在相关领域交流合作而相互同意进行的其他活动。

19．本执行计划在实施过程中，如出现问题和分歧，由双方相关部门友好协商解决。

20．本执行计划自签字之日起生效，有效期至2014年12月31日。

缔约双方政府授权本国代表在本协议书上签字，以昭信守。

本执行计划于二〇一〇年十一月二十二日在北京签署，一式两份，每份均用中文和英文写成，两种文本同等作准。

中华人民共和国政府	塞舌尔共和国政府
代　表	代　表
蔡　武	山姆莱
（签　字）	（签　字）

中华人民共和国政府和突尼斯共和国政府文化协定2010—2013年执行计划

中华人民共和国政府和突尼斯共和国政府（以下简称“双方”），为加强两国之间的文化交流和友谊，根据1979年6月22日在北京签订的文化协定，决定签署2010—2013年执行计划：

第　一　条

双方互派文化和艺术领域的专家代表团进行为期两周的考察、访问。具体细节将通过外交途径商定。

第　二　条

双方鼓励两国博物馆和文物保护机构之间通过交换考古、历史和人类学出版物、文物展和专家互访的方式进行合作。具体细节将通过外交途径商定。

突尼斯国家文物开发和文化发展署同中国的对口机构建立联系，在文物推介方面进行合作。

第　三　条

双方鼓励各自的剧团应邀参加对方国家根据其现行规定举办的国际艺术节。突方邀请中方参加迦太基戏剧节。

双方互换信息和资料，致力于建立两国戏剧机构间广泛的合作关系。

第 四 条

双方互换信息，以便两国电影机构和协会建立联系。

双方鼓励参加对方国家按其内部规定举办的国际电影节。突方邀请中方参加迦太基电影节。

第 五 条

双方鼓励两国国家图书馆之间根据各自现行的规定，通过交换出版物、图书目录、手稿目录和与两国历史、文化相关的资料开展合作。

在本计划有效期内，双方互派图书馆专家代表团（4至5人）进行考察、访问。具体细节将通过外交途径商定。

第 六 条

双方根据各自文化、艺术节的规章，邀请对方国家的音乐和舞蹈团组参加各自国家举办的艺术节。

阿拉伯、地中海扎赫拉《明星》音乐中心通过下述活动与中国音乐机构建立交流和合作关系：

（一）向音乐中心录音资料馆赠送音乐专业书籍和资料。

（二）互派乐器演奏家和音乐家举办音乐会和讲座，时间不超过一周。

（三）双方鼓励介绍对方国家词曲作者、特别是当代作者的作品。

第 七 条

双方互办造型艺术展，随展人员2名，为期1周或10天。

第 八 条

中国艺术研究院可在合适的时间与突尼斯贝依特·埃尔·依

克玛科学、文学和艺术学院建立院际合作关系，与突方互派4至6人专家、学者代表团进行为期1至2周的访问，开展艺术研究、艺术教育和艺术合作方面的交流。

第　九　条

（一）双方为翻译和出版对方国家最具有代表性的文学作品以及其他优秀出版物提供方便。互译出版合作可纳入中国新闻出版总署与阿拉伯国家联盟秘书处共同推动的“中阿典籍互译出版工程”框架中执行。

（二）双方鼓励各自的出版机构积极参加对方国家举办的国际书展。

第　十　条

双方互办文物展览。具体细节将通过外交途径商定。

第　十　一　条

双方将探讨商签《防止盗窃、盗掘和非法进出境文物协定》的可行性。

第　十　二　条

双方鼓励档案领域内的合作，尤其是在档案查询、交流经验、交流出版物和缩微胶片资料方面的合作。

第　十　三　条

双方承认对方自然人和法人及相关人享有的著作权及相关权利，并依据世贸组织制定的国际准则保护上述权利。

双方鼓励在国际知识产权领域的研究交换相关信息。

第 十 四 条

在本计划有效期内，中国文联和突尼斯相应机构互换一个5至6人艺术家组成的代表团，访问时间一周。

第 十 五 条

中方为突尼斯“文化城”的人员培训提供帮助。

总　则

第 十 六 条

团组和人员互访费用：除本计划另有规定外，派遣方负担往返国际旅费；接待方负担其在国内的食宿、交通及在公共医疗机构急诊的费用。

第 十 七 条

互办展览费用：

（一）派遣方负担展品的往返国际旅费。

（二）接待方负担展品在其国内的豁免、运输、布展及宣传费用。

（二）派遣方负担展览的“钉到钉”保险费用。

第 十 八 条

本计划不排除经外交途径商定的其他活动实现的可能性。

第 十 九 条

本计划由缔约双方的一方收到另一方完成内部程序的通知之日起生效。

缔约一方可通过外交途径随时通知另一方终止本计划。终止时间在另一方接到通知的6个月之内。

本计划内容可根据缔约一方的要求及双方共识进行修改。修改内容的生效程序与本条款中所确定的程序相同。

本计划由各自政府所任命的全权代表签署。

本计划于二〇一〇年六月二十二日在北京签署，一式两份，每份均用中文，阿拉伯文和法文写成，三种文本具有同等效力。如有理解分歧，以法文文本为准。

中华人民共和国政府	突尼斯共和国政府
代　表	代　表
蔡　武	巴斯蒂
（签　字）	（签　字）

中华人民共和国政府和赞比亚共和国政府文化合作协定二〇一〇年至二〇一二年执行计划

中华人民共和国政府和赞比亚共和国政府（以下简称“双方”），为促进两国友好合作关系的进一步发展，加强两国在文化艺术、教育、体育、新闻出版、广播、影视等方面的交流与合作，根据1980年4月11日在北京签订的两国政府文化合作协定，同意签署该协定2010年至2012年执行计划，条文如下：

一、文化艺术

1. 双方互派一部级政府文化代表团（4至6人）访问对方国

家，为期7天。

2．双方互派一表演艺术团（不超过20人）赴对方国家访问演出，为期7至10天。

3．双方在对方国家举办一艺术展览，展期10天，随展2人。

4．双方互派造型艺术家或作家2人赴对方国家客座创作，为期1至2个月。

5．双方鼓励两国文化遗产主管部门在遗产保护和管理、博物馆领域开展交流与合作。

6．在本计划有效期内，双方将进一步磋商签署双边防止盗窃、盗掘和非法进出境文物的协定。

7．在本计划有效期内，双方互派文化遗产代表团（4至6人）访问对方国家，为期6天。

8．中方向赞比亚提供艺术人才培训的技术帮助。

二、教育

9．中方每年向赞方提供60人/年的奖学金名额（即赞方每年享受中国政府奖学金在华学习的总人数不超过60名）。

10．双方鼓励两国在教育方面开展交流与合作，如互派代表团、在高等院校间进行交流等。

三、体育

11．双方鼓励和支持两国在体育领域的交流与合作，具体交流计划由两国体育主管部门直接商定。

四、新闻出版、广播、影视

12．双方鼓励两国在新闻出版方面开展交流与合作，如互派代表团、互办出版物展览、互换信息和资料等。

13．双方鼓励两国在广播、影视方面开展交流与合作，如互派代表团、互办电影周、互换广播和影视资料等。

五、财务规定

14．根据本执行计划派出的互访人员，由派遣方负担国际旅费，接待方负担在其境内的食宿、交通费用和突发疾病医疗费用。

15．表演艺术团的派遣方负担道具的往返国际运费，接待方负担食宿、零用补助、当地交通的费用，以及组织演出的有关费用。

16．展览的派遣方负担展品的往返国际运费和保险费，承展方负担食宿、零用补助、当地交通、展品保险的费用，以及组织展览的有关费用。

17．双方鼓励企业赞助本执行计划交流项目。

18．中方向赞方提供的奖学金经费标准，根据中国教育部相关规定执行。中方向赞方享受中国政府奖学金者提供学成回国机票。

六、其他规定

19．本执行计划不排除为扩大两国在相关领域交流合作而相互同意进行的其他活动。

20．本执行计划项目执行方面的相关细节，由双方有关部门另行商定。

21．本执行计划在执行过程中，如出现其他问题和分歧，由双方相关部门友好协商解决。

22．本执行计划自签字之日起生效，有效期至2012年12月31日。

缔约双方政府授权本国代表在本协议书上签字，以昭信守。

本执行计划于二〇一〇年二月二十五日在北京签署，一式两份，每份均用中文和英文写成，两种文本同等作准。

中华人民共和国政府 代　表 蔡　武 （签　字）	赞比亚共和国政府 代　表 潘　德 （签　字）

中华人民共和国政府和乍得共和国政府关于促进和保护投资的协定

序　言

中华人民共和国政府和乍得共和国政府（以下称“缔约双方”），

愿为缔约一方的投资者在缔约另一方领土内投资创造有利条件，

认识到在平等互利原则的基础上相互鼓励、促进和保护投资将有助于激励投资者经营的积极性和增进两国经济繁荣，

尊重缔约双方经济主权，

愿加强两国间的合作，促进经济健康稳定和可持续发展，提高国民生活水平，

达成协议如下：

第一条　定义

本协定内：

一、"投资"一词系指缔约一方投资者依照缔约另一方的法律和法规在缔约另一方领土内所投入的具有投资特征的各种财产，包括但不限于：

（一）动产、不动产及抵押、质押等其他财产权利及类似权利；

（二）公司的股份、债券、股票或其他形式的参股；

（三）金钱请求权[①]或任何其他与投资相关的具有经济价值的履行请求权；

（四）知识产权，特别是著作权、专利、商标、商号、工艺流程、专有技术和商誉；

（五）法律或法律允许依合同授予的商业特许权，包括勘探、耕作、提炼或开发自然资源的特许权；

（六）包括政府发行的债券在内的债券、信用债券、贷款及其他形式的债[②]以及由此衍生出的权利。

投资特征系指资本或其他资源的投入、对收益或利润的期待或者对风险的承担。

作为投资的财产发生任何符合投资所在的缔约方的法律法规的形式上的变化，不影响其作为投资的性质。

缔约一方投资者通过其全部或部分拥有的，住所在缔约另一方境内的企业所作出的投资也应视为本款定义的投资。

二、"投资者"一词，系指在缔约另一方领土内正在投资或已经投资的缔约一方的国民或者企业：

（一）"国民"一词，系指根据缔约任何一方可适用的法律拥有其国籍的自然人。

---

① 为进一步明确，投资不包括仅源于缔约一方境内的国民或企业向缔约另一方境内的企业销售货物或提供服务的商业合同的金钱请求权，不包括因婚姻、继承等原因产生的不具有投资性质的金钱请求权。

② 在一方主管部门登记的贷款及其他形式的债，不包括在按时偿还无罚息的情况下无利息收益的贸易之债。

（二）“企业”一词，系指根据缔约任何一方可适用的法律和法规设立或组建，且住所在该缔约一方领土内并且有实际经营活动的任何实体，包括公司、商行、协会、合伙及其他组织，不论是否营利和是否由私人或政府所拥有或控制。

（三）按照非缔约一方的法律建立，但是由第（一）项规定的国民或者第（二）项规定的企业直接所有或控制的法律实体。

三、“收益”一词系指由投资所产生的收入，包括利润、股息、利息、资本利得、提成费、支付的实物和其他与投资有关的合法收入。

四、“领土”一词：

（一）在中华人民共和国方面，系指中华人民共和国领土（包括陆地、内水、领海及领空），以及根据中国法律和国际法，在领海以外中华人民共和国拥有以勘探和开发海床、底土及其上覆水域资源为目的的主权权利或管辖权的任何区域。

（二）在乍得共和国方面，系指乍得共和国领土（包括底土、内水和领空）以及乍得共和国行使主权的任何区域。

第二条　促进和保护投资

一、缔约一方应鼓励缔约另一方的投资者在其领土内投资，并依照其法律和法规接受并保护这种投资。

二、缔约一方应依据其法律和法规，为在其领土内从事与投资有关活动的缔约另一方国民获得签证和工作许可提供帮助和便利。

第三条　公正与公平待遇

一、缔约一方应该确保给予缔约另一方的投资者及在其境内的投资以公正与公平待遇，提供充分保护与保障，但在任何情况下都不意味着缔约一方应当给予投资者比该缔约国国民更优的待遇。

二、“公正与公平待遇”尤其包括根据东道国法律制度及一般法律原则，缔约一方不得对缔约另一方投资者粗暴地拒绝公正审理，或实行明显的歧视性或专断性措施。

三、“充分保护与保障”要求缔约方在履行确保投资保护与保障职责时，采取合理的必要的治安措施。

四、认定违反本协定其他条款或其他条约的条款，不构成对本条款的违反。

第四条　国民待遇

在不损害缔约一方可适用的法律法规的前提下，对在其境内投资的运营、管理、维持、使用、享有、出售或处分，缔约一方确保给予缔约另一方的投资者及其投资的待遇应不低于其在类似条件下给予本国投资者及其投资的待遇。

第五条　最惠国待遇

一、缔约一方对缔约另一方投资者及其投资在其境内就投资的运营、管理、维持、使用、享有、出售或投资的其他处置所赋予的待遇不得低于在相同情势下给予第三国投资者及其投资的待遇。

二、第一款所指待遇不应解释为缔约一方有义务将由下列原因产生的待遇、优惠或特权获得的利益给予缔约另一方投资者：

（一）建立自由贸易区、关税同盟、经济联盟、货币联盟或类似组织、机制的协定；

（二）与税收（含关税）有关的国际协定或者国际安排；

（三）任何便利边境地区小额边境贸易的安排。

三、第一款不适用于缔约一方与缔约另一方投资者之间的国际投资争端解决程序。

第六条　征收

一、缔约一方对缔约另一方的投资者在其领土内的投资不得采取国有化、征收或效果等同于国有化或征收的措施（以下统称为征收），除非符合所有下列条件：

（一）为了公共利益；

（二）依照国内法律程序和相关正当程序；

（三）非歧视性的；

（四）给予补偿。

“效果等同于国有化或征收的措施”是指间接征收。

二、在某一特定情形下确定缔约一方的一项或一系列措施是否构成第一款所指间接征收时，应当以事实为依据，进行逐案审查，并考虑包括以下在内的各种因素：

（一）该措施或该一系列措施的经济影响，但仅有缔约一方的一项或一系列措施对于投资的经济价值有负面影响这一事实不足以推断已经发生了间接征收；

（二）该措施或该一系列措施在范围或适用上对缔约另一方投资者及其投资的歧视程度；

（三）该措施或该一系列措施对缔约另一方投资者明显合理的投资期待的干预程度，这种投资期待是依据缔约一方对投资者作出的承诺产生的；

（四）该措施或该一系列措施的性质和目的，是否是为了善意的公共利益目标而采取，以及前述措施和征收目的之间是否成比例。

三、除非在个别情况下，例如所采取的措施严重超过维护相应正当公共福利的必要，缔约一方采取的旨在保护公共健康、安全及环境等在内的正当公共福利的非歧视的管制措施，不构成间接征收。

四、本条第一款所述的补偿额应等于采取征收前或征收为公众所知时两者中较早一刻被征收投资的公平市场价值，并应包括补偿支付前按合理商业利率计算的利息。补偿的支付不应不合理地迟延，并应可以有效实现和自由转移。

第七条　损害与损失的补偿

一、缔约一方的投资者在缔约另一方领土内的投资，如果由于发生在缔约另一方领土内的武装冲突、紧急状态、骚乱或其他类似事件而遭受损失，在给予其恢复原状、赔偿、补偿或采取其他措施的待遇方面，该缔约另一方应给予前一缔约方的投资者和投资不低于相似条件下其对于第三国投资者或者本国国民的待遇中最优者。

二、缔约一方的投资者在缔约另一方领土内的投资，在本条第一款所述的任何情况下因缔约后者一方的军队或当局非因战斗行动或情势必需而征用或损害其全部或部分财产所遭受损失，应给予恢复原状或合理补偿。

第八条　转移

一、缔约任何一方应按照其法律和法规保证缔约另一方投资者转移以下在前者一方境内合法取得的收益或款项，包括但不限于：

（一）利润、利息、分红、资本利得、特许权使用费及其他与知识产权相关的费用；

（二）与投资合同相关的支付，包括贷款协议引起的相关支付；

（三）全部或部分出售或清算投资所得款项；

（四）另一缔约国国民与该项投资相关的收入和报酬；

（五）根据第六条[征收]和第七条[损害与损失的补偿]所获得的款项；或

（六）由投资涉及的争议产生的支付。

二、除本协定中另有规定，缔约任一方都应保证以上转移以国际货币基金组织明确的可自由使用的货币按照转移当日的市场汇率不延迟地进行。

三、尽管有上述条款的规定，在以下情况下缔约方可以通过公平、公正、无歧视和善意地应用本国法律阻止转移：

（一）破产、无力偿还或保护债权人利益；

（二）有价证券、期货、期权和其他衍生品的发行、买卖和交易；

（三）涉嫌刑事犯罪或行政处罚；

（四）现金或其他货币工具的转移申报；或

（五）满足司法或行政程序的需要。

四、在国际收支遇到严重问题或受到严重威胁的时候，缔约任何一方可以参照国际标准实施有关措施，暂时限制转移。这些限制应该在一个平等、无歧视和善意的基础上实施。

第九条　代位

如果缔约一方或其指定的机构根据其对非商业风险的一项担保或保险合同就在缔约另一方领土内的某项投资向投资者作了支付，缔约另一方应承认：

（一）该投资者的权利和请求权依照缔约前者一方的法律或法律程序转让给了缔约前者一方或其指定机构；以及

（二）缔约前者一方或其指定机构在与投资者同等的范围内，代位行使该投资者的权利或执行该投资者的请求权，并承担该投资者与投资相关的义务。

第十条　拒绝授惠

一、如果存在以下情形，则缔约一方可拒绝给予缔约另一方的企业及其投资以本协定项下的利益，如果该企业是由非缔约方的国民或企业拥有或控制：

（一）缔约一方与该非缔约方没有外交关系；

（二）缔约一方针对该非缔约方采取一定的措施，该措施禁止其与该非缔约方投资者进行交易，或者，给予本协定项下的利益会违反或阻碍该措施；

（三）该企业在另一方境内未从事实质性商业经营。

二、如果一项投资是由缔约一方的国民或企业拥有或控制的企业在该缔约一方进行，且该企业在缔约另一方境内未从事实质性商业经营，缔约一方可拒绝给予该企业享有缔约另一方的企业及其投资以本协定项下的利益。

第十一条　缔约双方间争议解决

一、缔约双方对本协定的解释或适用所产生的任何争议，应尽可能通过外交途径协商解决。

二、如果该争议6个月内未能友好解决，根据缔约任何一方的要求，将争议提交专设仲裁庭解决。

三、该等仲裁庭由3名仲裁员组成。自收到书面仲裁要求之日起2个月内，缔约双方应各自任命1名仲裁员。该2名仲裁员应自均已被任命之日起2个月内共同选定1位与缔约双方均有外交关系的第三国国民担任首席仲裁员。

四、如果仲裁庭未能在自书面仲裁申请提出之日起4个月内组成，缔约双方间又无其他约定，缔约任何一方可以提请国际法院院长作出必要的任命。如果国际法院院长是缔约任何一方的国民，或由于其他原因不能履行此项任命，应请国际法院中非缔约任何一方的国民也无其他不胜任原因的最资深法官履行此项任命。

五、仲裁庭应自行决定其程序，仲裁庭应按照本协定以及缔约双方都承认的国际法原则作出裁决。

六、仲裁庭的裁决应以多数票作出。裁决是终局的，对缔约双方均有拘束力。应缔约任何一方的请求，仲裁庭应对其所做的裁决进行解释。

七、缔约双方应承担其任命的仲裁员及其出席仲裁程序的费用。首席仲裁员和仲裁庭的相应费用应由缔约双方平均承担。

第十二条　投资者与缔约一方争议解决

一、缔约一方投资者与缔约另一方之间有关缔约另一方领土内的投资的任何法律争议，应尽可能由争议双方当事人通过协商友好解决。

二、对于缔约一方投资者主张缔约另一方违反本协定第二条至第九条或第十三条第二款项下的义务而产生的争议，如果自争议一方提出协商解决之日起6个月内，争议未能通过协商解决，则投资者可选择将由于该违反行为而蒙受损失或损害的诉求提交：

（一）缔约另一方有管辖权的法院；

（二）依据1965年3月18日在华盛顿签署的《解决国家和他国国民之间投资争端公约》设立的“解决投资争端国际中心”；

（三）依据联合国国际贸易法委员会仲裁规则设立的专设仲裁庭。

一项投资本身不可提交国际仲裁。

缔约另一方可以要求该投资者在提交国际仲裁之前，用尽缔约另一方法律和法规所规定的国内行政复议程序。

三、若投资者已将争议提交缔约另一方有管辖权的法院或国际仲裁，对上述3种程序之一的选择应是终局的。

四、如果投资者首次获悉或应当获悉产生该争议的事件之日起已逾3年，则争端不得提交仲裁。

五、仲裁庭应依据当事双方协议的法律规范处断争端。如无此种协议，仲裁庭应适用作为争端当事国的缔约一方的法律（包括法律冲突规范），以及可适用的国际法规范，尤其是本协定。

六、除非争议双方另有约定，裁定缔约另一方违反依本协定承担义务的裁决，只可单独或一并判定：

（一）金钱赔偿及任何适当的利息；或

（二）返还财产，裁决可以规定支付赔偿金和相应利息以代替财产返还。

七、裁决是终局的，对争议双方均具有拘束力。缔约双方应承担执行裁决的义务。

八、原则上，争端各方应负担其委派的仲裁员和出席仲裁程序代表的费用。首席仲裁员和仲裁庭的其他费用应由争端双方平均承担。仲裁庭可在裁决中指示争端双方中的一方承担较高比例的费用并说明理由。但是，如果仲裁庭认为申请人的申诉或被申请人的异议是轻率的，可依据正当理由裁定败诉方承担胜诉方由于该异议或者由于反对该异议而产生的合理费用和律师费用。

第十三条　其他义务

一、如果缔约一方的立法或缔约双方之间现存或其后设立的国际义务使缔约一方投资者的投资享受比本协定规定的更优惠待遇的地位，该地位不受本协定的影响。

二、缔约任何一方应恪守其以协议或合同形式与缔约另一方投资者就投资所作出的书面承诺。

三、尽管有第二款的规定，缔约一方违反在商事性质的合同下所承担的义务不应被视为违反本协定。

第十四条　适用

一、本协定应适用于缔约一方投资者在缔约另一方境内依照缔约另一方法律法规于本协定生效前或生效后作出的投资，但不适用本协定生效前发生的争议。

二、本协定仅在以下情况下适用于本协定第一条第二款第（三）项所述的投资者：该投资者的投资被另一缔约方征收时，该投资者没有或者放弃其在其所依据法律建立的非缔约方与另一缔约方其他条约项下的赔偿请求权。

第十五条　磋商

一、缔约双方代表为下列目的应不时进行会谈：

（一）审查本协定的执行情况；

（二）交流法律信息和投资机会；

（三）解决因投资产生的争议；

（四）提出促进投资的建议；

（五）研究与投资有关的其他事宜。

二、若缔约一方提出就本条第一款所列任何事宜进行磋商，缔约另一方应及时给予答复，磋商将轮流在北京与恩贾梅纳进行。

第十六条　协定的解释

一、在第十一条规定的争议解决程序中，应争议国家一方要求，仲裁庭应要求缔约双方就争议问题涉及的本协定条款进行共同解释。缔约双方应在该要求提出后60日内，以书面形式，将双方解释的联合决定提交仲裁庭。

二、缔约双方根据第一款作出的联合决定应对仲裁庭具有约束力。裁决应与该联合决定相一致，如果缔约双方在60日内未能作出这样的决定，则仲裁庭独自作出决定。

第十七条　生效、有效期和终止

一、缔约双方应当通过外交渠道相互书面通知已完成使本协定生效所必需的国内法律程序。本协定自后一份通知收到之日起第30日开始生效，有效期10年。如在有效期满前一年内，缔约任何一方未以书面形式通知缔约另一方终止本协定，则本协定自动延长10年，并依此法顺延。

二、第一个10年有效期届满后，缔约一方可书面通知缔约另一方终止本协定，本协定将自终止通知发出之日起6个月后失效。

三、对本协定终止之日前所作出的投资，本协定第一条至第十六条的规定应自本协定终止之日起继续适用10年。

四、经双方同意，可对本协定进行修改。修改应按本协定生效所需程序生效。

下列代表，经各自政府正式授权，签署本协定，以昭信守。

本协定于二〇一〇年四月二十六日在恩贾梅纳签订，一式两份，每份都用中文、法文和英文写成，三种文本同等作准。如对文本的解释发生分歧，以英文文本为准。

中华人民共和国政府 代　表 **傅自应** （签　字）	乍得共和国政府 代　表 **穆萨·法基·穆罕默德** （签　字）

欧　洲

中华人民共和国政府和爱沙尼亚共和国政府关于爱沙尼亚在上海设立总领事馆的换文

中方去照

（2010）部领字第460号

爱沙尼亚共和国驻华大使馆：

中华人民共和国外交部向爱沙尼亚共和国驻华大使馆致意，并谨确认收到大使馆二〇一〇年八月二十六日第4-4/711号照会，内容如下：

“爱沙尼亚共和国驻华大使馆向中华人民共和国外交部致意，并谨代表爱沙尼亚共和国政府确认，爱沙尼亚共和国政府和中华人民共和国政府本着进一步发展两国友好合作关系的共同愿望，经过友好协商，就爱沙尼亚共和国在上海市设立总领事馆，达成协议如下：

一、中华人民共和国政府同意爱沙尼亚共和国在上海市设立总领事馆，领区范围为上海市和安徽省、福建省、江苏省、江西省、浙江省。

二、爱沙尼亚共和国政府同意中华人民共和国保留在爱沙尼亚共和国设立领事机构的权利。设领地点、领区范围等事宜，双方将通过外交途径另行商定。

三、双方根据一九六三年四月二十四日《维也纳领事关系公约》以及两国各自有关的法律规定和对等原则，为对方在本国设立领事机构和执行领事职务提供一切必要的协助和便利。

四、双方将根据包括一九六三年四月二十四日《维也纳领事关系公约》在内的国际法和国际惯例，通过友好协商解决两国领事关系中可能出现的问题。

上述内容，如蒙外交部代表中华人民共和国政府确认，本照会和外交部复照即构成爱沙尼亚共和国政府和中华人民共和国政府间的一项协议，并自外交部复照之日起生效。”

中华人民共和国外交部谨代表中华人民共和国政府确认，同意上述照会内容。

顺致崇高的敬意。

中华人民共和国外交部（印）

二〇一〇年九月六日于北京

爱方来照

第4-4/711号

中华人民共和国外交部：

（同中方去照引号内的内容，略——编者）

顺致崇高的敬意。

爱沙尼亚共和国驻华大使馆（印）

二〇一〇年八月二十六日于北京

中华人民共和国卫生部与奥地利共和国联邦卫生部关于公共卫生合作二〇一〇至二〇一四年度执行计划

为落实1989年5月13日签署的《中华人民共和国政府与奥地利共和国政府关于公共卫生合作的协议》，中华人民共和国卫生部与奥地利共和国联邦卫生部达成执行计划如下：

第　一　条

双方将主要在下列领域合作：

——中医药，特别是研究和评估

——西医

——社区卫生

——食品安全

——医药产品市场许可法规交流和药物警戒信息交流

第　二　条

双方将根据各自的需求和条件，促进公共卫生领域法律和规定的信息交流，包括由政府卫生行政部门出版的公共卫生和应用医学研究方面的医学期刊、书籍、专著及其他技术文献。

第　三　条

为落实本执行计划，双方同意互派公共卫生和应用医学研究领域的专家和代表团。互派专家和代表团的逗留时间最长为每年

140人日。每位专家的逗留期不少于14天。

双方将在派遣的代表团计划到达前三个月通知对方代表团规模、代表团成员及单独旅行专家的姓名、简历、工作计划以及抵离日期。

第 四 条

在执行计划框架内，如果专家发生急性疾病或事故，紧急医疗处理的费用由接待国承担。

第 五 条

在本执行计划范围内，专家的交换将依据下列财务条件进行：所有旅行相关费用，即住宿、餐饮、境内的交通费和往返国际旅费由派遣国承担。

第 六 条

双方应促进和支持各自国家公共卫生和应用医学机构、研究所间建立直接交流与合作。由此产生的费用由各自的机构和研究所自行承担。

第 七 条

本执行计划自2010年1月1日起生效，有效期至2014年12月31日止。

本执行计划于二〇一〇年一月二十日签署于北京，用中文、德文、英文书就。三种文本同等作准。

中华人民共和国政府卫生部	奥地利共和国联邦卫生部
代　表	代　表
陈　竺	**施托格尔**
（签　字）	（签　字）

中华人民共和国国家发展和改革委员会与奥地利共和国联邦交通、创新及科技部关于基础设施领域技术合作的谅解备忘录

中华人民共和国国家发展和改革委员会与奥地利共和国联邦交通、创新及科技部（以下称“双方”），

希望利用基础设施技术领域所提供的机会，促进并加深双方共赢的长期合作；

意识到基础设施技术领域发展计划的重要意义，并看到该领域内特殊项目实施过程所产生的合作可能性；

强调中奥两国谅解备忘录框架内的技术以及技术诀窍转让的优先性；

强调基础设施领域技术合作在中华人民共和国与奥地利共和国联邦政府间经济、工业、技术合作协议范围内众多中奥合作工作中的优先性，

达成以下一致：

第　一　条

为了共同实现以技术和技术诀窍转让为主的基础设施项目，需要所选择领域内专业的经营者、工业企业以及研究机构的参与。

第 二 条

鉴于政府主管部门、机构以及基础设施专业经营者的参与，双方对于实现在谅解备忘录第一条中提到的项目有着相应的经验。

第 三 条

中奥参与基础设施方面合作的领域有：

——铁路

——交通技术

——民用航空空中交通管理系统，包括管制和通讯技术

——能源技术（除中国国家发展改革委与奥地利联邦经济、家庭与青年事务部2006年6月6日签署的谅解备忘录合作范围之外）

——应用技术相关研究

第 四 条

双方将以商业为基础，共同确定以技术和技术诀窍转让为主的基础设施项目。这些项目将列为项目表作为本谅解备忘录的附件，并视为谅解备忘录的组成部分。该项目表在联合工作小组框架内经过双方共同协商或外交途径随时可以更改或增加。

第 五 条

为确保上述已定目标有组织、有计划性地得以实现，双方同意成立一个联合工作小组，其职责范围为：

——评估所有从此合作中产生的项目

——更新根据谅解备忘录第四条共同确定的项目表

——支持并跟踪本谅解备忘录内的项目

第 六 条

联合工作小组每年在中国或奥地利轮换举行会议，或必要时根据该谅解备忘录双方共同协商进行会晤。联合工作小组成员由双方任命。

第 七 条

本谅解备忘录的履行，中方由国家发展和改革委员会负责，必要时，会同任命的一名有关领域协调员；奥方由奥地利共和国联邦交通、创新及科技部负责，必要时，会同一名由该部任命的有关领域协调员。

第 八 条

双方同意，在谅解备忘录框架内的任一项目，均以参与的机构或企业间以商业协议来实现。

第 九 条

双方同意，以现有的国内和国际标准确定实施和实现具体项目的框架条件和要求。

第 十 条

此谅解备忘录自双方签字之日起生效。

第 十 一 条

本谅解备忘录有效期为五年，如果谅解备忘录的任意一方在谅解备忘录的有效期满之前三个月未以书面形式或外交途径终止备忘录，备忘录自动顺延一年。

第十二条

如果谅解备忘录双方在解释或实施本谅解备忘录时产生任何意见分歧或争议，均通过双方和平协商的方式来解决。

第十三条

此谅解备忘录的终止不影响在终止谅解备忘录前开始实施的项目或计划。

本谅解备忘录于二〇一〇年四月二十一日在北京用中文和德文签署。

中华人民共和国 国家发展和改革委员会 代　表 **张晓强** （签　字）	奥地利共和国联邦 交通、创新及科技部 代　表 **塞迪科** （签　字）

中华人民共和国卫生部和丹麦内政与卫生部关于卫生合作的谅解备忘录

中华人民共和国卫生部和丹麦内政与卫生部（以下简称“双方”）愿意促进卫生领域的双边关系，改善两国人民的健康水平，达成谅解备忘录如下：

第　一　条

双方将在以下领域合作：

1. 公共卫生应急机制
2. 传染病和非传染性疾病防治
3. 医院管理和医疗服务质量评价
4. 社区卫生体系

其他双方关注的合作领域可经双方协商同意后确定。

第　二　条

双方将通过以下形式合作：

1. 开展官员和专家的研究和咨询交流
2. 开展临床实践和卫生体制及改革方面的信息交流
3. 鼓励两国专家参与专业和科学会议，联合组织研讨会
4. 鼓励两国卫生机构建立直接联系
5. 在双方共同感兴趣的研究和实践领域发表论文

第　三　条

经协商同意，双方将根据第一条进行卫生官员和专家交流，开展联合工作或研究。

派遣方应在出访前三个月通知对方所派专家的个人资料、职务、专业、计划、逗留时间及工作语言。

派遣方承担全部费用。

第　四　条

为执行本谅解备忘录，双方将签订为期四年的合作执行计划。该执行计划将包括合作的具体项目、财务规定及其他必要的活动安排。

第　五　条

经双方书面同意，本谅解备忘录可修改或更新。经双方确认后，所做的修改将被视为谅解备忘录的一部分。

第　六　条

本谅解备忘录自双方签字之日起生效，有效期五年。如期满前六个月任何一方未通过外交途径书面通知对方终止本谅解备忘录，则本备忘录将自动延长五年，并依此法顺延。

本谅解备忘录于二〇一〇年九月二十一日在哥本哈根签订，一式两份，每份均用中文和英文写成，两种文本同等作准。如遇解释上的分歧，以英文文本为准。

中华人民共和国卫生部	丹麦内政与卫生部
代　表	代　表
陈啸宏	哈　德
（签　字）	（签　字）

中华人民共和国政府与德意志联邦共和国政府二〇〇八年度财政合作协议

中华人民共和国政府和德意志联邦共和国政府

本着中华人民共和国和德意志联邦共和国之间业已存在的友好关系的精神，希望通过具有伙伴精神的财政合作来巩固和加强这种友好关系，认为保持这种关系构成本协议的基础，出于为中华人民共和国的社会和经济发展作出贡献的愿望，根据二〇〇八年十一月二十七日中德政策对话中签署的谅解备忘录和二〇〇八年十二月二十九日德国驻华使馆738/08号照会，达成协议如下：

第　一　条

一、如经审核符合发展合作的促进条件，且中华人民共和国继续拥有良好的资信，德意志联邦共和国政府将使中华人民共和国政府能够从德国复兴信贷银行获得总额不超过50000000（伍仟万）欧元的复合贷款，用于气候和能源项目。上述项目应在官方发展合作项下授予，且不可由其他项目替代。

二、如经审核符合发展合作的促进条件，且中华人民共和国继续拥有良好的资信，德意志联邦共和国政府还将使中华人民共和国政府能够从德国复兴信贷银行获得总额不超过60000000（陆仟万）欧元的贴息贷款，用于城市地区气候和环境基础设施项目。上述项目应在官方发展合作项下授予，且不可由其他项目替代。

三、如今后德意志联邦共和国政府使中华人民共和国政府能够从德国复兴信贷银行获得更多贷款或赠款用于上述“一和二”段所指定项目的准备，或获得更多赠款用于上述“一和二”段所指定项目的实施维护中所需的辅助措施时，本协议亦适用。

第　二　条

一、如经审核符合发展合作的促进条件和赠款框架下促进要求，根据中华人民共和国财政部与德国联邦经济合作与发展部于2008年7月3日和9日的换函及两国政府于1992年2月27日，1993年9月23日，2001年12月6日，2004年4月1日，2004年12月6日和2007年9月25日签署的关于财政合作协议，以下项目资金应重新规划并作为赠款用于四川地震灾后恢复重建项目。

（一）两国政府于1992年2月27日签署的协议第一条“一

（三）2”造林项目二期中198483.66（拾玖万捌千肆佰捌拾叁元陆角陆分）欧元的赠款。

（二）两国政府于1993年9月23日签署的协议第一条“一（三）2”造林项目四期中36983.44（叁万陆千玖佰捌拾叁元肆角肆分）欧元赠款。

（三）两国政府于2001年12月6日签署的协议第一条“一（二）2”长江中上游植被恢复保护项目中100000（拾万）欧元赠款。

（四）两国政府于2004年12月6日签署的协议第一条“一（二）2”内蒙古太阳能项目中8000000（捌佰万）欧元赠款。

（五）两国政府于2007年9月25日签署的协议第一条“（一）（三）”研究专家基金中64532.90（陆万肆千伍佰叁拾贰元玖角）欧元赠款。

二、如经审核符合发展合作的促进条件和赠款框架下促进要求，两国政府于2004年4月1日签署的协议第一条“（一）（二）2”甘肃太阳能项目中6000000（陆佰万）欧元赠款应重新规划，用于甘肃省地震灾后恢复重建项目。

三、上述提及的1992年2月27日、1993年9月23日、2001年12月6日、2004年4月1日、2004年12月6日及2007年9月25日签署的协议中其他方面应适用于本协议。

第　三　条

一、本协议第一条和第二条所述金额的使用、提供的条件以及授予合同的程序，将由贷款/赠款的接受人与德国复兴信贷银行之间签订的协议规定。这些协议将适用于德意志联邦共和国的法律和规定。

二、如在作出资金承诺后八年内没有签订相应的贷/赠款协议则上述第一条所指定金额的承诺将失效。指定金额的有效期截至二〇一六年十二月三十一日。

第 四 条

中华人民共和国政府将免除德国复兴信贷银行在中华人民共和国境内可能被征收的与第三条“一”段所述协议的签订和实施相关的全部税金和其他公共费用。

第 五 条

对于由提供贷款和赠款而产生的海、陆、空等运输，中华人民共和国政府应允许乘客和供应商自由选择运输企业，避免采取任何可能妨碍或损害在德意志联邦共和国境内有经营场所的运输企业以平等条件参与运输的措施，并为此类企业的参与提供任何必要的许可。

第 六 条

此外，上述经一九八六年十二月十一日、十二日安排修改的中华人民共和国政府与德意志联邦共和国政府一九八五年六月十日签署的财政合作协议及其相关换函中的规定将适用于本协议。

第 七 条

本协议自签字之日生效。

本协议于二〇一〇年二月二日在北京签署。一式两份，用中文、德文和英文书就，三种文本具有同等效力。在对中、德文本有不同解释时，以英文文本为准。

中华人民共和国政府	德意志联邦共和国政府
代　表	代　表
李勇	**施明贤**
（签　字）	（签　字）

中华人民共和国国家工商行政管理总局和德国专利商标局双边合作联合谅解备忘录

前　言

鉴于全球知识经济带来挑战，并且工业产权保护在全球范围内日趋重要，本联合谅解备忘录旨在促进中华人民共和国和德意志联邦共和国间的经济合作。

本联合谅解备忘录的目的在于通过提高全球商标体系的有效性，打造各自国家更加高效、透明、方便使用者的商标体系，使两部门更好地履行职责，尤其是对工业产权体系使用者所负的责任。为共同实现这些目标，中国国家工商行政管理总局和德国专利商标局将加强和扩展彼此间的合作。

在此背景下，中华人民共和国国家工商行政管理总局和德国专利商标局愿意依据各自国家的法律，在各自财务及人力资源允许的范围内，在下列具体领域开展合作。

第一条　具体合作领域

根据上述目标，两部门将在下列，但不限于下列领域开展合作。

（一）讨论商标领域以及两部门职能范围内、与知识产权有关的“不正当竞争”领域的重要或现实问题，如商标恶意申请、商标撤销程序等问题。

（二）交流前款所列领域的信息，包括相关法律、法规、规章和指南。

（三）制定并实施能力建设措施，如在商标审查、异议程序和撤销程序等方面开展培训。

（四）交流管理事务，如工作程序自动化、知识产权数据库开发或利用互联网简化商标申请程序，以及商标异议和撤销程序方面的信息。

（五）联合开展涉及两部门共同关注的工业产权保护国际问题，如利用商标体系保护地理标志以及其他国际商标实践进展方面的活动。

（六）双方合作开展旨在提高各自国家知识产权所有人意识的活动，如商标权保护途径方面的活动。

第二条　工作计划

两部门将努力共同制定年度工作计划，以细化本联合谅解备忘录第一条所列具体合作领域，详述每年拟开展的活动。

年度工作计划不一定涵盖本备忘录涉及的所有合作活动。

第三条　高层会晤和工作层会谈

一、高层会晤

领导层官员将在必要时，在中国国家工商行政管理总局和德国专利商标局轮流举行高层会晤，讨论双边合作战略或其他共同感兴趣的问题。

每次高层会晤的议题、地点和时间由两部门首脑根据其工作安排商定。

二、工作层会谈

两部门领导层将各自指定项目协调机构。如有必要，项目协调机构可以随时，一般以一年一次为宜，在中国国家工商行政管理总局和德国专利商标局轮流举行会谈，制定第二条所提工作计划，协调年度工作计划中活动的执行，并筹备高层会晤。

中国国家工商行政管理总局：

协调机构：国际合作司

电话/传真：+86-10-68010463/+86-10-68013447

电子邮件：intl@saic.gov.cn

international@saic.gov.cn

德国专利商标局：

协调机构：国际工业产权处

电话：+49 89 2195-3975

传真：+49 89 2195-2065

电子邮件：Bettina.Berner@dpma.de

第四条　合作资金

两部门将负担各自人员参与本联合谅解备忘录框架下活动的费用，具体如下：

中国国家工商行政管理总局和德国专利商标局均应负担各自人员的旅费、食宿费、补贴和其他费用。举办具体活动所产生的额外费用由活动举办地一方（中国国家工商行政管理总局或德国专利商标局）承担。是否开展某一活动或项目，应视两部门各自预算内所需资金情况而定。

第五条　合作期限

本联合谅解备忘录自双方签字之日起生效。

本联合谅解备忘录自生效之日起，有效期为两年，可以在相互达成一致后进行续签。

两部门可以随时终止本联合谅解备忘录，但需要提前90天书面通知另一方。

第六条　语言

本联合谅解备忘录，一式两份，每份均用中文和德文写成，两种文本同等作准。

中华人民共和国 国家工商行政管理总局 代　表 **安青虎** （签　字） 于二〇一〇年四月十八日签署	德国 专利商标局 代　表 **库尔尼丽娅·卢德罗夫－谢弗尔** （签　字） 于二〇一〇年四月十八日签署

中华人民共和国国家工商行政管理总局和俄罗斯联邦知识产权专利商标局战略合作谅解备忘录

中华人民共和国国家工商行政管理总局和俄罗斯联邦知识产权专利商标局（以下称“双方”），

认识到知识产权对促进国内经济与全球经济的发展、鼓励创新经济投资的价值和重要性；

承认促进、完善和强化商标国家体系的必要性；

期待通过信息交流及共同开展与商标相关的能力建设活动，进一步加强双边合作，促进国家间商业贸易；

达成谅解如下：

第一条　目的

本谅解备忘录的目的在于双方建立一个双边合作的基本框架。本谅解备忘录中拟开展的活动旨在通过交流信息和最佳实践以及开展能力建设活动，改善双方知识产权保护体系的管理并提高效率。

第二条　合作领域

根据上述目的，双方拟在下列，但不限于下列，领域开展合作：

（一）讨论商标领域的现实问题及与知识产权有关的“反不正当竞争”问题，包括商标恶意申请、商标和企业名称冲突等企业名称和商号相关问题，以及其他相关问题。

（二）交流与前款内容相关的信息，包括相关法律、法规、规章和规范性文件。

（三）组织并开展能力建设活动，如商标审查、商标异议、商标争议培训及其他类似培训。

（四）交流知识产权机构管理和办公自动化，以及知识产权数据库建设方面的信息和最佳实践，例如利用网络优化商标申请流程及异议和撤销程序的做法。

（五）联合就对双方都重要的国际知识产权问题开展活动，包括通过商标注册保护地理标志，以及其他国际商标实践的进展情况。

（六）双方就在各自国家开展商标权人教育进行合作，包括商标权保护的方法和利用行政执法体系保护商标。

第三条　磋商

双方同意：

（一）共同制定年度行动计划，确定每年根据上述合作领域开展的具体活动。上述第二条并未列出所有合作领域，经双方同意，可以包括其他议题。如双方同意，可以对该工作计划进行修订。

（二）双方定期举行正式会晤，审议本谅解备忘录执行情况，更新行动计划。会晤应由双方机构轮流主办，时间由双方协商确定，一般以一年一次为宜。

双方有义务尽全力保证成功实施本谅解备忘录及年度行动计划中商定的活动。

（三）双方指定联络部门，以确保部门间的充分沟通。

中国国家工商行政管理总局：

联络部门：国际合作司

电话/传真：86-10-68010463，86-10-68013447

电子邮件：intl@saic.gov.cn

international@saic.gov.cn

俄罗斯知识产权专利商标局：

联络部门：国际合作司

电话：+7 495 730 7677

传真：+7 499 240 6179

电子邮件：lsimonova@rupto.ru

zalbegon@rupto.ru

Imelissina@rupto.ru

第四条　限制条款

本谅解备忘录不产生约束中华人民共和国和俄罗斯联邦的国际义务，也不形成1969年5月23日通过的《维也纳条约法公约》意义上的国际协议。

本谅解备忘录的所有承诺均取决于经费情况和各方预算安排。本谅解备忘录在经费方面不具约束力。

第五条　争议解决

本谅解备忘录在解释或执行过程中发生的争议，由双方共同协商解决。

第六条　其他条款

本谅解备忘录经双方签字后生效。经双方书面同意，可以随时修订本谅解备忘录。任何一方均可终止本谅解备忘录，但需提前九十天书面通知另一方。

本谅解备忘录于二〇一〇年五月十九日在北京签订，一式两份，每份用中文、俄文和英文写成，三种文本同等作准。如在解释本谅解备忘录时发生分歧，以英文文本为准。

中华人民共和国	俄罗斯联邦
国家工商行政管理总局	知识产权专利商标局
代　表	代　表
付双建	鲍里斯·P. 西蒙诺夫
（签　字）	（签　字）

中华人民共和国和俄罗斯联邦关于全面深化战略协作伙伴关系的联合声明

应中华人民共和国主席胡锦涛邀请，俄罗斯联邦总统梅德韦杰夫2010年9月26日至28日对中华人民共和国进行了国事访问。两国元首举行了大、小范围会谈，中国全国人民代表大会常务委员会委员长吴邦国、国务院总理温家宝、国家副主席习近平分别会见梅德韦杰夫总统。

访问期间，梅德韦杰夫总统还在大连市拜谒二战苏军烈士墓，出席上海世博会俄罗斯国家馆日活动。俄方高度评价并支持中方举办上海世博会，中方向俄方表示感谢，强调愿同各方共同努力，将上海世博会办成一届成功、精彩、难忘的盛会，为增进世界各国人民交流、促进人类可持续发展作出贡献。

两国元首回顾了中俄战略协作伙伴关系的发展状况，高度评价近年来两国各领域合作取得的重大进展。双方满意地指出，近年来中俄政治互信不断增强，务实合作稳步扩大，在国际和地区事务中保持密切沟通和协调，两国人民相互了解和友谊不断巩固。中俄关系具有战略性和长期性，成为当今国际关系中的重要稳定因素。

两国元首指出，当今世界正处在大变革大调整大发展之中，世界多极化和经济全球化深入发展，和平和发展的潮流更加强劲，国与国相互依存更加紧密，多边主义和国际关系民主化深入人心，开放合作、互利共赢原则成为国际社会多数成员共识。双方愿继续加强各领域合作，在选择各自发展道路和维护彼此国家主权、安全和领土完整、维护世界和平与稳定，建立更加公正、合理、民主的国际秩序等方面加强相互支持。

为此，两国元首声明如下：

一

（一）双方将继续保持密切的高层及其他各级别的交往，就双边关系和共同关心的重大国际问题深入交换意见，不断增进中俄战略互信。

（二）双方认为，在涉及国家主权、统一和领土完整等两国核心利益问题上相互支持是中俄战略协作的重要内容。俄方重申坚定支持中方在台湾、涉藏、涉疆等问题上的原则立场，支持中方维护国家统一和领土完整。中方重申支持俄方为维护本国核心利益和促进整个高加索地区乃至独联体的和平稳定所作的努力。

双方重申第二次世界大战结论不容改变，反对篡改二战历史、美化纳粹和军国主义分子及其帮凶、抹黑解放者的图谋。

（三）双方认为，签署中华人民共和国和俄罗斯联邦关于打击恐怖主义、分裂主义和极端主义的合作协定，为中俄合作应对这些威胁奠定了坚实的基础。为有效履行该协定并完善两国在应对其他现实威胁与挑战方面的合作，双方应加强中俄反恐工作组活动，将其职能扩展至应对所有新威胁和新挑战，并定期召开工作组会议。

（四）双方携手应对国际金融危机，推动两国经贸合作实现回升。两国将根据各自现代化和经济发展战略需要，完善双边贸易结构，规范和转变双边贸易增长方式，扩大机电产品和高科技产品贸易，建设现代化物流和贸易平台，加强在建立经济特区、保护知识产权等领域的交流与合作，加快实施双边大型合作项目，为中俄经贸合作持续健康稳定发展创造条件。

（五）双方肯定去年6月两国元首批准《中俄投资合作规划纲要》后双方企业在机械制造、通信技术、电信、银行、保险、创新与应用科学开发、化工、林业、采矿、地方合作等领域开展的合作，希望进一步发挥中俄投资促进会议机制的作用，改善投资环境，采取更加务实、灵活的方式推动重大投资合作项目，不断提高中俄投资合作的质量和水平。

（六）双方肯定中俄能源谈判机制的重要作用和效率，高度评价两国在能源领域签署的各项合作协议落实情况。双方指出，中俄原油管道竣工是两国能源合作的重大成果，有利于促进中俄两国的经济发展。双方决定继续积极开展石油、天然气、煤炭、电力、核能、能效及可再生能源等领域合作，尽快就开工修建中俄天然气管道达成一致，促进煤矿综合开发，包括铁路、港口建设，进一步开展在电力贸易及电网改造等领域的合作。

（七）双方将继续积极落实《中华人民共和国东北地区与俄罗斯联邦远东及东西伯利亚地区合作规划纲要（2009—2018年）》，大力推动基础设施建设及其他地区合作大项目，全面支持利用双方确定的合作机制开展两国地方合作。

（八）双方对两国科技和创新领域合作持续发展表示满意，认为应进一步开展基础性和高科技关键领域及前沿技术的联合研究，积极推动研究成果产业化。双方认为有必要利用专项贷款支持科学研究和高技术研发领域的合作项目，共同实施大型科技创新项目。

（九）双方表示将积极推动扩大双边金融合作，进一步发展本国金融市场，优化投资环境。双方支持人民币和卢布在双方银行间外汇市场挂牌交易，为开展双边本币结算创造有利条件，促进双边贸易和投资增长。

（十）双方认为，两国在中俄总理定期会晤委员会环保分委会框架内开展的环保合作为中俄合作树立了典范。双方在污染防治和环境灾害应急联络、跨界水体水质监测与保护、跨界自然保护区和生物多样性保护等领域的合作取得积极成果。双方联合监测表明，中俄跨界水体水质明显改善。联合监测已成为双方在合理利用和保护跨界水领域开展双边合作的牢固基础。两国中央和地方全面协作、上下联动，形成了卓有成效的中俄环保合作模式。

（十一）双方高度评价中俄互办“语言年”对增进两国人民相互信任和友谊、巩固中俄关系社会基础发挥的重要作用。双方决定进一步加强在教育、文化、卫生、体育、旅游、媒体、电影、档案等领域的合作，尤其是搞好俄罗斯“汉语年”各项活动，办好中俄“国家年”人文领域的机制化项目等。双方指出，2010年暑期首批500名俄罗斯中小学生赴华夏令营活动取得了圆满成功，将精心组织好2011年第二批俄罗斯中小学生赴华夏令营活动。

（十二）双方表示愿继续通过互办文化节等方式扩大两国文化交流与合作。双方认为，中俄互设文化中心对加强两国人文交流与合作具有重要作用，两国政府将对文化中心的运作予以支持。

（十三）双方商定互办旅游年，责成两国有关部门制定具体活动清单并确定举办日期。

（十四）双方商定推动扩大组织电视频道在对方落地方面的合作。

二

（一）双方表示将与国际社会携手努力，应对各种全球性挑战，维护国际法准则，积极倡导世界多极化和国际关系民主化，推动建立更加公正、合理、民主的国际政治经济秩序，为推动建立持久和平、共同繁荣的和谐世界而不懈努力。

（二）双方认为，当前世界经济出现整体复苏势头，但主要矛盾并没有完全消除。国际金融危机影响仍然存在，复苏基础仍不牢固。

双方主张各国应推行协调、连续和稳定的宏观经济政策，在确保本国金融体系稳定的同时根据各国国情继续坚持刺激经济的举措，进一步推进国际金融体系改革，完善全球经济治理机制，反对各种形式的保护主义，愿与国际社会一道，共同推动建立完善、均衡、普惠、共赢的多边贸易体制。

（三）双方认为，国际安全形势总体良好，但不稳定不确定因素增多。全球性问题更加突出，国际和地区问题此起彼伏。传统安全问题有新发展，非传统安全威胁上升，两者相互交织，给世界和平与稳定带来严峻挑战。双方倡导在安全上相互信任、加强合作，主张通过对话和协商解决国际争端。

双方认为，维护欧洲—大西洋地区和欧亚地区的和平、安全与稳定不仅对地区国家，而且对全世界都具有重要意义。中方积极评价俄方为应对新安全威胁和挑战，秉承安全平等和不可分割的原则，团结各方力量推动制定《欧洲安全条约》，反对扩张军事联盟。

（四）双方指出，联合国具有普遍性特点，在维护世界和平、促进共同发展、推动国际合作方面发挥着核心协调作用。双方支持对联合国安理会进行改革，提高其工作能力和效率，使其更具代表性。双方主张联合国会员国应通过最广泛的民主协商，争取就改革问题达成一致。

（五）双方积极评价G20在应对国际金融经济危机和促进世界经济复苏方面发挥的重要作用，支持G20作为国际经济合作的主要论坛，继续关注世界经济、金融和发展等重大问题。双方认为G20机制应体现代表性、平等性和实效性，应进一步推动全球经济治理机制和国际金融体系改革，促进全球经济实现强劲、可持续、平衡增长。G20应确保在首尔峰会前完成匹兹堡峰会确定的国际货币基金组织份额改革目标，保证如期实现财政稳定，推进金融监管改革，反对各种形式保护主义，加大对发展问题的关注。双方将在G20框架内就经济可持续增长框架、国际金融监管改革等主要金融经济问题加强沟通和协调。

（六）双方表示高度重视全球气候变化问题，坚持《联合国气候变化框架公约》、《京都议定书》及其确立的“共同但有区别的责任”等原则。双方愿在2009年12月哥本哈根联合国气候变化大会成果基础上，与各方一道努力推进国际谈判进程，为加强国际合作、共同应对全球气候变化挑战作出积极贡献。

（七）双方决心加强在国际军控、裁军和防止大规模杀伤性武器及其运载工具扩散方面的合作。

双方重申支持建立无核武器世界的目标。为实现这一长远目标，各国应携手努力，维护全球稳定、国际和地区和平，在恪守各国安全平等和不可分原则的前提下，推动国际军控、裁军和防扩散进程。

双方强调，防止核武器扩散对维护国际与地区和平与安全至关重要。《不扩散核武器条约》是国际核不扩散体系的基石。

双方欢迎2010年《不扩散核武器条约》审议大会取得的积极成果，愿共同努力，继续平衡推进该条约的三大目标，即核不扩散、核裁军、和平利用核能，同时不断巩固和加强条约的普遍性、权威性和有效性。双方强调，有效的国际原子能机构保障体系对防止核武器扩散和促进和平利用核能合作至关重要。俄美签订的《关于进一步削减和限制进攻性战略武器措施的条约》，是在执行《不扩散核武器条约》第六条方面迈出的重要一步。

双方支持《全面禁止核试验条约》早日生效，尽快启动日内瓦裁军谈判会议关于"禁止生产核武器用裂变材料条约"的谈判，推动包括首先是中东地区在内的地区无核化进程。

双方决定继续在双边和六国框架内就伊朗核问题开展建设性合作，重申该问题应在各方恪守《不扩散核武器条约》基础上，通过政治外交手段解决。双方强调，应达成全面、长期的谈判解决方案，以恢复国际社会对伊朗核计划仅用于和平目的的信心。为此，应积极采取切实措施，尽快重启伊朗和六国之间的谈判进程，同时努力落实伊朗德黑兰研究堆燃料供应安排。这一安排是一项增进各方信任的重要举措，对促进伊朗核问题其他环节取得进展具有积极意义。

双方认为，加强核安全对促进核能和经济可持续发展，防范核恐怖主义，巩固国际和平与安全具有重要意义，符合各国共同利益。双方支持国际社会在这方面加强合作。

双方高度重视中俄就反导问题开展坦诚对话，强调应维护全球战略平衡与稳定，兼顾各方利益，确保各国平等安全。双方重申将积极致力于在日内瓦裁谈会推动防止外空军备竞赛的国际努力。双方将在反导和外空问题上继续加强沟通与合作。

（八）双方指出，亚太地区面临的威胁和挑战增多，需要地区各国在维护本地区安全稳定方面作出进一步努力。双方决定共同倡导互信、互利、平等、协作的新安全观，主张根据国际法和不结盟原则，照顾各方合法利益，致力于在亚太地区建立开放、透明和平等的安全与合作格局。强调地区各国摒弃对抗、相互合作不针对第三方的重要性。

双方呼吁亚太地区所有国家在发展双、多边安全合作时，遵循以下国际公认的基本原则：

尊重彼此主权、独立和领土完整，互不干涉内政；

重申坚持平等和不可分割的安全原则；

坚持防御性国防政策；

不使用武力或以武力相威胁；

不采取、不支持任何旨在颠覆别国政府或破坏别国稳定的行动；

本着相互理解、相互妥协的原则，通过政治外交手段以和平方式解决彼此分歧；

在应对非传统安全威胁方面加强合作；

开展不针对第三国的双边和多边军事合作；

发展边境地区合作，加强人员交往。

双方指出，在亚太地区多边组织间建立伙伴联系，有助于推动落实上述保障安全的原则和措施。

（九）双方表示，上海合作组织在维护全球和地区安全、深化成员国睦邻互信和务实合作以及推动国际关系进一步民主化等方面发挥着重要作用。上海合作组织的快速发展壮大及其威望的提高，符合全体成员国的根本利益。双方将进一步加强战略协作，努力巩固上海合作组织在维护地区安全、应对共同威胁和挑战、促进经济人文合作方面的作用。

双方重申，坚持上海合作组织宪章所规定的开放性原则是进一步提升上海合作组织国际威望的关键因素之一。双方将共同努力完善上海合作组织接收新成员的法律基础。

（十）双方表示，在维护上海合作组织地区，包括中亚地区和平与稳定方面持一致立场。双方将继续根据上海合作组织其他成员国国情，促进成员国可持续发展，加强同成员国在政治、经贸和人文领域的合作，重点打击恐怖主义、分裂主义、极端主义、毒品走私和跨国有组织犯罪，维护本地区的和平与稳定，促进本地区各国经济发展与繁荣。

（十一）双方对朝鲜半岛局势表示关切，主张有关各方应通过对话和接触改善关系，增进相互了解和信任。双方认为，应尽快推动六方会谈重启，全面落实“9·19”共同声明。

（十二）双方强调，“金砖四国”开展对话与合作，符合新兴市场国家和发展中国家的共同利益，有利于在多边主义、全球治理民主原则基础上建立更加和谐的新型国际体系。双方决定本着循序渐进、务实创新、开放对话精神，继续全面发展四国间各领域务实合作。俄方对中方决定举办2011年“金砖四国”领导人第三次正式会晤表示欢迎，并将积极向中方提供协助。

（十三）双方将继续加强中俄印三方对话，共同致力于营造良好的亚太和国际环境。双方愿推动三方在救灾、农业、卫生等领域合作取得丰硕成果，加强三方学术界、工商界之间的交流，促进多边合作和国际关系民主化。

（十四）双方重申，要坚定不移地在公认的国际法原则基础上，遵循马德里原则、联合国安理会相关决议、“土地换和平”原则和“阿拉伯和平倡议”，致力于实现阿以冲突的全面、公正和持久解决。双方欢迎巴勒斯坦和以色列于2010年9月2日重启直接谈判，希望有关谈判取得积极进展。

（十五）双方重申阿富汗应成为一个和平稳定、独立自主、发展进步、友善中立、远离恐怖主义和毒品犯罪的国家，总体积极评价阿富汗和平重建取得的进展，表示将继续积极参与这一重建进程。双方支持国际社会在发挥联合国主导作用的前提下向阿富汗重建提供援助，在尊重阿富汗独立、主权和领土完整的前提下共同促进阿富汗及其周边地区的和平、稳定与发展。

两国元首会晤在友好、互信、合作的气氛中举行，取得重要实际成果。双方对会晤结果表示满意。

俄罗斯联邦总统梅德韦杰夫邀请中华人民共和国主席胡锦涛在2011年方便的时候访问俄罗斯。胡锦涛主席愉快地接受了邀请。访问具体日期将通过外交途径商定。

中华人民共和国主席	俄罗斯联邦总统
胡锦涛	梅德韦杰夫
（签　字）	（签　字）

二〇一〇年九月二十七日于北京

中华人民共和国主席胡锦涛与俄罗斯联邦总统梅德韦杰夫关于第二次世界大战结束65周年联合声明

今年是第二次世界大战结束65周年。这场20世纪人类最大的悲剧给世界众多国家的人民带来了无数的灾难。人类应永远铭记这一悲剧及其原因和教训，以避免毁灭人类文明的灾难再次发生。

在这场战争中，中俄两国人民承受了法西斯和军国主义的主要进攻，经历了最残酷的考验，付出了最为惨重的伤亡，承担了抗击侵略者的重任，并取得了最后胜利。法西斯和军国主义势力处心积虑地要征服和奴役我们两国、其他国家和整片大陆，中俄两国永远不会忘记那些制止这两股势力的人们的功勋。两国人民将缅怀和纪念来自盟国和所有为了捍卫生命和自由同我们并肩战斗的人。

在战争年代的残酷考验中，中俄两国人民相互帮助的优良传统得到了生动的体现和加强。日本入侵中国之后，苏联立即向自己的邻邦提供了巨大的援助。两国飞行员并肩战斗，中国公民也加入了苏联军队作战。中国高度评价苏军在解放中国东北战役中所起的作用。两国人民用战斗友谊和互帮互助谱写的光辉历史篇章奠定了当今中俄战略协作伙伴关系的坚实基础。

我们谨向老战士们致以崇高的敬意。他们今天依然是爱国主义和为国献身的楷模。我们怀着崇敬之情纪念为我们两国的自由和独立而牺牲的烈士。中国人民把对那些为中国解放事业献出宝贵生命的苏军将士的思念珍藏在心里，将永远铭记他们的卓越功勋。

鉴于第二次世界大战胜利对中俄具有重大意义，两国于2010年共同举办纪念二战结束65周年的系列活动。

第二次世界大战留给全人类的警示是严酷的。中俄坚决谴责篡改二战历史、美化纳粹和军国主义分子及其帮凶、抹黑解放者的图谋。《联合国宪章》和其他国际文件已对第二次世界大战作出定论，不容篡改，否则将挑起各国和各民族之间的敌对情绪。这种图谋会把我们带回到以意识形态划线处理国际关系的时代，导致国际社会为应对全球性挑战和威胁所作的努力付诸东流。

数十年来，各国为建立以国际法原则为基础的国际关系体系做了大量工作。中俄作为联合国安理会常任理事国，决心与所有热爱和平的国家和人民一道，为建立公正合理的国际秩序，防止战争和冲突而继续共同努力。

二〇一〇年九月二十七日

中国国家能源局与俄罗斯联邦能源部关于在电网发展方面合作的谅解备忘录

中国国家能源局和俄罗斯联邦能源部（以下称“双方”）通过友好协商，充分认识到中俄两国电力合作前景广阔，为了推动两国经贸关系的发展，愿意通过电力企业间的合作，共同促进两国电网发展，并达成如下共识：

第一条　合作目的

双方在平等互利的基础上，依照各自国家的法律，共同推进两国的电网发展，以提高中国和俄罗斯电网的安全性、可靠性、技术先进性和效率。

第二条　合作原则

双方鼓励并支持两国企业积极参与两国电网的现代化及改造。并将组织有关的企业参与这项工作。

合作双方将在本国境内为另一方国家的公司开展活动提供良好的条件，并保证这些公司的合法利益。

第三条　合作机制

双方同意成立工作组，组织协调本备忘录框架下的各项活动，解决涉及资质认证办理、资金保障，实现合作项目所必需货物的出入境等问题。必要时，工作组将就为合作所可能采取的措施等问题向各自政府提出建议。

工作组中方成员包括中国国家能源局电力司、国际司的代表以及中国国家电网公司的代表等。

工作组俄方成员包括俄罗斯联邦能源部国家能源政策和能效司、电力司及国际合作司的代表，俄联邦国家电网公司、区域配电网控股股份公司及俄统国际公司的代表。

第四条　合作内容

双方支持对方国家相关企业依照本国法律获得设计、勘探、建设及监造的许可，以及向中俄两国和第三国电网建设提供设备供应。

双方将支持两国企业在电网科研、设计、设备研制，电力设施的设计和建设等方面开展技术交流和商务合作。

双方将支持两国企业在俄罗斯电网现代化及改造方面开展投融资合作。必要时，在本合作框架内，为保证两国企业共同合作的具体项目的资金来源，中方将协助向中国金融机构融资。具体的融资条件将由双方国家的授权金融机构协商。

双方将根据本国法律为实现本备忘录框架内合作项目的人员往来，设备出入境提供必要的支持。

双方将根据本国法律保证本备忘录框架内的所有行动有效保护知识产权。

双方可就其他方向和形式合作进行磋商。

第五条　合作实施主体

实施本备忘录框架下的合作主体分别是：

中方：中国国家电网公司

俄方：俄罗斯联邦电网公司、俄罗斯地区配电网控股公司、俄统国际公司

上述单位将就双方国家电网现代化和改造的具体项目进行磋商，并协商合作方式，其中包括必要时邀请双方国家的其他企业

参与合作。

第 六 条

如无其他补充协议，双方将各自承担为实现本备忘录项下合作内容所发生的全部费用。

第 七 条

本备忘录非国际条约，不承担国际法所规定的任何权利和义务。

第 八 条

根据双方协商，可以对本备忘录进行补充和修改。

第 九 条

本谅解备忘录自签字之日起生效，有效期为五年。如果双方中的任何一方在谅解备忘录期满六个月前未通知另一方要求终止，则本谅解备忘录有效期将自动延长五年。

本谅解备忘录正本一式两份，用中文和俄文完成，并于二〇一〇年九月二十七日于北京市签署。

中国国家能源局 代　表 **张国宝** （签　字）	俄罗斯联邦能源部 代　表 **什马特科** （签　字）

关于煤炭领域合作的谅解备忘录的议定书

中俄能源谈判机制双方代表，以下合称“双方”，就以下内容达成共识：

一、中俄能源谈判机制双方代表2009年6月24日签订的《中俄关于煤炭领域合作的谅解备忘录》有效期延长至2015年12月31日。

二、为推动两国在煤炭领域合作取得重大进展，双方委托中国国家能源局局长和俄罗斯联邦能源部部长协商并签署《煤炭领域合作路线图》(以下简称路线图)。

三、双方责成两国相关部门和企业尽快探讨路线图项目合作的可行性，并于2010年底前提出协商一致的建议，向中国国家能源局局长和俄罗斯联邦能源部部长报告。

四、双方赞同，中方自本议定书生效之日起25年内每年从俄罗斯进口煤炭，前五年内每年不低于1500万吨，之后每年不低于2000万吨。

为保证两国煤炭贸易的长期稳定，中方将提供约为60亿美元的专项贷款，以在俄境内发展煤炭开采、洗选、加工和相关交通基础设施。各个项目的贷款条件及金额由双方有关企业及银行按照商业原则进一步协商。

五、双方责成跨部门工作组在2010年底前研究新增铁路设施包括边境口岸的运输通过能力的可能性，并将结果报告中俄能源谈判机制双方代表。

六、双方根据各自国家法律将为企业落实路线图规定的项目的工作提供优良条件。

七、必要时，双方将协商签订煤炭领域合作的政府间协议。

八、本议定书自签字之日起生效，有效期至2015年12月31日。

本议定书于二〇一〇年九月二十七日在北京签订，一式两份，每份均用中文和俄文写成，两种文本同等作准。

中华人民共和国 国务院副总理 **王岐山** （签　字）	俄罗斯联邦 政府副总理 **谢　钦** （签　字）

中华人民共和国国家发展和改革委员会和俄罗斯联邦能源部关于能效和可再生能源利用领域合作的谅解备忘录

中华人民共和国国家发展和改革委员会与俄罗斯联邦能源部（下称“双方”），

鉴于能源包括可再生能源的高效生产和消费对于稳定的能源保障、经济竞争力和预防气候变化的重要意义，

考虑到加强节能及可再生能源利用的巨大潜力，为深化和发展能源政策领域该方向的双边互利合作，在实际业务层面获得具体合作利益，协助改善该领域企业进行跨境合作的先决条件以使其具体提效项目得以落实，双方达成一致如下：

一、备忘录的宗旨

本备忘录的宗旨是：促进双方企业、研究机构、地方和区域管理机构和住房公用设施企业在能效和可再生能源利用领域开展联合项目，扩大发展联邦、区域和市级管理措施方面的合作。

二、合作领域

本备忘录框架下将实施以下领域的合作：

——能源消费效率，包括工业和住宅系统；

——热电联产等系统节能与工艺节能技术；

——开展能效标准建设；

——扩大使用可再生能源；

——巩固在国家政策性手段领域在联邦及区域提高能效领域的制度协作；

——制定提高能效、发展可再生能源必需的法律，能效和可再生能源利用领域的项目融资手段，以及其他国家管控措施，包括地区和市级管控措施；

——通过包括吸引融资等方法，促进中俄经营主体在中华人民共和国、俄罗斯联邦及第三国开展能效和可再生能源领域投资项目。

经双方协商一致，可扩大合作领域。

三、合作形式

双方将开展如下形式的合作：

——通过改善两国企业的工作条件促进企业间合作，并推动在本备忘录下各合作领域开展试点及投资项目；

——发展伙伴关系，启动两国科研院所、工艺中心及企业间的联合项目；

——在中俄城市和地区合作框架下，推动能效和可再生能源领域的信息经验交流；

——共同分析能效和可再生能源领域项目实施的障碍，特别是技术、结构和经济性障碍，提出排除障碍的建议；

——以研讨会、会议及培训等方式开展能效和可再生能源领域如下方向的信息交流：技术发展、经济作用、预测以及战略。

四、备忘录的实施

双方确定负责协调本备忘录实施的机构为：

——中华人民共和国国家发展和改革委员会：资源节约和环境保护司、国家能源局。

——俄罗斯联邦能源部：国家能源政策与能效局。

双方将邀请其他相关执行机构及组织的代表参与协调。

授权机关吸收其他相关执行机构及组织的代表组成联合委员会，制定和实施长期合作纲要及包含具体措施的年度行动计划。

长期合作纲要和年度行动计划需经双方批准。

联合委员会会议每年召开不少于一次，以总结工作成果并根据经批准的年度行动计划明确需采取的措施。联合委员会会议在中华人民共和国和俄罗斯联邦轮流举办，会议由双方代表共同主持。

经双方协商一致，联合委员会会期间隔可以缩短，地点由双方共同确定。

下列组织（项目运营方）保障联合委员会工作的开展，并协调本备忘录下双方各领域的合作问题：中方为国家能源专家咨询委员会和国家节能中心，俄方为俄罗斯能源署。

五、费用

结合自身经济能力，各方将自行承担本备忘录下开展合作所需的费用，除非另有约定。

六、知识产权

依据本国法律及双方已加入的国际条约，双方将保护本备忘录框架下联合工作成果的知识产权。

七、法律责任及生效

本备忘录非国际条约，不产生国际法调整的权利和义务。

本备忘录自签字之日起生效。双方均可随时终止本备忘录，但需在不少于三十天的期限内向另一方发出书面通知。本备忘录效力的终止不会影响正在实施的项目，除非另有书面约定。

本备忘录于二〇一〇年九月二十七日在北京签署，采用中、俄两种文字书就，一式两份，两种文字同等作准。

中华人民共和国 国家发展和改革委员会 代　表 **张　平** （签　字）	俄罗斯联邦 能源部 代　表 **什马特科** （签　字）

中华人民共和国文化部和俄罗斯联邦文化部2011—2013年合作计划

中华人民共和国文化部和俄罗斯联邦文化部（以下简称“双方”），为保持中俄在文化领域的高水平合作，加深中俄人民之间相互了解和友谊，基于在人文领域发展战略合作关系的共同目标和在文化艺术领域深入合作的共同愿望，根据1992年12月18日签订的《中华人民共和国政府和俄罗斯联邦政府文化合作协定》，达成协议如下：

第一条

双方将全面发展和加强在各个文化艺术领域的合作，鼓励互通信息和经验交流。

第二条

在本计划执行期内，双方将定期轮流在中国和俄罗斯举办“文化节”、“文化周”、“电影周”等大型文化活动；根据相关章程，参加在对方国举行的国际艺术节和电影节。

第三条

双方将鼓励互派音乐、戏剧、芭蕾、马戏、民间歌舞的演出团体及个人参加在对方国举办的艺术节、文化节以及其他的文化活动。

双方将互相通报对方在本国举办的文化方面的国际性会议、比赛、艺术节和其他文化活动的信息，并为参加者提供必要的便利。

1．2011年，俄方将在中国举办“俄罗斯文化节”。

2．2012年，中方将在俄罗斯举办“中国文化节”。

3．2013年，双方将在对等的基础上共同举办文化活动。

4．有关准备和举行上述三项活动的内容、具体时间、组织原则和财务条款，双方将签署单独的议定书。

5．双方将支持中国国家大剧院与俄罗斯国立模范大剧院、圣彼得堡国立模范马林斯基剧院建立长久的伙伴合作关系。双方将协助组织俄罗斯大剧院和马林斯基剧院到中国国家大剧院演出，协助组织中国国家大剧院和其他中国艺术院团到俄罗斯大剧院和马林斯基剧院进行演出，互派戏剧专家和剧院管理人才。

第　四　条

双方将支持在造型艺术领域的合作，互派艺术展览和民间创作作品展，互派艺术家和民间手工艺人代表团。

第　五　条

双方将支持和发展两国在文化产业领域的合作。

第　六　条

双方将进一步深化两国主要的图书馆、博物馆、文化艺术科研机构、历史文物保护和修复机构之间的直接合作。

1．双方将鼓励中国国家图书馆与俄罗斯国家图书馆（圣彼得堡）、俄罗斯国立图书馆（莫斯科）建立直接合作。

2．双方将鼓励国立“莫斯科克里姆林宫”历史文化博物馆保护区、国立艾尔米塔什博物馆与故宫博物院、中国国家博物馆之间建立直接联系，互办展览、互派博物馆专家进行工作访问。

第　七　条

双方将在音乐、戏剧、电影、造型艺术、民间创作、文物保护与修复、图书馆和博物馆、档案馆、科研等领域互派专家代表团，交流工作经验，参加研讨会和学术会议。

第 八 条

双方将支持并积极参与在上海合作组织框架内开展的双边和多边文化活动：上海合作组织成员国文化部长会晤、上海合作组织成员国艺术节以及上海合作组织文化产业合作论坛。

第 九 条

为保障两国文化交流的持续发展，培养两国青年人之间的友好感情，双方将加强两国青年文化艺术工作者之间的交流与合作，互派青年音乐家、画家、演员及其他文化艺术工作者代表团。

第 十 条

双方将互派文化部代表团和文化艺术机构代表团，讨论两国关系在文化领域的发展问题。

第 十 一 条

除特别规定外，双方将按照对等原则及下列财务条款开展活动：

1. 互派代表团和艺术团体时，派出方负担代表团、艺术团及个人的国际旅费、道具往返运输费、清关相关费用、在本国的领事费用和机场费用、演员演出费用和医疗保险。

2. 接待方负担住宿、膳食、宣传服务（广告、海报、媒体、广播）、国内交通、租赁演出场地及提供必要的技术设备和人员、翻译，在本国的清关、机场和领事费用，组织文化活动、提供紧急医疗帮助。

3. 在本计划范围内互办展览时，财务问题及相关义务（展品的运输和保险费用、清关及仓储费、展品安全保障）将在每一具体条件下由双方有关单位协商，并单独签署协议。

派出和接待随展人员的费用按照本计划第十一条第1、2项办理。

第十二条

双方将定期轮流召开中俄人文合作委员会文化合作分委会会议（不少于一年一次）。

第十三条

双方将鼓励、协助两国地方间直接开展文化交流，如中国东北省份、沿海城市与俄罗斯远东地区、伏尔加河沿岸城市间互办"文化节"、"文化周"等大型活动。

第十四条

双方能够按照商业原则举办其他非本计划内的文化活动，其举办条件将由双方有关单位另行商定。

第十五条

涉及本计划的争议和不同意见，双方将通过协商的方式解决。

第十六条

本计划不属于国际合约范畴，不受国际法义务的制约。

本计划于二〇一〇年十一月二十二日在圣彼得堡签署，一式两份，每份均用中文和俄文书就。

中华人民共和国文化部 代　表	俄罗斯联邦文化部 代　表

赵少华　　　　**霍罗希洛夫**
（签　字）　　　　（签　字）

中俄总理第十五次定期会晤联合公报

应俄罗斯联邦政府总理弗·弗·普京的邀请，中华人民共和国国务院总理温家宝于2010年11月22日至24日对俄罗斯联邦进行正式访问。11月23日在圣彼得堡举行了中俄总理第十五次定期会晤。

11月24日，中华人民共和国国务院总理温家宝与俄罗斯联邦总统德·阿·梅德韦杰夫在莫斯科举行了会见。

11月24日，中华人民共和国国务院总理温家宝出席了第五届中俄经济工商界高峰论坛。

一

两国领导人高度评价中俄战略协作伙伴关系的发展成果，就进一步扩大中俄战略协作，加强两国在政治、经贸、能源、科技、人文等领域的务实合作以及重大国际和地区问题深入交换意见。

双方满意地指出，当前中俄战略协作伙伴关系平稳快速发展。两国高度互信，双边关系内涵日益丰富，各领域合作不断扩展和深化。中俄关系的发展不仅为两国人民带来了实实在在的好处，也为维护世界和平与稳定作出了重要贡献。

双方认为，在当前复杂多变的国际形势下，全面深化中俄战略协作伙伴关系具有重大现实意义。双方决心遵循《中俄睦邻友好合作条约》的精神和原则，全面落实两国领导人达成的各项协议和共识，在双边和多边框架内加强各领域互利合作，不断推动中俄战略协作伙伴关系向前发展。

双方强调，在涉及各自核心利益问题上相互支持是中俄战略协作的核心内容，也是双方高度互信的重要体现。双方将继续坚定支持对方走符合本国国情的发展道路和实现发展振兴，坚定支持对方为维护国家主权、独立、安全、领土完整所作的努力，反对干涉别国内政的做法。

双方明年将共同隆重庆祝《中俄睦邻友好合作条约》签署10周年，积极弘扬中俄世代友好和互利共赢的理念。

两国总理对经贸、能源、人文等领域双边合作取得的进展表示满意，对中俄总理定期会晤委员会、中俄人文合作委员会、中俄能源谈判机制的工作给予高度评价，对《中俄总理定期会晤委员会第十四次会议纪要》和《中俄人文合作委员会第十一次会议纪要》予以确认。

双方强调指出，中俄总理定期会晤机制为推动两国各领域务实合作发挥了重要作用，双方愿继续努力，进一步完善该机制并提高其工作效率。

中俄总理第十五次定期会晤期间签署了以下文件：

——《中俄总理第十五次定期会晤联合公报》

——《中俄总理定期会晤委员会第十四次会议纪要》

——《中俄人文合作委员会第十一次会议纪要》

——《关于修订一九九二年三月五日〈中华人民共和国政府和俄罗斯联邦政府关于经济贸易关系的协定〉的议定书》

——《关于对〈关于一九九七年六月二十七日《中华人民共和国政府和俄罗斯联邦政府关于建立中俄总理定期会晤机制及其组织原则的协定》的补充议定书〉进行修改的议定书》

——《中俄政府间民用航空运输协定》

——《中华人民共和国商务部和俄罗斯联邦工业贸易部关于建立反倾销、反补贴和保障措施实施和应用领域合作的谅解备

忘录》

——《中华人民共和国铁道部和俄罗斯联邦运输部铁路运输领域谅解备忘录》

——《中华人民共和国海关总署和俄罗斯联邦海关署关于加强知识产权边境执法合作的备忘录》

——《中华人民共和国海关总署和俄罗斯联邦边界建设署关于边境口岸互助合作的协议》

——《二〇〇五年七月一日〈中华人民共和国政府和俄罗斯联邦政府关于最终解决原苏联和俄罗斯所欠中国债务的协定〉的补充议定书》

——《合作建造田湾核电站3、4号机组总合同》

双方还签署了一系列部门和企业间合作文件。

二

双方指出，尽管全球金融危机引发的世界经济和国际市场震荡仍在持续，但在中俄双方的共同努力下，两国经贸合作已呈现良好发展态势。

双边贸易额实现恢复性增长并接近危机前水平。贸易结构有所改善，机电和高科技产品贸易额增多。

双方在自然资源开发、基础设施建设、木材深加工、机械制造业等各领域投资快速增长。《中俄投资合作规划纲要》、《中国东北地区与俄罗斯远东及东西伯利亚地区合作规划纲要（2009—2018）》涵盖的一批合作项目进入实际落实阶段。

双方愿继续努力，共同确保两国经贸合作持续、快速增长，以实现各自社会经济发展和国家经济现代化的目标。为此，双方商定如下：

——采取共同步骤，进一步促进双边贸易结构多元化，重点扩大两国在高科技领域的交流与合作，实现两国经济向创新型发展模式转变；

——确保两国商品和服务享有平等、非歧视性的相互市场准入条件；

——继续改善投资条件，鼓励双方有实力的企业对经济特区（包括在中国境内的开发区）的大型合作项目进行直接投资，全面挖掘双方的投资潜力；

——通过积极参与各种展销会、商务会议和论坛，进一步加强中俄企业界的交流与互利合作；

——进一步深化俄境内木材深加工领域的投资合作；

——建立和完善两国农产品贸易和劳务合作机制，为双边贸易、投资和经济技术合作创造有利条件；

——进一步规范贸易秩序，支持中方企业在俄建立现代化商贸设施；

——充分发挥中俄贸易救济合作机制作用，共同反对贸易保护主义。

双方指出，《中国东北地区与俄罗斯远东及东西伯利亚地区合作规划纲要（2009—2018）》促进了中俄地区合作的积极发展，丰富了两国战略协作伙伴关系的内涵。

双方将继续推动落实上述纲要中所涵盖的合作项目，进一步推进边境地区交通基础设施、口岸设施、现代工业生产设施和旅游设施的建设。

双方将共同对黑瞎子岛进行综合开发。

双方积极评价海关合作所取得的进展。通关监管秩序进一步规范，信息交换、互换海关税费和报关企业信息、通关法规政策宣讲等合作有序推进，执法、双边贸易统计合作成效显著，海关院校、知识产权海关保护合作力度加大。

双方决定继续深化规范通关监管秩序合作，着重研究实施便捷通关措施，优化通关流程，进一步促进贸易便利化；加快推进信息交换试点和海关估价合作；研究实行企业分类管理制度、互认监管结果；继续加强海关执法、贸易统计、知识产权保护等方面的合作，促进双边贸易健康持续发展。

双方积极评价两国在知识产权保护领域的合作，愿继续扩大和深化该领域合作，并在亚太经合组织、世界知识产权组织等多边框架内就知识产权保护问题加强沟通、协调立场。

双方认为，签署《关于修订一九九二年三月五日〈中华人民共和国政府和俄罗斯联邦政府关于经济贸易关系的协定〉的议定书》是推动扩大双边本币结算范围的重要步骤。

双方支持人民币和卢布在中俄两国银行间外汇市场挂牌交易，这将为提高双边结算效率、减少外汇支出创造条件。

双方将继续加强金融领域的务实合作，以进一步促进双边贸易和投资的增长。

双方满意地指出，两国就中方根据1992年12月18日签署的《中华人民共和国政府和俄罗斯联邦政府关于在中国合作建设核电站和俄罗斯向中国提供政府贷款的协议》偿还贷款事达成一致并于2010年3月23日签署相关议定书。

双方满意地指出，自1996年4月25日中华人民共和国政府与俄罗斯联邦政府签署在打击不正当竞争和反垄断政策领域开展合作的协定以来，两国在反垄断和竞争政策领域的合作不断取得发展，落实竞争和广告法规的地区间合作日益加强。

三

双方高度评价为发展两国能源领域合作所开展的工作。

双方指出，中俄原油管道已完成建设。双方确信，自2011年1月1日起经该管道开始向中国供应俄罗斯原油，将标志着两国长期战略伙伴关系迈入一个新阶段。双方将再接再厉，实现既定的自2011年1月1日正式运营的目标，确保原油管道长期安全稳定运营。

双方指出，中俄天然气领域合作取得进展，这对发展双边合作具有重要意义。双方将努力进一步落实2009年10月13日签署的《对2009年6月24日签署的〈天然气领域合作谅解备忘录〉的补充（路线图）》。

双方对2010年9月21日举行的天津炼油厂项目奠基仪式和该项目的启动实施表示欢迎。

双方相信，在俄罗斯对华电力出口项目框架下发展电力贸易领域合作将对两国经贸关系产生积极影响，特别是自共同投资建设新发电项目和跨国输电线路相关项目开始部分实施后。

双方对启动电网领域合作表示欢迎，并将努力实施2010年9月27日签署的《电网发展领域合作谅解备忘录》。

双方高度评价扩大煤炭领域合作的前景。根据《关于煤炭领域合作谅解备忘录的议定书》和《煤炭领域合作路线图》，双方将继续开展工作以增加俄罗斯对华煤炭出口，包括吸引中方资金对俄境内港口和铁路基础设施进行现代化改造，以保障俄罗斯的长期出口，积极开展在俄境内建设煤制油项目的可行性研究。

双方指出，发展能效和可再生能源领域合作具有潜力。双方将按照2010年9月27日签署的上述领域合作谅解备忘录努力实施该领域的合作。

双方支持继续扩大核领域合作，包括在中国建造田湾核电站二期项目和新的合作领域项目，并探讨新的合作形式和方法。

四

双方对两国在科技和创新领域合作稳定发展的良好态势表示满意，认为有必要继续加强在高技术领域的双边合作，共同实现中俄科研成果的商业化及产业化。

双方认为，应积极推动在两国科技发展优先领域共同实施一批中长期、大规模科技合作项目。同时，积极研究利用政府专项贷款、风险投资及其他支持方式对两国开展联合创新项目进行支持的可能性。

双方表示，在加快现有科技园区建设的同时，均有兴趣加强和扩大在支持和发展两国联合创新机构、实验室、科技合作基地、企业孵化器领域的互利合作。双方鼓励两国科学机构、企业和公司入驻对方国家经济、技术转化特区及高新技术开发区，以促进两国经济的现代化，推进在具有发展前景与竞争力的技术转化中的合作。俄方提请中方研究参与“斯科尔科沃”创新中心有关建设和运营管理项目的方式。中方表示愿与俄方分享在科技园区规划建设方面的经验。

双方对中俄在航天领域的合作现状和前景表示满意，并希望能以落实《2010—2012年合作大纲》为基础发展和深化双方合作。

双方要求两国航天局继续组织开展有前景的合作，如2011年即将执行的联合探测火卫——火星任务（发射“火卫——土壤”和“萤火一号”探测器）、月球及深空探测、对地观测、电子元器件和材料，并且协商确定其他新的合作项目。

双方指出，两国民用航空工业领域具有合作潜力，并重申愿在相互尊重对方利益和中俄航空工业发展长期规划的基础上开展该领域的合作。

五

双方对中俄环保合作取得的成果给予高度评价，并指出，在双方的共同努力下，跨界水体水质有明显改善，预防环境污染的工作取得积极成果。

双方同意继续就统一跨界水体水质样本分析与评价方法进行研究。2011年双方将增加联合检测断面数量和频次，并开展冬季联合检测工作。

俄方提议于2011年召开中俄黑龙江（阿穆尔河）流域水资源保护问题学术交流会，中方表示支持。

双方同意进一步加强在跨界自然保护区和生物多样性保护领域的合作。

双方认为，有必要研究建立加强边境区域野生东北虎和野生豹种群保护合作的机制和框架。

六

双方指出，2011年是《中苏国界东段协定》签署20周年。当前，中俄国界已全线勘定，双方建立和完善了边界管理的法律体系，并建立了相应的边境管理与合作机制，中俄边界管理已走上法制化、制度化和规范化轨道，这对两国关系发展具有长远意义。

双方认为，应根据现行法律文件开展第一次中俄国界联合检查，并指示两国外交部为此进行必要的工作。

七

双方满意地指出，"俄语年"和"汉语年"活动成为两国文化生活中的标志性事件，丰富了中俄两国人文合作的内涵，为双边战略协作伙伴关系发展作出了巨大贡献。俄方在总结中国"俄语年"成功经验基础上，为中方在俄组织和举办"汉语年"活动提供了必要的协助。2010年双方共同举办的活动取得了良好的社会反响，得到了社会各界尤其是青年人的广泛参与和认可。

中俄"国家年"教育领域机制化项目的实施具有重要的社会意义。双方积极评价2010年举办的中俄大学校长论坛，中俄大学生艺术联欢节，中俄中小学生夏、冬令营和高等教育展，这些活动的举办进一步促进了两国在教育领域的交流与合作。

双方表示，将联合培养理工科本科及其后续教育学历的专业人才。双方鼓励两国高等教育机构扩大直接伙伴联系，并为开展基础科学和高新科技等领域的科研合作以及教学和科研创新方面的合作创造条件。

应中华人民共和国主席胡锦涛邀请，2010年7—8月，首批俄罗斯中小学生（500人）在华参加了夏令营活动，俄方对中方的接待表示感谢。双方商定，将及时启动并组织好第二批俄罗斯中小学生在华夏令营活动。

双方高度评价两国为保障多边国际合作项目——上海合作组织大学于2010年开始启动而作出的共同努力，并表示愿意继续开展工作促进其进一步发展。

双方将扩大档案领域合作，推动落实文献展览、出版档案资料、交流档案信息等合作项目。

双方一致同意，进一步深化两国卫生合作，重点加强传染病防治、灾害卫生应急、疗养医疗、传统医学和药品监管等领域的合作，支持边境地区及对口医疗科研机构间的直接合作。

双方将巩固中俄文化交流的快速、健康发展，努力保持已达到的文化合作水平，并特别关注轮流在两国举办的综合性文化活动。

双方指出，进一步深化中俄文化合作将有助于促进两国文化交流多样化，扩大交流地域范围，借助大众传媒、刊物及电影艺术展现两国悠久历史和民众的良好生活风貌，促进两国艺术团体、剧院、博物馆、图书馆、文化艺术研究和教学机构之间的直接交流，加强两国地区间及在多边国际组织框架内的文化合作。

双方认为，扩大体育和运动领域合作有助于提升两国运动水平，巩固两国人民和运动员之间的友谊。双方将本着平等互利原则，继续加强体育交往，促进两国运动协会及科研机构之间的经验和信息交流。

双方满意地指出，目前，两国旅游合作稳步发展。在双方共同努力下，国际金融危机后两国赴对方国家游客人数重新呈增长势头。双方继续在提高服务质量、保证游客安全、联合培养旅游专业人才方面加强合作。双方坚信，互办旅游年将为进一步推动两国旅游合作注入新的动力。

双方重申愿开展青年合作，决定在中俄人文合作委员会框架内增设青年合作分委会。

八

双方认为，当前国际形势继续发生重大深刻变化，国际金融危机影响仍然存在，各种传统与非传统安全威胁相互交织，世界和平与稳定面临严峻挑战。作为联合国安理会常任理事国和战略协作伙伴，中俄两国在国际事务中进一步加强战略协作的重要性更加突出。

双方将继续在联合国、二十国集团、上海合作组织、“金砖国家”、中俄印等多边机制框架内保持沟通与协调，在气候变化、能源安全、粮食安全、可持续发展、防扩散等全球性问题上加强配合，在朝核、伊朗核、阿富汗等重大问题上保持定期对话。

双方主张根据国际法和不结盟原则，照顾各方合法利益，致力于在亚太地区建立开放、透明和平等的安全与合作格局，并重申将继续推进两国关于巩固地区安全的倡议。

双方将与其他国家一道，致力于促进世界经济的全面复苏和健康平稳发展，推动建立平衡、合理并符合各方利益的新的国际经济和金融多边管理体系。双方愿继续推动世界多极化和国际关系民主化，为营造和平安全的国际和地区环境、建立更加公正合理的国际政治经济秩序而不懈努力。

九

双方认为，中俄总理第十五次定期会晤在友好、互谅与合作的气氛中进行，取得了重要成果。双方对会晤成果表示满意。

双方商定，中俄总理第十六次定期会晤将于2011年在中国举行，具体日期将通过外交途径另行商定。

中华人民共和国国务院总理	俄罗斯联邦政府总理
温家宝	**普 京**
（签 字）	（签 字）

二〇一〇年十一月二十三日于圣彼得堡

中华人民共和国政府和俄罗斯联邦政府航班协定

中华人民共和国政府和俄罗斯联邦政府（下称“缔约双方”），

虑及中华人民共和国和俄罗斯联邦作为一九四四年十二月七日在芝加哥开放签字的《国际民用航空公约》的当事国的事实，

为了缔结协定以建立两国领土之间及其以远地区的航班，

达成协议如下：

第一条 定义

一、除非本协定上下文另有规定，本协定中：

（一）“公约”，指一九四四年十二月七日在芝加哥开放签字的《国际民用航空公约》，包括根据该公约第九十条通过的、并且适用于缔约双方的任何附件及修改，以及根据该公约第九十四条通过的、并且经中华人民共和国和俄罗斯联邦分别批准的对该公约的任何修改。

（二）“航空当局”，中华人民共和国方面指中国民用航空局，或者指受权执行该局目前所行使的任何职能的任何个人或者机构；俄罗斯联邦方面指俄罗斯联邦运输部，或者指受权执行该部目前所行使的任何职能的任何个人或者机构。

（三）“指定空运企业”，指根据本协定第三条规定，经指定和许可的空运企业。

（四）“领土”，指一国主权管辖下的陆地、内水、领海及其以上空域。

（五）“运价”，指运输旅客、行李和货物所支付的价格，以及这些价格所适用的提供代理和其他附属服务的条件，但不包括运输邮件的报酬和条件。

（六）“航班”、“国际航班”、“空运企业”和“非运输业务性经停”，分别采用公约第九十六条所述的定义。

（七）“航空器的运力”，指该航空器在航线或者航段上可提供的客运座位数或者货邮重量单位的商务载量。

（八）“航班的运力”，指飞行该航班的航空器的运力乘以该航空器在一定时期内在航线或者航段上所飞行的班次。

第二条　授权

一、缔约一方空运企业根据本协定附件的规定，在规定航线上经营国际航班时，享有以下权利：

（一）不经停飞越缔约另一方国家领土；

（二）在缔约另一方国家领土内作非运输业务性经停；

二、缔约一方给予缔约另一方以本协定规定的权利，以便在本协定附件规定的航线上建立和经营国际航班（以下分别简称“协议航班”和“规定航线”）。

三、缔约一方指定空运企业在规定航线上经营国际航班时，除享有本条第一款所述的权利外，还有权在缔约另一方国家领土内本协定附件规定航线上的地点经停，以便载上和（或）卸下国际旅客、货物和邮件。

四、本条的规定不得视为授予缔约一方指定空运企业为租赁或取酬目的而在缔约另一方国家领土内的地点之间载运旅客、货物和邮件的权利。

第三条　指定和许可

一、缔约一方有权书面向缔约另一方指定多家空运企业以在规定航线上经营协议航班。

二、根据本条第三和第四款的规定，缔约另一方在收到该通知后，应不迟延地给予每家指定空运企业适当的经营许可。

三、缔约一方航空当局在给予经营许可之前，可要求缔约另一方指定空运企业向其证明，其有资格履行该航空当局通常和合理地适用于国际航班经营的法律和规章所规定的条件。

四、在缔约一方对缔约另一方指定空运企业的主要所有权和有效管理权是否属于指定该空运企业的缔约另一方或者其国民有疑义的情形下，缔约一方有权拒绝给予本条第二款提及的经营许可，或者对该指定空运企业行使本协定第二条规定的权利附加它认为必要的条件。

五、空运企业一经指定并获得许可，在指定空运企业之间商定的班期经缔约双方航空当局批准，并且依照本协定第十三条规定的有关该航班的运价生效后，可开始经营协议航班。

第四条　撤销或者暂停经营许可

一、有下列情形之一的，缔约一方有权撤销缔约另一方指定空运企业的经营许可，或者暂停其行使本协定第二条规定的权利，或者对该指定空运企业行使这些权利附加它认为必要的条件：

（一）对该空运企业的主要所有权或有效管理权是否属于指定该空运企业的缔约一方或者其国民有疑义；或者

（二）该空运企业不遵守授予这些权利的缔约一方有效的法律和规章；或者

（三）该空运企业在其他方面没有按照本协定规定的条件经营。

二、除非本条第一款所述的撤销、暂停或者附加条件必须立即执行，以防止进一步违反法律或规章，上述权利只能在与缔约另一方航空当局协商后方可行使。该协商应自要求协商之日起尽早进行。

第五条　法律和规章的适用

一、缔约一方关于从事国际航班的航空器进出其领土或者在其领土内停留、或者此类航空器在其领土内运行和航行的法律和规章，应适用于缔约另一方指定空运企业的航空器。

二、缔约一方关于旅客、机组、货物和邮件进出其领土或者在其领土内停留的法律和规章，例如关于护照、海关、货币和卫生措施的规章，应适用于缔约另一方指定空运企业在其领土内的航空器所载运的旅客、机组、货物或邮件。

第六条　证件和执照的承认

一、为经营协议航班，缔约一方颁发或者核准有效并仍然生效的适航证、合格证和执照，缔约另一方应承认有效。

二、尽管如此，缔约一方授予缔约另一方国民以便在该缔约另一方领土上空飞行航班的合格证和执照，缔约另一方保留拒绝承认的权利。

第七条　收费

缔约一方指定空运企业在缔约另一方领土内使用机场包括设备、技术和其他设施及其服务的公平合理的收费和其他费用，以及使用导航设施、通信设施及其服务的费用，应按照缔约各方在其领土内根据《国际民用航空公约》制定的费率收取。这些费率不应高于其他国家空运企业在该缔约另一方领土内使用服务以及类似机场和导航设施所适用的费率。

第八条　直接过境

对直接过境、不离开为此目的而设的机场区域的旅客、行李、货物和邮件，除了有关制止暴力和航空海盗行为以及制止麻醉品运输的保安措施之外，至多只采取简化控制。直接过境的行李、货物和邮件在到达缔约另一方国家领土时应免纳关税、税收、检查费和其他类似的费用和收费，但根据缔约一方法律和规章收取的有关提供服务、存储和清关的费用除外。

第九条　管理协议航班经营的原则

一、缔约双方指定空运企业应享有公正均等的机会在其各自国家领土间规定航线上经营协议航班。

二、在经营协议航班方面，缔约一方指定空运企业应考虑到缔约另一方指定空运企业的利益，以免影响后者在相同航线的全部或部分航段上经营的航班。

三、缔约双方指定空运企业提供的协议航班，应满足公众在规定航线上的运输需求，并且各指定空运企业的主要目标应是以合理的载运比率提供足够的运力，以满足目前及可合理预期的在其各自国家领土间运输旅客、货物和邮件的需求。

四、缔约一方指定空运企业在缔约另一方国家境内地点与第三国地点间提供航班的运力，应根据运力须与下列需求相联系的总原则予以规定：

（一）始发国与目的国之间的运输需要；

（二）协议航班所经地区的运输需要；

（三）联程航班经营的需要。

第十条　商务安排

与航空器运行及协议航班运输旅客、货物和邮件有关的技术和商业事务，应通过指定空运企业之间或者指定空运企业与服务提供商之间的协议加以解决，必要时应提交缔约双方航空当局批准。

为实现其航空器的地面技术服务，缔约各方指定空运企业可与缔约另一方具有提供地面服务执照的企业签订单独的协议。

第十一条　关税

一、缔约一方指定空运企业经营协议航班的航空器进入缔约另一方领土时，该航空器及该航空器上的正常设备、零备件（包括发动机）、燃料、油料（包括液压油、润滑油）和机上供应品（包括食品、饮料和烟草），应在对等的基础上免纳关税、税收、检验费和其他费用和收费，但这些设备、零备件、商品和供应品应留置在该航空器上直至重新运出。

二、下列设备和物品在到达缔约另一方领土时，也应在对等的基础上免纳一切关税、税收、检验费和其他类似费用和收费：

（一）运入缔约另一方领土供指定空运企业飞行协议航班的航空器使用的正常设备、零备件（包括发动机）、燃料、油料（包括液压油、润滑油）和机上供应品（包括食品、饮料和烟草），即使这些设备、零备件、商品和供应品在缔约另一方领土内的部分航段上使用；

（二）运入缔约另一方领土为维护或者检修指定空运企业飞行协议航班的航空器的零备件（包括发动机）。

三、本条第一款和第二款所述设备、零备件、商品和供应品，经缔约另一方海关当局同意后，可在缔约另一方领土内卸下。这些设备、零备件、商品和供应品应受缔约另一方海关当局监管直至重新运出，或者根据该缔约另一方的海关规定另做处理。

四、缔约一方指定空运企业和其他一家或多家在缔约另一方领土内享有同样免税待遇的空运企业订有合同，在缔约另一方领土内向其租借或者转让本条第一款、第二款所述的设备和物品，则也适用于本条第一款和第二款的豁免规定。

五、缔约一方指定空运企业使用的带有该空运企业标识的必要文件，包括进口或将要进口到缔约另一方领土内的与经营协议航班相关的客票、货运单，应在对等的基础上免纳关税、税收、检验费和其他类似费用和收费。

六、与提供服务、存储和清关相关的收费，将根据各缔约方的法律和规章征收。

第十二条　税收

一、缔约一方指定空运企业在缔约另一方领土内取得的与航班经营相关的收入，应免纳一切税收。

二、缔约一方指定空运企业在缔约另一方领土内拥有的财产，应在对等的基础上免纳一切税收。

三、缔约一方指定空运企业的代表机构人员如系该缔约一方国民，其取得的工资、薪金和其他类似报酬，缔约另一方应在对等的基础上免纳一切税收。

第十三条　运价

一、协议航班的运价，应在合理的水平上制定，适当考虑到一切有关因素，包括经营成本、合理利润、航班特点（诸如速度和舒适程度）以及在规定航线任何航段上其他空运企业的运价。

运价应根据本条下列条款予以确定。

二、本条第一款所述关于每一条规定航线的运价，如可能，应由相关指定空运企业与其他在该航线全部或部分航段上经营的空运企业协商确定。

三、如果指定空运企业未能就运价达成协议，或者因其他原因未能根据本条第二款规定对运价达成一致，缔约双方航空当局应协商确定运价。

四、上述运价经缔约双方航空当局批准后生效。

五、根据本条规定制定的运价应保持有效直至制定新运价。

第十四条　收入汇兑

一、缔约一方应给予缔约另一方指定空运企业将其经营国际航班获得的收入扣除支出的结余部分汇出的权利。

二、汇兑应按照汇出一方国家的外汇法规，用任何可兑换货币并按汇兑当日适用的有效官方汇率进行。

第十五条　空运企业代表机构和运输销售

一、为保证协议航班经营，缔约一方指定空运企业有权在缔约另一方国境内设置代表机构，派驻必要的行政、商务和技术人员。

二、上述人员可为缔约双方国民，或者由事先经缔约双方主管当局批准的第三国国民。

三、缔约一方指定空运企业有权根据缔约另一方国家的法律和规章，在缔约另一方领土内使用自身的运输凭证从事运输销售。这种销售可由指定空运企业的代表机构直接进行，或者通过具有提供此类服务适当执照的经授权的代理来进行。

第十六条　航空保安

一、根据国际法规定的双方权利和义务，缔约双方重申，为保护民用航空安全免遭非法干扰而相互承担的义务，构成本协定不可分割的组成部分。在不限制国际法规定的普遍权利和义务的情况下，缔约双方应特别遵守一九六三年九月十四日在东京签订的《关于在航空器内的犯罪和其他某些行为的公约》、一九七〇年十二月十六日在海牙签订的《关于制止非法劫持航空器的公约》、一九七一年九月二十三日在蒙特利尔签订的《关于制止危害民用航空安全的非法行为的公约》、一九八八年二月二十四日在蒙特利尔签订的《制止在用于国际民用航空机场发生的非法暴力行为的议定书》以及缔约双方之间有效的双边协议及今后所签协议的规定。

二、缔约双方应根据请求相互提供一切必要的协助，防止非法劫持民用航空器和其他危及航空器及其旅客、机组、机场和空中航行设施安全的非法行为，以及危及民用航空安全的其他威胁。

三、缔约双方应遵守国际民航组织制定的、作为《国际民用航空公约》附件并对缔约双方适用的航空保安规定和技术要求；缔约双方应要求经其注册的航空器经营人、主要营业地或永久居住地在其领土内的航空器经营人以及在其领土内的国际机场经营人遵守上述航空保安规定。

四、缔约一方可要求其航空器经营人在进出缔约另一方领土或者在缔约另一方领土内停留时遵守缔约另一方规定的本条第三款所述的航空保安规定和要求。

缔约双方应保证在其领土内采取足够有效的措施，在登机或装机前和在登机或装机时，保护航空器，并且对旅客、机组、手提物品、行李、货物和机上供应品进行检查。缔约一方对缔约另一方提出的为应对特定威胁而采取合理的特殊保安措施的要求，应给予同情的考虑。

五、当发生非法劫持民用航空器事件或者威胁时、或者发生其他危及民用航空器及其旅客、机组、机场或航行设施安全的非法行为时，缔约双方应相互协助，提供联系的方便并采取其他的适当措施，以便迅速、安全地结束上述事件或威胁。

第十七条　协商

为确保在涉及本协定实施的所有事务上的紧密合作，缔约双方航空当局应经常地进行协商。

第十八条　航空安全

一、缔约一方可随时就缔约另一方在航空设施、飞行机组、航空器和航空器运行的领域所维持的安全标准要求磋商。磋商应在提出要求后30日内进行。

二、如果在磋商之后，缔约一方发现缔约另一方未能有效地维持和管理本条第一款所述领域的安全标准，以达到当时根据公约所制定的标准，缔约一方应将调查结果以及为遵守国际民航组织的标准所应采取的必要措施告知缔约另一方。缔约另一方应在商定的期限内采取适当的改正行动。

三、根据公约第十六条缔约双方进一步同意，由缔约一方空运企业或者代表缔约一方空运企业经营的前往或来自缔约另一方领土航班的航空器，在缔约另一方领土内时，缔约另一方的授权代表可对其进行检查，但应避免对航空器运行造成不合理的延误。尽管有公约第三十三条提到的义务，上述检查的目的是查验航空器的相关文件、航空器机组的执照是否有效，以及航空器的设备和航空器的条件是否符合当时根据公约所制定的标准。

四、如必须采取紧急行动以确保空运企业的运营安全，缔约一方保留立即暂停或者变更缔约另一方一家或多家空运企业的经营许可的权利。

五、缔约一方根据上述第四款采取的任何行动的依据不复存在时，须终止采取上述行动。

六、关于上述第二款，如果缔约一方在商定期限结束后仍不符合国际民航组织标准，则应将此情况通知国际民航组织秘书长。随后对此事的圆满解决也应通知国际民航组织秘书长。

第十九条 统计资料的提供

缔约一方航空当局应根据缔约另一方航空当局的要求，向其提供有关协议航班载运业务量的统计资料或其他类似信息。

第二十条 争端的解决

一、如缔约双方对本协定的解释或适用发生争端，应首先努力通过缔约双方航空当局之间的谈判协商解决。

二、如缔约双方航空当局不能解决上述争端，缔约双方应通过外交途径予以解决。

第二十一条 附件

本协定附件是本协定的组成部分。除非另有协议，提及本协定应包括提及本协定的附件。

第二十二条 协定及附件的修改

缔约一方如认为需要修改本协定及其附件的条款，可要求缔约双方航空当局之间就修改建议进行协商，并应在提出要求之日起60日内开始，除非缔约双方航空当局同意延长这一期限。对本协定的修改应通过外交换文确认后生效。对附件的修改可由缔约双方航空当局商定。

第二十三条 协定的登记

本协定及其随后的任何修改应向国际民航组织登记。

第二十四条 终止

缔约一方可随时通知缔约另一方其终止本协定的决定。该通知应同时发给国际民航组织。

在这种情况下，本协定自缔约另一方收到通知之日起12个月后终止，除非在期满前缔约双方协议撤回该终止通知。

如缔约另一方未确认收到上述通知，则该通知应在国际民航组织收悉该通知14日后被视为已由缔约另一方收悉。

第二十五条　生效

缔约双方应当相互书面通知已完成本协定生效所必需的内部法律程序。本协定自后一份通知之日起生效。

一九九一年三月二十六日签订的《中华人民共和国政府和苏维埃社会主义共和国联盟政府航空运输协定》自本协定生效之日起终止。

下列签字代表，经其各自政府正式授权，在本协定上签字，以昭信守。

本协定于二〇一〇年十一月二十三日在圣彼得堡签订，一式两份，每份都用中文、俄文、英文写成，三种文本同等作准。如对文本的解释发生分歧，以英文文本为准。

中华人民共和国政府	俄罗斯联邦政府
代　表	代　表
李家祥	**列维京**
（签　字）	（签　字）

附件：

中华人民共和国政府和俄罗斯联邦政府航班协定附件

一、定期客运航班

（一）中华人民共和国指定空运企业有权在下列往返规定航线上经营国际定期航班：

始发点	中间点	目的点	以远点
中华人民共和国境内地点	（双方同意列明现有地点并将在今后明确上述地点） 其他经缔约双方航空当局商定的地点	—莫斯科 —圣彼得堡 —伊尔库次克 —符拉迪沃斯托克 —新西伯利亚 —鄂木斯克 —中方自选的其他8个地点 其他经缔约双方航空当局商定的地点	（双方同意列明现有地点并将在今后明确上述地点） 其他经缔约双方航空当局商定的地点

（二）俄罗斯联邦指定空运企业有权在下列往返规定航线上经营国际定期航班：

始发点	中间点	目的点	以远点
俄罗斯联邦境内地点	（双方同意列明现有地点并将在今后明确上述地点） 其他经缔约双方航空当局商定的地点	—北京 —上海 —哈尔滨 —沈阳 —乌鲁木齐 —大连 —天津 —长春 —广州 —青岛 —三亚 —牡丹江 —俄方自选的其他5个地点 其他经缔约双方航空当局商定的地点	（双方同意列明现有地点并将在今后明确上述地点） 其他经缔约双方航空当局商定的地点

注解

（1）缔约双方指定空运企业可自行决定省略缔约双方领土以外的中间点和以远点。

（2）在规定航线上经营时，除北京和莫斯科之外，允许在始发的缔约一方领土内几个地点之间使用同一航班号进行组合飞行。

（3）在缔约双方领土内始发地点与第三国境内地点之间组合飞行的权利应由缔约双方航空当局单独商定。

（4）缔约一方指定空运企业在缔约另一方领土内地点和第三国境内地点之间运输旅客、货物和邮件的权利（行使第五业务权）应由缔约双方航空当局商定。

（5）缔约双方指定空运企业在规定航线上经营航班时可达成

商务安排，包括但不限于与缔约另一方指定空运企业进行“包舱”和“代号共享”合作。缔约双方航空当局应同意上述安排。与第三国空运企业的类似安排应由缔约双方航空当局单独商定。

（6）缔约双方指定以及非指定空运企业以任何形式湿租航空器经营协议航班，应由缔约双方航空当局商定。

（7）缔约各方指定空运企业使用的班次额度应由缔约双方航空当局商定。

（8）包机飞行应遵守包机运输飞抵国家的包机管理规定。

（9）包机航班不应危害规定航线上的定期航班。包机航班的经营应依据缔约双方适用的法规。

二、定期货运航班

（一）中华人民共和国指定空运企业有权在下列往返规定航线上经营国际定期航班：

始发点	中间点	目的点	以远点
中华人民共和国境内地点	（双方同意列明现有地点并将在今后明确上述地点） 其他经缔约双方航空当局商定的地点	—莫斯科 —圣彼得堡 —伊尔库次克 —新西伯利亚 —克拉斯诺雅茨克 —哈巴罗夫斯克 —阿巴干 —乌里扬诺夫斯克 —中方自选的其他3个地点 其他经缔约双方航空当局商定的地点	（双方同意列明现有地点并将在今后明确上述地点） 其他经缔约双方航空当局商定的地点

（二）俄罗斯联邦指定空运企业有权在下列往返规定航线上

经营国际定期航班：

始发点	中间点	目的点	以远点
俄罗斯联邦境内地点	（双方同意列明现有地点并将在今后明确上述地点） 其他经缔约双方航空当局商定的地点	—北京 —上海 —沈阳 —乌鲁木齐 —天津 —广州 —厦门 —深圳 —成都 —青岛 —南京 —俄方自选的其他5个地点 其他经缔约双方航空当局商定的地点	（双方同意列明现有地点并将在今后明确上述地点） 其他经缔约双方航空当局商定的地点

注解

（1）缔约双方指定空运企业可自行决定省略缔约双方领土以外的中间点和以远点。

（2）在规定航线上经营时，允许在始发的缔约一方领土内几个地点之间使用同一航班号进行组合飞行。

（3）在缔约双方领土内始发地点与第三国境内地点之间组合飞行的权利应由缔约双方航空当局单独商定。

（4）缔约一方指定空运企业在缔约另一方领土内地点和第三国境内地点之间运输货物和邮件的权利（行使第五业务权）应由缔约双方航空当局商定。

（5）缔约双方指定空运企业在规定航线上经营航班时可达成商务安排，包括但不限于与缔约另一方指定空运企业进行“包舱”和“代号共享”合作。缔约双方航空当局应同意上述安排。与第三国空运企业的类似安排应由缔约双方航空当局单独商定。

（6）缔约双方指定以及非指定空运企业以任何形式湿租航空器经营协议航班，应由缔约双方航空当局商定。

（7）缔约双方指定空运企业在经营规定航线时可使用任何类型的亚音速航空器。指定空运企业使用不同载量的航空器时应由缔约双方航空当局协调航空器载量。

（8）缔约各方指定空运企业使用的班次额度应由缔约双方航空当局商定。

（9）包机飞行应遵守包机运输飞抵国家的包机管理规定。

（10）包机航班不应危害规定航线上的定期航班。包机航班的经营应依据缔约双方适用的法规。

中华人民共和国政府和俄罗斯联邦政府航班协定议定书

值此中华人民共和国政府和俄罗斯联邦政府签署《中华人民共和国政府和俄罗斯联邦政府航班协定》（以下简称“协定”）之时，缔约双方的全权代表同意下述条款作为本协定的组成部分：

除非缔约双方另行商定，本协定不适用于中华人民共和国香港特别行政区和中华人民共和国澳门特别行政区。

本议定书于二〇一〇年十一月二十三日在圣彼得堡签订，一式两份，每份都用中文、俄文和英文写成，三种文本同等作准。如对文本的解释发生分歧，以英文文本为准。

中华人民共和国政府　　　　　　俄罗斯联邦政府
代　表　　　　　　　　　　　代　表
李家祥　　　　　　　　　　**列维京**
（签　字）　　　　　　　　　（签　字）

中华人民共和国政府与法兰西共和国政府关于合作拍摄电影的协议

中华人民共和国政府与法兰西共和国政府（以下称“双方”），

鉴于双方于二〇〇四年十月十一日签订的《中华人民共和国国家广播电影电视总局和法兰西共和国文化通讯部电影合作协议书》，

鉴于双方希望加强两国文化关系和发展两国电影关系，

双方达成协议如下：

第　一　条

在本协议中：

（一）“电影作品”指不论种类（故事、动画、纪录）、任何长度和任何载体、符合双方法律法规规定、且首次发行地点为电影院的所有电影作品（含数字电影）。

（二）“主管部门”指：

中方：国家广播电影电视总局电影管理局

法方：国家电影中心

第 二 条

合作摄制的电影必须经双方政府主管部门按照各自现行的法律法规批准立项后才能投入拍摄。

中华人民共和国方面的立项申请由中国电影合作制片公司受理。

合作摄制、受益于本协议的每一部电影作品，双方政府都应视为各自境内的国产片，享受两国现行的法律法规所带来的一切权利和利益。现行补助和投资方式参照本协议的附件2和3。

如果一方同意提供优惠政策，该优惠政策将仅限于提供给该方的制片人。

如果一方对相关法律法规进行修改，该方主管部门应以书面形式通知另一方主管部门。

一方承诺，在拒绝一项立项申请之前与另一方进行协商。中方委托中国电影合作制片公司与法方进行协商。

受益申请必须遵照双方为此确立的程序，且须满足本协议附件1约定的最低条件。

第 三 条

一、要被批准受益于本协议，电影作品必须由具有良好技术和经济组织、并被其受辖的主管部门承认的专业摄制企业完成。

二、摄制企业另须满足以下条件：

在中华人民共和国方面，必须是在中华人民共和国境内合法注册、法人代表为中国公民的中国公司；在法兰西共和国方面，必须是在法兰西共和国境内合法注册、并由法国国家电影中心认证的法国公司。

三、电影的艺术和技术合作人员须为中国籍、法国籍、欧盟成员国国民或于一九九二年五月十二日签订的《欧洲经济空间协约》成员国国民。

上述国家国民之外的外国人，如果具有中华人民共和国的常住身份或在法国居住5年以上的身份，则对本款而言视同中国或法国国民。

作为例外，不具备前述国籍的演员，由双方制片人提出，经双方主管部门认可后可以参加影片拍摄。

四、影片拍摄必须在一方领土内进行。

如果电影作品的剧本或情节需要在既非中华人民共和国又非法国的领土上进行外景拍摄，在双方主管部门一致同意后，可以允许。

第　四　条

合作摄制一方在合作电影作品中的投资可以为电影作品成本的20%（百分之二十）至80%（百分之八十）不等。

所有合作摄制的电影都必须有双方的、满足双方约定条件的艺术和技术实际参与。

技术和艺创人员的比例应在影片报两国政府电影主管部门批准前由双方制片人根据剧情协商决定。

第　五　条

合作摄制各方为电影作品之有关知识产权的共同所有人（包括有形和无形部分）。

拍摄素材以合作摄制人的共同名义提交给一家共同选定的电影洗印厂保存。

第　六　条

双方对下列事项提供便利：参加此类电影合作的艺术或技术人员之往来和逗留、为实现合作摄制电影的制作和经营向各国的器材（胶片、技术器材、服装、布景材料、宣传材料）进口或出口。

第　七　条

影片申请立项时合作双方应提交完整的电影剧本，供两国政府主管部门审阅。影片获准立项后，合作双方必须按照批准的剧本进行拍摄，影片拍摄完成后由两国政府主管部门审看。如完成影片与批准的剧本无本质差异，双方主管部门应为影片办理公映许可。

合作摄制影片的片头字幕、预告片和宣传材料必须说明“中华人民共和国与法兰西共和国制作单位合作摄制”。

在放映时必须有上述同样说明。如合作方拟选送影片参加国际电影节，应须至少于电影节开始前30日告知双方主管部门。

第　八　条

合作摄制影片的收入分配由合作摄制人按照各自的投资比例协商确定。

第　九　条

双方主管部门认可，受益于本协议之电影作品，可有与一方有合作摄制电影协议的国家的一名或数名制片人参与，特别是当上述制片人符合第三条第三款规定的情况下。此类电影作品之批准必须按照双方各自的程序进行。

第　十　条

签约双方主管部门应监督和检查本协议的执行情况，以解决执行过程中出现的问题，并对本协议提出必要的修改建议。

第　十　一　条

双方应相互书面通知已完成协议生效所必需的国内法律程序。协议自后一份通知收到之日起生效。

本协议有效期为一年。如果本协议期满，双方没有提出异议，本协议可自动延长一年，并依此法顺延。

任何一方可以提前3个月以书面通知的形式随时终止本协议。合作一方提出终止协议时，已经双方政府主管部门批准和正在运行的合作摄制影片将继续享有本协议条款规定的所有权利和利益，直至影片完成。

本协议可通过互换照会的方式进行修改。

本协议有效期满或终止后，协议中有关已经完成的合作摄制影片所产生的利益分配条款将继续有效，双方另有约定的除外。

本协议于二〇一〇年四月二十九日在北京签订，一式两份，每份均用中文和法文写成，两种文本同等作准。

中华人民共和国 国家广播电影电视总局 代　表 王太华 （签　字）	法兰西共和国 文化通讯部 代　表 密特朗 （签　字）

注：附件一至六略。

中华人民共和国工业和信息化部与法兰西共和国生态、能源、可持续发展和海洋事务部民用航空总局民用航空工业合作谅解备忘录

中华人民共和国工业和信息化部与法兰西共和国生态、能源、可持续发展和海洋事务部法国民用航空总局（以下简称“双方”）为进一步推动两国在民用航空工业领域的交流与合作，双方在相互信任、平等互利原则上，就如下内容达成一致意见：

第一条　合作宗旨与任务

双方将依据各自国家的法律法规和普遍接受的国际法准则，以及平等互利的原则，促进两国在民用航空工业领域中的交流与合作，定期交换双方民用航空工业领域的规划及正在进行或即将开展的项目信息，研究制定并实施有效的联合措施，支持双方（两国）企业开展民用航空工业领域的工业和技术合作。

第二条　合作的领域

双方在民用航空工业合作的领域包括：

· 大型客货运输机

· 支线飞机

· 公务机

· 运动和休闲航空（通用飞机）

· 直升机

· 飞机和直升机用发动机
· 机载机电和航电类系统
· 模拟器
· 航空新技术研究
· 科技和管理人才培训
· 政策研究

第三条　合作方式

双方决定建立中法民用航空工业领域的长期对话，以满足民用航空工业发展的需求。中方指定工业和信息化部国际合作司为协调联络机构，法方指定生态、能源、可持续发展和海洋事务部民用航空总局国际合作司为协调联络机构。

为落实本谅解备忘录，双方成立民用航空合作工作组，由中国工业和信息化部装备司司长和法国生态、能源、可持续发展和海洋事务部民用航空总局国际合作司司长共同担任工作组组长，工作组成员包括双方有关部门的官员。工作组每年召开一次会议，轮流在中国和法国交替举行。如果必要，可增加会议次数。经双方同意，也可邀请两国工业界和政府其他部门代表参加小组会议。

工作组可开展以下形式的交流与合作：

——双方交换民用航空工业领域的项目进展或未来项目信息；

——开展支持上述项目的联合行动；

——互派代表团；

——组织举办研讨会、专题工作/分组报告会和专家交流；

——开展联合研究等。

双方代表团团长应出席工作组会议，任何工作组的会议纪要都将视为本谅解备忘录的一个组成（完整）部分，并对双方具有约束力。

工作组会议主办方负责召开会议的相关费用，双方各自负担包括交通费和食宿费在内的各项费用。在本备忘录下开展的其他合作活动，双方各自担负其所需费用。各方应积极为对方提供支持和帮助。

第四条　知识产权

一、根据本备忘录一方向另一方提供材料，则提供方应拥有该材料的所有权、知识产权以及与之相关的所有产权，接受方应尊重并保护上述各种权利。

二、一方独立研发的与本谅解备忘录相关的一切知识产权应由该方拥有。

三、通过双方共同努力或使用共有资源研发的与本谅解备忘录相关的知识产权均应由双方共同拥有。

第五条　信息保密

除非获得另一方书面授权，否则任何一方不得向第三方披露或分发由另一方在开展本备忘录的合作活动中提供的任何保密信息。

第六条　争议解决

本备忘录执行过程中出现的争议，由双方友好协商解决，或通过必要的交流来解决。

第七条　地址

履行谅解备忘录双方的通信地址如下：

工业和信息化部

中国北京西长安街13号（100084）国际合作司

电话：+8610 68205837

传真：+8610 66011370

法国生态、能源、可持续发展和海洋事务部民航总局
国际合作司，50 rue Henri Farman，75720 Paris cedex 15
电话：+33158093640
传真：+33158094016

第八条　协议的生效、修改和终止

一、本备忘录自签订之日起生效，有效期为三年。

二、本备忘录到期六个月前，如果任何一方未以书面方式告知对方终止备忘录，本备忘录将自动延期三年，并依此法顺延。

三、本备忘录经双方同意可作修改，修改后的备忘录在双方书面确认后生效。

四、如果其中一方决定终止备忘录，应提前九十天以书面形式正式通知对方。备忘录的终止不影响正在执行中的合作项目。

本备忘录于二〇一〇年八月二十六日签订，一式三份。每份均用中文、法文和英文写成，三种文本具有同等效力。如有分歧，以英文文本为准。

中华人民共和国 工业和信息化部 代　表 **苗　圩** （签　字）	法兰西共和国 生态、能源、可持续发展和海洋事务部 代　表 **甘迪尔** （签　字）

中华人民共和国国家发展和改革委员会和法兰西共和国生态、能源、可持续发展和海洋部关于加强应对气候变化合作的协议

中华人民共和国国家发展和改革委员会和法兰西共和国生态、能源、可持续发展和海洋部（以下简称为“双方”），

愿进一步深化中法友好关系；

认识到气候变化及其不利影响是人类的共同关切，需要国际合作加以应对；

忆及2007年11月26日胡锦涛主席和萨科齐总统共同发表的《中法应对气候变化联合声明》中确定的应对气候变化双边合作主要原则；

决心进一步增强双方在应对气候变化领域的对话、交流与务实合作；

兹达成协议如下：

第一条

本协议意在落实2007年11月26日双方共同发表的《中法应对气候变化联合声明》中确定的各项承诺。

中国国家发展和改革委员会和主管绿色技术及气候谈判的法国生态、能源、可持续发展和海洋部受各自政府的指定，负责协调各自国内相关部门，开展双边对话与沟通，展望并推动在气候变化领域开展的各项双边合作活动，包括本协议和其他已签署的

各项双边协议框架下的活动。

第　二　条

中法应对气候变化合作将包括2007年《中法应对气候变化联合声明》中提及的在气候变化相关领域，包括减缓气候变化、适应气候变化、气候变化领域能力建设、以及市场机制等方面开展的合作活动。

第　三　条

成立中法应对气候变化双边磋商机制。该机制由中国国家发展和改革委员会与法国生态、能源、可持续发展和海洋部共同主持。磋商机制汇集各部委、机构和其他参与气候变化领域双边活动的合作伙伴。

中方磋商机制成员包括：国家发展和改革委员会，外交部，住房和城乡建设部，环境保护部，交通运输部以及其他将来可能参与双边合作的代表。

法方磋商机制成员包括：生态、能源、可持续发展和海洋部，外交和欧盟事务部，经济、工业和就业部，法国环境与能源控制署，法国开发署以及其他将来可能参与双边合作的代表。

第　四　条

通过该机制，双方每年进行双边磋商，轮流在中国和法国举行，就两国国内应对气候变化政策措施和气候变化国际谈判进行沟通；协商确定应对气候变化领域的各类合作项目和活动；探讨未来即将开展合作的重点领域。

第　五　条

经双方同意，可对本协议通过书面形式进行修改和补充，修改和补充将作为本协议的附件，这些附件是本协议不可分割的一部分，并根据第七条的规定生效。

第　六　条

双方通过友好协商和谈判，解决有关本协议解释和实施方面的任何分歧。

第　七　条

本协议自签字之日起生效，有效期五年。到期后，双方将对磋商机制进展情况共同进行评估，再行确定是否延长本协议有效期。

第　八　条

在协议终止之前依其开展的一切活动，在协议终止之后，仍应根据协议的规定继续实施，直至活动执行完毕。

本协议于二〇一〇年十一月四日在巴黎签订，一式两份，每份均用中文和法文写成，两种文本同等作准。

中华人民共和国 国家发展和改革委员会 代　表 **张　平** （签　字）	法兰西共和国 生态、能源、可持续发展和海洋部 代　表 **博尔洛** （签　字）

中华人民共和国政府与芬兰共和国政府在文化、教育、科学、青年和体育领域的合作谅解备忘录

中华人民共和国政府、芬兰共和国政府（以下称“双方”），

承认文化、教育和科学对于社会和经济发展、创新、促进民众之间的交往以及推动可持续发展所起到的核心作用；

欢迎在相关领域已开展的多元化双边合作，包括在联合国多边框架内、中国与欧盟之间以及亚欧会议框架内的合作；

渴望加强和发展友好关系及两国间、两国民众间的合作，遵照双方于1984年1月30日签署的文化协议以及2005年9月签署的两国2005—2009年文化交流计划；

恪守双方2006年9月12日在赫尔辛基签署的互认对方高等教育学位的备忘录；

双方达成如下共识：

一、文化

1. 双方将鼓励文化交流和文化出口，并将努力支持以推动文化领域的经济增长为目标的文化及创新方面的合作伙伴关系。双方鼓励文化艺术领域机构间的直接联系。

2. 双方同意，通过履行2005年联合国教科文组织《保护和促进文化表现形式多样性公约》等方式，对文化政策对话、中国和芬兰文化产业的发展、扶持创意产业的政策导向、促进双边及多边文化间对话等方面给予特殊关注。

3．双方将继续开展在知识产权领域，特别是版权和相关权利方面的合作，因为它们是文化产品及文化产业的经济基础。只有通过继续推进双边对话和多边合作，才能在全球化和信息网络环境下维护这一基础的正常发展。

4．双方将在符合各自法律的前提下，合作阻止文化艺术品和文物的非法进出口和贩运。双方将鼓励在物质和非物质文化遗产保护和促进方面的合作，包括文化景观和历史遗迹的修复，以及艺术和工艺设计等。

5．双方将通告对方国关于本国重要文化活动和艺术节的信息。展览安排则由有关机构根据具体项目情况自行协商决定。

6．双方将鼓励中芬两国档案馆、图书馆和博物馆间的合作和直接交流。具体合作形式与领域则由相关机构直接决定，例如在民俗、历史和遗产管理等文化领域互相交流录音记录、手稿和照片等。双方将鼓励各自国家级博物馆间的直接合作。

7．双方将鼓励在电影和戏剧领域的专业团组、演员、导演和其他表演艺术家间的合作。双方将尽力交换关于电影节和电影档案资料方面正在开展的主要活动的信息。双方将鼓励在对方国组织电影周。具体细节则由各自国家主管部门直接商定。

8．双方将鼓励音乐界直接接触。此类交流将以相关组织、制作人、艺术家及演员间的直接合作和协议为基础。

9．双方将促进各自国家文学事业发展，鼓励文学作品互译和作家组织及人员的交往。双方将通告两国文学作品翻译成他国语言时给翻译人员的资助。

10．双方鼓励两国出版机构翻译出版对方国家的优秀出版物。双方鼓励本国出版机构参加在对方国家举办的国际书展。

二、教育、科学和研究

11．双方对于加强教育合作的承诺及持续教育政策对话的重要性给予重视，包括终身教育战略、高等教育及质量保证的现代化议程。

12．双方同意深化两国大学和其他相关教育机构之间，以及考核评估、科学研究、科技发展与创新等机构之间的直接合作。

13．双方亦同意鼓励在恰当条件下，由相关机构在直接签订协议的基础上开展符合双方兴趣的联合研究项目。

14．双方将支持邀请对方国访问学者来本国讲学或参加科学会议和研讨会等。所有关于此类邀请及与会安排的细节将由相关机构直接予以明确。

15．在本备忘录有效期间，双方将在适当的时候在教育领域互派代表团。具体合作条款，无论涉及高等教育、职业教育还是其他水平的教育领域，都将由相关机构直接商议确定。

16．双方将推动大学、研究基金组织及其他相关机构之间在科学研究领域开展合作。双边合作可包含如下内容：

（1）联合研究项目；

（2）科学家、研究人员及专家、学者的交流；

（3）联合参与相关国际研究计划；

（4）共享经验，并在研究和科技政策等方面交换信息。

所有相关细节将由有关机构间直接予以明确。

17．根据需要，双方将就各自国家教育系统的结构、内容和组织等方面交换信息与文献。

18．双方将继续鼓励和支持各自院校开展关于对方国家语言和文化的教学。

三、民间机构、青年及体育

19．双方将促进民间机构间的交流和民众之间的互动，鼓励两国民间机构发起的不同形式的合作。

20．双方对中国全国青年联合会与芬兰教育部青年政策司之间已有的合作表示满意。双方将于2010年6月在北京续签青年领域合作谅解备忘录。双方对深入开展合作表示欢迎。

21．双方鼓励和支持两国在体育界的交流与合作，具体事宜由各自的体育组织或协会商定。

四、奖学金

22．有关双方向对方国家提供的奖学金计划及财务规定的简要描述参见附件一（中方）和附件二（芬方）。此条款芬方部分由芬兰国际交流中心（CIMO）负责执行，中方部分由中国国家留学基金管理委员会（CSC）负责执行。

五、最终条款

23．所有在此备忘录框架下的行为，都必须符合各自国家法律、规章制度和程序，以及中国或芬兰所加入的有关国际协定。

24．本备忘录将在新版本签署之前一直保持效力。

25．本备忘录将在签署之日起暂行适用，并直至中方通知芬方使本备忘录生效的各种条件已经完备的情况下正式发挥效力。

26．本备忘录于二〇一〇年三月二十六日在赫尔辛基签署，以英文写成，一式两份，均具有同等效力。

中华人民共和国政府	芬兰共和国政府
代　　表	代　　表
黄　兴	**斯高格**
（签　字）	（签　字）

中华人民共和国政府和捷克共和国政府对所得避免双重征税和防止偷漏税的协定

中华人民共和国政府和捷克共和国政府，愿意缔结对所得避免双重征税和防止偷漏税的协定，达成协议如下：

第一条　人的范围

本协定适用于缔约国一方或者同时为双方居民的人。

第二条　税种范围

一、本协定适用于由缔约国一方、其行政区或地方当局对所得征收的所有税收，不论其征收方式如何。

二、对全部所得或某项所得征收的税收，包括对来自转让动产或不动产的收益征收的税收，应视为对所得征收的税收。

三、本协定特别适用的现行税种是：

（一）在中国：

1．个人所得税；

2．企业所得税；

（以下简称“中国税收”）；

（二）在捷克共和国：

1．个人所得税；

2．法人所得税；

（以下简称“捷克税收”）。

四、本协定也适用于本协定签订之日后征收的属于增加或者代替现行税种的相同或者实质相似的税收。缔约国双方主管当局应将各自税法发生的重要变动通知对方。

第三条　一般定义

一、在本协定中，除上下文另有解释的以外：

（一）“中国”一语是指中华人民共和国。用于地理概念时，是指实施有关中国税收法律的所有中华人民共和国领土，包括领海，以及根据国际法及其国内法，以勘探和开发海床和底土以及上覆水域资源为目的，中华人民共和国拥有主权权利的领海以外的区域；

（二）“捷克共和国”一语是指捷克共和国的领土，即按照捷克法律和根据国际法，捷克共和国对其行使主权权利的领土；

（三）“缔约国一方”和“缔约国另一方”，按照上下文，是指中国或者捷克共和国；

（四）“人”一语包括个人、公司和其他团体；

（五）“公司”一语是指法人团体或者在税收上视同法人团体的实体；

（六）“企业”一语适用于任何营业活动；

（七）“缔约国一方企业”和“缔约国另一方企业”，分别指缔约国一方居民经营的企业和缔约国另一方居民经营的企业；

（八）“国民”一语是指：

1. 任何具有缔约国一方国籍的个人；和

2. 任何按照缔约国一方现行法律成立的法人、合伙企业或团体；

（九）“营业”一语包括从事专业服务和其他独立性质的活动；

（十）“国际运输”一语是指在缔约国一方设有实际管理机构的企业以船舶或飞机经营的运输，不包括仅在缔约国另一方各地之间以船舶或飞机经营的运输；

（十一）“主管当局”一语：

1．在中国方面是指国家税务总局或其授权的代表；

2．在捷克共和国方面是指财政部长或其授权的代表。

二、缔约国一方在任何时候实施本协定时，对于未经本协定明确定义的任何用语，除上下文另有解释的以外，应当具有实施本协定时该缔约国适用于本协定的税种的法律所规定的含义。缔约国一方适用的税法对有关术语的定义应优先于其他法律对同一术语的定义。

第四条　居民

一、在本协定中，“缔约国一方居民”一语是指按照该缔约国法律，由于住所、居所、成立地、实际管理机构所在地，或者其他类似的标准，在该缔约国负有纳税义务的人，也包括该缔约国、其行政区或地方当局。但是，这一用语不包括仅由于来源于该缔约国的所得而在该缔约国负有纳税义务的人。

二、由于第一款的规定，同时为缔约国双方居民的个人，其身份应按以下规则确定：

（一）应认为仅是其永久性住所所在缔约国的居民；如果在缔约国双方同时有永久性住所，应认为是与其个人和经济关系更密切（重要利益中心）的缔约国的居民；

（二）如果其重要利益中心所在国无法确定，或者在缔约国任何一方都没有永久性住所，应认为仅是其有习惯性居处所在的国家的居民；

（三）如果其在缔约国双方都有或者都没有习惯性居处，应认为仅是其国籍所属国家的居民；

（四）如果发生双重国籍问题，或者其不是缔约国任何一方的国民，缔约国双方主管当局应通过协商解决。

三、由于第一款的规定，除个人以外，同时为缔约国双方居民的人，应认为仅是其实际管理机构所在缔约国一方的居民。

第五条　常设机构

一、在本协定中，“常设机构”一语是指企业进行全部或部分营业的固定营业场所。

二、“常设机构”一语特别包括：

（一）管理场所；

（二）分支机构；

（三）办事处；

（四）工厂；

（五）作业场所；以及

（六）矿场、油井或气井、采石场或者其他开采自然资源的场所。

三、“常设机构”一语还包括：

（一）建筑工地，建筑、装配或安装工程，或者与其有关的监督管理活动，但仅以该工地、工程或活动连续12个月以上的为限；

（二）缔约国一方企业或企业通过雇员或雇佣的其他人员在缔约国另一方领土提供劳务，包括咨询劳务，但仅以该性质的活动在有关纳税年度开始或终了的任何12个月中连续或累计超过9个月的为限。

四、虽有本条上述规定，“常设机构”一语应认为不包括：

（一）专为储存、陈列或者交付本企业货物或者商品的目的而使用的设施；

（二）专为储存、陈列或者交付的目的而保存本企业货物或者商品的库存；

（三）专为由另一企业加工的目的而保存本企业货物或者商品的库存；

（四）专为本企业采购货物或者商品，或者搜集信息的目的所设的固定营业场所；

（五）专为本企业进行其他准备性或辅助性活动的目的所设的固定营业场所；

（六）专为本款第（一）项至第（五）项活动的结合所设的固定营业场所，如果由于这种结合使该固定营业场所的全部活动属于准备性质或辅助性质。

五、虽有第一款和第二款的规定，当一个人（除适用第六款规定的独立地位代理人以外）在缔约国一方代表企业进行活动，有权并经常行使这种权力以该企业的名义签订合同，这个人为该企业进行的任何活动，应认为该企业在该缔约国一方设有常设机构。除非这个人通过固定营业场所进行的活动限于第四款的规定，按照该款规定，不应认为该固定营业场所是常设机构。

六、缔约国一方企业仅通过按常规经营本身业务的经纪人、一般佣金代理人或者任何其他独立地位代理人在缔约国另一方进行营业，不应认为在该缔约国另一方设有常设机构。

七、缔约国一方居民公司，控制或被控制于缔约国另一方居民公司或者在该缔约国另一方进行营业的公司（不论是否通过常设机构），此项事实不能据以使任何一方公司构成另一方公司的常设机构。

第六条　不动产所得

一、缔约国一方居民从位于缔约国另一方的不动产取得的所得（包括农业或林业所得），可以在该缔约国另一方征税。

二、“不动产”一语应当具有财产所在地的缔约国的法律所规定的含义。该用语在任何情况下应包括附属于不动产的财产，农业和林业所使用的牲畜和设备，有关地产的一般法律规定所适用的权利，不动产的用益权以及由于开采或有权开采矿藏、水源和其他自然资源取得的不固定或固定收入的权利。船舶和飞机不应视为不动产。

三、第一款的规定应适用于从直接使用、出租或者任何其他形式使用不动产取得的所得。

四、第一款和第三款的规定也适用于企业的不动产所得。

第七条　营业利润

一、缔约国一方企业的利润应仅在该缔约国征税，但该企业通过设在缔约国另一方的常设机构在该缔约国另一方进行营业的除外。如果该企业通过设在该缔约国另一方的常设机构在该缔约国另一方进行营业，其利润可以在该缔约国另一方征税，但应仅以属于该常设机构的利润为限。

二、除适用第三款的规定以外，缔约国一方企业通过设在缔约国另一方的常设机构在该缔约国另一方进行营业，应将该常设机构视同在相同或类似情况下从事相同或类似活动的独立分设企业，并同该常设机构所隶属的企业完全独立处理，该常设机构可能得到的利润在缔约国各方应归属于该常设机构。

三、在确定常设机构的利润时，应当允许扣除其发生的各项费用，包括行政和一般管理费用，不论其发生于该常设机构所在国或者其他任何地方。

四、如果缔约国一方习惯于以企业总利润按一定比例分配给所属各单位的方法来确定常设机构的利润，则第二款规定并不妨碍该缔约国按这种习惯分配方法确定其应纳税的利润。但是，采用的分配方法所得到的结果，应与本条规定的原则一致。

五、不应仅由于常设机构为企业采购货物或商品，而将利润归属于该常设机构。

六、在上述各款中，除有适当的和充分的理由需要变动外，每年应采用相同的方法确定属于常设机构的利润。

七、利润中如果包括本协定其他各条单独规定的所得项目时，本条规定不应影响其他各条的规定。

第八条　海运和空运

一、缔约国一方企业以船舶或飞机经营的国际运输所取得的利润应仅在该企业实际管理机构所在的缔约国一方征税。

二、船运企业的实际管理机构设在船舶上的，应以船舶母港所在缔约国为实际管理机构所在国；没有母港的，以船舶经营者为其居民的缔约国为实际管理机构所在国。

三、第一款的规定也适用于参加合伙经营、联合经营或者参加国际经营机构取得的利润。

第九条　关联企业

一、在下列任何一种情况下：

（一）缔约国一方企业直接或者间接参与缔约国另一方企业的管理、控制或资本，或者

（二）相同的人直接或者间接参与缔约国一方企业和缔约国另一方企业的管理、控制或资本，

两个企业之间商业或财务关系的构成条件不同于独立企业之间商业或财务关系的构成条件，并且由于这些条件的存在，导致其中一个企业没有取得其本应取得的利润，则可以将这部分利润计入该企业的所得，并据以征税。

二、缔约国一方将缔约国另一方已征税的企业利润——在两个企业之间的关系是独立企业之间关系的情况下，这部分利润本应由该缔约国一方企业取得——包括在该缔约国一方企业的利润内征税时，缔约国另一方应对这部分利润所征收的税额加以调整。在确定调整时，应对本协定其他规定予以注意。如有必要，缔约国双方主管当局应相互协商。

三、第二款的规定不适用于欺诈、重大过失或故意违约的情况。

第十条 股息

一、缔约国一方居民公司支付给缔约国另一方居民的股息，可以在该缔约国另一方征税。

二、然而，这些股息也可以在支付股息的公司是其居民的缔约国，按照该缔约国法律征税。但是，如果股息受益所有人是缔约国另一方居民，则所征税款：

（一）在受益所有人是公司（合伙企业除外），并直接拥有支付股息的公司至少25%资本的情况下，不应超过股息总额的5%；

（二）在其他情况下，不应超过股息总额的10%。

缔约国双方主管当局应协商确定实施限制税率的方式。

本款不应影响对该公司支付股息前的利润征税。

三、本条“股息”一语是指从股份或者非债权关系分享利润的其他权利取得的所得，以及按照分配利润的公司是其居民的缔约国法律，视同股份所得同样征税的其他所得。

四、如果股息受益所有人是缔约国一方居民，在支付股息的公司是其居民的缔约国另一方，通过设在该缔约国另一方的常设机构进行营业，据以支付股息的股份与该常设机构有实际联系的，不适用第一款和第二款的规定。在这种情况下，应视具体情况适用第七条的规定。

五、缔约国一方居民公司从缔约国另一方取得利润或所得，该缔约国另一方不得对该公司支付的股息或者未分配的利润征收任何税收，即使支付的股息或未分配的利润全部或部分是发生于该缔约国另一方的利润或所得。但支付给该缔约国另一方居民的股息或者据以支付股息的股份与设在该缔约国另一方的常设机构有实际联系的除外。

第十一条　利息

一、发生于缔约国一方而支付给缔约国另一方居民的利息，可以在该缔约国另一方征税。

二、然而，这些利息也可以在该利息发生的缔约国，按照该缔约国的法律征税。但是，如果利息受益所有人是缔约国另一方居民，则所征税款不应超过利息总额的7.5%。缔约国双方主管当局应协商确定实施限制税率的方式。

三、虽有第二款的规定，发生于缔约国一方而为缔约国另一方政府、行政区或地方当局及其中央银行或者任何政府机构取得的利息；或者为该缔约国另一方居民取得的利息，其债权是由该缔约国另一方政府、行政区或地方当局及其中央银行或者任何政府机构提供资金、担保或保险的，应在首先提及的缔约国一方免税。

四、在第三款中，下列机构应被理解为政府机构：

（一）在中国：

1．中国国家开发银行；

2．中国农业发展银行；

3．中国进出口银行；

4．中国出口信用保险公司；

5．缔约国双方主管当局一致同意的任何其他机构。

（二）在捷克共和国：

1．捷克出口银行（CEB）；

2．出口担保和保险公司（EGAP）；

3．缔约国双方主管当局一致同意的任何其他机构。

五、本条“利息”一语是指从各种债权取得的所得，不论其有无抵押担保或者是否有权分享债务人的利润；特别是从公债、债券或者信用债券取得的所得，包括其溢价和奖金。由于延期支付的罚款，不应视为本条所规定的利息。

六、如果利息受益所有人作为缔约国一方居民，在利息发生的缔约国另一方，通过设在该缔约国另一方的常设机构进行营业，据以支付该利息的债权与该常设机构有实际联系的，不适用第一款、第二款和第三款的规定。在这种情况下，应视具体情况适用第七条的规定。

七、如果支付利息的人为缔约国一方居民，应认为该利息发生在该缔约国。然而，当支付利息的人不论是否为缔约国一方居民，在缔约国一方设有常设机构，支付该利息的债务与该常设机构有联系，并由其负担利息，上述利息应认为发生于该常设机构所在的缔约国。

八、由于支付利息的人与受益所有人之间或者他们与其他人之间的特殊关系，就有关债权所支付的利息数额超出支付人与受益所有人没有上述关系所能同意的数额时，本条规定应仅适用于后来提及的数额。在这种情况下，对该支付款项的超出部分，仍应按各缔约国的法律征税，但应对本协定其他规定予以适当注意。

第十二条　特许权使用费

一、发生于缔约国一方而支付给缔约国另一方居民的特许权使用费，可以在该缔约国另一方征税。

二、然而，这些特许权使用费也可以在其发生的缔约国，按照该缔约国的法律征税。但是，如果特许权使用费受益所有人是缔约国另一方居民，则所征税款不应超过特许权使用费总额的10%。缔约国双方主管当局应协商确定实施该限制税率的方式。

三、本条“特许权使用费”一语是指使用或有权使用任何文学、艺术或科学著作，包括电影影片、无线电或电视广播使用的胶片、磁带的版权，任何专利、商标、设计或模型、图纸、秘密配方或秘密程序，或任何工业、商业、科学设备所支付的作为报酬的各种款项；或者为有关工业、商业、科学经验的信息所支付的作为报酬的各种款项。

四、如果特许权使用费受益所有人作为缔约国一方居民，在特许权使用费发生的缔约国另一方，通过设在该缔约国另一方的常设机构进行营业，据以支付该特许权使用费的权利或财产与该常设机构有实际联系的，不适用第一款和第二款的规定。在这种情况下，应视具体情况适用第七条的规定。

五、如果支付特许权使用费的人是缔约国一方居民，应认为该特许权使用费发生在该缔约国。然而，当支付特许权使用费的人不论是否为缔约国一方居民，在缔约国一方设有常设机构，支付该特许权使用费的义务与该常设机构有联系，并由其负担这种特许权使用费，上述特许权使用费应认为发生于该常设机构所在的缔约国。

六、由于支付特许权使用费的人与受益所有人之间或他们与其他人之间的特殊关系，就有关使用、权利或情报支付的特许权使用费数额超出支付人与受益所有人没有上述关系所能同意的数额时，本条规定应仅适用于后来提及的数额。在这种情况下，对该支付款项的超出部分，仍应按各缔约国的法律征税，但应对本协定其他规定予以适当注意。

第十三条　财产收益

一、缔约国一方居民转让第六条所述位于缔约国另一方的不动产取得的收益，可以在该缔约国另一方征税。

二、转让缔约国一方企业在缔约国另一方的常设机构营业财产部分的动产，包括转让常设机构（单独或者随同整个企业）取得的收益，可以在该缔约国另一方征税。

三、转让财产取得的收益，该财产构成企业营业财产的一部分，并且由该企业从事国际运输的船舶或飞机组成，或者属于经营上述船舶、飞机的动产，应仅在该企业实际管理机构所在的缔约国征税。

四、缔约国一方居民转让缔约国另一方居民公司股票或其他权益取得的收益，可以在该缔约国另一方征税。

五、转让第一款至第四款所述财产以外的其他财产取得的收益，应仅在转让者为其居民的缔约国征税。

第十四条　受雇所得

一、除适用第十五条、第十七条和第十八条的规定以外，缔约国一方居民因受雇取得的薪金、工资和其他类似报酬除在缔约国另一方从事受雇的活动以外，应仅在该缔约国一方征税。在缔约国另一方从事受雇的活动取得的报酬，可以在该缔约国另一方征税。

二、虽有第一款的规定，缔约国一方居民因在缔约国另一方从事受雇的活动取得的报酬，同时具有以下三个条件的，应仅在该缔约国一方征税：

（一）收款人在有关纳税年度开始或结束后的任何12个月中在缔约国另一方停留连续或累计不超过183天；

（二）该项报酬由并非该缔约国另一方居民的雇主支付或代表该雇主支付；

（三）该项报酬不是由雇主设在该缔约国另一方的常设机构所负担。

三、第二款第（二）项中“雇主”一语是指对工作成果享有权利并且承担与从事工作相关的责任与风险的人。

四、虽有本条第一款和第二款规定，在缔约国一方企业经营国际运输的船舶或飞机上从事受雇的活动取得的报酬，可以在该企业实际管理机构所在缔约国征税。

第十五条　董事费

缔约国一方居民作为缔约国另一方居民公司的董事会或任何其他类似机构成员取得的董事费和其他类似款项，可以在该缔约国另一方征税。

第十六条　艺术家和运动员

一、虽有第七条和第十四条的规定，缔约国一方居民，作为表演家，如戏剧、电影、广播或电视艺术家、音乐家或作为运动员，在缔约国另一方从事其个人活动取得的所得，可以在该缔约国另一方征税。

二、表演家或运动员从事个人活动取得的所得，未归属于表演家或运动员本人，而归属于其他人时，虽有第七条和第十四条的规定，该所得仍可以在该表演家或运动员从事其活动的缔约一方国家征税。

第十七条　退休金

除适用第十八条第二款的规定以外，因以前的雇佣关系支付给缔约国一方居民的退休金和其他类似报酬，应仅在该缔约国一方征税。

第十八条　政府服务

一、（一）缔约国一方、其行政区或地方当局对向其提供服务的个人支付的薪金、工资和其他类似报酬，应仅在该缔约国一方征税。

（二）但是，如果该项服务是在缔约国另一方提供，而且提供服务的个人是该缔约国另一方居民，并且该居民：

1. 是该缔约国另一方国民；或者

2. 不是仅由于提供该项服务，而成为该缔约国另一方的居民；

该项薪金、工资和其他类似报酬，应仅在该缔约国另一方征税。

二、（一）虽有第一款的规定，缔约国一方、其行政区或地方当局支付或者从其建立的基金中支付给向其提供服务的个人的退休金和其他类似报酬，应仅在该缔约国一方征税。

（二）但是，如果提供服务的个人是缔约国另一方居民，并且是其国民的，该项退休金和其他类似报酬应仅在该缔约国另一方征税。

三、第十四条、第十五条、第十六条和第十七条的规定，应适用于向缔约国一方、其行政区或地方当局举办的事业提供服务取得的薪金、工资、退休金和其他类似报酬。

第十九条　学生

学生或企业学徒是、或者在紧接前往缔约国一方之前曾是缔约国另一方居民，仅由于接受教育或培训的目的，停留在该缔约国一方，对其为了维持生活、接受教育或培训的目的收到的来源于该缔约国一方以外的款项，该缔约国一方应免予征税。

第二十条　其他所得

一、缔约国一方居民取得的各项所得，不论发生在什么地方，凡本协定上述各条未作规定的，应仅在该缔约国一方征税。

二、第六条第二款规定的不动产所得以外的其他所得，如果所得收款人作为缔约国一方居民，通过设在缔约国另一方的常设机构在该缔约国另一方进行营业，据以支付所得的权利或财产与该常设机构有实际联系的，不适用第一款的规定。在这种情况下，应适用第七条的规定。

第二十一条　防止不正当适用协定

一、虽有本协定其他条款的规定，本协定规定的利益不得给予本不应获得但意在获得协定利益的任何缔约国一方公司。

二、本协定的规定应不妨碍缔约国一方运用其国内法的规定防止偷漏税，但以该缔约国一方对相关所得的征税与本协定不相冲突为限。

三、缔约国一方主管当局在与缔约国另一方主管当局协商后，如果认为给予本协定利益将构成对本协定的滥用，可以拒绝将该协定的利益给予任何人或任何交易。

第二十二条　消除双重征税

一、在中国，消除双重征税如下：

（一）中国居民从捷克共和国取得的所得，按照本协定规定在捷克共和国对该项所得缴纳的税额，可以在对该居民征收的中国税收中抵免。但是，抵免额不应超过对该项所得按照中国税法和规章计算的中国税收数额。

（二）从捷克共和国取得的所得是捷克共和国居民公司支付给中国居民公司的股息，同时该中国居民公司拥有支付股息公司股份不少于20%的，该项抵免应考虑支付该股息公司就其所得缴纳的捷克共和国税收。

二、对于捷克共和国居民，消除双重征税如下：

（一）捷克共和国对其居民征税时，应将根据本协定规定也可以在中国征税的所得项目计入对其征税的税基，但允许其从该税基计算的税额中扣除在中国所缴纳的税额。然而，其扣除额不能超过这些所得（按本协定的规定，该所得可以在中国征税）在扣除前计算的捷克税收数额。

（二）根据本协定的规定，当捷克共和国居民取得的所得在捷克共和国免予征税时，捷克共和国在计算该居民其余所得的应纳税额时，可以将该免税所得考虑在内。

第二十三条　非歧视待遇

一、缔约国一方国民在缔约国另一方负担的税收或者有关要求，不应与该缔约国另一方国民在相同情况下，特别是在有关居民身份相同的情况下，负担或可能负担的税收或者有关要求不同或比其更重。虽有第一条的规定，本规定也应适用于不是缔约国一方或者双方居民的人。

二、缔约国一方企业在缔约国另一方的常设机构的税收负担，不应高于缔约国另一方对从事同样活动的本国企业征收的税收。本规定不应理解为缔约国一方由于民事地位、家庭责任给予缔约国一方居民的任何税收上的个人补贴、优惠和减免也必须给予缔约国另一方居民。

三、除适用第九条第一款、第十一条第八款或第十二条第六款的规定外，缔约国一方企业支付给缔约国另一方居民的利息、特许权使用费和其他款项，在确定该企业应纳税利润时，应与在同样情况下支付给该缔约国一方居民同样予以扣除。

四、缔约国一方企业的资本全部或部分，直接或间接为缔约国另一方一个或一个以上的居民拥有或控制，该企业在该缔约国一方负担的税收或者有关要求，不应与该缔约国一方其他同类企业的负担或可能负担的税收或者有关要求不同或比其更重。

五、虽有第二条规定，本条规定适用所有税种。

第二十四条　相互协商程序

一、当一个人认为，缔约国一方或者双方所采取的措施，导致或将导致对其不符合本协定规定的征税时，可以不考虑各缔约国国内法律的救济办法，将案情提交本人为其居民的缔约国主管当局；或者如果其案情属于第二十三条第一款，可以提交本人为其国民的缔约国主管当局。该项案情必须在不符合本协定规定的征税措施第一次通知之日起，三年内提出。

二、上述主管当局如果认为所提意见合理，又不能单方面圆满解决时，应设法同缔约国另一方主管当局相互协商解决，以避免不符合本协定的征税。达成的协议应予执行，而不受各缔约国国内法律的时间限制。

三、缔约国双方主管当局应通过协议设法解决在解释或实施本协定时所发生的困难或疑义，也可以对本协定未作规定的消除双重征税问题进行协商。

四、缔约国双方主管当局为达成上述各款的协议，可以相互直接联系。

五、虽有《服务贸易总协定》第二十二条（磋商）第三款的规定，缔约国双方同意，只有在缔约国双方一致同意的前提下，缔约国双方关于一项措施是否属于本协定范围内的任何争端，才可以按该款规定提交服务贸易委员会解决。任何对本款解释的疑问将根据本条第三款解决，如不能在此程序中达成协议，将按照缔约国双方一致同意的任何其他程序处理。

第二十五条　信息交换

一、缔约国双方主管当局应交换可以预见的与执行本协定的规定相关的信息，或与执行缔约国双方、行政区或其地方当局征收的各种税收的国内法律相关的信息，以根据这些法律征税与本协定不相抵触为限。信息交换不受第一条和第二条的限制。

二、缔约国一方根据第一款收到的任何信息，都应和根据该国国内法所获得的信息一样作密件处理，仅应告知与第一款所指税种有关的评估、征收、执行、起诉或上诉裁决有关的人员或当局（包括法院和行政部门）及其监督部门。上述人员或当局应仅为上述目的使用该信息，但可以在公开法庭的诉讼程序或法庭判决中披露有关信息。

三、第一款和第二款的规定在任何情况下不应被理解为缔约国一方有以下义务：

（一）采取与该缔约国一方或缔约国另一方的法律和行政惯例相违背的行政措施；

（二）提供按照该缔约国一方或缔约国另一方的法律或正常行政渠道不能得到的信息；

（三）提供泄露任何贸易、经营、工业、商业或专业秘密或贸易过程的信息或者泄露会违反公共政策（公共秩序）的信息。

四、如果缔约国一方根据本条请求信息，缔约国另一方应使用其信息收集手段取得所请求的信息，即使缔约国另一方可能并不因其税务目的需要该信息。前句所确定的义务受第三款的限制，但是这些限制在任何情况下不应理解为允许缔约国一方仅因该信息没有国内利益而拒绝提供。

五、本条第三款的规定在任何情况下不应理解为允许缔约国一方仅因信息由银行、其他金融机构、名义代表人、代理人或受托人所持有，或因信息与人的所有权益有关，而拒绝提供。

第二十六条　外交代表和领事官员

本协定应不影响按国际法一般规则或特别协定规定的外交代表或领事官员的税收特权。

第二十七条　生效

一、缔约国双方将通过外交途径相互书面通知已完成协定生效所必需的各自国内法律程序。本协定将自后一份通知发出之日起生效，并且本协定的规定适用于：

（一）对于源泉扣缴的税收，本协定生效后次日历年度一月一日或以后支付或抵免的所得；

（二）对于其他所得税收，本协定生效后次日历年度一月一日或以后开始的任何纳税年度的所得。

二、一九八七年六月十一日在布拉格签订的《中华人民共和国政府和捷克斯洛伐克社会主义共和国政府关于对所得避免双重征税和防止偷漏税的协定》的规定，自本协定生效之日起，应在处理中国和捷克共和国关系时终止有效。

第二十八条　终止

本协定应长期有效，直到缔约国一方终止该协定。缔约国任何一方可以自本协定生效之日起满五年后任何日历年度终了前至少提前六个月，通过外交途径通知对方终止本协定。在这种情况下，本协定终止适用于：

（一）对于源泉扣缴的税收，终止通知发出后次日历年度一月一日或以后支付或取得的所得；

（二）对于其他所得税收，终止通知发出后次日历年度一月一日或以后开始的任何纳税年度的所得。

下列代表，经各自政府正式授权，在本协定上签字，以昭信守。

本协定于二〇〇九年八月二十八日在北京签订，一式两份，每份都用中文、捷克文和英文写成，三种文本同等作准。如对文本的解释发生任何分歧，以英文本为准。

中华人民共和国政府 代　表 **肖　捷** （签　字）	捷克共和国政府 代　表 **维捷斯拉夫·格雷普尔** （签　字）

中华人民共和国文化部与拉脱维亚共和国文化部2011—2015年文化交流计划

中华人民共和国文化部和拉脱维亚共和国文化部（以下简称“双方”），根据1996年9月2日在里加签署的《中华人民共和国政府和拉脱维亚共和国政府文化和教育合作协定》，就2011年至2015年的文化交流计划达成协议。

双方相信本计划的实施将有助于进一步发展两国人民间的友好关系和相互理解。

第一条

双方致力于介绍对方的文化遗产和当代文化发展的成果。

第二条

双方鼓励并支持在音乐、博物馆、文物保护、视觉艺术、戏剧、文学、图书出版以及民间艺术领域内的信息交流和人员往来。

第三条

双方将相互通报对方在本国举办的文化方面的国际性会议、比赛、艺术节、书展及其他文化艺术活动等，并为参加方提供便利。

中方欢迎拉方根据本计划中的财务条款参加下列国际艺术节：

——中国国际钢琴比赛（2013年，厦门）；

——中国国际声乐比赛（2011年，宁波）；

——中国国际小提琴比赛（2011年，青岛）；

——“相约北京”联欢活动（2011年、2013年、2015年，北京）；

——中国新疆国际民族舞蹈节（2011年，乌鲁木齐）；

——中国国际图书博览会（2011—2015年，北京）。

拉方欢迎中方按照本计划的财务条款参加下列国际艺术节：

——亚泽普斯·维涛尔斯国际钢琴比赛（2012年）；

——亚泽普斯·维涛尔斯国际声乐比赛（时间待定）；

——第7届卡尔利斯·达维多夫斯国际大提琴比赛（2012年，库尔迪加）；

——尤尔马拉国际青年钢琴家比赛（2013年，尤尔马拉）；

——奥古斯茨·托姆布洛夫斯基斯国际弦乐比赛（2011年，里加）；

——“波罗的2012”国际民俗艺术节；

——里加国际青年设计师双年展（2011年、2013年，里加）；

——波罗的书展（2011年、2014年，里加）。

第　四　条

在本计划有效期内，双方互派15人以内的艺术表演团体，进行为期9天的访问。

第　五　条

在本计划有效期内，双方互换1至2个艺术展览，随展人员2名，为期14天。

第　六　条

在本计划有效期内，双方互派2名文化遗产领域的专家进行为期2周的访问，交流在文化遗产领域的经验并商讨进一步的合作方向。

第　七　条

双方应在各自职责范围之内促进两国音乐及艺术高等教育机构间的合作，包括互派师生以及互换美术院校师生的作品展。

第　八　条

双方将鼓励和支持两国出版社之间建立工作关系。

第　九　条

双方应探讨在本国翻译和普及对方国家文学作品的可能性，

尽可能鼓励本国出版社用本国语言介绍、翻译、出版对方国家的优秀文学作品及文化类著作，并依据各自国家的规章制度予以资助。

双方将鼓励本国出版机构积极参加在对方国家举办的国际书展。具体事宜由双方相关机构事先通过外交途径商定。

拉方将通过“拉脱维亚文学中心”告知中方有关报名参加“支持外国出版商翻译出版拉脱维亚文学作品”计划的事宜。

第十条

在本计划有效期内，双方互派5人以内的部长级代表团进行为期5天的互访。

第十一条

经双方同意，可开展符合本计划目的的其他文化活动。

第十二条

互派代表团、艺术团的相关财务条款：

（一）派遣方负担本国至对方国家首都的往返国际旅费、道具和行李运输费及人身保险费；

（二）接待方负担食、宿、当地交通及文娱活动的费用，并提供演出场地和翻译，必要时提供紧急医疗服务；

（三）接待方负担道具在当地的运输及保险费用，并负责相关宣传工作。

第十三条

互办展览的相关财务条款：

（一）派遣方负担展品运至对方国家首都的国际往返运输费及保险费，并为接待方提供宣传资料和展品目录。

（二）接待方负担举办展览所需的组织和宣传工作，负担布展、撤展及国内运输等费用，负责提供展览场地并保证展品安全。

（三）派遣方负担随展人员及参加开幕式代表团人员的往返国际旅费；接待方负担上述人员的食、宿、境内交通及文娱活动等费用，并提供翻译，必要时提供紧急医疗服务。

（四）双方互办展览的其他未尽事宜，将由两国有关部门另行协商。

第十四条

本计划自签字之日起生效，有效期至2015年12月31日。

本计划于二〇一〇年十月二十二日于北京签署，一式两份，每份均由中文、拉脱维亚文及英文书就，每种文本具有同等法律效力。

如对文本解释发生分歧，以英文文本为准。

中华人民共和国文化部 代　表	拉脱维亚共和国文化部 代　表
赵少华 （签　字）	**达尔德里斯** （签　字）

中华人民共和国教育部与拉脱维亚共和国教育和科学部关于互相承认高等教育学历和学位的协议

中华人民共和国教育部与拉脱维亚共和国教育和科学部（以下简称“双方”），为进一步促进两国友好关系，发展和加强在教育及科学领域的合作，相信互相承认对方高等教育学历和学位对两国关系至为重要，为支持两国在平等互利的基础上开展更为广泛的合作，达成协议如下：

第　一　条

一、本协议旨在规范和简化两国互相承认高等教育领域的学历和学位工作。

二、本协议适用于中华人民共和国经国家批准具有颁发高等教育学历和学位权力的高等院校及具有学位授予权的研究机构（以下简称“高等教育机构”），以及拉脱维亚共和国国立及国家承认的具有颁发高等教育学历和学位的高等教育机构（以下简称“高等教育机构”）。

三、本协议中的高等教育学历及学位是由双方经国家批准或认可从而具有相应权力的高等教育机构根据各自国家法律法规颁发的作为教育制度一部分的高等教育学历及学位。在中华人民共和国包括专科学历证书（以下简称“专科”），本科、硕士及博士学历证书以及学士、硕士及博士学位证书；在拉脱维亚共和国包括一级和二级高等职业教育证书、学士、硕士及博士学位证书。

四、双方将通过根据本协议第十条成立的常设专家委员会，定期交流有关本条第二款提到的高等教育机构的信息。

五、针对本条第二款的有关内容，中方目前批准的具有颁发专科学历及具有学士、硕士和博士学位授予权的中国高校及研究机构名单以及拉方目前认可的拥有一级和二级高等职业教育证书、学士、硕士和博士学位授予权的高等院校名单将作为本协议附件。有关上述两名单的信息将由双方指定机构保存，定期更新，并通过外交途径通知对方。

六、双方将交换授予的学位名称及高等教育学历的信息，并在发生变化后通报对方。

七、双方将相互提供各自国家学历、学位证书的范本，以及本国有关办理和颁发上述证书的规则和程序的法规。

八、双方相互承认对方国家高等教育机构颁发的学历和学位。

九、对高等教育学历及学位的承认将不适用于任何一方受现行国家法律所规范的职业范围内的职业性活动。

第　二　条

一、持有中华人民共和国颁发的普通高中教育毕业证书及中等职业教育毕业证书者可允许申请进入拉脱维亚共和国高等教育机构学习。

二、持有拉脱维亚共和国颁发的普通中等教育证书和中等职业教育证书者可允许申请进入中华人民共和国高等教育机构学习。

三、两国高等教育机构有权设定额外的入学条件。

第　三　条

一、对学习和考试成绩的承认以及就此出具相应证明将由双方相关机构应申请者申请并依据相关高等教育机构教学大纲的要求和申请者提供的学习和考试成绩证明视情而定。

二、如果根据本条第一款进行的成绩比较有差距，申请者应有机会学习由接受的高等教育机构组织的相应预备课程，从而达到必要的要求。

三、获得中国高等专科文凭者可以允许申请进入拉脱维亚高等教育机构的学士学位课程继续学习。其学习和考试成绩可根据相关高等教育机构教学大纲的要求及申请者提供的学习和考试成绩证明予以承认。

四、获拉脱维亚一级高等职业教育证书者可以允许申请进入中国高等教育机构的学士学位课程继续学习。其学习和考试成绩可根据相关高等教育机构教学大纲的要求及申请者提供的学习和考试成绩证明予以承认。

第 四 条

一、对双方高等教育机构颁发的学历和学位进行认证的程序将按照各自国家有关机构的规定予以明确。

二、双方将给予经认证的对方学历和学位持有者到对方国家继续接受高一级教育的平等权利，但不能免除持有者必须满足对方高等教育机构根据其国家法规制定的相关入学要求的义务。

第 五 条

双方将按照本国法律法规给予持有对方授予的学士学位或同等高等教育学历及学位者进一步攻读硕士学位的平等权利。

第 六 条

双方将按照本国法律法规给予持有对方授予的硕士学位或同等高等教育学历及学位者进一步攻读博士学位的平等权利。

第 七 条

双方将根据各自法律法规承认对方国家授予的博士学位。

第 八 条

一、在中华人民共和国境内获得学士、硕士或者博士学位的人员将获准在拉脱维亚共和国境内以英文或汉语形式使用相关学位。在拉脱维亚境内使用该学位将需要按照法律规定认证。

二、在拉脱维亚共和国境内获得学士、硕士或者博士学位的人员将获准在中华人民共和国境内以拉脱维亚文或英文形式使用相关学位。在中华人民共和国境内使用该授予学位将需要按照法律规定认证。

第　九　条

一、双方将就涉及本协议实施过程中的问题进行协商，相互通知教育领域的变化并在必要时就此做出官方解释。

二、本协议将不影响双方因作为其他国际协议成员国所承担的任何权利或义务。

第　十　条

一、为讨论与该协议实施有关的问题，双方将成立常设专家委员会，该委员会由双方国家各自任命不超过六人的代表组成。双方将通过外交途径商定具体人选。

二、应一方或双方建议，双方将召开常设专家委员会会议，会议时间和地点通过外交途径商定。

第 十 一 条

一、双方应通过外交渠道书面通知已完成使本协议生效所必需的所有内部法律程序，本协议自后一份通知收到之日起生效。

二、本协议有效期每5年为一周期。如任何一方均未在协议到期前6个月以书面形式提出终止本协议，本协议有效期自动延长至下一个5年周期。

三、本协议可经双方同意后进行修订。

四、双方可以书面形式通知终止本协议。本协议在一方通过外交途径收到另一方书面通知后6个月后终止。

五、除非另有约定，本协议的终止将不影响双方同意的认证过程。

本协议于二〇一〇年十月二十二日在北京签订，一式两份，每份均用中文、拉脱维亚文和英文写成，三种文本同等作准。如对文本解释发生分歧，以英文本为准。

中华人民共和国教育部 代　表 郝　平 （签　字）	拉脱维亚共和国教育和科学部 代　表 科　凯 （签　字）

中华人民共和国政府和立陶宛共和国政府关于修订《互免持外交、公务护照和海员证（随船）人员签证协议》的换文

中方去照

（2010）部领字第139号

立陶宛共和国外交部：

中华人民共和国外交部向立陶宛共和国外交部致意，并谨代表中华人民共和国政府建议，对1992年8月15日中立两国政府达成的《互免持外交、公务护照和海员证（随船）人员签证协议》进行修订，在协议第一条第二款后补充如下内容：

缔约一方派驻缔约另一方外交领事代表机构的持外交、公务护照人员，包括其持有效外交、公务护照的家庭成员，任期内在缔约另一方入境、出境、过境、停留免办签证。缔约一方需将其新派驻缔约另一方外交领事代表机构人员及其家庭成员之事项通知缔约另一方外交部，并至少在上述人员入境前20个工作日向缔约另一方外交部提供相关信息，以便其办理就任手续。

上述内容，如蒙立陶宛共和国外交部代表本国政府复照确认，本照会和外交部的复照即构成中华人民共和国政府和立陶宛共和国政府对《互免持外交、公务护照和海员证（随船）人员签证协议》第一条的修订，并自收到外交部复照之日起生效。

顺致崇高的敬意。

中华人民共和国外交部（印）

二〇一〇年三月二十六日于北京

立方来照

第621/2010号

中华人民共和国外交部：

立陶宛共和国外交部向中华人民共和国外交部致意，并谨提及贵部2010年3月26日的照会，其内容如下：

（内容同中方去照，略——编者）

立陶宛共和国外交部确认，立陶宛共和国接受上述照会内容。鉴此，本照会和贵部来照即构成立陶宛共和国政府和中华人民共和国政府对《互免持外交、公务护照和海员证（随船）人员签证协议》第一条的修订，并自贵部收到本照会之日起生效。

顺致最崇高的敬意。

立陶宛共和国外交部（印）

二〇一〇年十一月十日于维尔纽斯

中华人民共和国国家工商行政管理总局和罗马尼亚竞争委员会合作谅解备忘录

中华人民共和国国家工商行政管理总局和罗马尼亚竞争委员会（以下称“双方”），

希望发展和加强竞争法律和政策领域的合作，

旨在为双边关系发展创造有利条件，

根据平等互利原则，

同意以下内容：

第一条　目的

本谅解备忘录的目的在于双方建立一个双边合作的基本框架。本谅解备忘录中拟开展的活动旨在通过交流信息和最佳实践以及开展能力建设活动，促进和发展双方竞争法律和政策方面的合作。

第二条　合作领域

为体现双方共同关注，将在以下方面开展竞争领域的合作：

（一）根据双方经验，交换关于竞争立法方面的信息以完善法律框架。

（二）交流有关竞争违法行为调查程序方面的经验。

（三）交流竞争机关与其他政府部门，尤其是行业主管部门发展关系的经验。

（四）在竞争领域文件解释和研究方面互相支持。

（五）在国际组织，如经济合作与发展组织（OECD）和世界贸易组织（WTO）活动中，互相支持。

第三条　合作方式

合作方式主要如下：

（一）交换立法进程、竞争典型案例和市场研究方面的非保密性文件、研究成果和刊物。

交流活动通过邮件或电子邮件的方式，或者在双方代表会晤时用英文进行。

（二）在资金允许范围内组织研讨会和学习访问，从而为处理竞争案件的专家提供专业培训。

（三）参加在中国和罗马尼亚举办的以完善竞争法规为议题的国际会议、研讨会和其他活动。

（四）组织中国和罗马尼亚高级官员会晤，交流最新进展方面的信息，讨论双边合作的远景。

第四条　磋商

双方同意：

（一）双方可以通过磋商，共同对本谅解备忘录进行修改。

（二）双方将通过磋商，确定开展的具体活动，包括活动的议题、日期、地点、财务和其他事项。

（三）双方指定联络部门，以确保部门间的充分沟通。

中国国家工商行政管理总局：

联络部门：国际合作司

电话/传真：86-10-68010463，86-10-68013447

电子邮件：intl@saic.gov.cn

international@saic.gov.cn

罗马尼亚竞争委员会：

联络部门：国际关系和欧共体事务司

电话：0040-21-4054433
传真：0040-21-3182611
电子邮件：doina.tudoran@consiliulconcurentei.ro

第五条　限制条款

本谅解备忘录不侵犯或影响双方在各自参加的国际协定中的权利和义务。

第六条　争议解决

本谅解备忘录在解释或执行过程中发生的争议，由双方共同协商解决。

第七条　其他条款

本谅解备忘录自签字之日起生效。任何一方均可终止本谅解备忘录，但需提前3个月书面通知另一方。

本谅解备忘录于二〇一〇年四月十三日在布加勒斯特签订，一式三份，每份均以中文、罗马尼亚文和英文写成，三种文本同等作准。如在解释本谅解备忘录时发生分歧，以英文文本为准。

中华人民共和国 国家工商行政管理总局 代　表 **周伯华** （签　字）	罗马尼亚 竞争委员会 代　表 **鲍革丹·M. 奇力托尤** （签　字）

中华人民共和国政府和罗马尼亚政府关于修订《两国政府关于互免签证和签证费协定》的换文

中方去照

第C/10278号

中华人民共和国驻罗马尼亚大使馆向罗马尼亚外交部致意，并谨确认收到外交部二〇一〇年五月六日第Nr.G5-1/2883号照会，内容如下：

"罗马尼亚外交部向中华人民共和国驻罗马尼亚大使馆致意，并荣幸地通报如下：

罗方建议对1981年4月25日在北京签署的《中华人民共和国政府和罗马尼亚社会主义共和国政府关于互免签证和签证费的协定》进行如下修订：

一、将协定标题中的"罗马尼亚社会主义共和国政府"改为"罗马尼亚政府"，删除"签证费"字样，并增加"为持外交和公务护照人员"字样，修改后的标题如下：

《中华人民共和国政府和罗马尼亚政府关于为持外交和公务护照人员互免签证的协定》

二、将协定前言中的"罗马尼亚社会主义共和国政府"更改为"罗马尼亚政府"，删除"签证费"字样，并增加"为持外交和公务护照人员"字样，修改后的前言如下：

中华人民共和国政府和罗马尼亚政府为发展两国间的友好关

系和方便两国公民的往来，就为持外交和公务护照人员互免签证问题签订本协定如下：

三、删除第一条中的“以及其他护照和旅行证件（见附件规定）”和协定的附件。修改后的第一条如下：

缔约一方持外交护照、公务护照的公民，通过缔约另一方对国际旅客开放的所有边境口岸入境、出境或过境，免办签证。

四、将第二条第一款中的第一句和第二句的“三个月”更换为“三十天”，同时删除第三句中的“延长期限最长不得超过护照的有效期”，修改后的第二条第一款如下：

第一条所规定的免办签证的缔约任何一方的公民，在对方境内首次入境之日起的逗留期限不超过三十天，如须逗留三十天以上，则需向当地主管机关办理延长逗留期手续。延期手续免费办理。

五、删除第二条第二款中的“和执行双边协定、合同的公民以及他们的家属”。修改后的第二条第二款如下：

本条规定不包括缔约一方派往缔约另一方的常驻机构的公民。这些公民和他们的家属在任职期间可在对方境内逗留。

六、删除协定第四条关于免除签证费的条文。

七、删除协定第七条第一款第一句中的“和旅行证件”。

如果中华人民共和国政府接受上述修改意见，罗马尼亚外交部建议将此照会和中方答复的照会视为双方对《中华人民共和国政府和罗马尼亚社会主义共和国政府关于互免签证和签证费的协定》的修订，上述修订将从中方照会发出之日起生效。”

中华人民共和国驻罗马尼亚大使馆谨代表中华人民共和国政府确认，同意外交部上述照会内容。

顺致崇高的敬意。

中华人民共和国驻罗马尼亚大使馆（印）

二〇一〇年七月二十日于布加勒斯特

罗方来照

第 Nr.G5-1/2883 号

（同中方去照引号内的内容，略——编者）

顺致崇高的敬意。

罗马尼亚外交部（印）

二〇一〇年五月六日于布加勒斯特

中华人民共和国和马耳他关于刑事司法协助的条约

中华人民共和国和马耳他，以下简称“双方”，

在相互尊重主权和平等互利的基础上，并根据本条约的规定，为了通过刑事司法协助，促进两国在侦查、起诉、审判和处罚罪犯以及其他相关刑事诉讼程序中的有效合作，

达成协议如下：

第一条　适用范围

一、双方承诺根据本条约的规定，在刑事诉讼程序中相互提供尽可能广泛的协助。

二、协助应当包括：

（一）送达刑事诉讼文书；

（二）获取人员的证言或者陈述；

（三）提供文件、记录和证据物品；

（四）获取和提供鉴定结论；

（五）查找和辨认人员；

（六）进行勘验或者检查场所或者物品；

（七）便利有关人员作证或者协助调查；

（八）移送在押人员以便作证或者协助调查；

（九）实施查询、追查资产、搜查、冻结和扣押；

（十）没收犯罪所得和犯罪工具；

（十一）通报刑事诉讼结果和提供以往刑事定罪记录；

（十二）交换法律资料；

（十三）不违背被请求方法律的任何其他形式的协助。

三、本条约不适用于有关下列事项的请求：

（一）逮捕；

（二）引渡；

（三）执行请求方所作出的刑事判决、裁定或者决定，但是被请求方法律和本条约许可的除外；

（四）移交被判刑人以便服刑；

（五）刑事诉讼的转移；

（六）对纯军事犯罪采取的措施。

四、本条约仅适用于双方之间的刑事司法协助。本条约的规定，不给予任何私人取得、隐藏或者排除证据或者妨碍执行请求的权利，也不扩大或者限制其依国内法获得的权利。

第二条　中央机关

一、为本条约的目的，双方相互请求和提供司法协助，应当通过各自指定的中央机关直接进行联系。

二、在中华人民共和国方面中央机关为司法部，在马耳他方面中央机关为总检察长。

三、根据本条约提出的请求和相关通信应当由请求方中央机关转递给被请求方中央机关。

四、任何一方如果变更其指定的中央机关，应当通过外交途径通知另一方。

第三条　拒绝或推迟协助

一、存在下列情形之一的，被请求方可以拒绝提供协助：

（一）被请求方认为执行请求将损害其主权、安全、公共秩序或者其他根本利益；

（二）被请求方正在对请求所涉及的同一犯罪嫌疑人或者被告人就同一犯罪行为进行刑事诉讼，或者已经作出终审判决；

（三）被请求方认为请求涉及的犯罪是政治性质的犯罪；

（四）被请求方认为，请求的目的是基于某人的种族、性别、肤色、宗教、出生地、国籍或者政治见解而对该人进行调查、起诉、审判、惩罚或者其他刑事诉讼程序，或者该人的地位可能由于上述任何原因受到损害；

（五）请求涉及的行为根据被请求方法律不构成犯罪；

（六）被请求方认为请求提供的协助与案件缺乏实质联系。

二、如果执行请求将妨碍正在被请求方进行的侦查、起诉、审判、处罚或者其他刑事诉讼程序，被请求方可以推迟提供协助。

三、在根据本条拒绝或者推迟提供协助前，被请求方中央机关应当与请求方中央机关协商，考虑是否可以在其认为必要的条件下准予协助。请求方如果接受附条件的协助，则应当遵守这些条件。

四、被请求方如果拒绝或者推迟提供协助，应当将拒绝或者推迟所依据的本条约的规定通知请求方。

第四条　请求的形式和内容

一、请求应当以书面形式提出，并且由请求方中央机关签署或者盖章。在紧急情况下，被请求方可以接受其他形式的请求，请求方应当随后尽快以书面形式确认该请求，但是被请求方另行同意的除外。

二、协助请求应当包括以下内容：

（一）执行请求所涉及的诉讼程序的机关的名称；

（二）关于诉讼程序的目的和性质以及该案所适用的法律规定的说明；

（三）关于引发请求的相关事实的说明；

（四）关于请求提供的协助及其目的和与案件相关性的说明；

（五）希望请求得以执行的期限。

三、在必要和可能的范围内，请求还应当包括以下内容：

（一）被取证人员的身份、出生日期和住址或者所在地，以及获取和记录证言或者陈述的方式的说明和询问证人的问题单；

（二）受送达人的身份、出生日期和住址或者所在地，该人与诉讼的关系，以及希望送达得以执行的方式；

（三）已掌握的需查找或者辨别的人员的身份及下落的资料；

（四）关于需勘验或者检查的场所或者物品的说明；

（五）关于为取证目的需搜查的人员或者扣押的物品的说明；

（六）关于为取证目的搜查的地点和需冻结或者扣押的物品的说明；

（七）可适用的关于保密的需要及其理由的声明；

（八）在执行请求时应遵循的特定程序及其理由的说明；

（九）关于被邀请前往请求方境内的人员有权得到的津贴和费用的说明；

（十）有助于被请求方执行请求的任何其他资料。

四、被请求方中央机关如果认为请求中包含的内容尚不足以使其处理该请求，可以要求请求方中央机关提供补充资料。

五、请求和辅助文件应当附有被请求方文字或者英文译文。

第五条　请求的执行

一、为本条约目的，被请求方应当根据本国法律和实践，采取任何其认为必要的措施执行请求方的请求。

二、当执行请求需要中央机关之外的其他机关采取行动时，被请求方中央机关应当将请求转递给有关机关。

三、被请求方在不违背本国法律和实践的范围内，可以按照请求中指定的方式执行协助请求。

四、如果被请求方认为执行请求会危及任何证人、执法官员或者与上述人员有关的其他人员的人身安全和其他合法权益，双方应当协商决定可以执行请求的条件。

五、请求方中央机关应当将导致不适宜执行请求或者需要变更被请求的行动的任何情况，尽快通知被请求方中央机关。

六、被请求方中央机关应当将执行请求的结果尽快通知请求方中央机关。

第六条　费用

一、被请求方应当负担执行请求所产生的费用，但是下列费用应由请求方负担：

（一）有关人员按照第十一条第四款的规定，前往、停留和离开被请求方的费用；

（二）有关人员按照第十三条或者第十四条的规定，前往、停留和离开请求方的津贴或者费用；

（三）鉴定人的费用和报酬；

（四）笔译和口译的费用和报酬。

二、如果执行请求明显地需要超常性质的费用，双方应当相互协商决定可以执行请求的条件。

第七条　保密和限制使用

一、如果请求方提出要求，被请求方应当对请求，包括已提出或者答复请求这一事实，请求内容和辅助文件，以及按照请求所采取的行动予以保密。如果不违反保密要求就无法执行请求，被请求方应当将此情况通知请求方，请求方应当决定该请求执行的范围。

二、在未事先征得被请求方同意的情况下，请求方不应为了请求所述诉讼以外的任何其他目的，使用或者披露任何根据本条约获得的信息或者证据。

第八条　个人信息的保护

一、请求方仅可以将被请求方提供的个人信息用于请求所述的诉讼目的或者按照被请求方规定的条件用于其他目的。

二、被请求方应当努力确保所提供的有关个人信息资料的准确。

第九条　送达文书

一、被请求方应当根据本国法律并依请求，尽可能送达请求方递交的文书，但是对于要求某人作为被告人出庭的文书，被请求方不负有送达的义务。

二、请求方中央机关应当在预定出庭日期之前的合理期限内，转递任何要求有关人员在请求方境内出庭的送达文书请求。

三、即使被送达的文书中有相反的规定，送达任何要求有关人员在请求方境内出庭的文书也不应使该人承担任何履行该文书的义务。

四、被请求方应当以请求中指定的方式，或者在不能以此方式的情况下，应当以国内法律规定的方式，向请求方提供送达证明。如果不能送达，送达证明应当包括不能送达的原因。

第十条　查找或者辨认人员

一、被请求方应当尽最大努力查明请求中指定人员的所在地或者身份。

二、被请求方中央机关应当尽快将查询结果通知请求方中央机关。

第十一条　调取证据

一、被请求方应当根据本国法律并在其允许的范围内，依请求调取证据并移交给请求方。

二、如果请求涉及移交文件或者记录，被请求方可以移交经证明的副本或者影印件；但是，在请求方明确要求移交原件的情况下，被请求方应当尽可能满足该要求。

三、在不违背被请求方法律的前提下，根据本条移交给请求方的文件和其他资料，应当按照请求方要求的形式予以证明，以便使其可以依请求方法律得以接受。

四、被请求方在不违背本国法律的前提下，应当允许请求中指明的人员在执行请求时在场，并允许这些人员通过被请求方主管机关向被取证人员提问。为此目的，被请求方中央机关应当尽快将执行请求的时间和地点通知请求方中央机关。

第十二条　拒绝作证

一、根据本条约被要求作证的人员，如果被请求方法律允许该人在被请求方提起的诉讼中的类似情形下不作证，可以拒绝作证。

二、如果根据本条约被要求作证的人员，主张依请求方法律有拒绝作证的权利或者特权，被请求方应当要求请求方提供该人是否享有该权利或者特权的证明书。请求方提供的证明书应当视为是否存在该项权利或者特权的充分证据，除非有明确的相反证据。

第十三条　安排有关人员作证或者协助调查

一、被请求方应当根据请求方的请求，邀请有关人员前往请求方境内出庭作证或者协助调查。请求方应当说明将向该人支付的津贴和费用的范围。被请求方应当将该人的答复迅速通知请求方。

二、请求方应当在不迟于预定的出庭日六十天前将要求有关人员在其境内出庭的文书送达请求递交被请求方。在紧急情况下，被请求方可以同意在较短期限内递交。

第十四条　移送在押人员以便作证或者协助调查

一、经请求方请求，被请求方可以将在其境内的在押人员临时移送至请求方境内以便出庭作证或者协助调查，条件是该人同意，而且双方已经就移送条件事先达成书面协议。

二、如果依被请求方法律该被移送人应当予以羁押，请求方应当羁押该人。

三、作证或者协助调查完毕后，请求方应当尽快将该被移送人送回被请求方。

四、为本条的目的，该被移送人在请求方被羁押的期间，应当折抵在被请求方判处的刑期。

第十五条　证人和鉴定人的保护

一、请求方对于到达其境内的证人或者鉴定人，不得由于该人在入境前的任何作为或者不作为而进行侦查、起诉、羁押、处罚或者采取其他限制人身自由的措施，也不得要求该人在请求所未涉及的任何侦查、起诉或者其他诉讼程序中作证或者协助调查，但被请求方和该人事先同意的除外。

二、如果本条第一款所述人员在被正式通知无须继续停留后十五天内未离开请求方，或者离开后又自愿返回的，则不再适用本条第一款。但是，该期限不应包括该人由于其无法控制的原因未离开请求方的期间。

三、对于拒绝根据第十三条或者第十四条作证或者协助调查的人员，不得由于此种拒绝而施加任何刑罚或者采取任何限制其人身自由的强制措施。

第十六条　提供犯罪和其他记录

一、如果在请求方境内受到刑事侦查或者起诉的人在被请求方境内曾经受过刑事追诉，则被请求方应当根据请求，向请求方提供有关该人的犯罪记录和对该人判刑的情况。

二、被请求方应当向请求方提供可以公开获得的政府部门和机构的记录副本。

三、被请求方可以提供其政府部门或者机构持有，但不能公开获得的任何记录或者信息的副本。被请求方可以全部或部分地拒绝依据本款提出的请求。

第十七条　查询、追查、搜查、冻结和扣押

一、被请求方应当在本国法律允许的范围内，执行查询、追查、搜查、冻结和扣押作为证据的资料和财物的请求。

二、被请求方应当向请求方提供其所要求的有关执行请求的结果。

三、如果请求方同意被请求方就移交所提出的条件，包括为保护任何第三方对该被移交物品的权利所必要的条件，被请求方可以将被扣押的资料和财物移交给请求方。

第十八条　返还文件和物品

请求方中央机关应当尽快返还根据本条约执行请求而向其提供的任何文件或者物品，但被请求方中央机关不要求返还的情况

除外。

第十九条　犯罪所得和犯罪工具的没收

一、被请求方应当根据请求，努力确定犯罪所得或者犯罪工具是否在其境内，并且应当将调查结果通知请求方。在提出请求时，请求方应当向被请求方说明其认为上述财物可能位于被请求方境内的理由。

二、如果根据本条第一款，涉嫌的犯罪所得或者犯罪工具已被找到，被请求方应当根据请求方的请求，按照本国法律采取措施冻结、扣押和没收这些财物。

三、在本国法律允许的范围内及双方商定的条件下，被请求方可以根据请求方的请求，将犯罪所得或者犯罪工具的全部或者部分或者出售上述资产的所得移交给请求方。

四、在适用本条时，被请求方和任何第三人对这些财物的合法权利和利益应当根据被请求方法律受到尊重。

第二十条　通报刑事诉讼结果

一、根据本条约提出协助请求的一方，应当根据被请求方的要求，向被请求方通报协助请求所涉及的刑事诉讼的结果。

二、一方应当根据请求，向另一方通报其对该另一方国民提起的刑事诉讼的结果。

第二十一条　协商与交流法律资料

一、应任何一方要求，双方或者双方中央机关应当迅速就本条约实施中的问题展开磋商，不论是一般性问题还是具体案件。

二、双方可以根据请求，相互提供各自国家与履行本条约有关的法律规定和司法实践的资料。

第二十二条　证明和认证

为本条约的目的，根据本条约转递的任何文件，不应要求任何形式的证明或者认证，但是本条约另有规定的除外。

第二十三条　其他合作基础

本条约不妨碍任何一方根据其他可适用的国际协议或者本国法律向另一方提供协助。双方也可以根据任何其他可适用的安排、协议或者惯例提供协助。

第二十四条　适用

本条约适用于其生效后提出的请求，即使有关作为或者不作为发生于本条约生效前。

第二十五条　争议的解决

由于本条约的解释和适用产生的争议，如果双方中央机关不能自行达成协议，应当通过外交途径协商解决。

第二十六条　生效和修正

一、本条约须经批准，批准书将通过正常外交途径互换。本条约自互换批准书之日后第三十天生效。

二、本条约可以经双方书面协议随时予以修正。

第二十七条　终止

一、任何一方可以通过书面形式通知终止本条约。终止自该通知发出之日起六个月后生效。

二、在本条第一款所述的通知发出之日前提出的协助请求，应当继续按照本条约的规定处理。

下列签署人经各自政府适当授权，签署本条约，以昭信守。

本条约于二〇〇九年二月二十二日签订于马耳他瓦莱塔，一式两份，每份均以中文和英文写成，两种文本同等作准。

中华人民共和国	马耳他
代　表	代　表
李金章	**卡梅罗·米夫苏德·鲍尼奇**
（签　字）	（签　字）

注：该条约于2012年1月1日生效。

中华人民共和国政府和马耳他政府关于促进和保护投资的协定

中华人民共和国政府和马耳他政府（以下称“缔约双方”），

愿为缔约一方的投资者在缔约另一方领土内投资创造有利条件，

认识到相互鼓励、促进和保护投资将有助于激励投资者经营的积极性和增进两国繁荣，

愿在平等互利原则的基础上，加强两国间的合作，

达成协议如下：

第一条　定义

本协定内：

一、“投资”一词系指缔约一方投资者依照缔约另一方的法律和法规在缔约另一方领土内所投入的各种财产，包括但不限于：

（一）动产、不动产及抵押、优先受偿权、用益物权、保证

或质押等类似权利；

（二）公司的股份、债券、股票或其他形式的参股；

（三）金钱请求权或任何其他与投资相关的具有经济价值的履行请求权；

（四）知识产权，特别是著作权、专利、商标、商号、工艺流程、专有技术和商誉以及其他类似权利；

（五）法律或法律允许依合同授予的特许经营权或商业特许权，包括勘探、耕作、提炼或开发自然资源的特许权。

作为投资的财产发生任何符合投资所在的缔约方的法律法规的形式上的变化，不影响其作为投资的性质。

二、“投资者”一词，系指：

（一）根据缔约任何一方法律具有该缔约方国籍的自然人；

（二）法律实体，包括根据缔约任何一方法律设立或组建且住所地或注册地在该缔约方境内的公司、社团、合伙及其他组织。

三、“收益”一词系指由投资所产生的款项，包括利润、股息、利息、资本利得、提成费、费用和其他合法收入。

四、“领土”一词系指：

（一）对于中华人民共和国，系指所有中华人民共和国领土，包括领海，以及根据国际法和国内法，以勘探和开发自然资源为目的，中国拥有主权权利和管辖权的领海以外的海域。

（二）对于马耳他，系指马耳他领土，以及根据国际法，以勘探和开发自然资源为目的，马耳他拥有主权权利和管辖权的与领海边界相连的海域，包括空域、海床和底土在内。

第二条　促进和保护投资

一、缔约一方应鼓励缔约另一方的投资者在其领土内投资，并依照其法律和法规接受并保护这种投资。

二、缔约任何一方的投资者都应当在投资持续期间内持续地遵守当地法律。缔约一方投资者在缔约另一方境内的投资，应享受持续的保护和安全。

三、在不损害其法律法规的前提下，缔约一方不得对缔约另一方投资者在其境内投资的管理、维持、使用、享有和处分采取任何不合理的或歧视性的措施。

第三条　国民待遇和最惠国待遇

一、缔约一方的投资者在缔约另一方的领土内的投资应始终享受公正与公平的待遇。

二、在不损害其法律法规的前提下，缔约一方应给予缔约另一方投资者在其境内的投资及与投资有关活动不低于其给予本国投资者的投资及与投资有关活动的待遇。

三、（一）缔约一方给予缔约另一方投资者在其境内的投资及与投资有关活动的待遇，在其投资的管理、使用、享用或处分等方面，不应低于其给予任何第三国投资者的投资及与投资有关活动的待遇。

（二）如果缔约一方根据其在自由贸易区、关税同盟、共同市场、区域经济一体化组织、便利边境地区小额边境贸易的安排或者建立上述组织或机构的过渡性协议中的成员资格或与其的关联，给予了任何第三国投资者特别的优惠，该缔约方不得被要求将该优惠给予缔约另一方投资者。

（三）根据本条规定所给予的待遇不包括任何缔约方根据避免双重征税协定或者其他与税收事项有关的协定给予第三国投资者在税收、财税减免等方面的待遇。

四、缔约一方应依据其法律和法规，为在其领土内从事与投资有关活动的缔约另一方国民的入境和停留提供便利。

第四条　征收

一、缔约任何一方对缔约另一方的投资者在其领土内的投资不得采取征收、国有化或其他类似措施（以下称“征收”），除非符合所有下列条件：

（一）为了公共利益；

（二）依照国内法律程序；

（三）非歧视性的；

（四）给予充分补偿。

二、本条第一款所述的充分补偿，应等于采取征收前或征收为公众所知时中较早一刻被征收投资的公平市场价值。该价值应根据普遍承认的估价原则确定。补偿应包括自征收之日起到付款之日按正常商业利率计算的利息。补偿的支付不应迟延，并应可有效兑换和自由转移。

三、最惠国待遇适用于缔约一方投资者在缔约另一方领土内的投资的征收。

四、当缔约一方征收在其领土内设立的，缔约另一方的投资者拥有其股份的公司的资产时，该缔约一方应当对拥有股份的缔约另一方的投资者适用本条第一款、第二款和第三款的规定。

第五条　损害与损失赔偿

在不违反第三条第三款第（二）项的规定的前提下，缔约一方的投资者在缔约另一方领土内的投资，如果由于发生在缔约另一方领土内的战争、全国紧急状态、叛乱、暴乱或者其他类似事件而遭受损失，该缔约另一方给予其恢复原状、赔偿、补偿或采取其他措施的待遇，不应低于它给予本国或任何第三国投资者待遇中较优者。

第六条　转移

一、缔约任何一方应按照其法律和法规，保证缔约另一方投资者转移在其领土内的投资和收益，包括：

（一）利润、股息、利息及其他合法收入；

（二）全部或部分出售或清算投资获得的款项；

（三）与投资有关的贷款协议的偿还款项；

（四）本协定第一条第一款第（四）项中事项有关的提成费；

（五）技术服务费、管理费的支付；

（六）有关承包工程的支付；

（七）在缔约一方的领土内从事与投资有关工作的缔约另一方国民的收入。

二、本条一款的规定不得影响依据本协定第四条和第五条获得的赔偿的自由转移。

三、上述转移应以可自由兑换的货币按照转移当日接受投资的缔约一方通行的市场汇率进行。

第七条　代位

一、如果缔约一方或者其指定的机构根据其对非商业风险的一项担保或保险合同就在缔约另一方领土内的某项投资向投资者作了支付，缔约另一方应承认：

（一）该投资者的权利和请求权依照缔约前者一方的法律或合法交易转让给了缔约前者一方或其指定机构；以及

（二）缔约前者一方或其指定机构在与投资者同等的范围内，代位行使该投资者的权利或执行该投资者的请求权，并承担其与投资相关的义务。

二、关于因此种请求权的转让而支付的款项的转移，准用第六条。

第八条　缔约双方间争议解决

一、缔约双方对本协定的解释或适用所产生的任何争议，应尽可能通过外交途径协商解决。

二、如果该争议在6个月内未能解决，根据缔约任何一方的要求，应将争议提交依据联合国贸易法委员会仲裁规则组建的仲裁庭解决。

三、该等仲裁庭由3名仲裁员组成。自收到书面仲裁要求之日起2个月内，缔约双方应各自任命1名仲裁员。该2名仲裁员应自任命之日起2个月内共同选定1位与缔约双方均有外交关系的第三国国民担任首席仲裁员。

四、如果仲裁庭未能在自书面仲裁申请提出之日起4个月内组成，缔约双方间又无其他约定，缔约任何一方可以提请国际法院院长作出必要的任命。如果国际法院院长是缔约任何一方的国民，或由于其他原因不能履行此项任命，应请国际法院中非缔约任何一方的国民且无其他不胜任原因的最资深法官履行此项任命。

五、仲裁庭应自行决定其程序，仲裁庭应按照本协定以及缔约双方都承认的国际法原则作出裁决。

六、仲裁庭的裁决应以多数票作出。裁决是终局的，对缔约双方均有拘束力。应缔约任何一方的请求，仲裁庭应对其所作的裁决进行解释。

七、缔约双方应承担其任命的仲裁员及其出席仲裁程序的费用。首席仲裁员和仲裁庭的相应费用应由缔约双方平均承担。

第九条　投资者与东道国之间的争议解决

一、缔约双方应当通过友好解决的方式尽力协助解决缔约一方与缔约另一方投资者之间的本协定所调整的任何投资争议。投资者应以书面方式将此类争议同时通知缔约双方，通知中应当包括详细的信息。

二、如自书面争议通知之日起6个月内，争议未能通过协商解决，则争议应按投资者的选择提交：

（一）作为争议一方的缔约方有管辖权的法院；

（二）依据一九六五年三月十八日在华盛顿签订的《解决国家和他国国民之间投资争端公约》设立的“解决投资争端国际

中心”；

（三）依据联合国贸易法委员会仲裁规则组建的特设国际仲裁庭。

一旦投资者已将争议提交给国际仲裁庭解决，对上述程序之一的选择应是终局的。

三、尽管有第二款的规定，

（一）在中华人民共和国方面，有关的投资者只有在下列情况下才能将争议提交国际仲裁：

1．投资者已经按照中华人民共和国的法律完成行政复议程序，但争议仍然存在；并且

2．该争议没有被提交中华人民共和国的法院解决。

（二）在马耳他方面，投资者应当在提交国际仲裁之前将争议提交当地的法院、法庭或仲裁以用尽当地程序。

四、为第二款和第三款的目的，缔约各方作出事先的和不可撤销的同意，同意将争端提交国际仲裁。

五、仲裁庭应根据本协定的规定和被缔约双方接受的国际法原则作出裁决。

六、裁决是终局的，对争议双方具有拘束力。缔约双方应承担执行裁决的义务。

第十条　其他义务

一、如果缔约一方的立法或缔约双方之间现存或其后设立的国际义务使缔约一方投资者的投资享受比本协定规定的更优惠待遇的地位，该地位不受本协定的影响。

二、缔约任何一方应恪守其与缔约另一方投资者就投资所作出的承诺。

第十一条　适用

本协定应适用于缔约一方投资者在缔约另一方境内依照缔约

另一方法律法规于本协定生效前或生效后作出的投资，但不适用本协定生效前引起的争议。

第十二条　磋商

一、缔约双方代表为下列目的，且不限于下列目的，应不时进行会谈：

（一）审查本协定的执行情况；

（二）交流法律信息和投资机会；

（三）解决因投资产生的争议；

（四）提出促进投资的建议；

（五）研究与投资有关的其他事宜。

二、若缔约一方提出就本条第一款所列任何事宜进行磋商，缔约另一方应及时作出反应，且磋商将轮流在中华人民共和国与马耳他进行。

第十三条　生效、有效期和终止

一、缔约双方应当相互书面通知已完成使本协定生效所必需的各自法律程序。本协定自后一份通知之日起下一个月的第一天开始生效，有效期为10年。

二、本协定不损害缔约各方在协定有效期内的任何时间全部或部分地修改或者终止本协定的权利。

三、如果缔约任何一方未在本协定第一个10年有效期届满前或届满后任何时间书面通知缔约另一方终止本协定，本协定的有效期将自动延长10年，并依此法顺延。

四、就本协定的目的而言，本条规定的书面通知应当在终止之前通过外交渠道提前6个月作出。

五、本协定可以以缔约双方书面协议修改。任何修改应按与本协定生效所需程序相同的程序生效。

六、对本协定终止之日前所作出的投资，本协定前述规定应自本协定终止之日起继续适用10年。

由双方政府正式授权其各自代表签署本协定，以昭信守。

本协定于二〇〇九年二月二十二日在瓦莱塔签订，一式两份，每份均用中文和英文写成，两种文本同等作准。

中华人民共和国政府	马耳他政府
代　表	代　表
马秀红	芬内克
（签　字）	（签　字）

中华人民共和国文化部和摩尔多瓦共和国文化部2010—2014年文化合作计划

中华人民共和国文化部和摩尔多瓦共和国文化部（以下简称“双方”）本着发展和加深两国人民友好关系和相互理解的愿望，根据1992年11月6日签订的《中华人民共和国政府和摩尔多瓦共和国政府文化合作协定》，就2010年至2014年合作计划达成协议如下：

第一条

双方将支持文化合作现行方式，创造有利条件进一步巩固两国文化领域内、社会和个人组织间、以及专业人士间的直接合作。

第二条

双方将促进相互邀请参加在两国境内举办的音乐节、比赛和其他国际活动。

中方邀请摩方参加如下国际艺术节：

——“相约北京”联欢活动；

——中国成都国际非物质文化遗产节；

——广西南宁国际民歌艺术节；

摩方邀请中方参加如下国际艺术节：

——“迎春花”国际音乐艺术节（每年举办，3月1日至10日）；

——“玛利亚·比耶舒之约”国际歌剧和芭蕾之星艺术节；

——民族爵士音乐节（每年举办，9月）；

——“心连心”国际舞台歌曲大赛（每年举办，11月）；

——“科基”青年艺术家大赛（每年举办，6月）；

——“尤金·约内斯库”国际双年戏剧艺术节（两年一届，6月）；

——国际新音乐艺术节（每年举办，6月）；

——“白莲花”国际歌舞艺术节（两年一届，卡古尔市）。

第　三　条

双方将鼓励在文化产业领域开展合作。

第　四　条

双方将支持两国剧院间建立和发展直接联系，互换演员、摄制组和评论家，邀请导演到对方国家排演戏剧。

第　五　条

双方将支持在对方国家进行巡演，邀请和协助对方艺术团参加在本国举办的国际戏剧节。

第 六 条

双方将鼓励互换摄影、雕塑和现代艺术展览，支持个人展览的交换，有关单位、艺术专家和工作者将就艺术家和艺术理论家参加在两国境内举行的各种国际研讨会、进修班和展览进行直接磋商。

第 七 条

双方将支持博物馆、展览厅和可移动文化遗产保护和保存领域专业单位间的直接合作。

第 八 条

双方将交换文物保护和修复方面的信息，以支持保护文化遗产方面的合作。

第 九 条

双方将促进扩大在保护文化遗产和修复文物领域的合作，以及技术和专业人员方面的交流。

第 十 条

双方将在电影领域合作，促进两国互办电影周和电影回顾展，并互派代表团。

第 十 一 条

双方将促进中高等文化艺术院校建立直接联系。

双方将促进艺术院校大学生的培训和交换。

第 十 二 条

双方将在书刊出版领域开展合作，促进著名作家和诗人文艺作品的翻译，交换两国书刊出版和图书贸易领域专业组织的相关信息。

双方将鼓励参加在对方国家举办的国际图书博览会。

第 十 三 条

双方将促进国家图书馆、公共图书馆和其他图书馆之间建立直接合作关系，进行出版物交流（包括书籍、期刊和其他信息资料文献）。

第 十 四 条

在本计划有效期内，根据对等原则，双方互派1个文化部部级代表团，最多5人，5天以内。

第 十 五 条

互派代表团时，派出方至迟须于派出前两个月告知接待方派出人员的简历和派出期间的工作计划，接待方至迟须于派出前15天给派出方答复。

第 十 六 条

1. 根据本计划两国专业人员交流将按以下财务条款进行：

a）派出方负担两国间的往返旅费；

b）接待方负担本国境内相关交通费用，并根据本国现行法律提供住宿费用和补助金。

2. 在实施本计划框架内专业人员交流时，如有必要，接待方应根据本国现行法律提供急救服务。

第 十 七 条

参加在中华人民共和国和摩尔多瓦共和国境内举办的各种艺术节时，参加者的费用（膳食、住宿、国内交通费用）按艺术节章程规定提供。

第 十 八 条

在无任何协议情况下实施演员和艺术团体交流时，派出方负担演出场地租金、宣传海报、请帖以及一切广告费用。

第 十 九 条

在经协商并达成协议时，展览的组织将按以下条款进行：

1. 派出方负担：

a）展品在两国间的运输费用；

b）展品保险费。

2. 接待方负担：

a）展品的国内运费、组织和广告费用；

b）展品在本国境内的保护和安全费用；当发生展品损坏或遗失时，为司法诉讼提供必要的文件，在未征得派出方同意的情况下，不得对展品进行预防性工作以外的修复工作。

展品的海关通关费用将视具体情况另行商定。

在交换展品为国家财产的展览时，应签署单独的协议，以规定财务条款和其他条款内容。

第 二 十 条

双方将鼓励两国相关文化部门间开展本计划未涉及的其他形式的合作。

第二十一条

本计划于签署之日生效，有效期至2014年12月31日。

本计划于二〇一〇年九月六日在基希讷乌签署，一式两份，每份均用中文、摩尔多瓦文和俄文书就，各种文本具有同样效力。

在对本计划理解出现分歧时，以俄文文本为准。

中华人民共和国文化部 代　表 **杨志今** （签　字）	摩尔多瓦共和国文化部 代　表 **福克沙** （签　字）

中华人民共和国政府和挪威王国政府关于经济技术合作的谅解备忘录

中华人民共和国政府（以下简称“中方”）和挪威王国政府（以下简称“挪方”）（以下合称“双方”）为推动双方经济技术合作，希望加强并促进两国之间的友谊与合作，实施此备忘录下有关发展合作项目，达成协议如下：

第一条　合作范围

一、双方同意在平等和相互尊重的基础上，在本谅解备忘录规定的合作领域或其他已同意合作的领域里保持并加强双边合作，并充分考虑到双方政治、社会与经济发展情况。

二、技术欠发达及偏远地区享有项目优先权，合作范围包括环境与气候，治理与福利模式以及资源的合理分配。这些项目应强调机构建立和能力建设。

第二条　双方代表机构

中华人民共和国商务部作为中方代表机构，挪威王国驻华大使馆作为挪方代表机构，共同执行本谅解备忘录。

第三条　评估与合作

一、双方应举行年度会议，讨论合作的整体进展情况及可能开展的新项目。

年度会议由中方召集，邀请双方有关部委和合作伙伴参加年度会议。年度会议讨论情况及经磋商所做出的所有决定应记录在会议纪要中。会议纪要由中方负责起草。

二、双方承诺在此谅解备忘录下抵制腐败行为。

三、挪方可委托挪方机构、中方有关部委和机构以及与中方有合作业务的国际组织作为项目合作伙伴开展合作项目。挪方应在决定并承诺合作时向中方进行通报。

第四条　生效和终止

一、本谅解备忘录自签字之日起生效，并取代二〇〇一年五月八日签订的《中华人民共和国政府与挪威王国政府关于促进中国环境发展的技术合作谅解备忘录》。

二、任何一方可书面通知另一方终止本谅解备忘录。本谅解备忘录自该书面通知发出之日起6个月后终止。

下列代表，经各自政府正式授权，签署本谅解备忘录，以昭信守。

本谅解备忘录于二〇一〇年六月十一日在奥斯陆签订，一式两份。每份均用中文、英文和挪威文写成，三种文本同等作准。如对文本的解释发生分歧，以英文文本为准。

中华人民共和国政府	挪威王国政府
代　表	代　表
高虎城	**吕德兰**
（签　字）	（签　字）

中华人民共和国国家发展和改革委员会和葡萄牙共和国环境和空间规划部关于气候变化领域执行京都议定书清洁发展机制项目合作谅解备忘录

中华人民共和国国家发展和改革委员会和葡萄牙共和国环境和空间规划部，以下简称为“签署方”，

忆及现有的合作，并强调为了我们及后代保护全球环境、实现可持续发展的需要；

考虑到《联合国气候变化框架公约》的导言指出气候变化的全球特性呼吁所有国家按照“共同但有区别的责任”原则，以及各自的能力和社会经济条件，开展最广泛的可能合作，并且参与有效的、适当的国际行动；

为表明按照《联合国气候变化框架公约》和《京都议定书》的目标和原则，在气候变化相关领域开展一种持续合作进程的政治意愿，特别是执行《京都议定书》下的清洁发展机制；

由此达成以下谅解：

第一条

此备忘录的目标是加强中国和葡萄牙在气候变化领域的合作，可通过设立定期的双边协商论坛，并按照《京都议定书》第12条鼓励中国和葡萄牙的项目实体开发和执行清洁发展机制项目活动（以下简称CDM项目活动）。

第 二 条

中华人民共和国国家发展和改革委员会和葡萄牙共和国环境和空间规划部是指定的清洁发展机制国家主管机构，负责此备忘录的实施。双方同意经常对此谅解备忘录的实施进展进行评估。

第 三 条

此谅解备忘录致力于促进根据《京都议定书》第12条规定的所有领域内的清洁发展机制项目活动的开发与实施。批准和实施项目活动必须符合东道国政府相关环境法律法规。

第 四 条

葡萄牙共和国环境和空间规划部原则上希望获得由项目活动产生的经核证的减排量（CERs），此类项目活动不仅应遵守相关国际规则和方针，而且应符合中华人民共和国的相关规定。为此，葡方将尽力为在中国开发CDM项目的葡萄牙和中国投资方/参与方提供支持，并向上述项目业主购买项目产生的CERs。

第 五 条

中华人民共和国国家发展和改革委员会将根据《京都议定书》第十二条、公约和议定书缔约方大会相关决定，以及《中国清洁发展机制项目运行管理办法》的相关指导原则，通过对项目出具正式批准函，允许项目向葡萄牙转让产生的经核证的减排量，从而为相关的项目参与方提供支持，最终为促进CDM项目开发和执行作出贡献。

第 六 条

该备忘录自签署之日起生效。备忘录有效期到2015年12月31日，在此以前，任何签署方欲终止本备忘录，须提前6个月以书面形式通知对方。经签署双方书面同意后，可对该备忘录进行修改。

该备忘录于二〇一〇年六月八日签署，一式两份，以英文写成并作准，同时以中、葡文版本作为备考。

中华人民共和国 国家发展和改革委员会 代　表 **解振华** （签　字）	葡萄牙共和国 环境和空间规划部 代　表 **帕萨罗** （签　字）

中华人民共和国和葡萄牙共和国旅游合作协定

中华人民共和国和葡萄牙共和国（以下简称“双方”），

认识到旅游领域的合作对于发展双边关系的重要性；

为加深两国人民之间的友谊；

考虑到旅游业是加深相互理解、表达良好意愿，以及巩固两国关系的一个重要途径；

双方决定在平等互惠的基础上，在旅游合作领域达成协议如下：

第一条　协定宗旨

双方将遵循本国现行法律，以及双方均参加的其他相关国际条约，推动及加强两国旅游机构、企业的合作。

第二条　合作范围

本协定规定了双方在旅游领域开展合作的法律基础，具体方面如下：

（一）机构合作；

（二）企业投资及合作；

（三）职业培训；

（四）旅游推广。

第三条　机构合作

双方承诺发展两国国家旅游局的合作关系，并且为两国旅游机构的交流提供便利。

第四条　企业投资及合作

双方促进并鼓励在旅游业、酒店业投资机会方面的信息交流，同时为两国企业协会的交流提供便利。

第五条　职业培训

双方承诺在旅游专业人员培训方面，即在基础培训和人员培训方面开展合作。

第六条　旅游推广

双方寻求发展在旅游促销方面的合作，为交换旅游市场信息、旅游营销计划及宣传活动信息提供便利。

第七条　官方旅游办事处

双方将根据两国的有关法律规定，为对方在本国设立官方旅游办事处提供便利。

第八条　混合委员会

一、为促进、发展并落实本协定的合作内容，双方将成立一个混合委员会。

二、混合委员会将由两国旅游主管部门的代表组成，混合委员会成员的委派将通过外交途径通知。

三、混合委员会将在两国轮流召开会议。

四、如经双方事先约定，两国私营部门的专家和代表也可以被邀请参加混合委员会工作。

第九条　争议解决

关于本协定的解释及执行的任何争议，如果在混合委员会上没有得到解决，将由双方协商解决。

第十条　生效

双方应通过外交途径书面通知对方已完成协定生效所必需的国内法律程序。本协定自后一份书面通知收到之日起30天后开始生效。

第十一条　修改

一、任何一方均可提出修改本协定。

二、对协定的修订将根据第十条规定的程序生效。

第十二条　协定有效期及终止

一、本协定有效期为5年，期满后自动顺延5年。

二、任何一方可在协定期满前至少6个月通过外交途径书面通知终止本协定。

三、如一方终止本协定，协定将自期满之日起终止。

四、即使协定终止，任何在协定有效期开始的合作项目，均将继续进行直至项目结束，除非协定双方均同意终止。

第十三条　登记

根据联合国宪章第一百零二条的规定，本协定的签署地所在国应在协定生效后，尽快向联合国秘书处登记本协定，并在登记手续完成后，通知协定另一方并告知其登记号码。

本协定于二〇一〇年十一月七日在里斯本签署，一式两份，每份均用中文、葡萄牙文及英文写成，三种文本同等作准。如对文本的解释发生分歧，以英文文本为准。

中华人民共和国 代　表 **邵琪伟** （签　字）	葡萄牙共和国 代　表 **特林达德** （签　字）

中华人民共和国政府与瑞典王国政府在文化领域合作谅解备忘录

中华人民共和国政府与瑞典王国政府（以下简称“双方”），本着加强两国文化领域双边关系这一共同愿望，认为文化多样性是可持续发展的先决条件，是双方的共同目标，考虑到双方对于艺术完整性和高质量的共同关注，为发展言论自由和媒体的多样性，就两国间2010至2014年度文化交流达成如下共识：

一、专家交流

为保持和发展文化间对话，增强对对方国家文化艺术的了解，促进文化机构、独立团体和个体艺术家间的合作，双方鼓励在文化艺术领域以及在文化政策领域的杰出艺术家、代表和专家之间的交流。在本谅解备忘录有效期内，双方同意每年邀请一个以内的代表团互访，总共5或6人，由文化领域的主管、文化工作者和重要人士组成。每个团组将停留7天左右。

二、展览

在本谅解备忘录有效期内，双方将促成文化艺术领域的交流展览。有关细节和经费事宜由相关专业组织和机构商谈。

三、电影

为促进两国电影档案馆、电影组织和机构间的进一步联系，并协助其开展直接合作，双方鼓励在对等的原则下开展电影和电影专家的交流，鼓励参加对方国家的电影节、互办电影周以及互派代表团互访。有关细节和经费事宜由相关专业组织和机构商谈。

四、表演艺术

双方鼓励两国戏剧界、舞蹈界、音乐界团组以及个人艺术家间的交流，并鼓励他们参加两国举办的国际性展示活动和艺术节。双方愿就本谅解备忘录有效期内表演艺术家的交流进行商议。有关细节和经费事宜另行商谈。、

五、文学

双方将通过各自专业组织，促进对对方国家的文学作品的翻译和出版，并促成作家和翻译家的学术访问。

六、图书馆

双方鼓励两国图书馆加强专业交流与合作，特别是在数字图书馆、汉学等方面的交流与合作。

七、文化遗产

双方鼓励博物馆界和专家人士在文化遗产和考古领域开展交流与合作。

总则和财务规则

1．在本谅解备忘录框架内的交流和其他形式的合作，必须遵守两国相关的法律法规。双方将为负责执行本备忘录框架内项目的对方国家国民提供必要的协助。

2．本备忘录之规定不妨碍文化领域其他活动。

3．如双方无另行约定，派出方将根据访问者的项目安排，负担派出人员的往返国际旅费、在访问国的食宿费用以及交通费。

4．根据代表团交流项目的实际操作，两国相关部门将通过各自的使馆进行联络。

本谅解备忘录自签订之日起生效，有效期至2014年12月31日。经双方协商确认，本备忘录的有效期可以延长。

本谅解备忘录于二〇一〇年三月二十九日在斯德哥尔摩签署，以英文写成，一式两份，均具有同等效力。

中华人民共和国政府	瑞典王国政府
代　表	代　表
陈明明	**利耶路特**
（签　字）	（签　字）

中华人民共和国政府和瑞士联邦委员会关于促进和相互保护投资协定

序　言

中华人民共和国政府和瑞士联邦委员会，

为了两国的相互利益愿意加强经济合作，

希望为缔约一方的投资者在缔约另一方领土内的投资创造和维持有利条件，

为了繁荣两国经济，认识到促进和保护外国投资的必要性，

达成协议如下：

第一条　定义

本协定内：

一、“投资”一词应包括各种财产，特别是：

（一）动产和不动产，以及其他各种物权，如使用权、抵押权、留置权、质押权和用益权；

（二）公司股票，股份或其他形式的参股；

（三）金钱请求权或其他具有经济价值的行为请求权；

（四）知识产权，工业产权（如专利、实用新型、工业设计或模型、贸易或服务商标、商号、原产地标志），专有技术和商誉；

（五）依照公用法律给予的商业特许，包括依法由法律合同或者行政机关决定授予的勘探、提炼或开发自然资源或其他权利的特许。

二、对缔约任何一方，“投资者”一词系指：

（一）根据该缔约方法律被认为具有其国籍的自然人；

（二）依照该缔约方法律设立或以其他适当的方式组建、且在其领土内有住所和实际经营活动的法律实体，包括公司、社团、商业团体和其他组织；

（三）根据第三国法律设立、但为本条第二款第一项所定义的自然人或第二项所定义的法律实体有效控制的法律实体。

三、“收益”一词系指由投资所产生的款项，特别是包括利润、利息、资本利得、股息、提成费。

四、“领土”一词系指缔约方的领土，包括领土、内水、领海（如有）及其上的领空，以及缔约方根据国内法和国际法行使主权权利或管辖权的领海以外的海域，包括海床、底土及其自然资源。

第二条　适用范围

本协定应适用于在其生效之前或之后缔约一方投资者依法在缔约另一方领土内的投资。但是，本协定不适用于在本协定生效之前已发生的事件所引发的请求或者争议。

第三条　促进及许可

一、缔约一方应在其领土内尽可能促进缔约另一方投资者的投资，并依据其法律法规许可该投资。

二、对于应当接受的在其领土内的投资，缔约一方应依据法律法规提供所有与该投资相关的必要许可和批准，包括对实施技术或行政援助的许可协议和合同的许可，以及投资者选择职员所需要的批准。

第四条　保护及待遇

一、缔约一方投资者的投资和收益在缔约另一方领土内应始终享受公正和公平的待遇，并享有完全的保护和安全。缔约一方不得以任何方式对该投资的管理、维持、使用、享有、扩大或处置采取不合理或歧视性的措施。

二、缔约一方在其领土内给予缔约另一方投资者的投资或收益的待遇不应低于其给予本国投资者的投资或收益的待遇（国民待遇）或者其给予任何第三国投资者的投资或收益的待遇（最惠国待遇），并从优适用。

三、缔约一方在其领土内给予缔约另一方投资者管理、维持、使用、享有或处置其投资的待遇不应低于其给予本国投资者的待遇（国民待遇）或者其给予任何第三国投资者的待遇（最惠国待遇），并从优适用。

四、如果缔约一方根据建立自由贸易区、关税同盟或者共同市场的协议或者根据避免双重征税协议给予任何第三国以特别优惠，该缔约方没有义务将上述优惠给予缔约另一方的投资者。

第五条　转移

一、缔约一方应允许在其领土内进行投资的缔约另一方投资者转移与该投资相关的款项，特别是：

（一）收益；

（二）对因投资发生的贷款或其他合同义务的履行而进行的支付；

（三）用于支付投资管理费用的款项；

（四）源自本协定第一条第一款第（三）、（四）、（五）项列举的权利的提成费和其他支付；

（五）与投资有关的对外籍职员的工资和其他报酬；

（六）维持或增加投资所需要的初始资本和追加资本；

（七）部分或全部的投资出售或清算收入，包括可能的投资增值。

二、上述转移应以可自由兑换的货币按照转移当日接受投资的一方通行的市场汇率不迟延地进行。若市场汇率不存在，则应符合支付时国际货币基金组织特别提款权同有关货币汇率折算得出的交叉汇率。

第六条　征收及补偿

一、除非是为了公共利益、在非歧视的基础上并给予补偿，缔约一方不得对缔约另一方投资者的投资直接或间接采取征收、国有化或其他任何有相同实质或相同效果的措施。该补偿应等于采取征收或即将采取的征收为公众所知的前一刻被征收投资的市场价值，以在先者为准。补偿应当包括以正常商业利率计算的从征收发生日起到支付日之间的利息，应以可自由兑换的货币不迟延地支付，并应可自由转移。受影响的投资者应有权根据征收方的法律要求该缔约方的司法机构或其他独立机构根据本款规定的原则迅速审查该案件和其投资的价值。

二、如果缔约一方征收了在其领土的任一地区依据其有效法律设立或组建的公司财产，而缔约另一方投资者在该公司中拥有股份，则该缔约一方应在必要的限度内依法保证对该投资者适用本条第一款所规定的补偿。

第七条　损害补偿

缔约一方投资者的投资如果在缔约另一方的领土内因战争或其他武装冲突、革命、全国紧急状态、叛乱、内乱或者任何其他类似事件遭受损失，该投资者应享受符合本协议第四条规定的待遇，从归还、赔偿、补偿或其他解决措施中受益。

第八条　其他承诺

缔约一方应当遵守其对缔约另一方投资者在其领土内的投资所做出的特别承诺。

第九条　更优惠条款

如果缔约一方的立法或国际法规则给予缔约另一方投资者投资的待遇比本协定更优惠，则这种条款在其更优惠的范围内应比本协定优先适用。

第十条　代位原则

如果缔约一方对其投资者在缔约另一方领土内的投资提供了非商业风险的财政担保，并据此对该投资者支付了赔偿金，缔约另一方应当承认该缔约一方按照代位原则取得了投资者的权利。

第十一条　缔约一方与缔约另一方投资者之间的争议

一、为了解决缔约一方与缔约另一方投资者之间关于投资的争议，在不违反本协议第十二条（缔约双方间的争议）的前提下，争议双方应当进行磋商。

二、如果自书面请求磋商之日起6个月内上述磋商仍没有结果，投资者可以将争议提交给其投资所在的缔约方法院或者行政庭，或者将争议提交国际仲裁。在后一种情况下，投资者有权选择提交给：

（一）依据1965年3月18日在华盛顿开放签署的《解决国家和他国国民之间投资争端公约》设立的"解决投资争端国际中心"，或者

（二）根据《联合国国际贸易法委员会仲裁规则》设立的专

设仲裁庭，除非争议双方另有约定。

三、缔约方在此同意将投资争议提交给国际仲裁。

四、如果争议已经依据第二款规定提交给有关的缔约国适格法院，只有投资者从该国内法院撤回案件以后，该争议才能提交国际仲裁。

五、作为争议一方的缔约国在程序中无权以其豁免权或者投资者已经根据保险合同获得了部分或者全部损害赔偿的事实作为辩护。

六、缔约一方不得通过外交途径解决一个已提交国际仲裁的争议，除非缔约另一方不遵守仲裁裁决。

七、仲裁裁决是终局的，对争议双方均有约束力，并应当依据有关缔约方的法律被不迟延地执行。

第十二条　缔约双方的争议

一、缔约双方对本协定条款的解释或适用所产生的争议应尽可能通过外交途径解决。

二、如果双方在争议开始后6个月不能自行达成协议，应缔约一方的要求，争议应当提交三人仲裁庭。每一个缔约方应各任命一名仲裁员，该两名仲裁员应指定一名第三国国民作为主席。

三、如果缔约一方未任命其仲裁员且在两个月内没有按照缔约另一方的请求任命仲裁员，根据该缔约方的请求，该名仲裁员应由国际法院院长任命。

四、如果两个仲裁员在被任命后两个月内不能就主席的选择达成一致，应缔约方的请求，主席应由国际法院院长任命。

五、在本条第三、四款规定的情况下，如果国际法院院长不能履行此职责或是缔约一方国民时，则由副院长作出任命；如果副院长不能履行此职责或是缔约一方国民时，则由非缔约任何一方国民的国际法院最资深法官作出任命。

六、仲裁庭应根据缔约双方约定的其他条款自行制定其程序规则。缔约方应各自负担其指派的仲裁员和出席仲裁程序的有关费用。除非仲裁庭另有裁决，首席仲裁员的费用和其他费用应由缔约双方平均分担。

七、仲裁裁决是终局的，对每一缔约方都有约束力。

第十三条 最终条款

一、缔约双方应当通过外交途径相互通知已完成协定生效必需的国内法律程序。本协议自后一份通知收到之日起生效，有效期为10年。除非缔约一方在有效期届满前6个月书面通知对方终止本协定，本协定应被视为以相同的条款顺延两年有效期，并依此法顺延。

二、在本协定被正式通知终止的情况下，协定第一至十二条应对协定终止前的投资继续适用10年。

三、本协定替代了1986年11月12日在北京签署的《中华人民共和国政府和瑞士联邦政府关于相互促进和保护投资协定》。

下列代表，经双方政府正式授权签署本协定，以昭信守。

本协定于二〇〇九年一月二十七日在伯尔尼签订，一式两份，每份都用中文、法文和英文写成，三种文本同等作准。如对文本的解释发生分歧，以英文本为准。

中华人民共和国政府	瑞士联邦委员会
代 表	代 表
陈德铭	**洛伊特哈德**
（签 字）	（签 字）

中华人民共和国政府和瑞士联邦委员会关于促进和相互保护投资协定议定书

值此中华人民共和国政府和瑞士联邦委员会在签署关于促进和相互保护投资协定之时，缔约双方的全权代表同意下述条款作为本协定的组成部分：

关于第四条第二款和第三款

在中华人民共和国方面，国民待遇不适用于：

（一）在本协定生效时其领土内任何现存的不符措施；

（二）对第一款所述的任何不符措施的延续；

（三）对第一款所述的任何不符措施的修正，但该修正不得增加此措施在修正前存在的不符程度。

这些不符措施将被努力逐渐消除。

为以上之目的，“措施”一词系指中华人民共和国所采取的普遍适用的措施，无论是否是法律、法规、规则、程序、决定或者行政行为的形式。

关于第五条

一、在中华人民共和国方面：

（一）只有贷款协议已经在相关的外汇管理部门登记时，第五条第二款第二项才适用；

（二）只有转移符合中国关于外汇管制的法律法规规定的手续时，第五条第一款第七项才适用。

如果中国法律有关条款不再要求上述手续，第五条的适用将不受上述限制。

二、在履行转移手续一般所需时间内完成的转移，应被视为第五条第二款所指的“没有迟延”。上述期间应从具有全部和真实文件和信息的相关要求被提交给相关外汇管理部门之日开始，并不得超过两个月。

关于第十一条第二款

一、当中华人民共和国政府作为争议一方时，可以要求相关投资者在将争议提交第十一条第二款规定的仲裁程序之前用尽中华人民共和国的法律法规规定的当地行政复议程序。该复议程序不超过三个月。

二、如果第一条第二款第（三）项定义的投资者已经依据与第三国的投资协定中类似第十一条第二款的规定提交了仲裁请求，该投资者将无权依据本协定第十一条第二款再提交相同的请求。

关于第十一条第三款

关于缔约方同意将投资争议提交国际仲裁，双方认为该款规定优先于缔约方可能加入的关于投资争议解决的任何其他国际协定。

中华人民共和国政府	瑞士联邦委员会
代　表	代　表
陈德铭	**洛伊特哈德**
（签　字）	（签　字）

中华人民共和国政府和塞尔维亚共和国政府关于基础设施领域经济技术合作协定

中华人民共和国政府和塞尔维亚共和国政府（以下简称“双方”），

鉴于两国业已存在的友好和理解，为加强双边基础设施的全方位合作，达成协议如下：

第 一 条

本协定遵循团结、互助、互补和相互尊重主权的原则，在符合各自国内法律法规和本协议的前提下，旨在推动两国在基础设施领域的合作。

第 二 条

本协定项下的合作领域包括：

（一）开发和实施基础设施项目；

（二）开展基础设施现代化和扩建的研究和项目建设；包括双方商定的基础设施项目的建设和改造；

（三）专家和专业人员提供技术支持，培训实施发展计划和（或）基础设施相关领域的人员；

（四）为基础设施项目的建设和维护提供和（或）采购必要的机械、设备和物资；

（五）信号系统、整体系统以及双方商定的其他方面的经验交流；

（六）双方商定的在基础设施领域的其他形式的合作。

第 三 条

为执行本协定，中方指定中华人民共和国商务部为中方执行单位，塞方指定塞尔维亚共和国经济和地区发展部为塞方执行单位。

第 四 条

本协定提及的各类活动可由两国相关机构和商业团体通过合同、计划或项目实现。在双方达成一致的前提下，上述计划、项目或具体合同应明确工作计划、融资使用程序及其他相关事宜。

第 五 条

根据本协定，负责第四条提及的计划、项目或具体合同执行的负责部门、机构和（或）公司提出的建议和报价，须根据各自国内法律和其国际市场竞争力做出评定，特别是在价格、支付方式、执行和供货方式以及设备和服务的规模和质量方面。

第 六 条

双方将根据各自国内法律，对执行本协定规定活动的工程人员的入境、居留和离境给予便利。此外，在符合各自国内法律的前提下，双方将为执行本协定及相应签署的计划、项目或具体合同所需物资的进出口和提供服务给予必要的便利。

第 七 条

根据各自预算的规定，执行本协定活动所产生的费用由双方协商解决。

第 八 条

为执行本协定，双方同意由各执行单位派员组成工作组，在中华人民共和国和塞尔维亚共和国定期轮流举行会议，会期和日程由双方书面商定。

第 九 条

本协定的修改需得到双方书面同意。修改生效应符合本协议第十二条规定。

第 十 条

如对本协议的解释和执行时产生分歧，双方将通过外交渠道友好协商解决。

第 十 一 条

双方同意在本协定签定后首先以道路、轨道交通、桥梁、电站和通讯建设作为近期重点合作目标，积极鼓励双方的银行和企业为此开展合作。

双方将为上款规定的采购、建设和服务提供必要的帮助和支持，特别是根据本协定建设连接泽蒙与博尔察的跨多瑙河1500米大桥及其附属21公里连接线公路等项目。

第 十 二 条

缔约双方应相互书面通知完成协议生效所必须国内法律程序，协议自后一份通知收到之日起生效。本协定有效期为5年，到期将自动延长5年，除非一方在本协定期满6个月前通过外交途径通知另一方不再延长。

本协定的终止不影响尚在进行的项目、计划和活动，除非双方另有约定。

本协定于二〇〇九年八月二十日在北京签订，一式两份，每份均用中文、塞尔维亚文和英文写成，三种文本同等作准。如对文本的解释产生分歧，以英文文本为准。

中华人民共和国政府　　　　塞尔维亚共和国政府
代　表　　　　　　　　　　代　表
陈德铭　　　　　　　　　**丁基奇**
（签　字）　　　　　　　　（签　字）

中国国家能源局和塞尔维亚矿产能源部关于开展能源领域合作的谅解备忘录

中国国家能源局和塞尔维亚共和国矿产能源部（以下简称“双方”），作为各自能源主管部门；

鉴于：

中塞两国源远流长的传统友谊和相互理解，

在经济发展的特殊历史时期，能源对于两国至关重要，双方都希望继续加深在能源领域的合作，

两国愿在平等互利的基础上遵循国家间经济、技术和科技合作普遍认同的原则，

两国都希望在能源领域采用现代化的科学技术和设备，

塞尔维亚总统2009年8月20日访华时中塞两国政府签署了基础设施经济技术合作协定，双方愿以此为起点，加强在基础设施和能源领域的合作，

中塞两国企业已经在能源领域通过具体项目开展合作，如塞尔维亚国家电力公司与中国机械设备进出口总公司已经就科斯拖拉茨电站一揽子合作项目签订初步合同，树立了双方合作的成功典范和两国公司未来开展全面合作的良好开端，双方将积极支持

并加速推进此类项目的实施，

中塞两国都坚信加强能源领域的合作将进一步促进两国的友好和经贸关系，

双方达成以下共识：

第 一 条

双方应在平等互利互惠的基础上鼓励能源领域合作，创造沟通渠道，建立高层互访机制，为能源领域的具体合作项目创造有利条件。

第 二 条

本备忘录目的是促使两国有兴趣的企业尽快在能源项目上加强合作。两国在能源领域互补性强，具有可观的合作空间和良好的合作基础。双方应积极促进中塞能源领域的双边合作，为两国企业搭建更好的合作和交流平台。

第 三 条

需特别指出的是，本备忘录第二条所述的合作构想包括以下内容：

（一）就能源领域中的新技术和先进设备进行技术和信息交流；

（二）专家交流；

（三）就能源领域共同关心的问题进行探讨和协商；

（四）就涉及共同利益的能源项目进行探讨。

第 四 条

本备忘录的执行应符合两国法律。

第　五　条

为了实现本备忘录，应该建立永久的中国—塞尔维亚能源领域合作委员会（以下简称：委员会）。

该委员会将对本备忘录提出的合作进展情况进行监督，鼓励合作，为改进合作提出建议，并为两国有兴趣的企业进行接触提供便利。

每一方均应指定其在该委员会中的委员。

每一方应指定相等人数的委员，并确定其在委员会中的代表团团长。

第　六　条

双方应举办中国—塞尔维亚能源论坛，由两国认可的能源专家就能源领域的前沿技术，能源发展，能源和环境保护，即能源的可持续发展等问题进行交流。

第　七　条

本协议自签字之日起生效。除非一方以书面形式提前六个月通知另一方中止协议，否则备忘录应保持有效。

本备忘录于二〇一〇年五月十三日在北京签署。一式两份，每份均用中文、塞文和英文写成，如因本备忘录的翻译产生误解，最终以英文文本为准。

中国国家能源局	塞尔维亚矿产能源部
代　表	代　表
钱智民	**什昆德里奇**
（签　字）	（签　字）

中华人民共和国政府和塞尔维亚共和国政府关于互设文化中心的谅解备忘录

中华人民共和国政府和塞尔维亚共和国政府（以下简称“双方”）为进一步加强两国政府和人民之间的友好关系，促进两国在文化领域的交流与合作，达成共识如下：

一、双方有意向在对方国家设立文化中心。双方将就此缔结关于规定双方文化中心地位、权利和义务的政府间协议。

二、文化中心的宗旨是全面增进两国人民之间的相互了解，推动两国友好关系的发展，促进两国在人文领域的交流与合作。

三、双方文化中心将与当地职能部门友好合作，举办面向公众的、高质量的文化活动。

四、双方将在两国政府间协议确认的对等基础上为对方文化中心的设立和运作提供便利。

五、双方将在遵守对方国家法律和法规的基础上设立和运作各自的文化中心。

本谅解备忘录自签字之日起生效。

本谅解备忘录于二〇一〇年七月十四日在贝尔格莱德签订，一式两份，每份均用中文和塞尔维亚文写成，两种文本同等作准。

中华人民共和国政府 代　表 **王光亚** （签　字）	塞尔维亚共和国政府 代　表 **布拉迪奇** （签　字）

中华人民共和国卫生部和塞尔维亚共和国卫生部在卫生和医学领域的谅解备忘录

根据中华人民共和国政府与南斯拉夫社会主义联邦共和国议会联邦执委会关于在卫生、医学和药学方面合作的协定（1984年7月7日在贝尔格莱德签署），中华人民共和国卫生部和塞尔维亚共和国卫生部（以下简称“双方”），为发展和促进两国人民的友谊以及加强在卫生和医学领域合作，经过友好协商达成协议如下：

第　一　条

双方将根据互利的原则并在各自国家的管辖权下，鼓励在卫生和医学领域的交流与合作，鼓励双方感兴趣的卫生、医疗、研究和教育机构开展直接合作，尤其在以下领域：

（一）传统医学；

（二）卫生政策研究与卫生立法；

（三）卫生教育与科学，尤其在传统医学方面；

（四）疾病控制（非传染性疾病和新发传染病）；

（五）公共卫生应急反应机制；

（六）卫生保健服务；

（七）妇幼卫生；

（八）农村卫生；

（九）其他共同感兴趣的领域。

第　二　条

双方将在力所能及的情况下以下列方式进行合作：

（一）相互交流专家和考察团；

（二）参加在另一国举办的国际技术和科学会议；

（三）联合举办科学研讨会；

（四）双方同意的其他合作形式。

第　三　条

双方接受并同意各方分别派2名代表组成联合机构监督本谅解备忘录的实施。

第　四　条

双方将通过双边合作落实世界卫生组织和其他国际组织提出的卫生活动。

第　五　条

为执行本谅解备忘录已经确定的交流项目，任何一方在本国法律法规许可的前提下，将为另一方人员在出入境、逗留及实施交流项目所必需的材料设备进口时提供方便。

第　六　条

本谅解备忘录下所有的交流与各种形式的合作活动均应符合缔约双方的法律法规。

第　七　条

本谅解备忘录自签字之日起生效，有效期五年。如任何一方在本谅解备忘录期满前六个月未以书面形式通知另一方要求终止本谅解备忘录，则本谅解备忘录将自动延长五年，并依此法顺延。

本谅解备忘录于二〇一〇年七月十四日在贝尔格莱德签订，一式两份，每份都用中文、塞尔维亚文和英文写成，三种文本同等作准。如对文本的解释发生分歧，以英文为准。

中华人民共和国卫生部	塞尔维亚共和国卫生部
代　表	代　表
魏敬华	**未洛萨夫列维奇**
（签　字）	（签　字）

中华人民共和国政府和塞尔维亚共和国政府关于塞尔维亚驻上海总领事馆扩大领区范围的换文

中方去照

（2010）部领字第541号

塞尔维亚共和国驻华大使馆：

中华人民共和国外交部向塞尔维亚共和国驻华大使馆致意，并谨确认收到大使馆二〇一〇年九月二十九日第174/2010号照会，内容如下：

“塞尔维亚共和国驻华大使馆向中华人民共和国外交部致意，并谨代表塞尔维亚共和国政府确认，塞尔维亚共和国政府和中华人民共和国政府本着发展两国友好关系和加强两国间领事合作的共同愿望，经过友好协商，就塞尔维亚共和国驻上海总领事馆扩大领区范围事达成协议如下：

中华人民共和国政府同意塞尔维亚共和国驻上海总领事馆的领区由现在的上海市、江苏省、浙江省和安徽省扩大至包括江西省和福建省。

上述内容，如蒙外交部代表中华人民共和国政府复照确认，本照会和外交部复照将构成两国政府间的一项协议，并自外交部复照之日起生效。”

中华人民共和国外交部谨代表中华人民共和国政府确认，同意上述照会内容。

顺致崇高的敬意。

中华人民共和国外交部（印）
二〇一〇年十月二十五日于北京

塞方来照

第174/2010号

中华人民共和国外交部：

（同中方去照引号内的内容，略——编者）

顺致崇高的敬意。

塞尔维亚共和国驻华大使馆（印）
二〇一〇年九月二十九日于北京

中华人民共和国政府和斯洛文尼亚共和国政府关于斯洛文尼亚在上海设立领事馆的换文

中方去照

（2010）部领字第315号

斯洛文尼亚共和国驻华大使馆：

中华人民共和国外交部向斯洛文尼亚共和国驻华大使馆致意，并谨确认收到大使馆二〇一〇年六月八日第RS-045/10号照会，内容如下：

“斯洛文尼亚共和国驻华大使馆向中华人民共和国外交部致意，并谨代表斯洛文尼亚共和国政府确认，斯洛文尼亚共和国政府和中华人民共和国政府本着进一步发展两国友好合作关系的共同愿望，经过友好协商，就斯洛文尼亚共和国在上海市设立领事馆达成安排如下：

一、中华人民共和国政府同意斯洛文尼亚共和国在上海市设立领事馆，领区范围为上海市、江苏省、浙江省和安徽省。

二、斯洛文尼亚共和国政府同意中华人民共和国保留在斯洛文尼亚共和国设立领事机构的权利。设领地点、级别、领区范围等事宜，双方将通过外交途径另行商定。

三、两国根据一九六三年四月二十四日《维也纳领事关系公约》以及两国各自有关的法律规定和对等原则，为对方在本国设立领事机构和执行领事职务提供一切必要的协助和便利。

四、两国将根据包括一九六三年四月二十四日《维也纳领事关系公约》在内的国际法和国际惯例，通过友好协商解决两国领事关系中可能出现的问题。

上述内容，如蒙外交部代表中华人民共和国政府复照确认，本照会和外交部的复照即构成斯洛文尼亚共和国政府和中华人民共和国政府间的一项安排，并自外交部复照之日起生效。”

中华人民共和国外交部谨代表中华人民共和国政府确认，同意上述照会内容。

顺致崇高的敬意。

中华人民共和国外交部（印）

二〇一〇年六月十七日于北京

斯方来照

第RS-045/10号

中华人民共和国外交部：

（同中方去照引号内的内容，略——编者）

斯洛文尼亚共和国驻华大使馆（印）

二〇一〇年六月八日于北京

中华人民共和国和乌克兰关于全面提升中乌友好合作关系水平的联合声明

应中华人民共和国主席胡锦涛邀请，乌克兰总统维·费·亚努科维奇于二〇一〇年九月二日至五日对中华人民共和国进行了国事访问。两国元首在北京举行会谈。访问期间，中国全国人民代表大会常务委员会委员长吴邦国和中国国务院总理温家宝分别会见亚努科维奇总统。除北京外，亚努科维奇总统还访问了上海和香港特别行政区。

两国元首回顾了建交以来中乌关系的发展历程，对两国关系的发展成果表示满意。两国元首一致认为，目前中乌关系发展面临新的良好机遇，进一步提升中乌关系水平，全面扩大各领域合作符合两国和两国人民的根本利益。

基于全面深化和提升两国友好合作关系水平的共同愿望，双方声明如下：

一、双方重申恪守一九九二年一月四日《中华人民共和国和乌克兰建交联合公报》、一九九二年十月三十一日《中华人民共和国和乌克兰联合公报》、一九九四年九月六日《中华人民共和国和乌克兰联合声明》、一九九五年十二月四日《中华人民共和国和乌克兰关于发展和加深友好合作关系的声明》、二〇〇一年七月二十一日《中华人民共和国和乌克兰关于在二十一世纪加强全面友好合作关系的联合声明》和二〇〇二年十一月十八日《中华人民共和国和乌克兰联合声明》中确定的各项基本原则。双方将共同努力，增加双边关系的战略内涵，致力于建立和发展战略伙伴关系。

双方认为，两国高层互访和政治对话对加深相互理解，协调彼此立场，推动互利合作十分有益。双方将继续保持高层交往势头，不断夯实双边关系发展的政治基础。

二、双方认为，在涉及国家主权、统一和领土完整等问题上相互支持是中乌关系的基础。

乌方重申奉行并将继续奉行一个中国政策，反对任何形式的“台独”，反对台湾加入仅限主权国家参加的国际组织，不与台湾进行任何官方往来。乌方支持两岸关系和平发展和中国和平统一大业，认为台湾问题纯属中国内政。

中方重申尊重乌克兰的独立、主权和领土完整。

中方高度评价乌方单方面放弃核武器，以无核国家身份加入《不扩散核武器条约》，重申根据一九九四年政府声明，中国不对无核国家和无核区使用或威胁使用核武器的原则立场适用于乌克兰。双方愿就如何进一步加强这一无核安保问题进行磋商。

三、为提高现有双边合作机制的效率，双方决定成立中华人民共和国和乌克兰合作委员会，双方主席为副总理级，下设经贸、科技、农业、航天、文化、教育合作分委会。

四、双方认为，两国在经贸、基础设施、投资、交通等领域开展合作前景广阔，双方将利用双边和世界贸易组织等多边平台，不断深化合作水平。

双方指出，两国经贸合作克服国际金融危机影响，呈现良好回升势头。双方要抓住当前有利时机，实现双边贸易结构调整和增长方式转变，努力扩大机电产品和高科技产品贸易规模，规范贸易秩序，推动建设现代化物流和贸易平台，加强保护知识产权领域的交流合作，加快实施双边大项目合作，为中乌经贸合作健康、稳定、持续发展创造条件。

双方表示，愿推动中乌投资领域合作。

双方将扩大中国贸易促进会与乌克兰工商会、乌克兰企业家联合会的合作，联合举办投资论坛、展览和交易会等。

双方同意研究建立中乌商业论坛这一常设机制的可能性。

五、双方将进一步开展在油气及核能领域的合作，鼓励两国有关机构和企业参与能源合作项目建设。

六、双方重视科技和创新领域合作，将认真规划合作重点领域和优先方向，加强在基础性和高科技领域的联合研发，积极推动科技成果产业化。

七、双方认为，人文领域合作有利于增进两国人民的信任和友谊，巩固两国关系的社会基础。双方决定进一步加强教育、文化、体育、旅游、青年等领域合作，尤其是办好"文化日"等大型活动。

八、双方支持和鼓励两国政党和民间组织加强交往，决定加强两国友好城市间的联系与合作，促进双边关系的整体发展。

九、双方认为，发展两国领事合作和促进人员交往具有重要意义。双方将积极采取措施，便利两国人员往来，保护在本国境内对方公民合法权益及共同防范和打击非法移民活动。

十、双方表示将与国际社会携手努力，共同应对各种全球性挑战，遵守和维护国际法准则，推进世界多极化和国际关系民主化进程，为推动建设持久和平、共同繁荣的和谐世界而不懈努力。

十一、双方认为，当前世界经济出现整体复苏势头，但复苏基础不牢固、进程不均衡，国际金融危机深层次影响仍在不断显现。双方主张各国应保持宏观经济政策的连续性和稳定性，加强宏观经济金融政策协调，进一步推进国际金融体系改革，完善全球经济治理机制，反对和抵制各种形式的保护主义，推动世界经济强劲、可持续、平衡增长。

十二、双方认为，国际安全形势总体缓和，但仍存在不稳定和不确定因素，应以和平方式而不是战争手段解决国际争端和地区冲突。双方将在双边和多边层面加强协作，防止大规模杀伤性武器扩散，共同应对国际恐怖主义和跨国有组织犯罪等非传统安全威胁，维护世界和平与稳定。

十三、双方指出，联合国在维护国际和平、安全和发展方面发挥着核心作用。双方重申应加强联合国的权威和效率，认为联合国改革应最大限度满足所有成员国，包括发展中国家的诉求和利益。联合国成员国应通过公开、透明、全面和民主协商，就联合国改革问题达成广泛一致。

十四、双方表示高度重视气候变化问题，坚持《联合国气候变化框架公约》及其《京都议定书》的核心地位，坚持“共同但有区别的责任”原则，愿与各方一道努力推进“巴厘路线图”谈判进程，为加强国际合作，共同应对气候变化挑战作出积极贡献。

亚努科维奇总统感谢中华人民共和国主席胡锦涛及中华人民共和国政府的热情友好接待，并邀请胡锦涛主席在双方方便的时候对乌克兰进行国事访问。中华人民共和国主席胡锦涛愉快地接受了邀请。

中华人民共和国主席	乌克兰总统
胡锦涛	**亚努科维奇**
（签　字）	（签　字）

二〇一〇年九月二日于北京

中华人民共和国政府和乌克兰政府关于植物保护和检疫合作协定

中华人民共和国政府和乌克兰政府（下称“缔约双方”），为了确保防止有害生物进入两国的领土和在两国传播，有效控制限定物材料的交换和销售，加强植物保护和检疫领域的双边合作，达成如下协定：

第 一 条

本协定使用的主要术语如下：

（一）“植物”指活的植物及其器官，包括种子和种质。

（二）“植物产品”是指未经加工的植物性材料（包括谷物）和那些虽经加工，但由于其性质或加工的性质而仍有可能造成有害生物传入和扩散危险的加工品。

（三）“植物检疫措施”指为了检查植物、植物产品和运输运载工具是否存在检疫性有害生物所采取的措施。

（四）“有害生物”是指任何对植物或植物产品有害的植物、动物或病原体的种、株（品）系或生物型。

（五）“检疫性有害生物”指对受其威胁的地区具有潜在经济重要性、但尚未在该地区发生，或虽已发生但分布不广并进行官方防治的有害生物。

（六）“限定的非检疫性有害生物”是指虽为非检疫性有害生物，但其在用来种植的植物中存在危及这些植物的预期用途而产生无法接受的经济影响，因而在输入的缔约方领土内受到限制的有害生物。

（七）“限定物”是指任何能藏带和传播有害生物的需检疫的植物、植物产品、仓储地、包装材料、运输工具、集装箱、土壤或任何其他生物、物品或材料，特别是在涉及国际运输的情况下。

第 二 条

缔约双方支持、履行和发展双方植物保护和植物检疫的合作。

缔约双方根据各自国家现行的法律开展本协定界定的合作。

第 三 条

负责执行本协定规定的主管部门为：

中方：中华人民共和国农业部和中华人民共和国国家质量监督检验检疫总局。

乌方：乌克兰农业政策部。

第 四 条

缔约双方将采取必要的措施，以防止任何检疫性有害生物或限定的非检疫性有害生物从一方的领土进入另一方的领土。

第 五 条

缔约双方的执行部门将在限定物的生产、加工、运输和储存期间进行检查，以便确定是否存有危害农业和林业的检疫性有害生物。

第 六 条

缔约一方输往对方的任何限定物，均需符合下列规定：

（一）输往对方的限定物必须符合缔约双方国家法律。对输往对方的限定物进行严格检疫，并附有输出方的官方出口植物检疫证书，确保该批货物不带有对方所关心的检疫性有害生物和限定的非检疫性有害生物。植物检疫证书必须用英文写成。

（二）缔约双方不能使用草秆、叶子和其他可能被病虫害感染的植物材料做包装和铺垫材料，可以使用纸及合成材料。运输工具、包装、铺垫材料要经过适当的检疫处理。

（三）不得将土壤出口或随货物传带到对方。

第 七 条

缔约双方为了实施对检疫性有害生物、限定非检疫性有害生物的控制和植物检疫控制，应按照缔约双方国家的法律，对从对方境内输入的限定物进行检查。发现问题时有权对受感染的限定物进行检疫处理。

第 八 条

根据缔约双方国家的法律，对检疫、检疫证书和检疫许可所收取的费用将由商品所有者支付。

第 九 条

缔约一方在检疫过程中如发现检疫性有害生物，或其他任何不符合缔约双方国家法律或本协定有关规定的情况，应及时通知另一方。

第 十 条

为了防止有害生物、特别是检疫性有害生物的传入和威胁对方的经济，缔约双方有权：

（一）对植物和植物产品的进口实行限制或采取额外的措施；或

（二）禁止植物和植物产品的进口。

第 十 一 条

缔约双方确定其境内负责对限定物进行检疫的边境口岸，以防止检疫性有害生物及限定的非检疫性有害生物的传播。

第 十 二 条

缔约双方交换植物保护和植物检疫方面的法律法规，特别是及时交换缔约双方有关检疫性有害生物名单的修订情况。

缔约双方相互支持植物保护和植物检疫专家在对等条件下的技术交流。

缔约双方应相互通报各自有关检疫性有害生物的传入、传播情况和植物保护概况，加强在植物保护和植物检疫方面的科技合作，对在此基础上获得的成果及信息，未经对方同意不得转让给第三方。

第 十 三 条

缔约双方在必要时召开会议，就共同感兴趣的植物保护和检疫以及有关执行本协定的规定等事项进行讨论。召开会议的时间、地点、日程及费用由缔约双方共同商定。

第 十 四 条

对缔约一方输往对方的限定物的进出口和过境，缔约双方有义务依照缔约双方现行的法律遵守植物检疫规定。

第 十 五 条

如对本协定的理解和执行方面出现任何分歧，缔约双方将通过谈判和协商予以解决。

缔约双方在达成一致的情况下对本协定内容进行修改和补充。

第 十 六 条

本协定不影响缔约双方参加的其他国际条约，或作为国际组织成员所产生的权利与义务。

第 十 七 条

缔约双方应相互书面通知已完成协定生效所必需的各自国内

法律程序，本协定将自后一份通知收到之日起第60天生效。

本协定有效期5年。如缔约任何一方在本协定期满前6个月未通过外交途径通知对方终止本协定，则本协定自动延长5年，并依此法顺延。

本协定于二〇一〇年九月二日在北京签订，一式两份，每份均用中文、乌克兰文和英文写成，三种文本同等作准。

若对本协定条款的解释产生分歧，以英文文本为准。

中华人民共和国政府 代　表	乌克兰政府 代　表
韩长赋 （签　字）	**安德烈·彼得罗维奇·克留耶夫** （签　字）

中华人民共和国国家工商行政管理总局和西班牙专利商标局合作谅解备忘录

中华人民共和国国家工商行政管理总局和西班牙专利商标局（以下称“双方”），

认识到知识产权在促进国内经济与全球经济的发展、鼓励创新经济投资、培养创业精神方面的重要性；

希望进一步加强双方在知识产权领域的双边合作；

达成如下谅解：

第一条　目的

本谅解备忘录的目的在于双方建立一个双边合作的基本框

架。本谅解备忘录中拟开展的活动旨在通过交流信息和最佳实践以及开展各种能力建设活动，改善双方知识产权体系的管理并提高效率。

第二条　合作领域

根据上述目的，双方同意在下列（但不限于下列）领域开展合作：

（一）讨论商标实践问题及与知识产权有关的反不正当竞争问题，例如包括商标恶意申请、商标和企业名称冲突、商业秘密的保护、与互联网有关的知识产权保护等相关问题以及其他类似问题。

（二）交流与第（一）款内容相关的信息，尤其是涉及知识产权的法律、法规、规章和规范性文件。

（三）组织并开展能力建设活动，如商标审查、商标异议、商标争议、商业秘密保护、商标与企业名称冲突培训及其他类似培训。

（四）交流知识产权机构管理和办公自动化，以及知识产权数据库建设方面的信息和最佳实践，例如利用网络优化商标申请流程及异议和撤销程序的做法。

（五）联合就对双方共同重要的国际知识产权问题，如通过商标体系保护地理标志以及研讨其他国际商标实践的进展情况等，开展活动。

（六）双方就在两国开展商标权人教育进行合作，包括商标权保护的方法和利用行政执法体系保护商标；交流提高学生、企业家和其他公众知识产权意识的做法。

第三条　磋商

双方同意：

（一）共同制定年度工作计划，根据上述合作领域确定每年开展的具体活动。上述第二条并未列出所有合作领域，经双方同意，可以包括其他议题。如双方同意，可以对该工作计划进行修订。

（二）回顾本谅解备忘录活动的执行情况，更新工作计划。双方将轮流主办会晤，时间由双方协商确定，一般以一年一次为宜。

（三）双方指定各自机构的下列部门作为联络部门，以确保部门间的充分沟通。

中国国家工商行政管理总局国际合作司：

电话/传真：86-10-68010463

电子邮件：intl@saic.gov.cn

西班牙专利商标局法律协调和国际关系司：

电话：34-91-3496800

传真：34-91-5722741

电子邮件：departamento.coord-inter@oepm.es

第四条　限制条款

本谅解备忘录的所有承诺均取决于经费情况和各方预算安排。本谅解备忘录在经费方面不具约束力。

第五条　其他条款

本谅解备忘录经双方签字后生效。经双方书面同意，可以随时修订本谅解备忘录。任何一方均可终止本谅解备忘录，但需提前九十天书面通知另一方。

本谅解备忘录于二〇一〇年九月十五日在马德里签订，一式三份，每份均以西班牙文、中文和英文写成，三种文本同等作准。如在解释本谅解备忘录时发生分歧，以英文文本为准。

中华人民共和国 国家工商行政管理总局 代　表 付双建 （签　字）	西班牙 专利商标局 代　表 阿帕罗·费尔南德斯·冈萨雷斯 （签　字）

中华人民共和国政府和匈牙利共和国政府关于匈牙利驻上海总领事馆扩大领区的换文

中方去照

（2010）部领字第17号

匈牙利共和国驻华大使馆：

中华人民共和国外交部向匈牙利共和国驻华大使馆致意，并谨确认收到大使馆二〇一〇年一月六日第004/2010号照会，内容如下：

"匈牙利共和国驻华大使馆向中华人民共和国外交部致意，并谨代表匈牙利共和国政府确认，匈牙利共和国政府和中华人民共和国政府本着进一步发展两国友好合作关系的共同愿望，经过友好协商，就匈牙利共和国驻上海总领事馆扩大领区范围事达成协议如下：

中华人民共和国政府同意匈牙利共和国驻上海总领事馆的领区由现在的上海市、江苏省、浙江省和安徽省扩大至包括福建省。

上述内容，如蒙外交部代表中华人民共和国政府复照确认，本照会和外交部复照将构成两国政府间的一项协议，并自外交部复照之日起生效。”

中华人民共和国外交部谨代表中华人民共和国政府确认，同意上述照会内容。

顺致崇高的敬意。

中华人民共和国外交部（印）

二〇一〇年一月十四日于北京

匈方来照

照会号：004/2010

中华人民共和国外交部：

（同中方去照引号内的内容，略——编者）

匈牙利共和国驻华大使馆借此机会，再次向中华人民共和国外交部致以诚挚的崇高敬意。

匈牙利共和国驻华大使馆（印）

二〇一〇年一月六日于北京

中华人民共和国政府和匈牙利共和国政府关于匈牙利在香港委派名誉领事的换文

中方去照

（2010）部领字第294号

匈牙利共和国驻华大使馆：

中华人民共和国外交部向匈牙利共和国驻华大使馆致意，并谨确认收到大使馆二〇一〇年五月二十七日第180/2010号照会，内容如下：

“匈牙利共和国驻华大使馆向中华人民共和国外交部致意，并谨代表匈牙利共和国政府确认，匈牙利共和国政府和中华人民共和国政府（以下简称“双方”）本着进一步发展两国友好合作关系的共同愿望，经过友好协商，就匈牙利共和国在香港委派名誉领事达成协议如下：

一、中华人民共和国政府同意匈牙利共和国在匈牙利共和国驻香港总领事馆临时闭馆期间在香港委派名誉领事，领区为香港特别行政区和澳门特别行政区。

二、匈牙利共和国驻香港名誉领事应在一九六三年四月二十四日《维也纳领事关系公约》、中华人民共和国有关法律和规定，包括香港特别行政区和澳门特别行政区法律的范围内执行领事职务。

三、中华人民共和国政府根据《维也纳领事关系公约》和中华人民共和国有关法律和规定，为匈牙利共和国驻香港名誉领事执行领事职务提供必要的协助和便利。

四、匈牙利共和国驻香港名誉领事必须是香港特别行政区永久性居民。

五、本协议将自匈牙利共和国驻香港总领事馆恢复工作之日起终止。匈牙利共和国驻香港名誉领事的任命应自匈牙利共和国驻香港总领事馆重新开馆之日起予以撤销。

六、双方将本着友好协商的精神，根据《维也纳领事关系公约》和国际惯例，妥善处理两国间的领事问题。

上述内容，如蒙外交部代表中华人民共和国政府复照确认，本照会和外交部的复照即构成匈牙利共和国政府和中华人民共和国政府间的一项协议，并自外交部复照之日起生效。”

中华人民共和国外交部谨代表中华人民共和国政府确认，同意上述照会内容。

顺致崇高的敬意。

中华人民共和国外交部（印）

二〇一〇年六月八日于北京

匈方来照

第180/2010号

中华人民共和国外交部：

（同中方去照引号内的内容，略——编者）

匈牙利共和国驻华大使馆（印）

二〇一〇年五月二十七日于北京

中华人民共和国卫生部和大不列颠及北爱尔兰联合王国卫生部关于卫生合作的谅解备忘录

中华人民共和国卫生部和大不列颠及北爱尔兰联合王国卫生部（以下简称“双方”），考虑到两国政府一九七八年十一月十五日在伦敦签订的《中华人民共和国政府和大不列颠及北爱尔兰联合王国政府科学技术合作协定》，为促进双方医学卫生领域的合作，提高两国人民的健康水平，达成谅解备忘录如下：

第一条

为进一步保持并夯实卫生对话机制，双方将根据各自资源条件，开展如下工作：

（一）代表和推动中英两国全方位的卫生保健合作工作；

（二）保持和推动副部级定期会晤机制，对话轮流在两国举行。

第二条

双方愿意在以下主要领域合作：

（一）卫生体制

——卫生体制付费机制

——医院治理、管理

——初级医疗服务体系，全科医学课程设计，全科医师和培训师培训，社区卫生研究

——药物评价与遴选政策

——医疗技术与设备政策与法规

——医务人员教育、培训和继续专业发展

（二）卫生安全

——疾病防治

——应急体系

——气候变化对健康的影响

——实验室生物安全

（三）共同与多边机构合作

——为达成共同的全球性目标，加强在多边机构（如世界卫生组织和20国集团）和国际卫生组织中的合作

（四）千年发展目标

——加强中英两国合作，帮助发展中国家实现与卫生相关的千年发展目标

经双方商定，也可在其他共同感兴趣的领域开展合作。

第　三　条

两国卫生合作将取决于可筹集的资源进行，主要采取下列方式：

（一）卫生政策信息交流；

（二）互派政府官员和专家进行考察和磋商；

（三）交换两国临床、生物医学、卫生技术和正在开展的卫生体制改革等领域已发表的研究工作信息；

（四）鼓励两国专家参加专业学术会议，共同举办研讨会；

（五）鼓励两国相应机构进行直接联系；

（六）鼓励在研究和实践领域发表双方共同感兴趣的文章；

（七）鼓励两国官员和专家在多边场合积极开展交流。

第　四　条

根据本谅解备忘录，各方交换的政府官员和专家人数将定期

由双方共同商定，并尽可能使双方派出人数在整个有效期内保持均衡。

第　五　条

开展互访时，应遵循以下程序进行安排：

（一）派出方至少在出访前三个月向接待国提出访问建议；

（二）经商接待方同意后方可派出有关人员；

（三）在通常情况下，接受通知至少在开始访问前六周发出。

第　六　条

在开展相关人员互派活动时，派出方将承担访问者的全部费用。

根据本备忘录开展的一切交流和其他形式的合作，均应依据两国的法律法规进行。

第　七　条

本谅解备忘录自二〇一〇年十月一日起生效，有效期三年。此后，经双方审议并一致同意，于续签前对文本必要部分进行修订。

第　八　条

在本谅解备忘录有效期内，双方可根据需要对其进行更新或修订。更新或修订经双方书面确认后，成为本谅解备忘录的一部分。

本谅解备忘录于二〇一〇年九月二十七日在伦敦签订，一式两份，每份均用中文和英文写成，两种文本同等作准。

中华人民共和国 卫生部	大不列颠及北爱尔兰联合王国 卫生部

代　表　　　　　　　　代　表
陈啸宏　　　　　　　　西蒙·伯恩斯
（签　字）　　　　　　（签　字）

中华人民共和国工业和信息化部与大不列颠及北爱尔兰联合王国商业、创新和技能部关于信息通信技术和信息化领域合作的谅解备忘录

中华人民共和国工业和信息化部与大不列颠及北爱尔兰联合王国商业、创新和技能部（以下简称“双方”），为了进一步推动双方的友好合作，鼓励并支持两国在信息通信技术和电子数据领域内的广泛合作，本着互惠互利的原则，达成以下协议：

第一条

本谅解备忘录旨在鼓励双方，特别是相关决策部门、监管机构、企业、研究开发及学术机构，在信息通信技术和信息化领域内开展合作，以增进双方对信息通信技术及电子数据发展所带来的机遇和挑战的理解。

第二条

双方决定本着互惠互利的原则在以下领域开展合作与交流（包括但不限于）：

（一）信息通信产业发展政策与规划；

（二）信息通信技术的发展与应用；

（三）技术融合与集成对电信运营商和服务提供商的影响；

（四）电信市场监管，鼓励竞争；

（五）发展互联网，包括关键互联网资源的管理和下一代互联网；

（六）发展互联网经济，包括电子商务、电子政务、远程教育和远程医疗；

（七）与信息通信技术和信息化相关的法律、法规、标准；

（八）开发第三代（3G）和第四代（4G）移动通信和其他下一代通信技术；

（九）涉及知识产权、技术创新和标准化的相关问题；

（十）发展电子、软件和信息服务行业；

（十一）网络与信息安全；

（十二）无线电频谱资源管理，包括无线电管理技术设施建设、无线电管理人力资源开发，大型活动中的无线电频率监管、干扰查处和无线电安全保障；

（十三）开发虚拟世界及其他新兴信息通信技术应用；

（十四）利用信息通信技术和互联网应对环境挑战；

（十五）互联网治理论坛和国际多边组织（包括经济合作和发展组织、世界贸易组织、国际电信联盟、国际标准化组织、国际电工委员会和亚欧会议）所提出涉及信息通信和信息化领域双方感兴趣或关心的问题；

（十六）鼓励中英两国信息通信技术领域内的企业开展相互合作，建立伙伴关系，开展相互投资，成立合资企业。

第　三　条

双方应通过以下活动开展实施本谅解备忘录所规定的合作（包括但不限于）：

（一）在中国和英国举行联合会议和圆桌会议，邀请双方及两国相关政府及监管机构和来自行业和学术界的政策和技术专家参加会议，介绍两国推动信息通信技术和信息化发展的最佳实践；

（二）开展由两国政府部门、行业和学术代表团以及个人参加的信息通信技术研究活动和交流互访；

（三）在两国举办的信息通信技术和信息化会议、研究项目及其他相关活动中开展相关讲座；

（四）就能够带来潜在合作机遇的国际活动和多边会议开展讨论；

（五）认可并支持当前由英国贸易投资总署发起的“英中携手创新——共拓信息产业未来”项目。在该项目的促进作用下，双方在本谅解备忘录第二条（即第六、八、九、十、十一、十三、十四和十六项）列出的诸多领域中开展了各类商业合作和伙伴关系。中国工业和信息化部与英国贸易投资署将就下一代移动通信、物联网新兴机遇和增长潜能等更多具体合作领域达成一致。

第　四　条

为了实施上述合作活动并确保其有效性，中国工业和信息化部指定其国际合作司，英国商业、创新和技能部指定其欧盟与国际竞争力司负责讨论并解决与本谅解备忘录相关的一切问题，同时组织与之相关的各类会议和交流互访。

第　五　条

双方应提供充足的资金与资源，各自承担履行本谅解备忘录的相关费用。

在实施本谅解备忘录的各类活动过程中，如果出现任何知识产权争议，双方应在各自职权范围内，通过相互协商的方式予以解决。

未经信息提供方同意，本谅解备忘录的任何一方不得披露或发布信息提供方所提供的任何信息。

第 六 条

本谅解备忘录的履行不得影响中国和英国各自参加的其他国际条约项下的各项权利和义务。

第 七 条

本谅解备忘录自双方签字之日起生效，有效期5年。如任何一方未在本谅解备忘录届满之日前90天以书面形式通知另一方终止本谅解备忘录，则本谅解备忘录有效期自动延长5年，并依此法顺延。在本谅解备忘录顺延有效期内，任何一方可书面通知另一方终止本谅解备忘录，本谅解备忘录自书面通知收到之日起第90天终止。

第 八 条

本谅解备忘录于二〇一〇年十一月九日在北京签订，一式两份，每份均用中文和英文写成，两种文本同等作准。

中华人民共和国 工业和信息化部 代　表 **李毅中** （签　字）	大不列颠及北爱尔兰联合王国 商业、创新和技能部 代　表 **文斯·凯布尔** （签　字）

中华人民共和国政府和马恩岛政府关于税收情报交换的协定

中华人民共和国政府和马恩岛政府（“缔约双方”），认识到缔约方有权谈判和缔结税收情报交换协定，希望建立税收合作与情报交换的框架，同意缔结仅对缔约双方有约束力的协定如下：

第一条　协定范围

一、缔约双方主管当局应当就本协定所含税种相关缔约双方国内法的管理和执行，通过交换与之具有可预见相关性的情报相互提供协助。该情报应包括与这些税收的确定、核定或征收，税收主张的追索与执行以及税收事项的调查或起诉具有可预见相关性的信息。

二、情报根据本协定的规定交换，并按第八条规定的方式保密。

第二条　管辖权

被请求方没有义务提供不归其当局所拥有，或者不由其管辖范围内的人掌握或控制的情报。

第三条　税种范围

一、本协定适用的税种是：

（一）在中华人民共和国：

1. 企业所得税；

2. 个人所得税；

3．土地增值税；

4．增值税；

5．消费税；

6．营业税；

（二）在马恩岛：

对所得或利润征收的税收以及增值税。

二、本协定也适用于协定签订之日后任何缔约一方征收的属于增加或者代替第一款所列税种的相同或者实质相似的税收。

三、缔约双方主管当局应将本协定所含税收及相关情报收集程序的任何相关变化通知对方。

四、缔约双方可以通过相互协商以双方认可的方式扩大或修改本协定的税种范围。

第四条　定义

一、本协定中：

（一）“中华人民共和国”用于地理概念时，是指所有适用中国有关税收法律的中华人民共和国领土，包括领海，以及根据国际法和国内法，中华人民共和国拥有以勘探和开发海床及其底土和上覆水域资源为目的的主权权利的领海以外的任何区域；

（二）“马恩岛”是根据国际法，指马恩岛岛屿，包括其领海；

（三）“集合投资基金或计划”是指任何集合投资工具，不管其法律形式如何；

（四）“公司”是指任何法人团体或者在税收上视同法人团体的任何实体；

（五）“主管当局”：

1．在中华人民共和国，是指国家税务总局或其授权代表；

2．在马恩岛，是指所得税负责人或其代表；

（六）“情报”是指任何形式的事实、说明、文件或记录；

（七）“情报收集程序”是指使缔约一方能够获取并提供所请

求情报的法律和行政或司法程序；

（八）“国民”：

1. 在马恩岛，是指任何马恩岛的一般居民个人；

2. 在中华人民共和国，是指任何具有中华人民共和国国籍的个人；

3. 按照缔约一方现行法律取得其地位的任何法人、合伙企业或团体；

（九）“人”包括个人、公司或者任何其他团体或集团；

（十）“开放式集合投资基金或计划”是指任何集合投资基金或计划，其基金份额、股份或其他权益的购买、销售或赎回不明示或暗示地限于部分投资者；

（十一）“上市公司”是指其主要股票在认可的证券交易所上市，且上市股票可以由公众自由买卖的任何公司；股票可以“由公众”买卖是指股票的买卖不明示或暗示地限于部分投资者；为上述目的，“主要股票”一语是指代表公司多数选举权和价值的股票；“认可的证券交易所”一语是指任何缔约双方主管当局商定的证券交易所；

（十二）“被请求方”是指本协定中被请求提供情报或应请求已提供情报的一方；

（十三）“请求方”是指本协定中发出请求或已从被请求方得到情报的一方；

（十四）“税收”是指本协定所含的任何税收。

二、缔约一方在实施本协定的任何时候，对于本协定未定义的术语，除上下文另有要求外，应当具有当时该缔约方法律所规定的含义。该缔约方适用税法的定义优先于其他法律对该术语的定义。

第五条　专项情报交换

一、被请求方主管当局经请求后，应当提供为第一条所述目的之情报。无论被请求方是否为了自己的目的需要这些情报，或被调查的行为如果发生在被请求方管辖范围内，无论根据被请求方法律是否构成税收违法，均应交换情报。

二、如果被请求方主管当局掌握的信息不足以使其遵从情报请求，被请求方应启动所有相关的情报收集程序向请求方提供所请求的情报，即使被请求方可能并不因其自身税收目的而需要该情报。

三、如果请求方主管当局提出特别要求，被请求方主管当局应根据本条规定，在其国内法允许的范围内，以证人证言和经鉴证的原始记录复制件的形式提供情报。

四、为本协定第一条所述之目的，缔约各方应确保其主管当局有权依据请求获取并提供：

（一）银行、其他金融机构以及任何人（包括被指定人和受托人）以代理或受托人身份掌握的情报；

（二）1. 有关公司、合伙人、基金、“机构”以及其他人的法律和受益所有权情报，包括根据第二条的限定，在同一所有权链条上其他人的所有权情报，包括集合投资计划中的股份、基金份额和其他权益的情报；

2. 信托公司委托人、受托人、监管人以及受益人的情报；

3. 基金公司创立人、基金理事会成员以及受益人的情报。

五、本协定的一方没有获取或提供与上市公司或开放式集合投资基金或计划的所有权有关的情报的义务，除非此类情报的获取不造成不适当的困难。

六、请求方主管当局根据本协定提出情报请求时，应向被请求方主管当局提供以下信息，以证明情报与请求之间的可预见相关性：

（一）被检查或被调查人的身份；

（二）所请求情报的期间；

（三）有关所请求情报的说明，包括情报的性质和请求方希望收到情报的形式；

（四）请求情报的税收目的；

（五）认为所请求的情报存在于被请求方领土内或由被请求方管辖范围内的人所掌握或控制的理由；

（六）尽可能地列出被认为掌握或控制所请求情报的任何人的姓名和地址；

（七）声明请求符合本协定以及请求方法律和行政惯例，且如果所请求情报存在于请求方管辖范围内，那么请求方主管当局可以根据请求方法律或正常行政惯例获取该情报；

（八）声明请求方已穷尽其领土内除可能导致不适当困难外的获取情报的一切方法。

七、被请求方主管当局应尽快向请求方主管当局提供所请求的情报。为保证尽快回复，被请求方主管当局应：

（一）以书面形式向请求方主管当局确认收到请求，如果请求存在任何不足之处，应在收到请求后60日内将请求内容不足部分通知请求方主管当局；

（二）如果被请求方主管当局在收到情报请求后90日内不能获取并提供情报，包括在提供情报时遇到障碍或拒绝提供情报时，应立即通知请求方主管当局，并就不能提供情报的原因、遇到的障碍或拒绝的理由进行解释。

第六条　境外税务检查

一、被请求方可以根据其国内法，在收到请求方通知后至少14个工作日内，在获得当事人书面同意的前提下，允许请求方主管当局的代表进入被请求方领土，就有关请求会见当事人和检查有关记录。缔约双方主管当局应当协商决定与相关当事人会见的时间和地点。

二、应请求方主管当局的请求，被请求方主管当局可以根据其国内法允许请求方主管当局代表出现在被请求方领土内税务检查的现场。

三、如果同意第二款中所提及的请求，实施检查的被请求方主管当局应当尽快通知请求方主管当局检查的时间与地点、被授权实施检查的当局或人员，以及被请求方对实施检查所要求的程序和条件。所有有关实施检查的决定应当由实施检查的被请求方根据其国内法做出。

第七条　拒绝请求的可能

一、被请求方主管当局可以拒绝协助：

（一）当请求与本协定不相符时；

（二）当请求方未穷尽其领土内除可能导致不适当困难外的获取情报的一切方法时；

（三）当被请求情报的披露将违背被请求方的公共政策（公共秩序）时。

二、本协定不应给缔约方施加任何提供按照缔约方国内法规定受法律特权保护的情报，或可能导致泄漏贸易、经营、工业、商业、专业秘密或贸易过程情报的义务。第五条第四款中所提及的情报，不应仅因该款的事实构成上述秘密或过程。

三、情报请求不应因对请求涉及的税收主张有争议而被拒绝。

四、如果所请求的情报在请求方管辖范围内，请求方主管当局不能够根据自己的法律或正常行政渠道获取该情报，则被请求方不得被要求获取和提供该情报。

五、如果请求方请求的情报用于实施或执行其税法或任何相关规定，并因此构成对被请求方国民相对于请求方国民在相同条件下的歧视，则被请求方可以拒绝该情报请求。

第八条　保密

一、缔约双方主管当局提供和收到的所有情报应作密件处理，并应仅告知与第一条所述目的相关的人员或机构（包括法院和行政管理部门），上述人员或机构应仅为上述目的，包括任何上诉结果的决定，使用该情报，并可以在公开法庭的诉讼程序或司法决定中披露上述情报。

二、未经被请求方主管当局书面明确许可，情报不得用于除第一条规定以外的任何其他目的，不得向任何其他人、实体或机构披露。

三、向请求方提供的情报不得向任何其他管辖地区披露。

第九条　保护措施

本协定不影响被请求方法律或行政惯例赋予人的权利和保护措施，但以该权利和保护措施不过度妨碍或延缓有效情报交换为限。

第十条　法律实施

缔约双方应为遵从和实施本协定条款制定必要的法律。

第十一条　费用

一、被请求方负担其在为回复请求方的情报请求而适用国内税法时产生的日常费用。该日常费用一般包括内部管理费用和任何小额外部费用。

二、所有其他不是日常费用的费用视为非日常费用，由请求方负担。非日常费用包括但不限于以下示例：

（一）第三方实施调查而收取的合理费用；

（二）第三方复制和传送文件而收取的合理费用；

（三）聘请专家、口译或笔译人员的合理费用；

（四）被请求方为回复特定情报请求而产生的合理诉讼费用；

（五）为获取证言或证词而产生的合理费用。

三、在任何特定案例中，当非日常费用可能超过1000美元时，缔约双方需协商决定请求方是否继续请求并负担费用。

第十二条 语言

协助的请求与回复使用英语。

第十三条 相互协商程序

一、当缔约双方对本协定的执行或解释遇到困难或疑问时，缔约双方主管当局应尽力通过相互协商解决问题。

二、除第一款所提及的协商之外，缔约双方主管当局还可以就第五条、第六条和第十一条的执行程序达成一致。

三、为了本条之目的，缔约双方主管当局可以直接相互沟通。

四、缔约双方也可以就其他争端解决方式达成一致。

第十四条 生效

缔约双方应相互书面通知已完成使本协定生效所必需的各自国内法律程序。本协定自后一份通知收到之日起第30天生效，并于本协定生效日开始或以后的纳税年度执行。如果没有纳税年度，本协定适用于协定签署当日或以后的税收。

第十五条 终止

一、在任一缔约方终止本协定前，本协定长期有效。

二、任一缔约方可以通过书面通知终止本协定。终止通知自另一缔约方收到该通知之日起3个月后的次月第一天生效。

三、协定终止后，缔约双方对依据本协定取得的任何情报仍负有第八条所规定的义务。所有在终止有效日前收到的请求应按照本协定规定处理。

下列代表，经各自政府正式授权，在本协定上签字，以昭信守。

本协定于二〇一〇年十月二十六日在道格拉斯签订，一式两份，每份均用中文和英文写成，两种文本同等作准。

中华人民共和国政府	马恩岛政府
代　表	代　表
肖　捷	安·柯里恩
（签　字）	（签　字）

中华人民共和国政府和根西岛政府关于税收情报交换的协定

鉴于中华人民共和国政府与根西岛政府（以下简称“双方”）希望促进税收情报交换；根西岛政府根据大不列颠及北爱尔兰联合王国的授权之规定，有权与中华人民共和国政府谈判、缔结、履行以及终止税收情报交换协定；根西岛政府于2002年2月21日做出政治承诺，遵守经济合作与发展组织有效情报交换的原则；因此，双方现同意缔结仅对双方有约束力的协定如下：

第一条　协定范围

一、双方主管当局应当就本协定所含税种相关双方国内法的管理和执行，通过交换与之具有可预见相关性的情报相互提供协助。该情报包括与所含税种的确定、核定、征收，税收主张的追索与执行以及税收事项的调查或起诉具有可预见相关性的信息。

二、情报根据本协定的规定交换，并按第八条规定的方式保密。

第二条 管辖权

一、被请求方没有义务提供不归其当局所拥有，或者不由其管辖地域内的人掌握或可获取的情报。

二、为执行本协定，被请求方主管当局应依据本协定提供情报：

（一）无论与情报相关的人是否为一方的居民、国民或公民，或者掌握情报的人是否为一方的居民、国民或公民；

（二）只要所需情报存在于被请求方领土内，或者为被请求方地域管辖范围内的人掌握或可获取。

第三条 税种范围

一、本协定适用于自协定生效之日起任何一方征收的所有税收，关税除外。

二、本协定也适用于协定生效后任何一方征收的属于增加或者代替第一款所列税种的任何相同或者实质相似的税收。

三、双方主管当局应将可能影响双方协定责任的税收和情报收集程序的任何实质性变化通知对方。

四、双方可以通过相互协商扩大或修改本协定的税种范围。

第四条 定义

一、本协定中：

（一）“中华人民共和国”用于地理概念时，是指所有适用中国有关税收法律的中华人民共和国领土，包括领海，以及根据国际法和国内法，中华人民共和国拥有以勘探和开发海床及其底土和上覆水域资源为目的的主权权利的领海以外的任何区域；

（二）“根西岛”用于地理概念时，是指根西岛、奥尔德尼岛、赫姆岛，包括根据国际法与这些岛屿毗邻的领海；

（三）“集合投资基金或计划”是指任何集合投资工具，不管其法律形式如何；

（四）“公司”是指任何法人团体或者在税收上视同法人团体的任何实体；

（五）“主管当局”：

1．在中华人民共和国，是指国家税务总局或其授权代表；

2．在根西岛，是指所得税管理局局长或其授权代表；

（六）“情报”是指任何形式的事实、说明、文件或记录；

（七）“情报收集程序”是指使一方能够获取并提供所请求情报的司法、监管或行政法律和程序；

（八）“人”包括自然人、公司或者任何其他团体或集团；

（九）“开放式集合投资基金或计划”是指任何集合投资基金或计划，其股份或其他权益的购买、销售或赎回不明示或暗示地限于部分投资者；

（十）“上市公司”是指其主要股票在认可的证券交易所上市，且上市股票可以由公众自由买卖的任何公司。股票可以“由公众”买卖是指股票的买卖不明示或暗示地限于部分投资者。为上述目的，“主要股票”一语是指代表公司多数选举权和价值的股票。本项规定中的“认可的证券交易所”一语是指：

1．在中华人民共和国：

上海证券交易所或深圳证券交易所；

2．在根西岛：

海峡群岛证券交易所；

3．为本款规定之目的，经主管当局协商认可的任何其他证券交易所；

（十一）“被请求方”是指本协定中被请求提供情报或应请求已提供情报的一方；

（十二）“请求方”是指本协定中发出请求或已从被请求方得到情报的一方；

（十三）“税收”是指本协定所含的任何税收。

二、一方在实施本协定的任何时候，对于本协定未定义的术语，除上下文另有要求外，应当具有当时该一方法律所规定的含义。该一方适用税法的定义优先于其他法律对该术语的定义。

第五条　专项情报交换

一、被请求方主管当局经请求后，应当书面提供为第一条所述目的之情报。无论被请求方是否为了自己的税收目的需要这些情报，或被调查的行为如果发生在被请求方境内，无论根据被请求方法律是否构成税收违法，均应交换情报。如果被请求方主管当局收到的信息不足以使其遵从情报交换请求，则应当通知请求方主管当局这一事实，并要求补充必要的信息以使该请求能够被有效处理。

二、如果被请求方主管当局掌握的信息不足以使其遵从情报请求，被请求方应在自己的裁量权范围内，启动所有相关的情报收集程序向请求方提供所请求的情报，即使被请求方可能并不因其自身税收目的而需要该情报。

三、如果请求方主管当局提出特别要求，被请求方主管当局应根据本条规定，在其国内法允许的范围内，以证人证言和经鉴证的原始记录复制件的形式提供情报。

四、为本协定之目的，各方应确保其主管当局有权依据协定第一条的规定，依据请求获取并提供：

（一）银行、其他金融机构以及任何人（包括被指定人和受托人）以代理或受托人身份掌握的情报；

（二）1. 有关公司、合伙人、基金以及其他人的受益所有权情报，包括集合投资计划中股份、基金份额和其他权益的情报；

2. 信托公司委托人、受托人和受益人的情报。

五、尽管有上述各款规定，本协定的双方没有获取或提供与上市公司或开放式集合投资基金或计划的所有权有关的情报的义务，除非此类情报的获取不造成不适当的困难。

六、任何情报请求均应制作得尽可能详细，并以书面形式明确表述：

（一）被检查或被调查人的身份；

（二）所请求情报的期间；

（三）所请求情报的性质以及请求方希望收到情报的形式；

（四）请求情报的税收目的；

（五）针对本款第（一）项所识别的人，认为所请求的情报与请求方的税务管理与执行具有可预见相关性的理由；

（六）认为所请求的情报存在于被请求方内或由被请求方管辖范围内的人所掌握或能够获取的理由；

（七）尽可能地列出被认为掌握或能够获取所请求情报的任何人的姓名和地址；

（八）声明请求符合本协定以及请求方法律和行政惯例，且如果所请求情报存在于请求方管辖范围内，那么请求方主管当局可以根据请求方法律或正常行政惯例获取该情报；

（九）声明请求方已穷尽其领土内除可能导致不适当困难外的获取情报的一切方法。

第六条　境外税务检查或调查

一、一方接到合理的通知，根据其国内法，在获得当事人书面同意的前提下，可以允许另一方主管当局的代表进入先提及一方领土，就有关请求会见当事人和检查有关记录。后提及一方主管当局应将与相关当事人见面的时间和地点通知先提及一方主管当局。

二、应一方主管当局的请求，另一方主管当局根据其国内法，可以允许先提及一方主管当局代表出现在后提及一方境内税务检查相关部分的现场。

三、如果第二款所提及的请求被接受，实施检查一方的主管当局应当尽快通知另一方主管当局检查的时间与地点，被指定实施检查的当局或官员，以及先提及一方实施检查所要求的程序和条件。所有有关实施税务检查的决定应当由实施检查一方做出。

四、在本条中，“国内法”一语是指进出双方领土的出入境管理法律或规定。

第七条　拒绝请求的可能

一、被请求方主管当局可以拒绝协助：

（一）当请求与本协定不相符时；

（二）当请求方未穷尽其领土内除可能导致不适当困难外的获取情报的一切方法时；

（三）当被请求情报的披露将违背被请求方的公共政策（“公共秩序”）时。

二、本协定不应给被请求方施加任何提供受法律特权保护事项的义务或提供贸易、经营、工业、商业、专业秘密或贸易过程情报的义务。第五条第四款中所提及的情报，不应仅因该款的事实而被视为上述秘密或贸易过程。

三、情报请求不应因纳税人对请求涉及的税收主张有争议而被拒绝。

四、如果所请求的情报在请求方管辖范围内，请求方主管当局不能够根据自己的法律或正常行政渠道获取该情报，则被请求方不得被要求获取和提供该情报。

五、如果请求方请求的情报用于实施或执行其税法或任何相关规定，并因此构成对被请求方国民、公民或居民相对于请求方国民、公民或居民在相同条件下的歧视，则被请求方可以拒绝该情报请求。

第八条　保密

一、双方主管当局提供和收到的所有情报应作密件处理。

二、这些情报应仅告知双方管辖权范围内与第一条所述目的相关的人员或机构（包括法院和行政管理部门），上述人员或机构应仅为上述目的，包括任何上诉结果的决定，使用该情报，并可以在公开法庭的诉讼程序或司法决定中披露上述情报。

三、未经被请求方主管当局书面明确许可，情报不得用于除第一条规定以外的任何其他目的。

四、依据本协定向请求方提供的情报不得向任何其他管辖地区披露。

第九条　保护措施

本协定不影响被请求方法律或行政惯例赋予人的权利和保护措施，但以该权利和保护措施不过度妨碍或延缓有效情报交换为限。

第十条　管理费用

除双方主管当局另有约定外，为提供协助而产生的日常费用由被请求方负担，提供协助的非日常费用（包括在诉讼中聘用外部顾问等的费用）应由请求方负担。关于本条，双方主管当局应时常沟通，尤其是当根据特定请求提供情报可能产生特别高的费用时，被请求方主管当局应事先与请求方主管当局协商。

第十一条　语言

协助的请求与回复使用英语。

第十二条　相互协商程序

一、当双方对本协定的执行或解释遇到困难或疑问时，双方主管当局应尽力通过相互协商解决问题。

二、除第一款所提及的协商之外，双方主管当局还可以就第五条、第六条和第十条的执行程序达成一致。

三、为了本协定之目的，双方主管当局可以直接相互沟通。

四、在必要的情况下，双方也可以就争端解决的其他方式书面达成一致。

第十三条　相互协助程序

如果双方主管当局认为合适，则双方可以同意交换技术诀窍，开发新的审计技术，识别并共同研究非遵从新领域。

第十四条　生效

双方应相互书面通知已完成使本协定生效所必需的各自国内法律程序。协定自后一份通知收到之日30日后生效，并适用于本协定生效次年1月1日开始或以后所有征收的税收。

第十五条　终止

一、在任一方终止本协定前，本协定长期有效。

二、任一方可以通过书面通知终止本协定。终止通知自另一方收到该通知之日起6个月后的次月第一天生效。

三、协定终止后，双方对依据本协定取得的任何情报仍负有第八条所规定的义务。所有在终止有效日前收到的请求应按照本协定规定处理。

下列代表，经各自政府正式授权，在本协定上签字，以昭信守。

本协定于二〇一〇年十月二十七日在根西签订，一式两份，每份均用中文和英文写成，两种文本同等作准。

中华人民共和国政府	根西岛政府
代　表	代　表
肖　捷	**林登·特拉特**
（签　字）	（签　字）

中华人民共和国政府和泽西岛政府关于税收情报交换的协定

鉴于中华人民共和国政府与泽西岛政府（“缔约双方”）希望加强和促进税收情报交换；中华人民共和国政府有权与泽西岛政府谈判、缔结以及根据本协定条款终止税收情报交换协定；泽西岛政府在大不列颠及北爱尔兰联合王国的授权下有权与中华人民共和国政府谈判、缔结、履行以及根据本协定条款终止税收情报交换协定；缔约双方现同意缔结仅对双方有约束力的协定如下：

第一条　协定范围

一、缔约双方主管当局应当就本协定所含税种相关的缔约双方国内法的管理和执行，通过交换与之具有可预见相关性的情报相互提供协助。该情报应包括与这些税收的确定、核定、查证与征收，税收主张的追索与执行以及税收事项的调查或起诉具有可预见相关性的信息。

二、情报根据本协定的规定交换。并按第八条规定的方式保密。

第二条　管辖权

被请求方没有义务提供不归其当局所拥有，或者不由其管辖地域内的人掌握、控制或可获取的情报。

第三条　税种范围

一、本协定适用的税种是：

（一）在中华人民共和国，除关税以外的所有税种；

（二）在泽西岛，政府征收的所有税收。

二、本协定也适用于协定签订之日后任何缔约一方征收的属于增加或者代替第一款所列税种的相同或者实质相似的税收。

三、缔约双方主管当局应将本协定所含税收及相关情报收集程序的任何相关变化通知对方。

四、缔约双方可以通过相互协商以缔约双方认可的方式扩大或修改本协定的税种范围。

第四条　定义

一、本协定中：

（一）“中华人民共和国”用于地理概念时，是指所有适用中国有关税收法律的中华人民共和国领土，包括领海，以及根据国际法和国内法，中华人民共和国拥有以勘探和开发海床及其底土和上覆水域资源为目的的主权权利的领海以外的任何区域；

（二）“泽西岛”用于地理概念时，是指泽西岛行政管理区，包括其领海；

（三）“集合投资基金或计划”是指任何集合投资工具，不管其法律形式如何；

（四）“公司”是指任何法人团体或者在税收上视同法人团体的任何实体；

（五）“主管当局”：

1. 在中华人民共和国，是指国家税务总局或其授权代表；

2. 在泽西岛，是指财政和资源部部长或其授权代表；

（六）“情报”是指任何形式的事实、说明、文件或记录；

（七）“情报收集程序”是指使缔约一方能够获取并提供所请求情报的司法、监管或行政法律和程序；

（八）“人”是指自然人、公司或者为税收目的视为法人团体的任何实体，或任何其他团体或集团；

（九）“开放式集合投资基金或计划”是指任何集合投资基金或计划，其股份或其他权益的购买、销售或赎回不明示或暗示地限于部分投资者；

（十）“上市公司”是指其主要股票在认可的证券交易所上市，且上市股票可以由公众自由买卖的任何公司。股票可以“由公众”买卖是指股票的买卖不明示或暗示地限于部分投资者。为上述目的，“主要股票”一语是指代表公司多数选举权和价值的股票。本款规定中的“认可的证券交易所”一语是指：

1. 在中华人民共和国：

上海证券交易所或深圳证券交易所；

2. 在泽西岛：

海峡群岛证券交易所；

3. 为本协定规定之目的，经主管当局协商认可的任何其他证券交易所；

（十一）“被请求方”是指本协定中被请求提供情报或应请求已提供情报的一方；

（十二）“请求方”是指本协定中发出请求或已从被请求方得到情报的一方；

（十三）“税收”是指本协定所含的任何税收。

二、缔约一方在实施本协定的任何时候，对于本协定未定义的术语，除上下文另有要求外，应当具有当时该缔约方法律所规定的含义。该缔约方适用税法的定义优先于其他法律对该术语的定义。

第五条　专项情报交换

一、被请求方主管当局经请求后，应当书面提供为第一条所述目的之情报。被调查的行为如果发生在被请求方境内，无论根据被请求方法律是否构成税收违法，均应交换情报。请求方主管当局只有当通过其他方式（依靠这些方式获取情报会导致不适当的困难时除外）不能获取被请求情报时，才能根据本条发出情报请求。

二、如果被请求方主管当局收到的信息不足以使其遵从情报请求，则应当通知请求方主管当局这一事实，并要求补充必要的信息以使该请求能够被有效处理。

三、如果被请求方主管当局掌握的信息不足以使其遵从情报请求，被请求方应启动适当的情报收集程序向请求方提供所请求的情报，即使被请求方可能并不因其自身税收目的而需要该情报。

四、如果请求方主管当局提出特别要求，被请求方主管当局应根据本条规定，在其国内法允许的范围内，以证人证言和经鉴证的原始记录复制件的形式提供情报。

五、为本协定之目的，各缔约方应确保其主管当局有权依据请求获取并提供：

（一）银行、其他金融机构以及任何人（包括被指定人和受托人）以代理或受托人身份掌握的情报；

（二）有关公司、合伙人、信托、基金以及其他人的法律和受益所有权情报，包括根据第二条的限定，在同一所有权链条上一切人的所有权情报；信托公司委托人、受托人、受益人以及监管人的情报；基金公司基金创立人、基金理事会成员、受益人以及基金公司董事或其他高级管理人员的情报。

六、尽管有上述各款规定，本协定的缔约双方没有获取或提供与上市公司或开放式集合投资基金或计划的所有权有关的情报的义务，除非此类情报的获取不造成不适当的困难。

七、任何情报请求均应制作合理且详细，并以书面形式表述：

（一）被检查或被调查人的身份；

（二）所请求情报的期间；

（三）所请求情报的性质和类型，包括对所需情报和（或）

所求具体证据的描述，以及请求方希望收到情报的形式；

（四）请求情报的税收目的；

（五）认为所请求的情报由被请求方持有或由被请求方管辖的人所掌握、控制或能够获取的理由；

（六）尽可能地列出被认为掌握、控制或能够获取所请求情报的任何人的姓名和地址；

（七）声明请求符合本协定以及请求方法律和行政惯例，且如果所请求情报存在于请求方管辖范围内，那么请求方主管当局可以根据请求方法律或正常行政惯例获取该情报；

（八）声明请求方已穷尽其领土内除可能导致不适当困难外的获取情报的一切方法。

八、被请求方主管当局应向请求方主管当局确认收到请求，并尽最大努力尽快向请求方主管当局提供所请求的情报。

第六条　境外税务检查或调查

一、被请求方可以根据其国内法，在收到请求方通知后合理时间内，在获得当事人书面同意的前提下，允许请求方主管当局的代表进入被请求方领土，就有关请求会见当事人和检查有关记录。缔约双方主管当局应当协商决定与相关当事人会见的时间和地点。

二、应请求方主管当局的请求，被请求方主管当局根据其国内法可以允许请求方主管当局代表出现在被请求方境内税务检查的现场。

三、如果同意第二款中所提及的请求，实施检查的被请求方主管当局应当尽快通知请求方主管当局检查的时间与地点，被授权实施检查的当局或人员，以及被请求方对实施检查所要求的程序和条件。所有有关实施检查的决定应当由实施检查的被请求方根据其国内法做出。

第七条　拒绝请求的可能

一、被请求方主管当局可以拒绝协助：

（一）当请求与本协定不相符时；

（二）当请求方未穷尽其领土内除可能导致不适当困难外的获取情报的一切方法时；

（三）当被请求情报的披露将违背被请求方的公共政策（公共秩序）时；

（四）如果被请求的情报存在于请求方的管辖范围内，但按照其法律规定或者正常行政惯例，请求方主管当局不能获取该情报时。

二、本协定不应给缔约方施加以下义务：

（一）提供根据相关方国内法规定属于法律特权保护的情报，或者可能导致泄漏贸易、经营、工业、商业、专业秘密或贸易过程的情报。第五条第五款中所提及的情报，不应仅因该款的事实构成上述秘密或过程；

（二）在本项规定不影响协定第五条第五款规定的缔约一方义务的前提下，采取与本国法律和行政惯例不一致的行政措施。

三、情报请求不应因纳税人对请求涉及的纳税义务有争议而被拒绝。

四、如果请求方请求的情报用于实施或执行其税法或任何相关规定，并因此构成对被请求方国民相对于请求方国民在相同条件下的歧视，则被请求方可以拒绝该情报请求。

第八条　保密

一、缔约双方主管当局提供和收到的所有情报应作密件处理，并应仅告知缔约双方管辖范围内与第一条所述目的相关的人员或机构（包括法院和行政管理部门），上述人员或机构应仅为上述目的，包括任何上诉结果的决定，使用该情报，并可以在公开法庭的诉讼程序或司法程序中披露上述情报。

二、未经被请求方主管当局书面明确许可，情报不得用于除第一条规定以外的任何其他目的，不得向任何其他人、实体或机构披露。

三、依据本协定向请求方提供的情报不得向任何其他管辖地区披露。

第九条　保护措施

本协定不影响被请求方法律或行政惯例赋予人的权利和保护措施。被请求方不得以过度妨碍或延缓有效情报交换的方式使用该权利和保护措施。

第十条　管理费用

一、被请求方负担其为回复请求方的情报请求而适用国内税法时产生的日常费用。

二、所有其他不包括在日常费用内的费用视为非日常费用，由请求方负担。

第十一条　语言

协助的请求与回复使用英语。

第十二条　相互协商程序

一、当缔约双方对本协定的执行或解释遇到困难或疑问时，缔约双方主管当局应尽力通过相互协商解决问题。

二、除第一款所提及的协商之外，缔约双方主管当局还可以就第五条和第六条的执行程序共同商定。

三、为了本协定之目的，缔约双方主管当局可以直接相互沟通。

四、缔约双方也可以就争端解决的其他方式书面达成一致。

第十三条　生效

缔约双方应相互书面通知已完成使本协定生效所必需的各自国内法律程序。协定自后一份通知收到之日起第30天生效，并于生效日开始或以后的纳税年度执行。

第十四条　终止

一、在任一缔约方终止本协定前，本协定长期有效。

二、任一缔约方可以通过书面通知终止本协定。终止通知自缔约另一方收到通知之日起6个月后的次月第一天生效。

三、协定终止后，缔约双方对依据本协定取得的任何情报仍负有第八条所规定的义务。所有在终止有效日前收到的请求应按照本协定规定处理。

下列代表，经各自政府正式授权，在本协定上签字，以昭信守。

本协定于二〇一〇年十月二十九日在圣赫利尔签订，一式两份，每份均用中文和英文写成，两种文本同等作准。

中华人民共和国政府	泽西岛政府
代　表	代　表
肖　捷	**特里·索尔**
（签　字）	（签　字）

美　洲

中华人民共和国和阿根廷共和国联合声明

一、应中华人民共和国主席胡锦涛邀请，阿根廷共和国总统克里斯蒂娜·费尔南德斯·德基什内尔于二〇一〇年七月十一日至十五日对中国进行国事访问。

二、访问期间，胡锦涛主席同克里斯蒂娜·费尔南德斯·德基什内尔总统举行了会谈。两国领导人在亲切友好的气氛中就两国关系及共同关心的国际和地区问题深入交换了意见，达成广泛共识。双方对访问成果予以积极评价，认为访问取得了成功并将进一步推动两国战略伙伴关系的发展。

三、两国元首回顾了中阿建交三十八年来双边关系的成功发展，强调二〇〇四年建立战略伙伴关系具有重要意义，对近年来两国关系快速发展感到满意。两国元首表示，在当前复杂的国际形势下，中阿深化战略伙伴关系意义重大。双方重申以战略和长远眼光发展中阿关系，愿在相互尊重、平等互利的原则基础上，进一步提升两国关系水平，深化各领域互利合作，加强在国际和地区事务中的沟通和协调。

四、双方表示将在涉及彼此利益的重大问题上继续给予对方坚定支持。

五、中方重申坚定支持阿根廷共和国在马尔维纳斯群岛问题上的主权要求，以及重启有关谈判，根据联合国相关决议规定寻求马尔维纳斯群岛问题最终和平解决。

六、阿方重申坚定奉行一个中国政策，支持台海两岸关系和平发展和中国和平统一。

七、两国元首对访问期间由中华人民共和国商务部长和阿根廷共和国外交、国际贸易和宗教事务部长签署的《中华人民共和国政府同阿根廷共和国政府促进投资和贸易多样化谅解备忘录》表示满意，指出该谅解备忘录为两国经济关系在新阶段的扩大及多样化奠定了基础，明确了思路。

八、为此，两国元首表示，应采取共同行动，推动双边经济关系发展，并一致认为，需要根据各自产业结构及市场需求推动双边贸易和谐、平衡增长及其多样化，特别是扩大高附加值和高技术含量产品贸易。

九、双方相信，两国质检部门开展合作有利于将新产品纳入双边贸易，符合彼此利益。双方在牛遗传物质领域的合作将有利于两国畜牧业的发展。

十、双方积极评价两国在基础设施和交通特别是铁路等领域合作所取得的进展，并对访问期间签署交通领域基础设施建设合作协定表示高兴。

十一、两国元首同意积极鼓励相互投资，加强企业联系，支持两国政府部门和相关企业在基础设施、能源和矿产领域的合作。为此，在与世界贸易组织《与贸易有关的投资措施协定》相一致的情况下，支持本国企业投资对方发展计划内的项目，并通过工业投资和设施建设，不断提高当地产品附加值比重，提升投资对象国生产能力。

十二、双方将推动两国金融合作，加强中国和阿根廷金融机构的联系。

十三、两国元首表示愿继续加强在文化、教育、科技、体育、旅游等领域的交流与合作，支持扩大双方民间和地方交流，增进两国人民的相互了解和友谊。为此，两国元首对在阿根廷开设孔子学院和将来成立中国问题研究中心表示欢迎，并强调在语言教学和教育服务方面进行合作具有重要意义。

十四、两国元首强调愿进一步加强在科学、技术、天文、农业、食品技术、气象等领域的南南合作，推动中阿食品科技中心开展活动，探讨在和平利用核能和空间活动方面开展合作的可能性。两国主管机构应继续进行必要的接触，以确定双方可能感兴趣的共同议题及合作项目。

十五、双方强调愿进一步加强两国在南极条约协商会议和南极海洋生物资源养护委员会中的交流与合作。

十六、双方愿加强双边领事合作，为包括商务旅行在内的双方各领域人员往来进一步提供签证便利。中方欢迎阿根廷驻广州总领馆开馆，愿为总领馆开馆提供便利和必要的协助。

十七、双方一致认为，中阿在多边事务中的合作是两国战略伙伴关系的重要组成部分。双方同意进一步密切在联合国、世界贸易组织、二十国集团、东亚—拉美合作论坛等国际和地区组织以及多边机制框架内的合作，就联合国改革、多哈回合谈判、国际金融体系改革、气候变化等全球性重大问题保持密切沟通与协调，促进南南合作，共同维护发展中国家整体利益，推动建设更加公正、合理、公平的国际秩序。

十八、双方坚信安理会改革应建立在联合国成员国最广泛共识的基础上，寻求使该机构决策更民主、更具代表性和更透明的一揽子解决办法，避免强行推动未达成最广泛共识的方案或设定时限。

十九、作为国际经济合作主要论坛二十国集团成员，双方强调要着力提高发展中国家代表性和发言权，不断推动国际金融体系改革取得实质性进展。

二十、两国元首重申在《联合国气候变化框架公约》和《京都议定书》框架下，按照“共同但有区别的责任”原则和公平原则，落实《巴厘行动计划》，呼吁发达国家率先大幅减少温室气体排放，履行承诺，通过应有的资金支持、技术转让和能力建设的方式，支持发展中国家的减缓和适应行动。

二十一、作为东亚—拉美合作论坛的创始成员，双方强调愿推动这一亚拉地区间合作与对话的重要机制取得更大发展。中方对阿根廷连任论坛拉美协调员表示祝贺。

二十二、双方支持南方共同市场同亚洲，特别是同中国开展对话。阿方表示愿以南方共同市场成员国身份继续推动和深化上述对话。

二十三、克里斯蒂娜·费尔南德斯·德基什内尔总统重申祝贺中华人民共和国建国六十周年，强调阿根廷参展的二〇一〇年上海世博会取得了圆满成功。中方对此表示感谢，并祝贺阿根廷建国二百周年。克里斯蒂娜·费尔南德斯·德基什内尔总统积极评价华人团体对阿根廷社会发展作出的贡献。

二十四、访问期间，双方签署了重要的合作文件。阿根廷企业家陪同克里斯蒂娜·费尔南德斯·德基什内尔总统访问，并同中方企业进行多次对口洽谈，表明了阿根廷生产部门希进一步密切两国现有贸易关系的愿望。

二十五、克里斯蒂娜·费尔南德斯·德基什内尔总统对访华期间所受到的热烈欢迎和盛情款待表示感谢，邀请胡锦涛主席在方便的时候再次访问阿根廷。胡锦涛主席对此表示感谢。

中华人民共和国	阿根廷共和国
代　表	代　表
杨洁篪	**埃克托尔·马科斯·蒂梅尔曼**
（签　字）	（签　字）

二〇一〇年七月十三日于北京

中华人民共和国政府和阿根廷共和国政府关于促进投资和贸易多样化的谅解备忘录

中华人民共和国政府和阿根廷共和国政府（以下简称“双方”），

鉴于双方在各自职能范围内加强合作以巩固双边贸易、增加相互投资的愿望，

重申世界贸易组织原则和相关协定的重要性，并视上述原则和协定为规范国际贸易的根本，

本着为贸易多元化及其可持续、协调发展和在双方感兴趣的各领域开展经济合作创造良好条件的愿望，

鉴于向企业界和经济实体参与贸易增长和多元化以及相互投资等活动提供便利的重要性，

达成协议如下：

第 一 条

双方强调了2004年11月胡锦涛主席访问阿根廷期间签署的《中华人民共和国和阿根廷共和国关于在贸易和投资领域合作的谅解备忘录》的重要性。双方一致同意在该谅解备忘录的基础上进一步发展双边贸易关系，并尽最大努力尽快全面落实该谅解备忘录。

第 二 条

双方同意研究有关便利双边贸易发展的措施，并为双边贸易

营造公正和良好的环境。

为进一步协调、均衡地提升双边贸易水平并使之更加多样化，根据双方的产业结构和市场需求来扩大投资和技术转让，双方将在以下领域开展旨在促进合作、增进了解和分享经验的各类活动：

（一）组织展会和经贸团组；

（二）鼓励和便利双边贸易和相互投资的市场调研和促进活动；

（三）加强企业界对两国市场货物和服务进口相关法规的了解；

（四）交流实施多边贸易协议和地区性贸易协议的信息和经验；

（五）实施合作项目以促进企业的发展，提高其国际竞争力；

（六）支持旨在加强货物和服务出口多元化的计划，鼓励扩大相互投资。

第三条

双方将制订并实施工作计划，在以下重点领域开展合作：

（一）在中国推广阿根廷“直播”技术，包括土壤培育，播种方法，选种等；并扩大旨在提升农牧业生产的农机设备、农具、农业物资的贸易；

（二）提升汽车配件投资的水平，发展清洁技术；

（三）深化双方在矿业、能源、交通基础设施领域的合作，并通过在勘探开发和加工等环节的投资，实现产能的提高；

（四）双方同意通过中、长期信贷等方式推动两国进一步加强在金融领域的合作，为双方在互惠互利基础上落实具体合作项目提供便利。

第　四　条

在世界贸易组织规则、特别是《与贸易有关的投资措施协定》框架下，双方鼓励在投资项目和一国企业参与另一国发展计划的过程中，通过不断提升所在国附加值成分的投资和工业设施，推动投资接受国的产能提高。

第　五　条

双方同意推动互派经贸团组和高级别官员代表团。

第　六　条

双方将推动有关在动植物检验检疫以及农产品和食品检验检疫领域的谈判进程，推动相关风险评估和产品注册工作的进展，确保出口农产品食品安全卫生符合进口国检验检疫要求，促进两国包括肉类、水果和牛胚胎产品在内的农产品及食品贸易的不断增长并更加多样化。

第　七　条

上述条款涉及的计划和行动将通过制定年度计划并视双方的预算可行性来落实。双方将在双边经贸混委会机制下评估本谅解备忘录下进行的各项活动及其进展。

第　八　条

本谅解备忘录自签署之日起生效。

本谅解备忘录有效期五年。如在本谅解备忘录有效期期满前六个月，任何一方未书面通知另一方终止本谅解备忘录，则本谅解备忘录有效期将自动延长五年，并依此法顺延。

本谅解备忘录于二〇一〇年七月十三日在北京签订，一式两份，每份均用中文和西班牙文写成，两种文本同等作准。

中华人民共和国政府	阿根廷共和国政府
代　表	代　表
陈德铭	**埃克托尔·马科斯·蒂梅尔曼**
（签　字）	（签　字）

中国国家能源局和阿根廷共和国联邦计划、公共投资与服务部谅解备忘录

鉴于中华人民共和国政府和阿根廷共和国政府于1985年4月15日签订了和平利用核能合作协定；

鉴于阿根廷共和国政府根据其核电发展计划，拟在2020年前建成阿根廷第四座核电站。

有鉴于此，在此达成以下共识：

一、阿根廷共和国联邦计划、公共投资与服务部通过阿根廷原子能委员会，邀请中国核工业集团公司了解阿根廷共和国核电发展计划，尤其是开发第四座核电站情况，以便于中方参与正在进行的招投标。

二、为了促进中方对阿根廷第四座核电站项目的了解，阿根廷共和国联邦计划、公共投资与服务部邀请中国核工业集团公司在2010年8月上中旬访问阿根廷。

三、中国国家能源局和阿根廷共和国联邦计划、公共投资与服务部支持中国核工业集团公司与阿根廷原子能委员会之间的友好合作。

本谅解备忘录于二〇一〇年七月十三日在北京签署，一式两份，每份均用中文、西班牙文和英文写成，三种文本同等作准。

中国	阿根廷共和国
国家能源局	联邦计划、公共投资与服务部
代　表	代　表
钱智民	德维多
（签　字）	（签　字）

中华人民共和国政府和巴巴多斯政府关于对所得避免双重征税和防止偷漏税的协定议定书

中华人民共和国政府和巴巴多斯政府，愿意缔结一项议定书，以修订2000年5月15日在北京签署的《中华人民共和国政府和巴巴多斯政府关于对所得避免双重征税和防止偷漏税的协定》（以下简称“协定”），达成协议如下：

第 一 条

协定第二条第三款第一项删除，以下列替代：

“（一）在中国：

1．个人所得税；

2．企业所得税；

（以下简称“中国税收”）”

第 二 条

协定第四条第一款删除，以下列替代：

“一、在本协定中，“缔约国一方居民”一语是指，按照该缔约国法律，由于住所、居所、成立地、实际管理机构所在地或任何其他类似标准，在该缔约国负有纳税义务的人。”

第　三　条

协定第十条第二款删除，以下列替代：

“二、然而，这些股息也可以在支付股息的公司是其居民的缔约国，按照该缔约国法律征税。但是，如果股息受益所有人是缔约国另一方居民，则所征税款：

（一）在受益所有人是公司（合伙企业除外），并直接拥有支付股息公司至少25%资本的情况下，不应超过股息总额的5%；

（二）在其他情况下，不应超过股息总额的10%。

缔约国双方主管当局应协商确定实施限制税率的方式。

本款不应影响对该公司支付股息前的利润征税。”

第　四　条

本协定并不妨碍缔约国一方实施其旨在防止逃税和避税的国内法律规定，但以其不导致与本协定冲突的税收为限。

第　五　条

一、协定第十三条第四款删除。

二、在协定第十三条中增加下列规定作为第四款、第五款和第六款：

“四、缔约国一方居民转让股份取得的收益，如果该股份价值的50%（不含）以上直接或间接来自位于缔约国另一方的不动产，可以在该缔约国另一方征税。

五、缔约国一方居民转让其在缔约国另一方居民公司资本中的股份、参股或其他权利取得的收益，如果取得该收益的人在转让行为前12个月的任何时间内，曾经直接或间接参与拥有该公司至少25%的资本，可以在该缔约国另一方征税。

六、转让以上各款所述财产以外的其他财产取得的收益，应仅在转让者为其居民的缔约国征税。”

第 六 条

协定第二十三条第一款删除，以下列替代：

“一、在中国，按照其国内法的规定，消除双重征税如下：

（一）中国居民从巴巴多斯取得的所得，按照本协定规定在巴巴多斯就该项所得缴纳的税额，可以在对该居民征收的中国税收中抵免；

（二）从巴巴多斯取得的所得是巴巴多斯居民公司支付给中国居民公司的股息，并且该中国居民公司直接或间接拥有支付股息公司股份不少于20%的，该项抵免应考虑支付该股息公司就其所得缴纳的巴巴多斯税收；

（三）但是，抵免额不应超过对该项所得按照中国税法和规章计算的中国税收数额。”

第 七 条

协定第二十六条删除，以下列替代：

“第二十六条　信息交换

一、缔约国双方主管当局应交换与执行本协定的规定相关的信息，或与执行缔约国双方或其地方当局征收的各种税收的国内法律相关的信息，以根据这些法律征税与本协定不相抵触为限。信息交换不受第一条和第二条的限制。

二、缔约国一方根据第一款收到的任何信息，应和根据该国国内法所获得的信息一样作密件处理，仅应告知与第一款所指税种有关的评估、征收、执行、起诉或上诉裁决有关的人员或当局（包括法院和行政部门）及其监督部门。上述人员或当局应仅为上述目的使用该信息，但可以在公开法庭的诉讼程序或法庭判决中披露有关信息。

三、第一款和第二款的规定在任何情况下不应被理解为缔约国一方有以下义务：

（一）采取与该缔约国一方或缔约国另一方法律和行政惯例相违背的行政措施；

（二）提供按照该缔约国一方或缔约国另一方法律或正常行政渠道不能得到的信息；

（三）提供泄露任何贸易、经营、工业、商业或专业秘密或贸易过程的信息，或者泄露会违反公共政策（公共秩序）的信息。

四、如果缔约国一方根据本条请求信息，缔约国另一方应使用其信息收集手段取得所请求的信息，即使缔约国另一方可能并不因其税务目的需要该信息。前句所确定的义务受第三款的限制，但是这些限制在任何情况下不应理解为允许缔约国一方仅因该信息没有国内利益而拒绝提供。

五、第三款的规定在任何情况下不应理解为允许缔约国一方仅因信息由银行、其他金融机构、指定代表人、代理人或受托人所持有，或因信息与人的所有权益有关，而拒绝提供。”

第　八　条

本议定书在缔约国双方交换外交照会确认已履行为本议定书生效所必需的各自的法律程序之日起的第三十天开始生效。本议定书将适用于在议定书生效年度的次年一月一日或以后开始的纳税年度中取得的所得。

第　九　条

本议定书应随协定长期有效。

下列代表，经正式授权，已在本议定书上签字为证。

本议定书于二〇一〇年二月十日在布里奇顿签订，一式两份，每份都用中文和英文写成，两种文本具有同等效力。

中华人民共和国政府　　　　巴巴多斯政府
代　表　　　　　　　　　代　表
魏　强　　　　　　　　**赫特森**
（签　字）　　　　　　　（签　字）

中华人民共和国政府和百慕大群岛政府关于税收情报交换的协定

中华人民共和国政府和百慕大群岛政府（“缔约双方”），认识到缔约双方有权谈判和缔结税收情报交换协定，愿意建立税收合作与情报交换框架，同意缔结协定如下：

第一条　协定范围

一、缔约双方主管当局应当就本协定所含税种相关缔约双方国内法的管理和执行，通过交换与之具有可预见相关性的情报相互提供协助。该情报应包括与这些税收的确定、核定、查证与征收，税收主张的追索与执行以及税收事项的调查或起诉具有可预见相关性的信息。

二、情报根据本协定的规定交换，并按第八条规定的方式保密。

第二条　管辖权

一、被请求方没有义务提供不归其当局所拥有，或者不由其管辖地域内的人掌握或控制的情报。

二、为正确执行本协定，被请求方主管当局应依据本协定提供情报：

（一）无论与情报相关的人是否为一方的居民、国民或公民，或者掌握情报的人是否为一方的居民、国民或公民；

（二）只要所需情报存在于被请求方领土内，或者为被请求方管辖范围内的人掌握或控制。

第三条　税种范围

一、本协定适用的税种是：

（一）在中华人民共和国：

1．个人所得税；

2．企业所得税；

（二）在百慕大，所有税种。

二、缔约双方主管当局应将本协定所含税收及相关情报收集程序的任何相关变化相互通知对方。

三、缔约双方可以通过相互协商以缔约双方认可的方式扩大或修改本协定的税种范围。

第四条　定义

一、本协定中：

（一）“中华人民共和国”用于地理概念时，是指所有适用中国有关税收法律的中华人民共和国领土，包括领海，以及根据国际法和国内法，中华人民共和国拥有以勘探和开发海床及其底土和上覆水域资源为目的的主权权利的领海以外的任何区域；

（二）“百慕大群岛”用于地理概念时，是指百慕大岛屿，包括其领海；

（三）“集合投资基金或计划”是指任何集合投资工具，不管法律形式如何；

（四）“公司”是指任何法人团体或者在税收上视同法人团体的任何实体；

（五）“主管当局”：

1. 在中华人民共和国，是指国家税务总局或其授权代表；

2. 在百慕大群岛，是指财政部部长或其授权的一位代表；

（六）“情报”是指任何形式的事实、说明、文件或记录；

（七）“情报收集程序”是指使缔约一方能够获取并提供所请求情报的司法、监管或行政法律和程序；

（八）“国民”：

1. 在百慕大群岛，是指按照百慕大群岛现行法律取得其地位的百慕大法律意义上的人；

2. 在中华人民共和国，是指任何具有中华人民共和国国籍的个人；

3. 按照缔约一方现行法律取得其地位的任何法人、合伙企业、公司、信托、遗嘱财产公司、社团或任何其他实体；

（九）“人”是指自然人、公司或者为税收目的视为法人团体的任何实体，或任何其他团体或集团；

（十）“开放式集合投资基金或计划”是指任何集合投资基金或计划，其股份或其他权益的购买、销售或赎回不明示或暗示地限于部分投资者；

（十一）“上市公司”是指其主要股票在认可的证券交易所上市，且上市股票可以由公众买卖的任何公司。股票可以“由公众”买卖是指股票的买卖不明示或暗示地限于部分投资者。为上述目的，“主要股票”一语是指代表公司多数选举权和价值的股票。“认可的证券交易所”一语应具有缔约双方主管当局共同商定的含义；

（十二）“被请求方”是指本协定中被请求提供情报或应请求已提供情报的一方；

（十三）“请求方”是指本协定中发出请求或已从被请求方得到情报的一方；

（十四）“税收”是指本协定所含的任何税收。

二、缔约一方在实施本协定的任何时候，对于本协定未定义的术语，除上下文另有要求外，应当具有当时该缔约方法律所规定的含义。该缔约方适用税法的定义优先于其他法律对该术语的定义。

第五条　专项情报交换

一、被请求方主管当局经请求后，应当书面提供为第一条所述目的之情报。被调查的行为如果发生在被请求方境内，无论根据被请求方法律是否构成税收违法，均应交换情报。如果被请求方主管当局收到的信息不足以使其遵从情报交换请求，则应当通知请求方主管当局这一事实，并要求补充必要的信息以使该请求能够被有效处理。

二、如果被请求方主管当局掌握的信息不足以使其遵从情报请求，被请求方应启动所有相关的情报收集程序向请求方提供所请求的情报，即使被请求方可能并不因其自身税收目的而需要该情报。

三、如果请求方主管当局提出特别要求，被请求方主管当局应根据本条规定，在其国内法允许的范围内，以证人证言和经鉴证的原始记录复制件的形式提供情报。

四、为本协定之目的，缔约各方应确保其主管当局有权依据请求获取并提供：

（一）银行、其他金融机构以及任何人（包括被指定人和受托人）以代理或受托人身份掌握的情报；

（二）有关公司、合伙人、信托、基金会以及其他人的法律和受益所有权情报，包括根据第二条的限定，在同一所有权链条上一切人的所有权情报；信托公司委托人、受托人以及受益人的情报；基金会创立人、基金理事会成员、受益人以及基金会董事或其他高级管理人员的情报。

五、尽管有上述各款规定，本协定的缔约双方没有获取或提供与上市公司或开放式集合投资基金或计划的所有权有关的情报的义务，除非此类情报的获取不造成不适当的困难。

六、请求方主管当局根据本协定提出情报请求时，应向被请求方主管当局提供以下信息，以证明情报与请求之间的可预见相关性：

（一）被检查或被调查人的身份；

（二）所请求情报的期间；

（三）所请求情报的性质和类型，包括对所需情报和（或）所求具体证据的描述，以及请求方希望收到情报的形式；

（四）请求情报的税收目的；

（五）认为所请求的情报存在于被请求方领土内或由被请求方管辖范围内的人所掌握或控制的理由；

（六）尽可能地列出被认为掌握或控制所请求情报的任何人的姓名和地址；

（七）声明情报请求符合本协定以及请求方国内法和行政惯例，且如果所请求情报存在于请求方管辖范围内，那么请求方主管当局可以根据请求方法律或正常行政渠道获取该情报；

（八）声明请求方已穷尽其领土内除可能导致不适当困难外的获取情报的一切方法。

七、被请求方主管当局应尽快向请求方主管当局提供所请求的情报。为保证尽快回复，被请求方主管当局应：

（一）以书面形式向请求方主管当局确认收到请求，并应在收到请求后60日内将请求中任何不足部分通知请求方主管当局；

（二）如果被请求方主管当局在收到情报请求后90日内不能获取并提供情报，包括被请求方遇到障碍或被请求方主管当局拒绝提供情报时，被请求方应立即通知请求方主管当局，就不能提供情报的原因、遇到的障碍或拒绝原因做出说明。

第六条　境外税务检查或调查

一、被请求方可以根据其国内法，在收到请求方通知后合理时间内，在获得当事人书面同意的前提下，允许请求方主管当局的代表进入被请求方领土，就有关请求会见当事人和检查有关记录。缔约双方主管当局应当协商决定与相关当事人会见的时间和地点。

二、应请求方主管当局的请求，被请求方主管当局根据其国内法，可以允许请求方主管当局代表出现在被请求方境内税务检查的现场。

三、如果同意第二款中所提及的请求，实施检查的被请求方主管当局应当尽快通知请求方主管当局检查的时间与地点，被授权实施检查的当局或人员，以及被请求方对实施检查所要求的程序和条件。所有有关实施检查的决定应当由实施检查的被请求方根据其国内法做出。

第七条　拒绝请求的可能

一、被请求方主管当局可以拒绝协助：

（一）当请求与本协定不相符时；

（二）当请求方未穷尽其领土内除可能导致不适当困难外的获取情报的一切方法时；

（三）当被请求情报的披露将违背被请求方的公共政策（公共秩序）时。

二、本协定不应给缔约方施加任何提供可能导致泄漏贸易、经营、工业、商业、专业秘密或贸易过程情报的义务。第五条第四款中所提及的情报，不应仅因该款的事实构成上述秘密或过程。

三、（一）本协定的规定不应给缔约一方施加获取或提供可能导致泄漏委托人、律师或其他承认的法律代表间如下保密沟通的情报的义务：

1．为寻求或提供法律建议目的进行的沟通；

2．为用于正在进行的或将进行的法律诉讼程序目的进行的沟通；

（二）用于刑事目的的情报不受法律特权的限制，在提供委托人姓名和地址不构成对法律特权侵犯的情况下，本条款不应妨碍专业法律顾问提供委托人的姓名和地址。

四、情报请求不应因纳税人对请求涉及的纳税义务有争议而被拒绝。

五、如果所请求的情报在请求方管辖范围内，请求方主管当局不能够根据自己的法律或正常行政渠道获取该情报，则被请求方不得被要求获取和提供该情报。

六、如果请求方请求的情报用于实施或执行其税法或任何相关规定，并因此构成对被请求方国民相对于请求方国民在相同条件下的歧视，则被请求方可以拒绝该情报请求。

第八条　保密

一、缔约双方主管当局提供和收到的所有情报应作密件处理，并应仅告知与第一条所述目的相关的人员或机构（包括法院和行政管理部门），上述人员或机构应仅为上述目的，包括任何上诉结果的决定，使用该情报，并可以在公开法庭的诉讼程序或司法程序中披露上述情报。

二、未经被请求方主管当局书面明确许可，情报不得用于除第一条规定以外的任何其他目的，不得向任何其他人、实体或机构披露。

第九条　保护措施

本协定不影响被请求方法律或行政惯例赋予人的权利和保护措施。被请求方不得以过度妨碍或延缓有效情报交换的方式使用该权利和保护措施。

第十条　管理费用

提供协助所发生的费用负担（包括第三方的合理费用以及诉讼中聘用外部顾问等的费用），应当由缔约双方主管当局协商确定。

第十一条　语言

协助的请求与回复使用英语。

第十二条　相互协商程序

一、当缔约双方对本协定的执行或解释遇到困难或疑问时，缔约双方主管当局应尽力通过相互协商解决问题。

二、除第一款所提及的协商之外，缔约双方主管当局还可以就第五条和第六条的执行程序共同商定。

三、为了本协定之目的，缔约双方主管当局可以直接相互沟通。

四、缔约双方也可以就争端解决的其他方式书面达成一致。

第十三条　生效

本协定应自缔约双方相互书面通知已完成使本协定生效所必需的国内程序时生效，并于生效日开始或以后的纳税年度执行。

第十四条　终止

一、在任一缔约方终止本协定前，本协定长期有效。

二、任一缔约方可以通过外交途径书面通知终止本协定。终止通知自缔约另一方收到该通知之日起6个月后的次月第一天生效。

三、协定终止后，缔约双方对依据本协定取得的任何情报仍负有第八条所规定的义务。所有在终止有效日前收到的请求应按照本协定规定处理。

下列代表，经各自政府正式授权，在本协定上签字，以昭信守。

本协定于二〇一〇年十二月二日在汉密尔顿签订，一式两份，每份均用中文和英文写成，两种文本同等作准。

中华人民共和国政府	百慕大群岛政府
代　表	代　表
王　力	保拉·凯可斯
（签　字）	（签　字）

中华人民共和国政府和哥斯达黎加共和国政府自由贸易协定

序　言

中华人民共和国（中国）政府和哥斯达黎加共和国（哥斯达黎加）政府，以下简称“缔约双方”；

致力于加深双方之间的友谊与合作；

期待为扩大和发展世界贸易作出贡献，重申加强和提高世界贸易组织（以下简称WTO）建立的多边贸易体系和其他双方均为成员的多边、地区和双边协定和安排的共识；

建立在各自在WTO协定和其他多边、区域和双边合作机制下的权利和义务的基础上；

深信本自由贸易协定将给各缔约方带来利益；

决定通过建立明确和互利的贸易规则、避免贸易壁垒和避免对互惠贸易的扭曲来促进互惠贸易；

认识到国际贸易中透明度的重要性；

认识到执行本协定是为了提高生活水平、创造新的就业机会和促进可持续发展；并

期待通过加深两国经济关系为两国人民带来经济和社会福利；

达成协议如下：

第一章　初始条款

第一条　建立自由贸易区

在与《1994年关税与贸易总协定》第二十四条和《服务贸易总协定》第五条相一致的基础上，本协定缔约双方特此建立自由贸易区。

第二条　目标

一、本协定的目标为：

（一）鼓励缔约双方之间贸易的扩大和多样化；

（二）便利货物贸易和服务贸易；

（三）建立易于理解的规则以保障缔约双方之间货物贸易与服务贸易规范、透明的环境；

（四）增加缔约双方领土内的投资机会；

（五）考虑到各缔约方的经济状况和社会或文化需求，并为促进缔约双方之间的技术创新和技术转让与传播，确保在缔约双方领土内对知识产权提供适当、有效的保护；

（六）确认缔约双方促进贸易的承诺，重申缔约双方实现可持续发展中经济、社会及环境因素适当平衡的愿望；

（七）为本协定的实施和适用、共同管理以及争端解决创造有效的程序；以及

（八）为进一步促进双边合作以扩大和增强本协定效益建立框架。

二、缔约双方应依照第一款中所设定的目标解释和适用本协定的条款，并依照解释国际公法的惯例解释本协定的条款。

第三条　与其他国际协定的关系

一、本协定不应减损缔约一方根据《WTO协定》或其缔结的任何其他多边或双边协定中既存的权利和义务。

二、若本协定与缔约双方参与的任何其他协定不一致，缔约双方应当立即进行磋商，以期根据解释国际公法的惯例达成缔约双方满意的解决方案。

第四条　义务范围

缔约双方应确保采取一切必要措施，保障本协定条款在各自领土内的效力。

第二章　一般适用的定义

第五条　定义

在本协定中，除非另有规定：

委员会指根据第一百三十五条（自由贸易委员会）建立的自由贸易委员会；

海关指根据一缔约方的法律负责海关法律法规管理的主管机关；

关税指针对货物的进口征收的或者与货物的进口有关的任何税和费用，但不包括：

（一）与符合GATT1994第三条第二款及本协定第三章（货物贸易的国民待遇和市场准入）第八条（国民待遇）征收的国内税相当的费用；

（二）任何依据GATT1994第六条的规定、WTO《关于实施1994年关税与贸易总协定第六条的协定》、WTO《补贴与反补贴措施协定》或本协定第八章（贸易救济）实施的反倾销或反补贴税；或者

（三）依据本协定第三章（货物贸易的国民待遇和市场准入）第十三条（行政费用和手续）征收的任何手续费或者其他费用；

海关估价协定指WTO《关于实施〈1994年关税与贸易总协定〉第七条的协定》；

日指日历日；

现存指在本协定生效之日有效的；

GATS指WTO《服务贸易总协定》；

GATT1994指WTO《1994年关税与贸易总协定》；

一缔约方的货物指依据GATT1994理解的国内产品或者缔约双方同意的货物，包括原产于该缔约方的货物；

协调制度（HS）指世界海关组织所采用的《商品名称及编码协调制度》，包括其一般解释规则和章节注释；

品目指协调制度中税则分类代号的前四位码；

措施包括任何法律、法规、程序、要求或做法；

公民指依据第六条（国家具体定义）具有一缔约方国籍的自然人；

原产指符合第四章（原产地规则及相关操作程序）规定的原产地规则；

缔约方指本协定对之生效的任何国家；

人指公民或者法人；

一缔约方的人指一缔约方的公民或法人；

优惠关税指在本协定下对原产货物适用的关税税率；

保障措施协定指WTO《保障措施协定》；

SPS协定指WTO《实施卫生与植物卫生措施协定》；

SPS措施指依据SPS协定附件A第1款采取的任何卫生或植

物卫生措施；

子目指协调制度中税则分类代号的前六位码；

TBT协定指WTO《技术性贸易壁垒协定》；

领土指依据第六条（国家具体定义）确定的一缔约方的领土；

TRIPS协定是指WTO《与贸易有关的知识产权协定》；

WTO指世界贸易组织；以及

WTO协定指订于1994年4月15日的《马拉喀什建立世界贸易组织协定》。

第六条　国家具体定义

在本协定中，除非另有规定：

一、公民指：

（一）就中国而言，指依据中国法律具有中国国籍的自然人；以及

（二）就哥斯达黎加而言，指依据哥斯达黎加政治宪法第13条、第14条确定的哥斯达黎加人。

二、领土指：

（一）就中国而言，中华人民共和国领土包括其领陆、领空、内水和领海，以及根据国际法和国内法，以勘探和开发自然资源为目的，其拥有主权权利或管辖权的领海以外的区域；以及

（二）就哥斯达黎加而言，领土包括哥斯达黎加根据国内法和国际法拥有完全专属主权或管辖权的领空和领海。

第三章　货物贸易的国民待遇和市场准入

第七条　领域和范围

除非本协定另有规定，本章适用于缔约双方之间的货物贸易。

第一节　国民待遇

第八条　国民待遇

一、各缔约方应根据GATT1994第三条及其解释性注释，给予另一缔约方的货物国民待遇。为此，GATT1994第三条及其解释性注释经必要修改后应纳入本协定，构成本协定的一部分。

二、第一款不适用于附件一（国民待遇和进出口限制）中所列措施。

第二节　关税减让

第九条　关税减让

一、除非本协定另有规定，任一缔约方不得对另一缔约方的原产货物提高任何现存海关关税，或加征任何新的海关关税。

二、除非本协定另有规定，各缔约方应根据附件二（关税减让）之规定，对另一缔约方原产货物消除海关关税。

三、附件二（关税减让）所规定的关税减让表不适用于旧货，包括协调制度中品目和子目所列的旧货。已使用货物也包括重建、修复、重制的货物，或其他被使用后经过某种过程重新恢复原本属性、规格或恢复使用前所具功能的、且具有任何类似名称的货物。

四、应一缔约方要求，缔约双方应通过磋商，考虑加速取消附件二（关税减让）双方减让表中所列海关关税。

五、尽管第一百三十五条（自由贸易委员会）中已作规定，但双方根据各自适用法律程序批准后，就加速取消某货物关税达成的协定将取代附件二（关税减让）双方承诺表中所规定的该货物的税率或减让类别。

六、为进一步明确，一缔约方可：

（一）在单方面减让关税后，将某货物关税重新提高至附件二（关税减让）列表中规定的当年水平；或者

（二）经WTO争端解决机构授权或根据本协定第十四章（争端解决）相关条款授权，保持或提高关税。

七、双方同意以附件二（关税减让）双方承诺表中所列的各自2009年1月1日的实施税率为降税的基准税率。

第三节　特别机制

第十条　货物的临时准入

一、无论其原产地，任一缔约方应给予下述货物以临时免税准入：

（一）专业设备，例如根据进口方有关法律规定有资格临时入境的人用于科学研究、教学或医疗活动，新闻出版或电视以及电影所需的设备；

（二）在展览会、交易会、会议或类似活动上陈列或展示的货物；

（三）商业样品；以及

（四）被认可用于体育活动的货物。

二、应相关人要求且基于其海关认定的合法原因，一缔约方应延长原先根据其国内法律确定的临时许可时限。

三、任一缔约方不得对第一款中所提及货物的临时免税准入施加条件，除非要求该货物：

（一）仅限于另一缔约方的国民或居民使用于或在其个人监督之下用于该人的商业、贸易、专业或体育活动；

（二）不在该方境内出售或租赁；

（三）同时抵押金额不超过引进或最终进口所需缴纳费用的债券或保证金，并在该货物出口时返还；

（四）出口时可识别；

（五）在（一）项中提及的国民或居民离境同时出口，或除延期外，在该方就临时许可目的设定的期限内或6个月内出口；

（六）许可进口量不超过该计划用途相应的适当数量；以及

（七）根据该方法律许可进入该方境内。

四、如不满足一缔约方基于第三款所设定的任何条件，该方可对货物征收关税和其他正常进口所需费用以及其法律所规定的任何其他费用或罚金。

五、各方应允许在本条款项下临时许可进口的货物从与进口海关港口不同的港口出口。

六、各方应规定其海关或其他主管部门免除该进口者或该货物在本条款项下许可进口的其他责任人的任何产品无法再出口的责任，若提交的该货物由于不可抗力原因损坏损毁证明得到而无法提出进口方海关认可。

第四节　非关税措施

第十一条　进出口限制

一、除本协定另有规定或根据GATT1994第十一条及其解释性说明外，任一缔约方不得实施或保持任何非关税措施，阻止或限制另一缔约方任何产品进口或向另一缔约方境内出口或出口销售。为此，GATT1994第十一条及其解释性说明经必要修改后应纳入本协定，构成本协定的一部分。

二、第一款不适用于附件一（国民待遇和进出口的限制）中所列措施。

第十二条　进口许可

一、任一缔约方不得实施或保持与WTO进口许可协定相悖的措施。

二、任一缔约方应在本协定生效前向另一缔约方通报任何现有进口许可程序和相关产品清单。

三、各方应于规定生效前21天，在任何情况下不晚于生效日，公布任何新的进口许可程序和对任何现有进口许可程序或相关产品清单（如果存在）的变更。

四、缔约双方应在任何其他新进口许可程序和对现有进口许可程序和相关产品清单的任何修改发布60日内通知另一缔约方。上述发布应与WTO进口许可程序协定中规定的程序相一致。

五、第二款和第四款中规定的通报应包括WTO进口许可协定第五条中列明的信息。

第十三条　行政费用和手续

一、缔约双方应根据GATT1994第八条第一款以及其解释性注释的规定，确保对进出口或有关进出口征收的任何性质的所有规费和费用（关税、等同于符合GATT1994第三条第二款规定的征收的国内税的规费或其他国内规费，以及反倾销和反补贴税除外），限制在提供服务所需近似成本以内，且不得构成对本国货物的间接保护或为财政目的而征收的进出口税。

二、任一缔约方不得要求与另一缔约方任何货物的进口有关的领事交易，包括相关的手续费和费用。

三、缔约双方应通过互联网或者类似的计算机通讯网络，提供并维护其当前对进出口有关的规费和费用清单。

第五节　其他措施

第十四条　海关估价

《WTO海关估价协定》和WTO关于海关估价作出的决定并入本协定，并应构成本协定的一部分，缔约双方的海关法应与之相一致。

第六节 农业

第十五条 领域和范围

一、本节适用于缔约双方采取或维持的与农业贸易有关的措施。

二、就本协定而言，农产品是指WTO《农业协定》第二条所述的产品。

第十六条 农业出口补贴

一、缔约双方均认同在多边框架下取消农产品出口补贴的目标，并应为在WTO达成取消这些补贴的协议而共同努力，并避免再以任何形式重新实施此类补贴。

二、任一缔约方不得对向另一缔约方境内出口的任何农产品维持、实施或重新实施任何出口补贴。

三、如一缔约方认为另一缔约方没有履行本协定的义务而维持、实施或重新实施出口补贴，该缔约方可根据第十四章（争端解决）要求与另一缔约方磋商，以达成令双方满意的解决办法。

第十七条 农产品的国内支持措施

为了建立一个公平的、以市场为导向的农产品贸易体制，缔约双方同意在WTO关于国内支持措施的谈判中合作，以逐步对扭曲贸易的农业支持进行实质性削减。

第七节 机构条款

第十八条 货物贸易委员会

一、缔约双方应专门设立一个由各缔约方代表组成的货物贸易委员会。

二、本委员会应就一缔约方或者自由贸易委员会的要求举行会议，考虑由本章、第四章（原产地规则及与原产地相关的操作程序）或第五章（海关程序）所引起的任何问题。

三、本委员会的职能应包括：

（一）促进缔约双方之间的货物贸易，包括适当时通过磋商加速本协定规定的关税减让及其他问题；

（二）解决缔约双方之间货物贸易壁垒，特别是与适用非关税措施有关的问题，并且在适当的情况下将上述问题交由委员会考虑；

（三）审议未来对协调制度的修正，以保证本协定规定的缔约双方义务不变，并磋商解决下列之间的冲突：

1. 未来对协调制度2007的任何修正与附件二（关税减让）；或

2. 附件二（关税减让）与国内术语；

（四）磋商并尽力解决任何出现在缔约方间，与协调制度规定的产品分类问题相关的分歧；及

（五）设立具有特定职能的特别工作组。

四、除非缔约双方另行商定，本委员会每年至少举行一次会议。当出现特殊情况时，本委员会应任一缔约方或自由贸易委员会要求随时举行会议。

第八节　定义

第十九条　定义

在本章中：

领事交易指规定一缔约方意欲出口到另一缔约方境内的货物，必须先提交给进口缔约方在出口缔约方境内的领事馆，以获得领事发票或领事签证，从而开具商业发票、原产地证明、货运单、托运人出口报关单或其他任何与进口有关或要求的海关

文件；

免税指免除海关关税；

出口补贴的界定应当与WTO《农业协定》第一条第（五）项关于出口补贴的涵义及对该条的任何修改相同；

以展示、展出为目的的货物包括其部件、辅助装置和附件；

进口许可指要求向相关管理机构提交申请或其他文件（除通常清关所要求的文件外），以作为进口货物进入进口方境内的前提条件的一种行政管理程序。

第四章　原产地规则及相关操作程序

第一节　原产地规则

第二十条　定义

在本节中：

水产养殖指对从卵、鱼苗、鱼虫和鱼卵等胚胎开始，对包括鱼、软体动物、甲壳动物、其他水生无脊椎动物及水生植物在内的水生生物的养殖。通过有序畜养、喂养或防止食肉动物掠食等方式，对饲养或生长过程加以干预，以提高产量；

到岸价格（CIF）指包括运抵进口国输入口岸或地点的保险费及运费在内的进口货物价格；

离岸价格（FOB）指包括无论以何种运输方式将货物运至最终输出口岸或地点的运输费用在内的货物船上交货价格；

可互换材料或货物指其性质实质相同、在商业上可以互换的货物或材料；

公认的会计原则指在缔约一方境内有关记录收入、支出、成本、资产及负债、信息披露以及编制财务报表方面的公认的一致意见或实质性权威支持。公认会计原则既包括普遍适用的概括性指导原则，也包括详细的标准、惯例及程序；

货物指任何商品、产品、物品或材料；

材料指在生产另一货物过程中所使用的货物，包括任何组分、成分、组件、原材料、零件或部件；

中性成分指在另一货物的生产、测试或检验过程中使用，但本身不构成该货物组成部分的货物；

非原产材料或非原产货物指根据本章规定具备原产地资格的材料或货物以外的材料或货物，包括原产地不明的材料或货物；

原产材料或原产货物指根据本章规定具备原产地资格的材料或货物；

运输用包装材料及容器指货物运输或储藏期间用于保护货物的货品，但零售用容器或包装材料除外；

生产商指从事货物生产的人；

产品特定规则指生产过程中所使用的非原产材料，在缔约一方或双方经过制造加工后，所得货品必须满足的税则归类改变、从价百分比或特定加工工序，或者上述标准的组合规则；以及

生产指获得货物的方法，包括但不仅限于货物的种植、饲养、开采、收获、捕捞、耕种、诱捕、狩猎、捕获、采集、收集、养殖、提取、制造、加工或装配。

第二十一条　原产货物

除本章另有规定外，符合下列情况的货物应当视为原产于缔约一方：

（一）该货物是根据第二十二条（完全获得货物）的规定，在缔约一方或双方境内完全获得或者生产；

（二）该货物完全是在缔约一方或双方境内，仅由符合本章规定的原产材料生产；或者

（三）该货物是在缔约一方或双方境内使用非原产材料生产，符合产品特定规则及其所适用的本章其他规定。

第二十二条　完全获得货物

就第二十一条（原产货物）第（一）项而言，下列货物应当视为在缔约一方或双方境内完全获得或生产：

（一）在缔约一方或双方境内出生并饲养的活动物；

（二）在缔约一方或双方境内从活动物中获得的产品①；

（三）在缔约一方或双方境内收获、采摘或采集的植物及植物产品；

（四）在缔约一方或双方境内狩猎、诱捕、捕捞、水产养殖、耕种或捕获获得的货物；

（五）从缔约一方领土、水域、海床或底土提取或得到的矿物质及不包括在上述第（一）项至第（四）项内的其他天然资源；

（六）在缔约一方领海以外的水域、海床或底土提取的产品，只要该方根据符合其缔结的相关国际协定可适用的国内法，有权开发上述水域、海床或底土；

（七）在缔约一方的领海或专属经济区捕捞获得的鱼类及其他产品；

（八）在缔约一方注册或登记并悬挂或有权悬挂其国旗的船舶在公海捕捞获得的鱼类及其他产品；

（九）在缔约一方注册或登记并悬挂或有权悬挂其国旗的加工船上，完全用上述第（七）项、第（八）项所述货物加工及/或制造的货物；

（十）在中方或哥方境内加工过程中产生的，仅适用于原材料回收的废碎料；或者在中方或哥方境内收集的仅适用于原材料回收的旧货；以及

（十一）在缔约一方或双方境内完全从上述第（一）项至第

---

① 上述产品包括从活动物中获得、但未经进一步加工的产品，其中包括乳、蛋、天然蜂蜜、毛发、羊毛、精液及粪便。

（十）项所述货物获得或生产的货物。

第二十三条　产品特定规则

除本章另有规定外，在缔约一方或双方境内使用非原产材料生产的货物，在确定其原产地资格时应当符合所规定的相应原产地标准，如附件三（产品特定原产地规则）所列的税则归类改变、区域价值成分、加工工序规则、上述规则的组合或其他要求。

第二十四条　税则归类改变

在适用第二十三条（产品特定规则）所规定的税则归类改变标准时，非原产材料在缔约一方或双方境内经过制造加工后，所得货物必须发生附件三（产品特定原产地规则）所规定的税则归类改变，才能赋予原产地资格。为此，《协调制度》应当作为货物归类的依据。

第二十五条　区域价值成分

一、在适用第二十三条（产品特定规则）所规定的货物区域价值成分（RVC）标准时，其RVC应按下列公式计算：

$$RVC=\frac{V-VNM}{V}x100$$

其中：

RVC为区域价值成分，以百分比表示；

V为按照海关估价协定规定，在FOB价格基础上经过调整的货物价格；以及

VNM为根据本条第二款确定的非原产材料（包括原产地不明的材料）的价格。

二、非原产材料的价值应为：

（一）按照海关估价协定规定，在CIF价格基础上经过调整

的货物价格；或者

（二）在进行制造或加工的缔约一方境内最早可以确定的非原产材料的实付或应付价格。如果非原产材料是由货物的生产商在该缔约方境内获得的，则该材料的价格不应包括将其从供应商仓库运抵生产商所在地的运费、保险费、包装费及任何其他费用。

三、在根据本条第一款计算货物的区域价值成分时，在缔约一方境内进行货物生产的过程中所使用的非原产材料的价值，不应包括为生产随后用于该货物生产的原产材料而使用的非原产材料的价值。

第二十六条　加工工序

在适用第二十三条（产品特定规则）所规定的加工工序标准时，货物只有在缔约一方或双方境内经过附件三（产品特定原产地规则）所规定的加工工序后，才能赋予原产地资格。

第二十七条　累积规则

一、缔约一方的原产货物或材料在另一方境内构成另一货物的组成部分时，该货物或材料应当视为原产于后一方境内。

二、如果货物是由缔约一方境内的一家或多家生产商生产，在该缔约方境内生产该货物所用材料的过程，应当视为该货物生产过程的一部分。只要该货物满足第二十一条（原产货物）和其所适用的本章所有其他规定，该货物应当视为原产货物。

第二十八条　不得赋予原产地的微小加工或处理

以下加工或处理，无论是单独的还是相互结合的，均应视为微小加工或处理，不得赋予原产地资格。其中包括：

（一）为确保货物在运输或储藏期间处于良好状态而进行的处理；

（二）货物的拆解和简单组装；

（三）以销售或展示为目的的包装、拆包或重新打包等处理；或者

（四）动物屠宰。

第二十九条　微小含量

在下列情况下，货物虽不满足附件三（产品特定原产地规则）规定的税则归类改变要求，仍应视为原产货物，只要：

（一）按照第二十五条（区域价值成分）规定所确定的所有不满足税则归类改变要求的非原产材料的价值不超过该货物离岸价格（FOB）的10%；并且

（二）该货物满足其所适用的本章所有其他规定。

第三十条　可互换材料和货物

在确定货物是否为原产货物时，任何可互换材料或货物应当通过下列方法加以区分：

（一）可互换货物或材料的物理分离；或者

（二）出口方公认会计原则承认的库存管理方法。

按第（一）项的规定选定的可互换材料或货物库存管理方法应当在整个财政年度内连续使用。

第三十一条　中性成分

在确定货物是否为原产货物时，下列中性成分的原产地不予考虑：

（一）燃料、能源、催化剂及溶剂；

（二）用于测试或检验货物的设备、装置及用品；

（三）手套、眼镜、鞋靴、衣服、安全设备及用品；

（四）工具、模具及型模；

（五）用于维护设备和建筑的备件及材料；

（六）在生产中使用或用于运行设备和维护厂房建筑的润滑剂、油（滑）脂、合成材料及其他材料；以及

（七）在货物生产过程中使用，虽未构成该货物组成成分，但能合理表明为该货物生产过程一部分的任何其他货物。

第三十二条 成套货品

《协调制度》归类总规则三所定义的成套货品，如果各组成货品均原产于缔约一方，则该成套货品应当视为原产于该缔约方；如果部分组成货品非原产于缔约一方，只要按照第二十五条（区域价值成分）所确定的非原产材料的价值不超过该成套货品价值的15%，该成套货品仍应视为原产于该缔约方。

第三十三条 包装及容器

一、在确定货物原产地时，用于货物运输的容器及包装材料不予考虑。

二、对于应当适用附件三（产品特定原产地规则）所列税则归类改变标准的货物，如果零售用包装材料及容器与该货物一并归类，则在确定该货物的原产地时，零售用包装材料及容器不予考虑。但是，对于必须满足区域价值成分要求的货物，在确定该货物的原产地时，零售用包装材料及容器的价值应当视情作为原产材料或非原产材料予以考虑。

第三十四条 附件、备件及工具

一、进口时作为货物一部分的附件、备件或工具，在确定货物原产地的过程中应当不予考虑，只要：

（一）附件、备件或工具与该货物一并归类，并且不单独开具发票；以及

（二）按商业习惯，上述附件、备件或工具在数量及价值上是为该货物正常配备的。

二、对于必须满足区域价值成分要求的货物，在计算该货物的区域价值成分时，附件、备件或工具的价值，应当视情作为原产材料或非原产材料予以考虑。

第三十五条　直接运输

一、缔约双方申明享受优惠关税待遇的原产货物，应当在缔约双方之间直接运输。

二、原产货物运经一个或多个非缔约方境内，处于该非缔约方海关的监管之下，不论是否在这些非缔约方转换运输工具或临时储存，只要同时满足下列条件，仍应视为在缔约方之间直接运输：

（一）基于地理原因或者仅仅基于国际运输需要；

（二）货物在其境内未进入贸易或消费领域；

（三）除装卸、重新包装或者为使货物保持良好状态而进行的处理外，货物在其境内未经任何处理；

（四）在本条第二款规定的情形下，货物在非缔约方境内临时储存的，其在该非缔约方停留的时间，自其入境之日起不得超过3个月。

如上述第（一）项、第（二）项、第（三）项和第（四）项的规定得不到满足，该货物不得视为原产货物。

三、对于本条第二款所述货物，在货物申报进口时，当向进口方海关提交下列单证：

（一）货物在非缔约方转换运输工具的，应当提交联运提单及其他证明文件；以及

（二）货物在非缔约方境内临时储存的，还应提交该非缔约方海关出具的证明文件。

第二节　相关操作程序

第三十六条　定义

在本节中：

授权机构指经缔约一方的国内法或其政府机构指定签发原产地证书的任何机构；

管理机构指：

（一）对于中方，海关总署依法负责本协定项下原产地规则有关的组织实施工作，质检总局依法负责原产地证签证管理；以及

（二）对于哥方，指国家海关署。

第三十七条　原产地证书

一、为使原产货物获得关税优惠待遇，应当由出口方授权机构签发附件四（原产地证书）所列的原产地证书。出口商应当提出书面申请，并随附证明文件。原产地证书应当在进口时提交进口方海关。原产地证书应当：

（一）具有不重复的原产地证书编号；

（二）涵括同一批进口货物的一项或多项货物；

（三）注明货物具备本章第一节所称原产地资格的依据；

（四）含有诸如出口方通知进口方的签名或印章样本等安全特征；并且

（五）以英文打印填制。

二、原产地证书应当自签发之日起12个月内有效。

三、原则上，原产地证书应在出口前或出口时签发。但在例外的情况下，如果出口商提交了所有必需的商业单证和出口方海关出具的出口报关单，原产地证书仍可在出口后予以补发，只要：

（一）由于不可抗力、非主观故意的错误、疏忽，或者依照可适用的缔约各方法律认为合理的其他特殊情形，未在出口前签发原产地证书的；或者

（二）授权机构确信原产地证书已经签发，由于技术原因，原产地证书在进口时未被接受的。补发证书的有效期应当与原证书的有效期相一致。

四、在适用第三款规定的情形下，原产地证书应当在出口之日起12个月内予以补发，并且必须注明“补发”字样。

五、原产地证书被盗、遗失或损毁时，经核实，此前签发的原产地证书正本未被使用的，出口商或生产商可以向出口方授权机构书面申请签发经核准的原产地证书副本。经核准的原产地证书副本上应当注明“原产地证书正本（编号日期）经核准的真实副本”字样。

第三十八条　授权机构

一、原产地证书仅应由出口方的授权机构签发。

二、出口方的管理机构应当将各个授权机构的名称及相关联络方式通知进口方管理机构，并在各个授权机构签发原产地证书前，提供该机构签发原产地证书时所使用的任何安全特征详情（包括印章样本）。上述信息的任何变化应当立即通知另一方管理机构。

第三十九条　证明文件

用于证明原产地证书所列货物为原产货物、并且符合本章其他要求的文件应当包括但不限于：

（一）出口商或供应商加工获得有关货物的直接证据，例如，其账目或内部簿记；

（二）所使用材料原产地资格的证明文件，但这些文件必须依照各自国内法律的规定使用；

（三）证明材料生产和加工过程的文件，但这些文件必须依照各自国内法律的规定使用；或者

（四）证明所用材料原产地资格的原产地证书。

第四十条　原产地证书及证明文件的保存

一、申请签发原产地证书的出口商应当自原产地证书签发之日起，保存第三十九条（证明文件）所述文件至少3年。

二、出口方签发原产地证书的授权机构应当自原产地证书签发之日起，保存原产地证书副本至少3年。

第四十一条　与进口有关的义务

除本章另有规定外，申明进口货物享受优惠关税待遇的进口商应当：

（一）在进口报关时作出书面声明，指明进口货物为原产货物；

（二）在按第（一）项进口报关时，持有有效的原产地证书；以及

（三）应进口方海关要求，提交原产地证书正本以及与进口货物相关的其他证明文件。

第四十二条　关税或保证金的退还

一、货物在输入缔约一方境内时，无法按本协定的规定提交原产地证书的，进口方海关可以视情对该货物征收现行非优惠进口关税或者收取与之等额的保证金或担保。进口商可以视情在货物进口后缴税之日起1年内，申请退还多征的进口关税；或者在货物交纳保证金之日起的3个月内或进口方法律规定的更长期限内，申请退还已经交纳的保证金或所提供的担保。进口商必须提交下列单证：

（一）符合第三十七条（原产地证书）规定签发的有效原产

地证书；以及

（二）进口方海关要求的与进口货物相关的其他证明文件。

只要进口商在报关时，以书面形式向海关主动申报，指明所报验的货物具备原产资格。

二、货物进口时，进口商未按本条第一款规定向海关主动申报，事后补交原产地证书的，已缴纳的关税或已收取的保证金不予退还。

第四十三条　提交原产地证书义务的免除

一、缔约各方应当规定，在下列情况下，无需提交原产地证书：

（一）商业进口货物价值不超过600美元或该缔约方币值等额。但缔约一方可以要求其进口时提交证明该货物为原产货物的声明；

（二）非商业进口货物价值不超过600美元或该缔约方币值等额；或者

（三）依照其国内法律规定，无需提交原产地证书的其他情形。

二、经核实，该项进口实属为规避第三十七条（原产地证书）规定而实施或安排的一次或多次进口的一部分，则本条第一款的规定不予适用。

第四十四条　原产地核查

一、为确定输入缔约一方境内的货物是否具备本章所规定的原产货物资格，进口方海关在有理由怀疑原产地证书的准确性和真实性的情况下，或者在进行监管时，可以通过以下方式对货物的原产地进行核实：

（一）书面要求进口商提供补充信息；

（二）书面要求出口方境内的出口商或生产商提供补充信息；

（三）书面请求出口方授权机构对货物原产地进行核实，并应将上述核查请求的副本同时抄送出口方管理机构；或者

（四）双方管理机构共同商定的其他程序，包括核查访问。

二、进口方海关根据第一款第（三）项提出的书面核查请求应当说明原因，并提供证明核查请求合理性的任何文件、信息及其副本。

三、就第一款第（一）项、第（二）项而言，进口商、出口商或生产商应当在收到书面核查请求后60天（不可延期）内，按请求一方的要求反馈核查结果详情。就第一款第（三）项而言，出口方授权机构应当在收到书面核查请求后6个月内，按请求一方的要求，将核查结果详情反馈进口方管理机构，同时将核查结果抄送出口方管理机构。

四、进口方管理机构应当将确定货物原产地的结果，以及确定原产地的有关事实及其法律依据书面通知出口方管理机构。

第四十五条　拒绝给予优惠关税待遇

一、在下列情况下，缔约一方可以拒绝给予货物优惠关税待遇：

（一）按照本章规定，进口货物不具备原产货物资格；

（二）进口货物不符合本章第三十五条（直接运输）的直接运输规则；

（三）出口方管理机构未依照第三十八条（授权机构）的规定将授权机构的名称、原产地证书的任何安全特征或者上述信息的任何变化通知进口方管理机构；

（四）进口商、出口商、生产商或授权机构（视具体情况而定）未能遵守第四十四条（原产地核查）第三款的规定；

（五）未依照本章的规定正确填制原产地证书、签名或签章；

（六）原产地证书上所列信息与所提交的证明文件上所列信息不相符；

（七）原产地证书所列货物名称、数量及重量、包装唛头及号码、包装件数及种类与所报验的货物不相符。

二、拒绝给予优惠关税待遇的，进口方管理机构应当将拒绝给惠的决定及其理由通知进口商。

第四十六条　原产地规则委员会

一、缔约双方设立一个原产地规则委员会，该委员会的成员，中方为海关总署和质检总局、商务部；哥方为对外贸易部和国家海关署。

二、应缔约一方或者自由贸易委员会的要求，原产地规则委员会将举行会议，对本章实施中引起的任何事项进行研究。

三、原产地规则委员会的职责应当包括：

（一）确保对本章有效、统一和一贯的管理，并且在这方面加强合作；

（二）依据《协调制度》的最新转换版本，对附件三（产品特定规则）进行更新；

（三）向自由贸易委员会提出与下列议题有关的解决方案的建议：

1. 本章的解释、实施及管理；

2. 区域价值成分的计算；以及

3. 因缔约任一方采用与本章规定不符的操作程序而引起的、对双方贸易流通产生负面影响的问题。

第五章　海关手续

第四十七条　定义

就本章而言，海关当局指：

（一）就中国而言，中华人民共和国海关总署；以及

（二）就哥斯达黎加而言，国家海关署。

第四十八条　公开透明

一、双方当局应当以包括互联网在内的形式公布其海关法律、法规和规章[①]。

二、双方当局应当指定或沿用一个联络点，处理利益相关人就海关事务提出的咨询，并且在互联网上公布关于提出此类咨询的程序有关的信息。

第四十九条　货物放行

一、根据国内法，双方应建立或保持简化的海关手续，以提高货物放行效率，便利双方之间的贸易往来。

二、双方应致力于采取措施确保货物在可能的情况下，于向海关申报后48小时之内放行。

第五十条　自动化系统应用

一、双方海关当局应当在海关操作中应用信息技术，特别是通过为货物到港之前传递信息提供便利，以使货物到港后在尽可能最短的时间内放行。

二、双方海关当局应尽力使用信息技术加快货物放行、实施风险管理和目标确定。

第五十一条　合作

一、为便利本协定的有效执行，双方应尽力提前通知对方，包括任何关于行政政策的重大修改，以及可能对本协定执行产生实质影响的进出口法律法规的类似进展变动情况。

二、双方通过其海关当局，应就保证遵守各自与进出口相关的法律法规进行合作，包括：

---

① 就哥斯达黎加而言，"规章"应理解为普遍适用的行政规定。

（一）本协定的实施和执行，包括其第四章（原产地规则和相关操作程序）；

（二）海关估价协定的实施和执行；

（三）各类进出口限制和禁止的规定；以及

（四）双方同意的其他海关事务。

三、根据国内法，双方应当通过其海关当局尽力为另一方提供有关信息，这些信息将可以协助该方决定进出口是否符合另一方关于进口的法律法规，特别是那些与防止任何形式的财政瞒骗有关的法律法规。

四、为了更加便利双方之间的贸易往来，双方应当尽力为另一方提供技术经验和支持，目的在于改进风险评估技术，简化、加快海关通关手续，提高人员技术水平，以及加强使用技术的能力，以提高遵守与进口有关的法律法规的水平。

五、双方海关当局应在自贸区协定生效后3个月内谈判海关行政互助协定。该海关行政互助协定应符合双方各自国内法的相关规定。

第五十二条　风险管理

各方应尽力采取或沿用风险管理制度，使得其海关当局将查验重点集中于高风险商品，以简化低风险货物的通关放行。

第五十三条　快件

各海关当局应当在沿用适当风险管理制度的同时，采用或沿用对于快件的单独和快速的海关手续。这些手续应保证在通常情况下，在提交了所有必要的海关文件后能够快速或加快办理货物清关手续。

第五十四条　复议和诉讼

各方应赋予其境内的进口商，对海关事务的决定享有以下权利：

（一）向做出决定的人员或者部门以外的独立部门提出行政复议的申请；以及

（二）就行政决定提起行政诉讼。

第五十五条　处罚

各方应采用或沿用有关措施，以对违反包括有关税则归类、海关估价、原产地，以及本协定项下优惠待遇的核查的海关法律法规的行为给予行政处罚，必要时给予刑事处罚。

第五十六条　预裁定

一、应本方境内的进口商或另一缔约方境内的出口商在货物进口前提出的书面申请[①]，缔约双方海关当局应当根据申请人提供的事实和情况说明，包括处理预裁定申请所需的详细情况说明，就下列事项做出预裁定：

（一）税则归类；或者

（二）本协定项下原产地的确定。

二、如果申请人已提交有关部门要求的所有必要信息，海关当局应当在收到申请的90天之内做出预裁定。如果做出预裁定所依据的事实和情况未改变，预裁定自做出之日起有效。

三、有下列情形之一的，做出预裁定的当局可以主动将已生效的预裁定废止、修订或撤销：

（一）如果事实或情况证明预裁定所依据的信息是虚假或错误的，做出预裁定的海关当局可以修改或废除该预裁定。同时，海关当局可以按照其国内法律相关规定对提供虚假信息的申请人采取适当的措施，包括民事、刑事及行政措施、处罚和其他制裁；

---

① 对于中国，申请对税则归类进行预裁定的进出口商需在中国海关注册。

（二）海关当局认为对于最初做出裁定所依据的事实和情况应当适用不同的标准。在这种情况下，修订或撤销应当自变更之日起执行，且在任何情况下均不得与已生效的决议相抵触；或者

（三）海关作出行政裁定所依据的法律、行政法规及规章中的相关规定发生变更，影响行政裁定效力的，原行政裁定自该变更公布之日起自动失效。

在以上（二）项、（三）项所描述的情况下，各海关当局应当使利益相关人知晓上述信息，并在修改生效之前给予足够的时间，以使利益相关人能够考虑这些修改因素，除非无法将有关信息提前对外公布。

第六章　卫生与植物卫生措施

第五十七条　目标

本章旨在：

（一）在保护各自境内人类和动植物生命和健康的同时，便利双边贸易；

（二）支持和加强《实施卫生与植物卫生措施协定》以及相关国际组织制定的适用的国际标准、指南和建议的实施；以及

（三）为改善交流和磋商以高效解决卫生与植物卫生事务提供途径。

第五十八条　范围

本章适用于直接或间接影响双边贸易的所有卫生与植物卫生措施。

第五十九条　定义

为本章目的：

（一）SPS协定附件A及相关国际组织的协调术语表中规定的

定义适用于本章；以及

（二）相关国际组织指SPS协定中述及的组织，即国际植物保护公约（IPPC）、食品法典委员会（Codex）和国际兽医局（OIE）。

第六十条　权利和义务的重申

一、双方重申各自在SPS协定下的权利和义务。双方同意在制定相关SPS措施时遵守SPS协定的科学依据、协调一致、等效性与区域化原则。本章的任何规定不得阻碍一方根据SPS协定的权利和义务采用或者维持卫SPS措施。

二、双方承认并执行WTO卫生与植物卫生措施委员会（以下称"WTO/SPS委员会"）通过的关于实施SPS协定的决议。

第六十一条　区域化

双方承认SPS协定第6条规定的区域化原则是妥善和积极解决各自关注问题的手段，同时考虑相关国际组织制定的适当标准或指南以及WTO/SPS委员会通过的决议。

第六十二条　等效性

一、双方认识到SPS协定第4条规定的适用于SPS措施的等效性原则对双方有利。如果出口方向进口方客观地证明其措施达到进口方适当的卫生和植物卫生保护水平，进口方应积极考虑接受对方SPS措施为等效措施。

二、为等效认可，双方应考虑相关国际组织制定的与特定个案有关的国际标准、指南和建议，以及WTO/SPS委员会通过的决议。

第六十三条　风险分析

一、双方承认风险分析是确保SPS措施具有科学基础的重要手段。双方应确保其SPS措施酌情建立在SPS协定第5条规定的对人类和动植物生命和健康风险评估的基础上，同时考虑相关国际组织制定的风险评估技术。

二、进口方应在进口方国内法律法规许可的范围内优先考虑出口方的市场准入请求，尽快进行风险分析。为此，双方主管部门将在风险分析每个阶段保持密切沟通和良好工作关系，以推动风险分析进程，并避免不必要的延误。出口方应为进口方开展风险评估提供必要的信息。

三、风险分析过程结束后，应向出口方告知风险分析的依据，仍存的不确定性以及风险管理建议。

四、如出口方向进口方提出了多项市场准入请求，出口方应确定其优先顺序，进口方需对此予以考虑。

五、如果在风险分析基础上确定需要签署卫生与植物卫生议定书、卫生议定书或者植物卫生议定书，双方主管部门应尽快进行谈判，以通过该议定书。主管部门对议定书的制定、复审和修订，应符合本章规定和SPS协定。在此意义上，议定书应基于科学，其实施不对贸易造成变相限制。

第六十四条　控制、检查和批准程序

控制、检查和批准程序的实施应符合SPS协定第8条和附件C的规定。

第六十五条　透明度

一、缔约双方根据WTO/SPS协定的有关条款通过各自的WTO/SPS咨询点以电子方式相互通报各自拟定的并可能影响缔约双方贸易的SPS措施。除非发生紧急的健康保护问题或面临发生此种问题威胁，一缔约方应给予不少于60天时间，供另一缔约方提出评议意见。如果WTO/SPS委员会建议更长的评议期，则鼓励延长该期限。应在收到书面请求的5个工作日内，向另一

缔约方提供所通报的SPS措施草案全文。

二、缔约双方应确保公布所有实施的SPS措施，并应请求，向另一缔约方免费提供。

三、缔约双方同意加强双方WTO/SPS咨询点及根据附件五（卫生与植物卫生事务联系点）建立的联系点之间的信息交流合作，包括共享可获得并已实施的SPS措施的英文全文及相关信息。

四、出口方应采取有效措施防止并避免双边贸易中的卫生与植物卫生风险，包括及时向进口方通报可能与出口产品相关的风险。缔约双方应鼓励主管机构在此领域加强合作，并在必要时签署合作协议。

五、进口方应通过附件五（卫生与植物卫生事务联系点）中确立的联系点，及时向出口方通报自其进口的产品发生的问题，将要采取的措施和理由。

第六十六条　技术合作

一、缔约双方同意加强在卫生与植物卫生事务方面的技术合作，以增进对缔约双方管理体制的相互理解，促进相互市场准入，特别包括加强实验室检测技术、疫病/有害生物控制方法以及风险分析方法等方面的合作。缔约双方同意探讨开展技术援助和能力建设合作项目，包括但不仅限于培训项目和互访。

二、缔约双方同意鼓励各自的SPS咨询点在下述领域开展合作：

（一）在英语翻译方面提供帮助；

（二）提供特定产品方面的信息；以及

（三）提供有关法规和文件信息。

第六十七条　卫生与植物卫生事务委员会

一、缔约双方兹同意建立卫生与植物卫生事务委员会（以下称“SPS委员会”），由各缔约方负责卫生与植物卫生事务的代表组成。

二、SPS委员会应在本协定生效之日起1年内召开第一次会议，每2年或在双方同意的任何时间召开一次会议。会议可以通过面谈或电视电话会议或缔约双方同意的其他形式进行。

三、召开首次SPS委员会会议时，应制定指导委员会运行的程序规则。

四、SPS委员会应具有下述职能：

（一）推动和监督本章的执行；

（二）促进和推动主管部门之间的沟通和信息交流，增进对彼此的SPS措施及与此措施有关的管理程序的理解；

（三）为讨论影响或可能影响缔约双方贸易的SPS事务提供论坛；

（四）协调SPS事务方面的技术合作项目；

（五）增进在与卫生与植物卫生事务相关的国际组织中的沟通和合作；

（六）必要时根据职责成立专门工作组；

（七）根据SPS协定的发展审议本章内容；以及

（八）双方同意的其他职能。

五、SPS委员会的协调者为：

（一）就中国而言：国家质检总局国际合作司及其后任；以及

（二）就哥斯达黎加而言：外贸部国际贸易协定执行司及其后任。

六、为便于日常沟通，缔约双方在各自的主管机构指定联系点。联系点详细信息见附件五（卫生与植物卫生事务联系点）。

第七章　技术性贸易壁垒

第六十八条　目标

本章旨在：

（一）推动和增加货物贸易，避免和消除因制定、采纳和实施技术法规、标准及合格评定程序对双边贸易造成不必要的壁垒；

（二）加强缔约双方合作，促进和便利缔约双边贸易，建立信息交流机制，增进对对方管理体制的相互了解；

（三）有效解决双边贸易中出现的有关问题；

（四）完善TBT协定的实施。

第六十九条　范围

本章适用于一缔约方所实施的，直接或间接影响货物贸易的全部技术法规、标准与合格评定程序，但第六章（卫生与植物卫生措施）的卫生和植物卫生措施或政府机构为政府机构的生产或消费要求制定的采购规格除外。

第七十条　定义

TBT协定附件1中的定义适用于本章。

第七十一条　权利与义务的重申

缔约双方重申各自在TBT协定下的权利和义务。本章的任何规定不得阻碍一缔约方根据TBT协定的权利和义务制定或者维持技术法规、标准和合格评定程序。

第七十二条　技术法规

一、缔约双方同意使用有关国际标准作为技术法规的基础，该国际标准对追求的合法目标无效或不当时除外。

二、即使另一缔约方的技术法规与自己的不同，只要确信该法规充分实现了自己的法规目标，则各缔约方应积极考虑等效接受另一缔约方的技术法规。

三、缔约承认执行TBT协定良好法规规范的重要性，同时考虑WTO技术性贸易措施委员会（以下称“WTO/TBT委员会”）的决议和建议。

第七十三条　标准

一、缔约双方重申有义务确保各自的中央政府标准化机构接受并遵守TBT协定附件3“关于制定、采用和实施标准的良好行为规范”的要求。

二、缔约双方同意在国际标准化活动中协调立场，并在可能的情况下相互支持。

三、缔约双方承诺加强标准化机构之间的合作，包括但不仅限于信息和经验交流。

四、缔约双方应确保执行TBT委员会1995年1月1日以来通过的《委员会关于制定与TBT协定第2条、第5条和附件3有关的国际标准、指南和建议的若干原则的决议》（G/TBT/1/Rev. 9，2008年9月8日）中规定的原则。

第七十四条　合格评定程序

一、缔约双方认识到，为便利合格评定程序和结果的接受，存在诸多机制。

二、缔约双方同意就合格评定程序包括检测、检验、认证、认可以及计量等，进行信息交流，在符合TBT协定规定及双方有关国内法律法规规定的情况下，协商签署合格评定领域的合作协议。

三、缔约双方在开展合格评定合作时，应考虑各自机构参加国际实验室认可合作组织（ILAC）、国际计量局（BIPM）和国际法制计量组织（OIML）和其他有关国际组织的情况。

四、当一缔约方要求强制性合格评定程序时，经另一缔约方请求，该方承诺以英文提供该程序管辖的产品清单。

五、缔约双方同意鼓励合格评定机构开展更密切的合作，以推动缔约双方间合格评定结果的接受。

第七十五条　透明度

一、缔约双方根据TBT协定向WTO秘书处通报拟定的TBT措施的同时，应通过各自的咨询点以电子方式相互通报。除可根据发生或威胁发生的健康、安全和环境风险而采取紧急措施的情况外，各缔约方应给予另一缔约方不少于60天的评议期。应请求，各缔约方应在收到书面请求的5个工作日内向另一缔约方提供通报的TBT措施全文。如果WTO/TBT委员会建议更长的时间，则鼓励延长该评议期。

二、各缔约方应对另一缔约方的评议意见予以适当考虑，并应另一缔约方请求，在评议期内提供更多信息，对措施草案进行说明。

三、缔约双方应加强WTO/TBT咨询点之间的信息交流合作，包括在收到请求后5个工作日内共享可获得的TBT措施通报的英文全文和相关信息。

四、缔约双方应确保公布所有实施的技术法规和合格评定程序，并应请求，向另一缔约方免费提供。

第七十六条　技术合作

一、缔约双方同意负责TBT事务主管机构之间开展协作对促进双边贸易具有重要性。缔约双方承诺在下述领域开展合作：

（一）增进对双方体制的相互了解，加强主管机构之间在技术法规、标准、合格评定程序和良好法规规范方面的沟通与协作；

（二）参与相关国际组织和WTO/TBT委员会的活动时，加强合作、沟通，并在可能的情况下协调立场；

（三）就口岸查验和市场监督开展经验和信息交流；

（四）通过附件六（技术性贸易壁垒联系点）建立的联系点，及时向出口方通报自对方进口的产品中出现的产品问题及将对此采取的紧急措施和理由；以及

（五）采取措施避免和纠正双边贸易产品风险，包括鼓励主管机构之间开展合作并在必要时签署协议。

二、双方同意鼓励各自的WTO/TBT咨询点在下述领域开展合作：

（一）在英语翻译方面提供帮助；

（二）提供特定产品方面的信息；以及

（三）提供有关法规和文件信息。

第七十七条　技术性贸易壁垒委员会

一、为实现本章的目标，缔约双方兹同意建立技术性贸易壁垒委员会（以下称“TBT委员会”），由双方代表组成。

二、委员会应在本协定生效之日起1年内召开第一次会议，每2年或缔约双方同意的任何时间召开一次会议。会议可以通过面谈或电视电话会议或缔约双方同意的其他形式进行。

三、首次召开TBT委员会会议时，应制定指导委员会运行的程序规则。

四、TBT委员会应具有下述职能：

（一）推动和监督本章的执行和管理；

（二）处理一缔约方提出的与技术法规和合格评定程序的制定、采用、实施和执行等有关的重要问题；

（三）促进技术法规、标准和合格评定程序方面的信息交流，并加强该领域的合作；

（四）探讨缔约双方贸易便利化的途径；

（五）根据TBT协定的发展审议本章节内容；以及

（六）缔约双方同意的其他职能。

五、TBT委员会的协调者为：

（一）就中国而言，国家质检总局国际合作司及其后任；以及

（二）就哥斯达黎加而言，外贸部国际贸易协定执行司及其后任。

六、为便于日常沟通，缔约双方在各自的主管机构指定联系点。联系点详细信息见附件六（技术性贸易壁垒联系点）。

第八章　贸易救济

第一节　全球保障措施

第七十八条　全球保障措施

一、缔约双方保留各自根据GATT1994第十九条及WTO《保障措施协定》享有的权利和义务。

二、任一缔约方不得同时对同一产品实施以下措施：

（一）双边保障措施；以及

（二）GATT1994第十九条及WTO《保障措施协定》规定的措施。

第二节　双边保障措施

第七十九条　双边保障措施的实施

一、如果由于按照本协定规定降低或消除关税，导致一受益于本协定项下优惠关税待遇的原产产品被进口至一缔约方领土内的数量绝对增加或与国内生产相比相对增加，且构成对生产同类

产品或直接竞争产品的国内产业造成严重损害或严重损害威胁的重要原因，进口缔约方可仅在过渡期内采用第二款所规定的保障措施。

二、如果符合第一款所规定的条件，一缔约方可以在防止或补救严重损害或严重损害威胁和便利调整所必需的限度内：

（一）中止按本协定的规定进一步降低此产品关税；或者

（二）提高此产品的关税税率，但不应超过下列税率两者之中较低水平：

1．在采取此措施时，正在实施的最惠国关税税率；或者

2．本协定正式生效之日正在实施的最惠国关税税率。①

三、如果一原产产品被进口至一缔约方领土内的数量绝对增加或与国内生产相比相对增加，且对建立一生产同类产品或直接竞争产品的国内产业造成实质阻碍，进口缔约方可采取保障措施，包括将此产品的关税税率提高至不超过在采取此措施时实施的最惠国关税税率水平②。

第八十条　最终双边保障措施的标准

一、任何缔约方不得维持一项保障措施：

（一）除非在防止或补救严重损害或严重损害威胁或实质阻碍，和根据具体情况便利产业调整或建立所必需的限度和时间内；

（二）超过1年；除非主管机关依据第八十一条（调查程序和透明度要求）规定的程序决定，为了防止或补救严重损害或严重损害威胁或实质阻碍和根据具体情况便利产业调整或建立、并且有证据证明产业正在进行调整或建立，需要继续实施保障措施，保障措施的实施时间可再延长3年。

① 缔约双方认为，关税配额或者数量限制均不属于保障措施所允许的形式。

② 该条款仅在本协定生效之日起7年内适用。

二、为便利产业调整或建立，在保障措施的预计实施期限超过1年的情况下，实施措施的缔约方应在实施期内按固定时间间隔逐渐放宽该措施。

三、不论其期限长短，此种保障措施应根据具体情况，在过渡期期满或在第七十九条（双边保障措施的实施）中脚注②定义的期限届满时终止。

四、不得对曾被采取过此类措施的进口产品再次实施保障措施，除非经过等同于上次保障措施实施期限的一半时间间隔之后。

五、当保障措施终止时，关税税率应当按照本协定附件二（关税减让）缔约方关税减让表所设立的关税税率执行，如同该保障措施从未实施。

第八十一条　调查程序和透明度要求

一、一缔约方只有经主管机关按照《保障措施协定》第三条和第四条第二款（三）进行调查后，才能采取保障措施；为此目的，《保障措施协定》第三条和第四条第二款（三）在细节上作必要修改后被纳入本协定并成为本协定的组成部分。

二、在确定原产于另一缔约方的产品进口增加是否对一国内产业已经或正在威胁造成严重损害时，进口缔约方的主管机关应遵守《保障措施协定》第四条第二款（一）和（二）的规则；为此目的，《保障措施协定》第四条第二款（一）和（二）在细节上作必要修改后被纳入本协定并成为本协定的组成部分。

第八十二条　临时双边保障措施

一、在迟延会造成难以弥补的损害的紧急情况下，一缔约方可根据关于存在明确证据表明增加的进口对一国内产业已经或正在威胁造成严重损害或实质阻碍的初步裁定，采取临时保障措施。

二、临时保障措施的期限不得超过200天。此类措施应采用本节第七十九条（双边保障措施的实施）第二款（二）项或第三款规定的任何一种措施形式，在此期间应满足第七十九条（双边保障措施的实施）和第八十一条（调查程序和透明度要求）的要求。当调查未能确定增加的进口对一国内产业已经或威胁造成严重损害或实质阻碍，则因实施临时保障措施而收到的担保或征收的资金应立即解除或者退还。任何此类临时保障措施的期限都应计为最终保障措施的最初期限和任何延长期的一部分。

第八十三条　通知和磋商

一、在下列情况下，一缔约方应当立即以书面形式通知另一缔约方：

（一）根据本节发起一项调查；

（二）采取一项临时保障措施；

（三）作出增加的进口造成严重损害或严重损害威胁或实质阻碍的决定；

（四）决定实施或延长一项最终保障措施；以及

（五）决定对先前采取的保障措施进行修改。

二、在作出第一款（四）项和（五）项所指的通知时，实施该保障措施的缔约方应向另一缔约方提供一份裁决的公开文本和所有相关的信息，如对所涉及产品的准确描述、拟议采取的措施、拟采取此措施的依据、拟议采取措施的实施日期和预计期限。做出通知的缔约方应提供一份该通知的非官方英译本。

三、应其产品依据本节规定接受调查的一缔约方要求，进行调查的缔约方应与该方进行磋商，审议根据第一款提供的通知或主管机关已发布的任何关于该调查的公告或报告。

四、磋商可以采用面对面的方式或任何对缔约方可行的科技手段。

第八十四条　补偿和中止减让

一、采取保障措施的缔约方应与另一缔约方磋商，并向另一缔约方提供双方同意的贸易自由化补偿。该补偿以实质相等的贸易减让形式进行，或该补偿与因措施导致的附加关税价值相等。实施保障措施的缔约方应在不迟于实施此措施起30日内提供此类磋商的机会。

二、如果缔约双方在磋商开始后30天内未能就补偿达成协议，出口缔约方对实施保障措施的缔约方可以中止实施实质相等的贸易减让。

三、在实施第二款规定的中止减让至少30日前，缔约方应以书面形式通知另一缔约方。

四、第一款规定的提供补偿的义务和第二款规定的中止实质相等的减让的权利应在保障措施终止之日终止。

第八十五条　定义

就本节而言：

主管机关指：

（一）就中国而言，商务部，或其后继机构；以及

（二）就哥斯达黎加而言，经济、工业和贸易部贸易救济局，或其后继机构；

直接竞争产品指与进口产品相比具有不同的物理特性和构成，但具有相同的功能、满足同样需求并且具有商业可替代性的产品；

国内产业指针对某一进口产品，同类产品或直接竞争产品的国内生产者全体，或者总产量构成同类产品或直接竞争产品国内产量主要部分的生产者；

同类产品指相同的产品，即与进口产品在各方面都相同的产品，或如果无此种产品，则为尽管并非在各方面都相同，但具有

与该进口产品极为相似特点的另一种产品；

保障措施指第七十九条（双边保障措施的实施）第二款和第三款规定的措施；

严重损害指对一国内产业状况的重大全面减损；

实质原因指重要并且至少与任何其他原因同等重要的原因；

严重损害威胁指建立在事实基础上的，而非仅凭指控、推测或极小的可能性断定的，明显面临的严重损害；

过渡期指自本协定生效之日起7年的期间；但是对于贸易自由化进程为7年或7年以上的产品，其过渡期应等同于该产品根据本协定附件二（关税减让）规定的关税减让期间。

第三节　反倾销和反补贴措施

第八十六条　反倾销和反补贴措施

一、除非本节另有规定，缔约双方同意严格遵守WTO《关于实施1994年关税与贸易总协定第6条的协定》和WTO《补贴与反补贴措施协定》。

二、缔约双方同意在涉及对方的反倾销案件中遵守以下做法：

（一）一缔约方一经收到产业以适当文件提交的、针对另一缔约方产品的反倾销立案申请后，应立即通知另一缔约方其已收到申请；

（二）缔约双方同意在一缔约方涉及另一缔约方的任何反倾销调查中，提供一份所有通知函件的非官方英译本；

（三）一缔约方调查机构应对另一缔约方出口商在提交所要求的信息方面遇到的任何困难予以考虑并提供可行的帮助；应另一缔约方出口商的请求，一缔约方调查机关应使出口商可获得提出价格承诺所要求的时间框架、程序和其他材料。

三、就本节而言，调查机关是指：

（一）就中国而言，商务部，或其后继机构；以及

（二）就哥斯达黎加而言，经济、工业和贸易部贸易救济局，或其后继机构。

第四节　争端解决

第八十七条　争端解决

缔约双方依据GATT1994第十九条、《保障措施协定》、WTO《关于实施1994年关税与贸易总协定第6条的协定》和WTO《补贴与反补贴措施协定》所采取的措施不适用本协定第十四章（争端解决）的规定。

第五节　合作

第八十八条　合作

缔约双方可在两国的调查机关之间建立合作机制，以便保证一缔约方对另一缔约方的贸易救济调查实践具有清楚的理解。

第九章　投资，服务贸易和商务人员临时入境

第一节　投资

第八十九条　投资

缔约双方再次确认其在《中华人民共和国政府和哥斯达黎加共和国政府投资促进和保护协定》中的承诺，该协定于2007年10月24日在京签署。

第二节　服务贸易[①]

第九十条　定义

就本节而言：

一、服务贸易指：

（一）自一缔约方境内向另一缔约方境内提供服务；

（二）在一缔约方境内向另一缔约方的服务消费者提供服务；

（三）一缔约方服务提供者通过在另一缔约方境内的商业存在提供服务；或者

（四）一缔约方服务提供者通过在另一缔约方境内的自然人存在提供服务。

二、法人是指根据适用法律组建或组织的法人实体，无论是否以盈利为目的，无论属私营还是政府所有或控制，包括公司、信托、合伙企业、独资企业，合资企业或协会。

三、法人：

（一）由一缔约方的人所“拥有”，如该缔约方的人实际拥有的股本超过50%；

（二）由一缔约方的人所“控制”，如此类人拥有任命大多数董事或以其他方式合法指导其活动的权力。

四、一缔约方的服务提供者是指该方提供服务的任何人。[②]

五、措施是指一缔约方的任何措施，无论是以法律、法规、规则、程序、决定、行政行为的形式还是以任何其他形式。

① 本节不适用《中华人民共和国政府和哥斯达黎加共和国政府投资促进与保护协定》中的投资者—东道国争端解决程序。

② 当服务不直接由某法人提供，而是由其他形式的商业存在，如分公司或者代表处提供时，该服务提供者（该法人）应当经由这些商业存在享有本协定规定的服务提供者应有的待遇。此种待遇应当扩大至直接提供服务的商业存在，但无需扩大至服务提供者提供服务地之外的任何其他部分。

六、服务的提供包括服务的生产、分销、营销、销售和交付。

七、商业存在指任何类型的商业或专业机构，包括为提供服务而在一缔约方领土内：

（一）组建、收购或维持一法人，或者

（二）创建或维持一分支机构或代表处。

第九十一条　范围和覆盖领域

一、本节适用于一缔约方采用或实施的影响服务贸易的措施，包括与以下相关的：

（一）服务的购买、使用或支付；

（二）与服务提供有关的、双方要求向公众普遍提供的服务的获得和使用；或者

（三）一缔约方的人在另一缔约方境内为提供服务的存在，包括商业存在。

二、就本章而言，"各缔约方采用或实施的措施"指：

（一）中央、地区或地方政府和主管机关所采取或实施的措施；以及

（二）由中央、地区或地方政府或主管机关授权行使权力的非政府机构所采取或实施的措施。

三、本协定不适用于：

（一）政府采购；

（二）空运服务[①]，包括国内和国际空运服务，无论是否被列入减让表，以及支持空运服务的相关服务，以下除外：

1．航空器的修理和维护服务；

2．空运服务的销售和营销服务；以及

3．计算机订座系统服务；

---

① 为进一步明确，"空运服务"包括航权。

（三）一缔约方提供的补贴或补助金，包括政府支持贷款、担保和保险；

（四）沿海运输和国内水运；

（五）金融服务。

四、在一缔约方的自然人寻求进入另一方就业市场，或者在另一方领土获得永久性就业方面，本章不对缔约方强加任何义务，且不赋予该自然人进入另一方就业市场或者就业的任何权利。

五、本节不适用于在一缔约方领土范围内行使政府职权时提供的服务。行使政府职权时提供的服务是指不基于商业模式提供，也不与一或多个服务提供者竞争的服务。

六、本节不得阻止一成员实施对自然人进入其领土或在其领土内暂时居留进行管理的措施，包括为保护其边境完整和保证自然人有序跨境流动所必需的措施，只要此类措施的实施不致使任何成员根据一具体承诺的条件所获得的利益丧失或减损①。

第九十二条　国民待遇

一、对于列入承诺表的部门，在遵守其中所列任何条件和资格的前提下，每一缔约方在影响服务提供的所有措施方面给予另一缔约方的服务和服务提供者的待遇，不得低于其给予本国同类服务和服务提供者的待遇。②

二、缔约一方可通过对任何其他成员的服务或服务提供者给予其本国同类服务或服务提供者的待遇形式上相同或不同的待遇，满足第一款的要求。

---

① 对自然人要求签证这一事实不得视为使根据一具体承诺获得的利益丧失或减损。

② 根据本条承担的具体承诺不得解释为要求任何一缔约方对由于有关服务或服务提供者的外国特性而产生的任何固有的竞争劣势做出补偿。

三、如形式上相同或不同的待遇改变竞争条件，与缔约另一方的同类服务或服务提供者相比，有利于缔约一方的服务或服务提供者，则此类待遇应被视为较为不利的待遇。

第九十三条　市场准入

一、对于通过第九十条（定义）第一款确认的服务提供方式实现的市场准入，缔约一方对缔约另一方的服务和服务提供者给予的待遇，不得低于其在具体承诺减让表中同意和列明的条款、限制和条件[①]。

二、在做出市场准入承诺的部门，除非在其减让表中另有列明，否则缔约一方不得在其一地区或在其全部领土内维持或采取按如下定义的措施：

（一）无论是以数量配额、垄断、专营服务提供者的形式，还是以经济需求测试要求的形式，限制服务提供者的数量；

（二）以数量限制或经济需求测试的形式限制服务交易或资产总值；

（三）以配额或经济需求测试要求的形式，限制服务业务总数或以指定数量单位表示的服务产出总量[②]；

（四）以配额或经济需求测试要求的形式，限制特定服务部门或服务提供者可雇佣的、提供具体服务所需且直接有关的自然人总数；

（五）限制或要求另一缔约方的服务提供者通过特定法律实体或合营企业提供服务的措施；或者

---

① 如一缔约方就通过第九十条（定义）第一款第（一）项所指的方式提供服务作出市场准入承诺且如果资本的跨境流动是该服务本身必需的部分，则该缔约方由此已承诺允许此种资本跨境流动如一缔约方就通过第九十条（定义）第一款第（三）项所指的方式提供服务作出市场准入承诺，则该缔约方由此已承诺允许有关的资本转移进入其领土内。

② 第二款第（三）项不涵盖缔约一方限制服务提供投入的措施。

（六）以限制外国股权的最高百分比或限制单个或总体外国投资总额的方式限制外国资本的参与。

第九十四条　附加承诺

各缔约方可就影响服务贸易但根据第九十二条（国民待遇）或第九十三条（市场准入）不需列入减让表措施的承诺进行谈判，上述措施包括有关资格、标准或许可事项的措施。此类承诺应列入一缔约方减让表。

第九十五条　具体承诺表

一、各缔约方应在减让表中列出其根据本协定第九十二条（国民待遇）、第九十三条（市场准入）和第九十四条（附加承诺）作出的具体承诺。对于做出此类承诺的部门，每一承诺表应列明：

（一）市场准入的条款、限制和条件；

（二）国民待遇的条件和资格；

（三）与第九十四条（附加承诺）有关的附加承诺；及

（四）在适当时，实施此类承诺的时限和生效日期。

二、与第九十二条（国民待遇）和第九十三条（市场准入）不一致的措施应列入与第九十三条（市场准入）有关的栏目。在这种情况下，所列内容被视为也对第九十二条（国民待遇）规定了条件或资格。

三、缔约双方的具体承诺的减让表将在附件七（具体承诺表）中列明。本协定附件七（具体承诺表）构成本节的一部分。

第九十六条　国内规制

一、在做出具体承诺的部门，缔约双方应保证所有影响服务贸易的普遍适用的措施以合理、客观和公正的方式实施。

二、各缔约方应维持或尽快设立司法、仲裁或行政庭或程序，在另一缔约方受影响的服务提供者请求下，对影响服务贸易的行政决定迅速进行审议，并在请求被证明合理的情况下提供适当的补救。如此类程序并不独立于作出有关行政决定的机构，则该方应保证此类程序在实际中提供客观和公正的审查。

三、如提供服务需要得到批准，则一缔约方的主管机关应在其国内法律法规视为完整的申请提交后一段合理时间内，将有关该申请的决定通知申请人。在申请人请求下，一缔约方主管机关应提供该申请情况的信息，不得不当迟延。

四、为保证相关资质要求和程序、技术标准和许可要求的各项措施不致构成不必要的服务贸易壁垒，缔约双方应努力确保上述措施：

（一）依据客观的和透明的标准，例如提供服务的能力和资格；

（二）不得比为保证服务质量所必须的限度更难以负担；及

（三）如为许可程序，则这些程序本身不成为对服务提供的限制。

五、如果与GATS第六条第四款有关的谈判结果（或者缔约双方同时参加的其他多边场合中类似谈判的结果）生效，本条应在缔约双方协商的基础上适当修改，以使上述结果在本协定的框架内生效。缔约双方同意就上述谈判进行适当的协调。

第九十七条　承认

一、为使服务提供者获得授权、许可或证明的各自标准或准则得以全部或部分实施，在满足第三款条件下，一缔约方可承认在另一缔约方或非缔约方已获得的教育或经历、已满足的要求、或已给予的许可或证明。此类可通过协调或其他方式实现的承认，可依据与另一缔约方或非缔约方的协定或安排，也可自动给予。

二、如一缔约方与非缔约方有如第一款所述相互承认的协议或安排，无论其已有的或将来订立，如果另一缔约方有意，均应向另一缔约方提供谈判加入该协定或安排，或谈判同等协定的充分机会。如一缔约方自动给予承认，则应向另一缔约方提供充分机会，表明在另一缔约方境内的教育、经历、许可或已获得的证明或已满足的标准应予承认。

三、一缔约方给予承认的方式不得构成在适用服务提供者获得授权、许可或证明的标准或准则时在各国间进行歧视的手段，或构成对服务贸易的变相限制。

四、缔约双方应鼓励各自境内的相关机构通过将来的谈判达成双方可接受的关于专业服务提供者许可、临时许可和证明的标准或准则。

第九十八条　转移和支付

一、缔约双方应当允许与具体承诺相关的经常项目交易的转移和支付无延迟的自由进出其领土。

二、缔约双方应当允许上述与服务提供相关的转移和支付用可自由使用货币、并按照转移日期当天的汇率实现。

三、尽管有上述一、二款的规定，一缔约方可以公平地、非歧视地、并善意地适用与下列情况相关的本国法律阻止或延缓一项转移或支付的实现：

（一）破产、资不抵债或债权人权益保护；

（二）发行、交易或买卖证券、期货、期权或金融衍生品；

（三）因协助法律实施或者金融监管机构的需要，对转移的财务报告或者账务记录；

（四）犯罪或刑事犯罪；或者

（五）在司法或行政程序中，保证裁决和判决的执行。

四、本协定的任何规定不得影响双方作为国际货币基金组织成员在《国际货币基金协定》项下的权利和义务，包括采取符合《国际货币基金协定》的汇兑行动，但是一缔约方不得对任何资本交易设置与其有关此类交易的具体承诺不一致的限制，但在第一百六十三条（保障收支平衡的限制）下或在国际货币基金组织请求下除外。

第九十九条　利益的拒绝给予

一、一缔约方可拒绝将本节的利益给予：

（一）另一缔约方服务提供者，如果该服务是由非缔约方的人拥有或控制的法人提供的，且该法人在该另一方境内未从事实质性商业经营；或者

（二）另一缔约方服务提供者，如果该服务是由该拒绝给予利益一方的人拥有或控制的法人提供的，且该法人在另一方境内未从事实质性商业经营。

二、如另一缔约方书面申请，拒绝给予利益的一缔约方应就本条第一款中涉及的具体拒绝案例进行书面通知并与其进行协商。

第一百条　透明度

除第十二章（透明度）外：

（一）缔约双方应维持或者建立适当的机制，以答复利益相关方关于与本节事项相关的法律法规的咨询；

（二）在与本节相关的法律法规最终制订之前，缔约双方应在可能的情况下，包括在应另一方请求下，考虑利益相关方对于拟制订的法律法规的实质性意见；以及

（三）在可能的范围下，各缔约方应当允许在法律法规的公布和实施日期之间保留一定合理的时间。

第一百零一条　执行和审议

缔约双方应当在每年或者双方另行商定的时间内，审议本节的执行情况，并讨论双方共同关心的影响服务贸易的其他事项。

第三节　商务人员临时入境[1]

第一百零二条　总原则

一、本节旨在体现双方优惠贸易关系，根据国内法律法规及附件七（具体承诺表）为商务人员临时入境提供便利的共同目标；体现为商务人员临时入境建立透明度标准和程序的需要，体现确保边界安全，保护各自领土内国内劳动力和永久雇佣的需要。

二、本章不得阻止一缔约方采取管理自然人进入其领土，或在其领土临时停留的措施，包括那些为保护自然人正当流动以及确保自然人有序过境流动而采取的必要措施，但实施这些措施不得不当影响或延误服务具体承诺[2]或投资活动的开展。

三、本节不得适用于影响寻求进入一成员就业市场的自然人的措施，也不得适用于在永久基础上有关公民身份、居住或就业的措施。

第一百零三条　临时入境的准予

只要一缔约方的商务人员符合现行移民政策中临时入境方面的规定及其他有关规定，如公共卫生、安全和国家安全方面的规定，另一缔约方应依照本章准予其临时入境。

第一百零四条　透明度

一、一缔约方应：

（一）不迟于本协定生效后6个月，就本节的临时入境要求

---

① 本节不适用《中华人民共和国政府和哥斯达黎加共和国政府投资促进与保护协定》中的投资者—东道国争端解决程序。

② 对另一缔约方的自然人要求签证的事实不得视为使根据一具体承诺获得的利益丧失或减损。

提供解释性资料，以使另一缔约方的商务人员得以知晓；以及

（二）建立或维持应答来自相关人的在本节与商务人士临时入境有关规定范围内的询问的适当机制。

二、对根据其国内法律法规提交的完整的临时入境申请，任一缔约方应尽力在法律法规规定的合理时间内，告知申请人与此项申请相关的结果。

第一百零五条 工作组

一、在此，缔约双方成立一个商务人员临时入境工作组，每3年应至少举行一次会议，除非缔约方另有规定，讨论本节出现的任何问题，一缔约方代表由附件八（商务人员临时入境工作组）做出规定。

二、工作组的职能应包括：

（一）审议本节的实施情况；

（二）探讨缔约方间进一步便利商务人员临时入境方面的措施；

（三）在第一百零六条（合作）框架下加强合作；以及

（四）就相互感兴趣的有关议题进行交流。

第一百零六条 合作

考虑到第一百零二条（总原则）规定的原则，缔约方应：

（一）在移民议题框架下，分享移民法规相关信息和经验、移民程序执行相关情况和相关技术，包括与生物技术的使用、先进的旅客信息系统、常客通关程序和旅行证件安全相关的技术；

（二）努力在多边论坛积极协调，促进商务人员临时入境的便利化；

（三）鼓励移民当局间加强能力建设和促进技术援助；以及

（四）根据国内法律法规努力采取为缔约另一方商务人员临时入境提供便利化的措施。

第一百零七条　争端解决

一、如发生争议，仅第十四章（争端解决）的第一百四十四条（斡旋、和解、调停）在以下情况适用：

（一）涉及行为模式的事件；同时

（二）商业人士已穷尽了可获得的行政救济的特定事例。

二、第一段第二款中所指的救济，如在该当事例中有关当局在行政程序开始后1年内尚未做出最终决定的，应被视为穷尽，且不能做出决定不是归因于由该商务人士引起的延迟。

第一百零八条　定义

就本章而言，

一、商务人员是指从事货物贸易、服务贸易或投资活动的一缔约方的公民。

二、临时入境是指一缔约方的商务人员并非为获得永久居留的目的而进入另一缔约方的领土。

三、商务访问者或业务代表是指任一缔约方的自然人，其为：

（一）就中国而言：

1. 服务销售人员，作为一缔约方服务提供者的销售代表，寻求临时进入另一缔约方境内，旨在代表该服务提供者进行服务销售谈判，而不是向公众直接销售或直接提供服务；

2. 一缔约方的投资者或投资者适当授权的代表，为寻求临时进入另一缔约方境内以设立、发展、管理、扩大、监督或处置该投资者的投资；或者

3. 货物销售人员，寻求临时进入另一缔约方境内进行商品销售谈判，而不是向公众直接销售；

4. 商务人员临时入境停留最长不超过6个月；

（二）就哥斯达黎加而言：业务代表、旅行社职员或商务代

表，寻求临时进入哥斯达黎加境内商谈与其代表的企业或法人的有关活动事项，只要他们在哥斯达黎加境内没有任何酬劳且没有为从事上述活动要求居留。

四、公司内部流动人员指经理、高级管理人员或专家，是第二节（服务贸易）第九十条（定义）规定的在另一缔约方境内有商业存在的一缔约方服务提供者或投资者的高级雇员。

五、高级管理人员指一组织内部的自然人，主要负责该组织的管理，广泛行使决策权，仅接受更高管理层、董事会和/或企业股东的总体监督和指导。高级管理人员不直接从事实际服务提供，也不直接参与投资的运营。

六、移民措施是指影响外国公民入境和居留的任何法律、法规或程序。

七、经理是指一组织内部的自然人，主要负责该组织、部门或分部门的管理，监督和控制其他负责监管、业务或管理雇员的工作，有权雇佣、解雇或行使其他人事职能（例如提升或休假批准），并在日常经营中行使决策权。

八、专家是指一组织内部的雇员，掌握有关高级别技术专长的知识，拥有与该组织的服务、研究设备、技术或管理有关的专门知识。

第十章　知识产权

第一百零九条　原则

一、缔约双方认识到知识产权在促进经济与社会发展中所起的重要作用，特别是在技术创新、科学和贸易的全球化，以及为技术创造者和使用者的共同利益进行知识和技术转让与传播等方面。双方同意鼓励社会经济福利和贸易发展。

二、缔约双方认识到，关于知识产权保护，应在权利人权利与使用人及社会的合法权益间实现平衡。

第一百一十条　一般规定

一、各缔约方重申双方共同参加的、包括TRIPS协定在内的与知识产权有关的国际协定中的承诺。

二、各缔约方应当建立和维护透明的知识产权制度，以为知识产权保护和执法提供确定性，同时通过观念、技术、科学和创造性工作的传播为国际贸易提供便利。

三、缔约双方将防止权利人滥用知识产权、不合理地限制竞争、限制技术转让或者对技术转让造成不合理地阻碍或限制的行为。

第一百一十一条　遗传资源、传统知识和民间文艺

一、双方认识到遗传资源、传统知识和民间文艺对科学、文化和经济发展作出的贡献。

二、关于遗传资源、传统知识和民间文艺保护，双方承认并且重申1992年6月5日通过的《生物多样性公约》确立的原则和规定，并鼓励建立TRIPS协定与《生物多样性公约》之间相互支持关系的努力。

三、在符合《生物多样性公约》规定的前提下，各方可以根据其国际义务和国内法律，采取或者继续采取措施促进保持生物多样性，公平分享利用与保持生物多样性及持久使用其组成部分有关的传统知识、创新和实践中产生的惠益。

四、根据将来各自国内法律进展情况和国际谈判成果，双方同意就在专利申请中披露遗传资源的起源或者来源，和/或履行事先知情同意义务，对违反国内有关法律法规获取或者利用遗传资源并包括或者依赖该资源完成的发明创造授予专利权等问题，展开进一步讨论。

第一百一十二条　知识产权与公共健康

一、缔约双方认识到2001年11月14日举行的WTO部长级会议通过的《TRIPS协定与公共健康多哈宣言》确立的原则。在解释和执行本章项下的权利和义务时，缔约双方应保证与该宣言的一致性。

二、缔约双方应当致力于执行和尊重2003年8月30日通过的《总理事会关于执行〈TRIPS协定与公共健康多哈宣言〉第六段的决议》和2005年12月6日在日内瓦达成的《关于修订TRIPS协定的议定书》。

第一百一十三条　技术创新和技术转让

一、缔约双方认识到技术和知识产权转让作为促进创新和创造性工作的手段对于实现经济发展目标的重要作用。

二、任一缔约方对知识产权的保护和执法应当有利于推动技术创新、技术转让与传播。在符合国内法律法规的情况下，缔约双方可就在各自领土内向企业与有关机构提供激励措施以推动、鼓励缔约双方间技术转让的可能性展开进一步商谈。

第一百一十四条　边境措施

一、各缔约方必须规定，任何知识产权权利人启动程序要求海关中止放行涉嫌假冒商标或者盗版的货物[①]进入自由流通领域

---

① 在本条中：

假冒商标的货物指包括包装在内的，在没有授权的情况下使用某一与该类货物已有效注册的商标相同的商标，或者在其基本特征方面不能与上述商标区别，并且因此根据进口缔约方的法律侵犯了所涉商标权人的权利的任何货物；以及

盗版的货物指在没有经过知识产权持有者或者在产品生产缔约方内该权利持有者充分授权的人士同意而制造的复制品，以及直接或者间接由一个物品制造出的货物，如此种复制在进口缔约方和法律项下构成对版权或相关权利的侵犯。

的，需要向主管机关提供足够的证据来使其确信，根据该缔约方的进口法律规定，已有初步证据证明该权利人的知识产权已经受到侵害，并且提供充分的信息让涉嫌货物能够被海关合理地辨认。要求提供的充分信息不应不合理地妨碍适用上述程序。

二、主管机关有权要求申请人提供足以保护被告和主管机关以及防止滥用权利的合理的担保或者相当的保障。上述保证金或者相当的担保不应不合理地妨碍适用上述程序。

三、当主管机关裁定货物系假冒商标或者盗版时，该缔约方应给予主管机关权力，以向知识产权权利人告知发货人、进口商和收货人的姓名、地址以及涉嫌货物的数量。

四、各缔约方应当规定主管机关有权依职权启动边境措施，而不需要来自某知识产权权利人的正式控诉。在符合与各缔约方国际义务相一致的国内法律的情况下，上述措施应在有理由相信或者怀疑正在进口或以出口为目的的货物系假冒商标或者盗版时采用。

第一百一十五条　联络点

一、各缔约方应当指定一个或多个联络点，以便就本章所涉任何问题进行沟通，并应当将该联络点的详细信息提供给另一缔约方。缔约双方应当将联系点详细信息的修改情况及时通知对方。

二、若缔约双方同意或依一缔约方请求，指定的联络点可以交换与另一缔约方有关的涉及本章项下任何问题的信息。通过联络点进行的沟通应当符合第十二章（透明度）第一百三十条（通报和信息提供）的规定。

第一百一十六条　地理标志

一、列入附件九（第一百一十六条第一款提及的地理标志）的名称为符合TRIPS协定第二十二条第一款规定的中国的地理标志。这些名称将在哥斯达黎加领土内按照哥斯达黎加国内法律法规的规定，以与TRIPS协定规定一致的方式作为地理标志受到保护。

二、列入附件十（第一百一十六条第二款提及的地理标志）的名称为符合TRIPS协定第二十二条第一款规定的哥斯达黎加的地理标志。这些名称将在中国领土内按照中国国内法律法规的规定，以与TRIPS协定规定一致的方式作为地理标志受到保护。

三、经协商并获得缔约双方同意，双方可以将本协定给予附件九（第一百一十六条第一款提及的地理标志）与附件十（第一百一十六条第二款提及的地理标志）所列地理标志产品的保护扩展至双方的其他地理标志产品[①]。

第一百一十七条　合作

一、双方应当在协商一致的前提下并在资金许可范围内在下列活动中开展合作：

（一）将知识产权用作研究和创新工具的教育及传播项目；

（二）为公务员提供的关于知识产权的培训和专业化教程及其他机制；

（三）就保持和持续利用生物多样性的情况交换信息；

（四）就防止非法获取遗传资源、传统知识及其创新和实践方面的行动交换信息；

（五）就有关公平分享利用遗传资源、传统知识及其创新和实践所获得的收益的国内程序交换信息；

（六）就多边和地区论坛中涉及知识产权的政策对话交换信息；

（七）能够提高对用于知识产权管理的电子系统知识认识的

① 为更大的确定性，将新的地理标志纳入附件九和附件十应当由自由贸易委员会协商国内相关主管机关决定。

项目；

（八）有关关税主管机构在边境措施领域分享经验和进行协调；

（九）通过在技术机制和注册程序方面交换、分享各自可获得的信息和经验，缔约双方在地理标志注册和促进方面开展合作；

（十）就知识产权的保护和执法交换信息；

（十一）提高公众的知识产权意识；以及

（十二）缔约双方协商一致的其他活动和动议。

第十一章　合作、贸易关系促进与提升

第一百一十八条　总目标

一、本章旨在建立缔约双方间目前及未来合作关系发展的框架和机制。

二、缔约双方在不影响在其他领域扩大合作可能性的情况下，将在以下领域密切合作：

（一）促进经济和社会发展；

（二）加强缔约方的能力和竞争力，以扩大从本协定中产生的机会和利益；

（三）在缔约方相互感兴趣的领域，特别是在经济、贸易、金融、技术、教育和文化领域，扩大合作活动和良好实践的水平与深度；

（四）鼓励缔约方的货物和服务出现在亚洲、太平洋和拉美市场；

（五）促进生产协调，为贸易和投资创造新机会并促进竞争力和创新；

（六）在科学和技术知识转让、研发、创新和企业家方面产生更多影响；

（七）提高中小企业的出口能力；

（八）扩大更广和更深水平的供应链；以及

（九）通过合作机制和技术援助促进竞争实践，以促进防止和/或消除反竞争实践。

三、任一缔约方均不得就因本章而产生或与本章有关的任何事项援用第十四章（争端解决）规定。

第一百一十九条　中小企业

一、通过第二款建立的合作活动，为加强中小企业生产能力，缔约方应支持中小企业提升竞争力和参与国际市场。

二、合作应主要包括但不限于以下活动：

（一）设计和执行关于鼓励建立伙伴和发展生产链的机制；

（二）发展人力资源和增加对中国和哥斯达黎加市场了解的管理能力；

（三）制定并发展集群进步的方法和战略；

（四）加强获得关于中小企业促进政策和金融支持的信息；

（五）促进研发、技术转让和创新；

（六）通过各种方式支持中小企业出口；

（七）为支持中小企业，鼓励在金融机构（信贷、银行、保险机构、天使网络和风险投资公司）间建立伙伴和交换信息；

（八）加强创立和运营中小企业的机构框架；

（九）支持中小企业参加展览、商业和贸易活动及其他促进机构；以及

（十）加强中小企业和企业家商业管理能力。

第一百二十条　促进创新、科学和技术

一、缔约方认识到在科技、创新方面促进和加强利益攸关方间合作活动的重要性，以实现更大的社会和经济发展。

二、合作应主要包括但不限于以下活动：

（一）支持公立、私立和社会组织，包括学院、致力于研发的机构和非政府组织参与第一款中提及的有关活动的执行；

（二）促进专家、研究人员和教授的交流，以传播科技知识并提供科技和创新等领域的服务；

（三）实施联合或协作的研究及/或技术发展活动；

（四）交换科技研究信息；

（五）如缔约方同意，发展在第三国的共同合作活动；

（六）交换或共享设备和材料；

（七）培训科学家和技术专家；

（八）组织研讨会、培训班和会议；

（九）促进公立/私立部门合作伙伴，以支持创新产品和服务的发展、共同努力进入新市场的研究、将科技成果向国家生产系统的转化；

（十）促进学院网络间的合作；以及

（十一）促进在有共同或互补兴趣的信息和通讯技术领域的互助和信息经验交流。

第一百二十一条　出口促进和吸引投资

一、为从本协定中获得更多利益，缔约方认识到支持与出口和投资促进有关的现有项目的重要性，以及为提升双方投资环境启动新项目的重要性。

二、合作应主要包括但不限于以下活动：

（一）通过培训和技术援助项目加强出口能力；

（二）建立和发展与市场调研有关的机制，主要包括交换信息和获得国际数据库；

（三）创立出口商交流项目，以提供中国或哥斯达黎加市场知识；

（四）通过生产链与出口活动的提升，促进国内生产商与国际市场的联系；

（五）促进中小企业更多参与出口；

（六）支持缔约方间出口和投资促进；

（七）加强出口和投资物流；

（八）支持企业家活动，并作为加强出口能力和促进投资的手段；

（九）促进研发、科技和创新项目的实施，以增加出口供应和鼓励投资；

（十）促进合资机制；以及

（十一）促进简化行政程序。

第一百二十二条 文化、体育和娱乐活动

一、缔约方认识到文化、体育和娱乐作为巩固和提升两国友谊方式的重要和意义。在此框架下，缔约方将在以下领域开展合作，以提升互相理解，并促进在个人及代表民间社会的机构和组织间的交流及活动。

二、合作应主要包括但不限于以下活动：

（一）促进文化和信息交流；

（二）鼓励文化、娱乐和体育活动；

（三）在两国体育、文化和娱乐机构和组织间建立合作；

（四）促进文化、体育和娱乐活动的宣传；

（五）促进与文化、体育和娱乐活动相关的货物和服务的交流；

（六）提供运动员在另一国境内旅行、训练和比赛的平台；

（七）支持增加了解艺术工作的活动；

（八）促进保存和修复国家遗产、古迹和文化遗产保护的经验交流；

（九）鼓励专业人员和工程师的交流与培训，包括教练、运动员、体育医学人员和特殊需要的体育专业人士；

（十）交流访问，就体育、文化和娱乐设施进行审查并就设

施的建立、发展、维护和运行交流经验；

（十一）就各种体育规则的管理交流经验；以及

（十二）通过视听发展、生产和分销联合培训项目的方式，促进视听和媒体部门的合作，包括教育和文化领域。

第一百二十三条 农业合作

一、缔约方认识到农业对两国均是核心内容，提升此经济领域将改善生活质量和社会经济发展。

二、为实现此目标，缔约方同意根据各自法律、法规和有关程序主要开展但不限于以下活动：

（一）在科学调查和技术转移验证领域，包括但不限于：土壤管理和培肥、灌溉和排水、动物营养、在受保护环境下的园艺，加强政府机构、研究机构、院校和商业机构的机构能力建设，溯源性和安全及生物燃油；

（二）在互补和相互有兴趣、以及与农业和畜牧业有关的院校和商业网络领域管理联合研究项目；

（三）发展并转化用于提高农业和畜牧业生产质量并降低环境影响的技术；

（四）促进有效的农业商业链的风险管理，以采取适应和减轻气候变化和变异的措施；

（五）应对水文气象现象的可持续的土地管理和风险管理的知识转移、技术、技术援助和信息服务；

（六）创建激励措施并提供有关信息，以允许农、畜、水产品生产商通过用农业链中更清洁工序生产的产品的市场开发；

（七）促进公立、私立和学院部门间的伙伴关系，以支持创新产品和服务的发展，特别是与提升生产力和竞争力相关的，并支持建立伙伴关系以从不同的农业和畜牧业生产链中的贸易机会中获益；

（八）鼓励农业和畜牧业生物技术和生物安全的能力建设、

技术转移和研发；

（九）加强植物遗传资源方面的能力；

（十）支持通过市场准入生产含高水平生物多样性成分的非传统作物；

（十一）加强种子技术能力；

（十二）加强公立、私立和学院在渔业和水产品系统方面的可持续管理能力；

（十三）加强双边相关部门在卫生和植物卫生措施方面的合作，以便利相互市场准入；

（十四）促进和管理关于农、畜、水产品和农业原产的加工产品的商业化、物流和营销的服务；

（十五）促进关于农业和畜牧的公有和私有组织现代化的通讯和信息技术的管理和使用；以及

（十六）鼓励关于促进研究生和本科学历、特殊培训、研究和培训访问的战略及科学家、研究者和技术专家间的经验交流。

第一百二十四条　自然灾害的管理

在自然灾害的管理方面的合作应包括但不限于以下活动：

（一）自然灾害的监测（包括方法论、脆弱性和风险指标、早期预警）、预防、缓解、应对和重建能力；

（二）应对自然灾害和紧急情况；

（三）在管理自然灾害方面推广最佳实践，交流经验及培训；以及

（四）改善所有国内政策中关于减少灾害风险的内容，包括灾后修复和重建。

第一百二十五条　私人争端解决[①]

缔约方认识到将私人争端解决作为有用的机制的重要性，这可以提高并促进私有方贸易关系中的预测性和可靠性。为此，在可能的限度内，合作应主要包括但不限于以下活动：

（一）鼓励使用私人争端解决方式，如由自由贸易区引起的在私有方间的解决国际商事争端的仲裁；

（二）促进机构间签署合作协议，用于分析私人争端解决机制或这些程序的管理；以及

（三）加强私人争端解决案例管理的能力建设，包括更好实践的交流、培训、实习、咨询、技术合作项目等。

第一百二十六条　竞争

竞争合作应主要包括但不限于以下活动：

（一）促进强制机制的执行，包括在负责竞争机构间的通报、咨询和信息交流，特别是为防止或禁止反竞争实践或防止竞争的经济集中；

（二）促进竞争领域的能力建设；以及

（三）促进经验交流、技术援助和人力资源培训，以便在反垄断、合并和补贴、竞争诉讼、知识产权、市场准入、法学理论等加强和有效执行竞争法。

第一百二十七条　其他领域

缔约方同意可在其他相互感兴趣的领域开展合作，如教育、卫生、传统医学和基础设施等。上述领域的合作应在缔约各方有

① 为进一步明确，就哥斯达黎加而言，“私人争端解决”将被认为是“替代争端解决”，即“程序和机制，如私人间的谈判、斡旋、调解、仲裁和其他类似性质的程序和机制”。

关机构同意的情况下开展。

第一百二十八条　合作机制

一、为管理本章并便于合作活动的管理，缔约方建立合作分委员会（下称“委员会”）。

二、委员会应由哥斯达黎加外贸部、计划部的代表和中华人民共和国商务部及相关机构的代表及其继任者组成。

三、委员会最少每3年召开一次会议，除非双方另有规定。如出现特殊情况，委员会应在任一缔约方或自贸区委员会提出的任何时间开会。

四、本委员会具有以下职能：

（一）监督本章的实施；

（二）鼓励缔约方在本章达成的合作框架下开展各项合作活动；

（三）结合缔约方的战略重点，就本章的合作活动提出建议；以及

（四）审议本章的执行及有关机构（包括但不限于有关政府机构、研究机构和大学）间实施和完成目标的情况，以促进主要领域的进一步合作；审议可通过缔约方定期报告的方式进行。

五、为实施合作活动，并根据缔约一方的能力，分委会可以建议通过下列方式开展合作：

（一）技术援助，专家、科学家和研究员之间的经验交流等；

（二）在相互感兴趣的领域交换信息、联络点和良好实践；

（三）学院、工业和商业网络互通；

（四）与大学和研究中心确认的联合研究项目的实施；

（五）促进公立和/或私营部门的协会和公司发展，以支持创新产品和服务的发展；

（六）在相互感兴趣领域的技术转让；

（七）在公立和/或私营合作的基础上设计技术创新模式；

以及

（八）寻求资源，以便执行本章制订的目标。

第十二章　透明度

第一百二十九条　公布

一、各缔约方应当确保与本协定项下事项相关的法律、法规、程序及普遍适用的行政裁决，以及与贸易相关的可能对实施本协定产生影响的缔约双方各自的国际协定之迅速公布，或者通过其他方式使另一缔约方及其利益相关人可获得上述信息，以便了解这些信息。

二、在可能的程度内，各缔约方应当：

（一）公布其拟采取的与本协定事项有关的任何法律；以及

（二）为另一缔约方提供对该拟议法律予以评论的合理机会。

第一百三十条　通报和信息提供

一、在可能的程度内，各缔约方应通知另一缔约方本方认为可能对本协定执行产生实质影响或对另一缔约方在本协定项下的利益产生重要影响的措施。尽管有第四款规定，当本款项下的信息已经通过向WTO适当通报的方式为各缔约方可获得时，该信息应当被视为已经提供。

二、应另一缔约方要求，缔约一方应当无偿地且尽可能及时地提供有关任何现行或拟议措施的信息，并对相关问题做出反馈，无论该另一缔约方是否曾得到过关于此措施的通报。

三、本条项下的通报或信息提供不影响该措施是否与本协定相一致。

四、除非本协定另有规定或缔约双方另有约定，本章规定的任何信息、通报或要求应当通过其联系点提供给另一缔约方。

第一百三十一条　行政程序

为了以一致、公平与合理的方式实施所有影响本协定项下事项的普遍适用的措施，各缔约方应当保证，在具体案件中对另一缔约方特定的人、货物或服务适用第一百二十九条（公布）第一款项下措施的行政程序：

（一）只要可能，在程序开始时，依据国内程序，向另一缔约方直接受此程序影响的人提供合理通知，通知内容包括对此程序性质的描述、启动程序的法定机关的声明和争议事项的概括描述；

（二）在采取任何最终行政行为之前，如时间、程序性质和公共利益允许，应给予当事人合理机会，以提出事实和理由支持其立场；以及

（三）程序应依据国内法。

第一百三十二条　审查和上诉

一、各缔约方应当设立或维持司法、行政庭或程序，以便迅速审查与本协定项下事项相关的最终行政行为，并在有正当理由的情况下修正此最终行政行为。此类法庭应该公正，并独立于被授权进行行政执行的办公室或机关，且不应对审查事项的结果有任何实质利害关系。

二、各缔约方应当保证在任何此类法庭或程序中，参与此程序的当事方被授予如下权利：

（一）获得支持其立场或为其各自立场辩护的合理机会；以及

（二）可以获得依据证据和提交的记录或者在国内法要求下由行政机关编纂的记录而做出的裁决。

三、在按国内法规定上诉或进一步审查的情况下，各缔约方应当保证，此裁决由与作为该裁决主体的行政行为有关的办公室

或机关实施，且该裁决约束该办公室或机关的行为。

第一百三十三条 特别规则

本章项下的规定不影响本协定其他章特别规则的效力。

第一百三十四条 定义

在本章中：

普遍适用的行政裁决指普遍适用于属于其管辖范围的所有人和事实情况，并建立起一种行为规范的行政裁决或解释，但不包括：

（一）由行政程序做出的，适用于具体案件中另一缔约方特定的人、货物或服务的决定或裁决；或者

（二）针对特定行为或做法的裁决。

第十三章 协定的管理

第一百三十五条 自由贸易委员会

一、缔约双方特此建立自由贸易委员会，由双方的部级官员或其指定的官员组成，见附件十一（自由贸易委员会）。

二、委员会将：

（一）监督本协定的实施和正确引用；

（二）对实施本协定的成果进行评估；

（三）监督对本协定所做的进一步解释；

（四）寻求在解释和适用本协定时产生的分歧；

（五）指导在本协定下成立的所有委员会和工作组的工作并建议适当的解决方案；

（六）对依据本协定建立的委员会和工作组提交的或任何一方提出的问题进行考虑并作出决定；

（七）确定用于支付在争端解决程序中仲裁小组和仲裁员的

报酬及费用数额；以及

（八）对影响本协定执行的任何事项或由双方授权的事项进行讨论并作出结论。

三、委员会可以：

（一）设定并委派各委员会和工作组的职责；

（二）为落实协定目标，批准下述修改：

1．附件二（关税减让）所列的承诺表，以期在关税减让表中增加一个或多个产品；

2．附件二（关税减让）所列的承诺表，通过加快取消关税；

3．附件三（特殊原产地规则）中确定的原产地规则；

4．附件四（原产地证书）；

5．附件七（具体承诺表）；以及

6．附件九（第一百一十六条第一款提及的地理标志）与附件十（第一百一十六条第二款提及的地理标志）；

（三）发布对本协定条款的解释；以及

（四）采取缔约双方同意的其他行动。

四、根据其适用的法律程序，缔约双方应在双方同意的时间内执行第三款第二项所列的任何修改。

五、委员会应建立自己的规则和程序。

六、委员会的所有决定应采取协商一致的方式通过。

七、除非委员会另行商定，委员会应至少每年举行一次会议。遇到特殊情况，应任何一方的要求，委员会应在任何时间举行会议。自由贸易委员会常会应由各方轮流主持。会议可采用缔约双方具备的技术手段进行。

第一百三十六条　自由贸易协定联络员

一、缔约方应指定自由贸易协定联络员，见附件十三（自由贸易协定联络员）。

二、联络员应共同制定日程，为委员会会议做筹备，并为执行委员会决策。

第一百三十七条　争端解决程序管理

一、委员会应确定争端解决过程中专家组和专家的报酬和费用。

二、争端双方应平均负担专家组、助手、专家的报酬、专家组的旅行、住宿和其他所有支出。

三、协定方应该：

（一）指定一个办公室为依据第十四章（争端解决）设立的专家组提供行政支持，并执行委员会可能指派的其他职能；以及

（二）将其指定办公室的地址告知委员会。

四、各缔约方应负责：

（一）其指定办公室运作和费用；以及

（二）在争端解决程序中各自产生的费用和诉讼费。

第一百三十八条　委员会和工作组

一、缔约双方同意在以下领域设立委员会和工作组：

（一）货物贸易；

（二）原产地规则；

（三）卫生和植物卫生措施；

（四）技术性贸易壁垒；

（五）商务人员临时入境工作组；以及

（六）合作。

二、自由贸易委员会可以根据需要设立其他委员会和工作组。每个委员会和工作组应建立自己的规则和程序。

三、除非本协定另有规定，各委员会和工作组应按照相关条款确定的周期举行会议，并应与自由贸易委员会同期举行。

四、委员会常会和工作组应由各方轮流主持。会议可采用双方具备的技术手段进行。

五、必要时，本协定设立的委员会和工作组应与其他类似委员会和工作组协商解决相关问题。

第一百三十九条　联络点

一、各缔约方应指定一个联络点以便就本协定中的相关问题进行交流，并在本协定生效60日内告知另一缔约方联络点。

二、根据一缔约方的请求，联络点应指定办公室或官员负责与另一缔约方进行沟通并进行必要的协助。

第十四章　争端解决

第一百四十条　合作

缔约双方在任何情况下应该尽力对本协定的解释和适用达成一致，并且应该尽一切努力通过合作，就可能影响本协定执行的任何事项达成缔约双方均满意的解决方案。

第一百四十一条　适用范围[①]

除非本协定另有规定，本章的争端解决条款应该适用于避免或解决缔约双方关于本协定解释或适用的所有争端以及一缔约方认为另一缔约方的措施与本协定下的义务不一致，或者另一缔约方未能履行本协定下的义务。

第一百四十二条　场所的选择

一、如发生的争端涉及本协定下事项和缔约双方均为缔约方的其他自由贸易协定WTO协定下事项，起诉方可以选择解决争端的场所。

① 缔约双方同意本章不适用于拟议中的措施和/或非违反之诉（在不违反本协议条款情况下的利益丧失或减损）。

二、在不影响其在WTO协定项下的权利义务的前提下，一旦起诉方要求按照第一款所指的协定设立专家组，则应使用该被选定的场所，且同时排除其他场所的使用，双方另有约定除外。

第一百四十三条　磋商

一、缔约方应当尽一切努力根据本章通过磋商就任何争端达成双方满意的解决方案。

二、一方可以就其认为影响本协定实施的任何措施和其他事项请求与另一方进行磋商。磋商请求应当以书面方式提出，并且应当说明提出磋商请求的原因，包括指明争议中的措施或其他事项以及此指控的法律基础，并且应该向另一缔约方递交此请求。

三、在磋商请求做出后，被请求方应当在收到请求后的10日内做出答复，并应当以达成双方满意的解决方案为目的，在下述期限内诚信地进行磋商：

（一）在收到磋商请求后的30日内；

（二）对于易腐的货物，在收到磋商请求后的15日内。

磋商期不得超过收到磋商请求之日起的45日，对于涉及易腐货物的，不得超过20日。双方同意延长该等期限的除外。

四、缔约双方应该：

（一）提供足够信息，以便充分审议措施或其他事项如何影响本协定的执行；以及

（二）在与信息提供缔约方相同的基础上对待磋商过程中交换的任何保密信息。

五、在本条下的磋商中，一缔约方可以要求另一缔约方确保其政府机构或者其他管理机构中在磋商事项方面具有专业知识的人员参加。

六、磋商可以当面进行或通过双方具备的其他技术方式进行。当双方决定举行当面磋商时，应当在双方同意的地点进行。在无法就磋商地点达成一致的情况下，在被请求方的首都进行。

七、磋商应保密，并不得损害任一缔约方在任何进一步程序中的权利。

第一百四十四条　斡旋、调解和调停

一、斡旋、调解和调停为双方同意的情况下自愿采取的程序。

二、斡旋、调解和调停程序，尤其是各方在程序中所采取的立场应保密，并不得损害任一方在本章任何进一步程序中的权利。

三、斡旋、调解和调停可以由任何一方在任何时间提起。该等程序可以在任何时间开始，在任何时间终结。

四、如果双方同意，斡旋、调解和调停可以在根据第一百四十五条（成立专家组）成立的专家组的审理程序进行时继续进行。

第一百四十五条　成立专家组

一、如果被请求方没有在收到磋商请求之日起10日内进行答复，或者被请求方没有在第一百四十三条（磋商）第三段规定的时限内进行磋商，或者磋商期限已过而双方没有解决争端，请求方可以书面要求成立专家组对事项进行审理。

二、起诉方应当指明所涉措施或其他事项，以及涉及的本协定条款，并且应当将设立专家组的请求递交给另一方。

三、专家组应当在收到设立请求时成立。

四、除非双方另有约定，专家组应当以符合本章的方式设立、遴选并履行职责。

第一百四十六条　专家组的组成

一、缔约双方应当在遴选专家组时采取下列程序：

（一）专家组应当包括3名成员；

（二）缔约方应当在收到设立专家组请求之日起的10日内各指定一名专家组成员；

（三）如果一缔约方没有在前述10日内指定专家组成员，另一方有权代为指定；

（四）缔约双方应当在收到设立专家组报告之日起15日内努力就第三名专家组人选达成一致。该专家组成员将任专家组主席并且不能是任何一缔约方的国民；

（五）如果专家组主席没有能够根据第四段的程序进行指定，任一缔约方可以要求WTO总干事在收到请求之日起10日内指定专家组主席。由此指定的专家组主席应当为WTO有经验的专家，并且应当符合缔约方规定的遴选标准；

（六）所有的专家组成员都应当符合第二段规定的要求。每一缔约方应当努力指定具有与争端事项相关的专业知识和经验的专家组成员。

二、所有专家组成员应：

（一）具有法律、国际贸易、本协定项下其他事务或解决国际贸易协定项下的争端的专业知识或经验；

（二）依据客观性、可靠性及良好判断能力进行严格挑选；

（三）独立于任一缔约方，并且不隶属于或听命任一缔约方；

（四）遵守WTO《关于争端解决规则与程序的谅解》所规定的行为规范；以及

（五）没有根据第一百四十四条（斡旋、调解和调停）以其他方式参与本争端。

三、专家组组成的时间应为专家组主席被指定的时间。

四、若任何专家组成员辞职或者不能履行职责，新专家组成员应当根据本条进行指定。如果一缔约方认为一专家组成员违反第二段第（四）小段中提到的行为规范，则双方应当磋商。如果双方同意，该专家组成员应当被免职，新的专家组成员应当根据本条进行指定。

五、当需要根据第四段指定新的专家组成员时，在新的专家组成员被指定前，专家组程序应当中止。新的专家组成员应当拥有原专家组成员所有的权力和义务。

六、本条规定的程序应当在原专家组或其中部分成员无法根据第一百五十三条（专家组报告执行），第一百五十四条（一致性审查），第一百五十五条（补偿和中止减让或其他义务）和第一百五十六条（中止后程序）再召集时适用。在这种情况下，提交报告的时间应当从最后一名专家组成员被指定时开始计算。

第一百四十七条　专家组的职能

一、专家组的职能是对审议的争端作出客观评价，包括对案件事实及本协定的适用性和与本协定的一致性的审查。

二、如专家组认定一措施与本协定不一致，则应建议被诉方使该措施符合本协定。

三、在其结论和建议中，专家组不能增加或减少本协定所规定的权利和义务。

第一百四十八条　专家组程序规则

一、委员会应当不迟于其第一次会议前制定《程序规则》，以确保：

（一）至少举行一次专家组听证会的权利；

（二）任一缔约方提交初始或辩驳书面陈述的机会；

（三）使用技术手段进行程序的可能性；

（四）专家组听证会以及其审议应当保密；以及

（五）保护保密信息。

二、除非缔约双方另行约定，专家组应当根据《程序规则》进行其程序。专家组可以在与缔约方磋商后制定其自身的与当事方听证权利以及其审议有关的程序规则。

三、委员会可以修改《程序规则》。

四、除非缔约双方在设立专家组之日起的20日内另有约定，专家组应具有下列职权范围：

“按照本协定的有关规定，审查依据第一百四十五条（成立专家组）提出的设立专家组请求中提及的事项，做出法律和事实的认定，做出结论并且，在需要时，提出解决争端的建议。”

五、如果缔约双方就专家组职权范围另行达成一致，他们应当在专家组组成的2日内通知专家组。

六、如果举行当面听证会，则其地点应当由缔约双方共同决定。如果双方不能达成一致，则应当在被诉方首都进行。

七、专家组应尽一切努力基于一致意见作出裁决；如果专家组不能取得一致，则应依照多数意见作出裁决。专家组成员可以就不能一致同意的事项提出分别意见。在专家组报告中所有专家组成员的观点都应当是匿名的。

八、专家组成员的酬劳和专家组的其他费用由缔约双方平均分担。

第一百四十九条　信息和技术建议

一、除非缔约双方均反对，专家组可自行或应一缔约方要求，向其认为适当的任何个人或机构寻求信息或技术建议。

二、在专家组寻求信息或技术建议之前，它应该与缔约双方进行磋商以建立适当的程序。专家组应该向缔约双方提供：

（一）对依据第一段提出寻求信息和技术建议请求的提前通知，以及向专家组提供评论的机会；以及

（二）依据第一段要求反馈的信息和技术建议的副本，以及对其提供评论的机会。

三、如专家组在准备报告时考虑了上述信息和技术建议，其也应考虑缔约双方对于信息或技术建议所做的任何评论。

四、当根据本条作出寻求信息和技术检验的请求时，从请求发出之日起到书面报告提交专家组之日止，有关程序的时间计算

应当中止。

第一百五十条　程序的中止或终止

一、缔约双方，可在任何时间，一致同意专家组中止其工作，期限自达成此种一致起不超过12个月。在不影响起诉方随后就同一事项请求设立专家组的权利的前提下，如专家组的工作已中止12个月以上，则专家组的授权即告终止，除非缔约双方另有约定。如中止是由于根据第一百四十四条（斡旋、调解和调停）进行的为达成双方满意的解决方案的努力造成的，则不适用本段。

二、缔约双方可在专家组报告提交前的任何时间一致同意终止专家组程序，并共同通知专家组。

第一百五十一条　专家组报告

一、专家组的报告应以本协定的相关规定、缔约双方的陈述和主张为基础。

二、专家组应当向缔约双方提交包含下述内容的报告：

（一）事实和法律的认定；

（二）关于所涉措施和其他事项是否不符合本协定的结论；以及

（三）专家组对解决争端的建议。当专家组结论认为一项措施或其他事项不符合本协议时，它应当建议被诉方使所涉措施与本协议一致。

三、除非缔约双方另行约定，专家组应当在专家组组成之日起的120日内向缔约方提交报告。

四、在例外情况下，如专家组认为不能在120日提交报告，则应书面通知缔约双方延迟的原因和预计散发报告的期限。除非缔约双方另有议定，否则任何延迟不应超过30日。

五、在涉及易腐货物的案件中，专家组应当尽一切努力在其组成之日起的80日内提交报告。任何迟延不能超过10日，除非缔约双方另有约定。

六、在保护机密信息的前提下，缔约双方应当在报告提交后的25日内，或者在专家组对根据第一百五十二条（请求澄清报告）提出的请求作出回应的5日内，同时使报告为公众可获得。

七、专家组报告是最终的，并且对缔约双方具有约束力。

第一百五十二条　请求澄清报告

一、在报告提交之日起的25日内，任何一方可以书面请求专家组澄清该方认为需要进一步解释和澄清的任何问题。

二、专家组应当在请求提交之日起的20日内进行答复。专家组的澄清只能是对报告内容的更加准确的解释，而不应当是对报告的修改。

三、澄清请求的提交不应当推迟专家组报告的生效和裁决的执行，除非专家组另有决定。

第一百五十三条　专家组报告的执行

一、被诉方应当采取任何必要手段诚信执行报告，不应有不当迟延。

二、争端方也可以在任何时候达成双方满意的争端解决方案。

三、如果无法立刻执行，争端方应当在报告提交后的30日内努力就合理执行期限达成一致。

四、如果双方不能根据第三段就合理执行期限达成一致，任何一方可以请求原专家组确定合理执行期限。该等请求应当以书面形式作出，并通知另一方。专家组应当在请求提交之日起的20日内向缔约双方提交报告。

五、合理执行期可以通过双方同意延长。本条中的所有期限都构成合理执行期的一部分。

第一百五十四条　一致性审查

一、被诉方应当在合理执行期结束时通知起诉方其所采取的执行专家组报告的任何措施并提供有关细节，包括措施生效期和措施的相关文本。

二、如果双方就根据第一段通知的措施是否存在以及是否与本协定相符存在不同意见，起诉方可以将该事项提交原专家组。该等请求应当书面提出，指明所涉具体措施并解释该等措施是如何不符合本协议条款的。专家组应当在请求提交之日起45日内提交报告。

第一百五十五条　补偿和中止减让或其他义务

一、如果专家组根据第一百五十一条（专家组报告）得出结论，一措施或其他事项违反本协议，并且被诉方没有在合理执行期内执行专家组报告的建议，或者如果起诉方认为被诉方没有执行双方满意的解决方案，或如果专家组根据第一百五十四条（一致性审查）作出结论认为被诉方采取的执行措施不符合其在本协定项下的义务，被诉方应当就寻求双方可接受的补偿方案同起诉方进行谈判。

二、如果争端方：

（一）无法在开始协商补偿方案后的30日内就补偿达成一致；或者

（二）就补偿达成一致并且起诉方认为另一方没有遵守本协定规定，起诉方可以在其后的任何时间书面通知被诉方其准备中止针对被诉方的同等效果减让或其他义务。通知应当明确起诉方拟议中止的减让和其他义务的水平。起诉方可以在其根据本段提交书面通知之日起的30日内，或者在专家组根据第三段作出报告后的7日内开始中止减让和其他义务。

三、如果被诉方认为：拟议的中止减让或其他义务的水平是过度的；或者其可以在起诉方根据第二段提交通知后30日内请求原专家组重新召集审议该事项。被诉方应当将请求书面提交起诉方。专家组应当在请求提交后尽快重新召集，并应当在重新召集后60日内向争端方提交报告。如果专家组认定拟议的中止减让和其他义务水平过度，其应当确定其认为具有同等效果的减让和其他义务水平。

四、在考虑根据第二段中止何种减让和其他义务时：

（一）起诉方应当首先寻求对被专家组认定违反本协定义务的措施影响的部门相同的部门中止减让或其他义务；并且

（二）起诉方认为中止在相同部门的减让或其他义务不可行或无效，其可以中止在其他部门的减让和其他义务。

五、在被诉方执行专家组报告或达成双方满意的解决方案后，补偿或中止减让和其他义务应当停止实施。

第一百五十六条　中止后程序

一、在不妨碍第一百五十五条（补偿和中止减让和其他义务）程序前提下，如果被诉方认为其措施已经与本协议相符，其可以书面通知起诉方请求结束中止减让或其他义务。

二、如果起诉方同意，其应该重新开始实施根据第一百五十五条（补偿和中止减让或其他义务）中止的减让和其他义务。如果起诉方不同意，其应该在收到被诉方书面通知之日起60日内将此事项提交原专家组。如果起诉方没有在前述期限内提交此事项，其将丧失其中止减让和其他义务的权利。

三、专家组应当在起诉方提交事项后的30日内提交报告。如果专家组结论认为被诉方已经执行，起诉方应当立刻重新实施根据第一百五十五条（补偿和中止减让或其他义务）中止的减让或其他义务。

第一百五十七条　私人权利

任一缔约方不得在其国内法下提供以另一缔约方措施不符合本协定为理由的诉讼权利。

第一百五十八条　时间期限

一、所有本章以及《程序规则》中规定的时间期限应当以日历日计算，第一日为所提及的行为或事实后一日。

二、本章或《程序规则》提及的任何时间期限可以由双方同意进行修改。

第十五章　例外

第一百五十九条　一般例外

一、就第三章（货物贸易的国民待遇和市场准入）、第四章（原产地规则及相关操作程序）、第五章（海关手续）、第六章（卫生与植物卫生措施）和第七章（技术性贸易壁垒）而言，GATT1994第二十条及其解释性说明经必要修订后纳入本协定并构成本协定的一部分。缔约双方理解，并入本协定的GATT1994第二十条第（二）项所指的措施可包括为保护人类、动物或植物的生命或健康所必需的环境措施，GATT1994第二十条第（七）项适用于保护生物及非生物的不可再生自然资源的措施，但这些措施的实施不应构成恣意或不合理的歧视手段，或对货物贸易构成变相的限制。

二、就第九章（投资、服务贸易和商务人员临时入境）而言，GATS第十四条（包括其脚注）经必要修订后纳入本协定并构成本协定的一部分。缔约双方理解，并入本协定的GATS第十四条（二）项所指的措施可包括为保护人类、动物或植物的生命或健康所必需的环境措施，但这些措施的实施不应构成恣意或不合理的歧视手段，或对服务贸易或投资构成变相的限制。

第一百六十条　安全例外

本协定的任何规定不得解释为：

（一）要求一缔约方提供或允许接触其认为如披露则会违背其基本安全利益的任何信息；或者

（二）阻止任一缔约方采取其认为对保护其基本安全利益所必需的任何行动：

1. 与裂变和聚变物质或衍生这些物质的物质有关的行动；

2. 与直接为军事机关提供给养的服务有关的行动；

3. 与武器、弹药和作战物资的贸易有关的行动，及与此类贸易所运输的直接或间接供应军事机关的其他货物或物资有关的行动；

4. 在战时或国际关系中的其他紧急情况下采取的行动；或

（三）阻止任一缔约方为履行其在《联合国宪章》项下的维护国际和平与安全的义务而采取的任何行动。

第一百六十一条　税收

一、除本条规定外，本协定的任何规定均不适用于税收措施。

二、本协定的任何规定不得影响缔约双方在任何税收协定项下的权利和义务。如果本协定与前述税收协定间存在不一致，后者在不一致的范围内效力优先。如缔约双方已签订税收协定，该税收协定项下的主管机关应具有独有的责任确定在本协定和该税收协定之间是否存在不一致。

三、尽管有第二款的规定，第八条（国民待遇）第二款及本协定中为实施该条所需要的其他条款，仅在GATT1994第三条的同等范围内适用于税收措施。

第一百六十二条　信息披露

本协定的任何规定不得解释为要求一缔约方提供或允许接触其认为如披露则会妨碍法律的实施，或违背其公共利益，或损害特定公私企业合法商业利益的机密信息。

第一百六十三条　保障国际收支平衡的限制措施

如发生严重国际收支平衡和对外财政困难或其威胁，一缔约方可以根据《WTO协定》以及《国际货币基金协定》采取或维持保障国际收支平衡的限制措施。

第一百六十四条　定义

在本章中：

一、税收协定指避免双重征税协定，或其他国际税收协定或安排；以及

二、税收措施不包括：

（一）第五条（定义）中所定义的“关税”；或者

（二）第五条（定义）关税定义款（二）、（三）项中所列的措施。

第十六章　最终条款

第一百六十五条　附件、附录和脚注

本协定的附件、附录和脚注构成本协定的组成部分。

第一百六十六条　修订

一、缔约双方可以通过协商一致修订本协定。

二、缔约双方应书面通知已完成各自使该修订生效的国内法律程序。修订自后一份通知收到之日起60日后生效并构成本协

定的组成部分。

第一百六十七条　WTO协定的修订

如果缔约双方已纳入本协定的WTO协定的任何条款被修订且该修订对本协定有重要影响的，缔约双方应在适当情况下依据第一百六十六条（修订）就修订本协定相关条款进行协商。

第一百六十八条　生效和终止

一、缔约双方应书面通知已完成各自使本协定生效的国内法律程序。协定自后一份通知收到之日起60日后生效。

二、任一缔约方均可通过书面通知另一缔约方终止本协定。本协定自该书面通知发出之日起180日后终止。

下列代表经各自政府授权签署本协定，以昭信守。

本协定于二〇一〇年四月八日在北京签订，一式两份，每份都用中文、西班牙文和英文写成，三种文本同等作准。如对本协定的解释发生分歧，以英文本为准。

中华人民共和国政府 代　表 **陈德铭** （签　字）	哥斯达黎加共和国政府 代　表 **马尔科·维尼西奥·鲁伊斯** （签　字）

注：附件一、二略。

中华人民共和国环境保护部与哥斯达黎加共和国环境、能源与电信部环境合作协定

中华人民共和国环境保护部与哥斯达黎加共和国环境、能源与电信部（以下简称“双方”或单称“一方”，除非文中另有要求），

希望促进中华人民共和国与哥斯达黎加共和国之间持续增长的经济、政治关系；

共同抱有以下愿望：促进中哥健全环境政策和实践，加强紧密良好合作，增强两国能力建设，解决环境问题，促进可持续发展，这会对经济繁荣起到关键作用；

承认环境问题的区域性和全球性，以及通过国际合作和两国间的联合、协调活动，寻求应对这些环境问题的最具成本效应的、长期的解决办法的需求；

重申在1992年里约热内卢地球峰会、2002年约翰内斯堡可持续发展世界首脑会议及双方在多边环境协议中所作的国际承诺：

重申共同商定双边合作内容、分享在经济发展与环境保护领域的知识与经验的承诺；

确信双方在以上领域的合作符合双方利益，有助于增进两国的友好关系，达成协议如下：

第一条　一般条款

1．双方承认彼此制定各自国内环境保护和环境发展政策、

优先工作，以及采纳、保持或修改这些政策、优先工作的主权；双方同意确保他们的法律和政策支持并鼓励加强环境保护，努力完善相关法律和政策。

2. 双方认识到明晰易懂的环境政策和做法的优点，以及在制定这些政策的过程中广泛征求意见的效用。

第二条 合作范围

双方认识到提高环境保护能力、促进可持续发展的重要性。在考虑到各自国家优先工作和可用资源的前提下，双方同意就共同感兴趣的互利环境问题进行合作。双方同意环境合作活动可涉及但不局限于以下领域：

1. 强化环境管理系统，包括环境影响评价、环境修复、保护区系统；

2. 开发并交流对环境有益的可持续发展技术（包括系统和流程），包括水管理、大气污染控制和监测、可再生能源、废物及危险废物管理和处理、海洋和沿海地带污染控制；

3. 开发推广促进环境保护的激励措施及其他灵活自愿机制，包括基于市场的激励措施和环境管理的经济激励措施；

4. 提高环境意识，包括环境教育和公众参与；

5. 环境与气候变化；

6. 环境与贸易；

7. 生物多样性保护和生物勘探；

8. 生态补偿；

9. 环境立法、执法和环境管理的能力与机构建设；

10. 双方商定的其他领域。

第三条 合作方式

双方同意采取彼此认可的任何方式执行环境合作活动，例如：

1．交换相关经验、最佳实践、环境信息与文件；

2．联合项目和研究；

3．专家、学者和代表团互访；

4．共同组织学术会议、研讨会和其他会议等，可由科研工作者、监管者和其他相关方参加，也可利用国际论坛同步召开上述会议；

5．其他双方商定的合作形式。

第四条　制度安排

1．双方同意在本协议生效之日起六个月内指定司级协调员，以便双方沟通；

2．资金问题根据不同合作活动的不同情况由双方共同商定，因可使用的预算而定，并须遵守所在国家法律法规；

3．在本协议生效之日起一年内，双方协调员应组织召开会议，此后，每两年召开一次会议，除非双方另行商定。此会议

（1）监督、评估已开展的合作活动；

（2）确定并就共同感兴趣的新领域和项目达成一致；

（3）讨论并交换双方对共同感兴趣和关心的环境问题的看法，作为双方对话以及致力于就这些问题达成一致的渠道；

（4）审核本协议的运作和实施效果。

4．任何一方可通过任何合适的方式就本协议运作的相关问题征求其他政府部门或其他机构的意见；

5．双方可通过电子邮件、电视电话会议或其他交流方式交换信息、协调活动。

第五条　协商

1．若双方对本协议的解释或实施出现任何问题，双方应尽量通过合作、协商和对话等友好方式解决；

2．如一方希望通过会议协商解决上述问题，双方应尽快

会面。

第六条　国际环境协定

本协议不影响双方在其他条约、公约、地区或全球协议中涉及环境保护的义务。

第七条　最终条款

1．本协议在双方完成国内程序并以书面形式告知对方之日六十天后，或在双方书面通知商定的时间后生效，有效期五年。除非任何一方在期满前三个月以书面形式通知对方终止本协议，否则本协议有效期将自动延长五年。

2．本协议的终止不影响协议下已作的安排的有效性。

3．本协议同等适用于中国环境保护部与哥斯达黎加环境、能源与电信部的继承部门。

本协议于二〇一〇年十月二十六日在北京签署，一式两份，每份均用中文、英文和西班牙文写成，三种文本同等作准。如在解释上发生分歧，以英文文本作准。

中华人民共和国 环境保护部 代　表 **周生贤** （签　字）	哥斯达黎加共和国 环境、能源与电信部 代　表 **卡斯特罗** （签　字）

中华人民共和国政府和加拿大政府关于加拿大驻上海和广州总领事馆扩大领区的换文

中方去照

（2010）部领字第211号

加拿大驻华大使馆：

中华人民共和国外交部向加拿大驻华大使馆致意，并谨确认收到大使馆二〇一〇年四月二十一日第一二六六号照会，内容如下：

“加拿大驻华大使馆向中华人民共和国外交部致意，并谨代表加拿大政府确认，加拿大政府和中华人民共和国政府本着进一步发展两国间友好关系的共同愿望，经过友好协商，就扩大加拿大驻上海总领馆及驻广州总领馆的领区范围事宜达成以下谅解：

一、中华人民共和国政府同意加拿大驻上海总领馆的领区范围从上海市、江苏省、浙江省、安徽省，扩大至包括湖北省；加拿大驻广州总领馆的领区范围从广东省、福建省、海南省和广西壮族自治区，扩大至包括江西省、湖南省。

二、加拿大政府承认，中华人民共和国今后可能希望对其驻加拿大总领馆的领区范围进行变更，并向中华人民共和国保证，它将给予任何这类要求最积极的考虑。

上述内容．如蒙外交部代表中华人民共和国政府复照确认，本照会和外交部的复照即构成加拿大政府和中华人民共和国政府之间的一项谅解，并自外交部复照之日起生效。”

中华人民共和国外交部谨代表中华人民共和国政府确认。同意上述照会内容。

顺致崇高的敬意。

中华人民共和国外交部（印）

二〇一〇年五月十一日于北京

加方来照

第一二六六号

中华人民共和国外交部：

（同中方去照引号内的内容，略——编者）

顺致崇高的敬意。

加拿大驻华大使馆（印）

二〇一〇年四月二十一日于北京

中华人民共和国公安部和加拿大皇家骑警关于打击犯罪的合作谅解备忘录

鉴于中华人民共和国公安部和加拿大皇家骑警（以下简称“双方”），分别作为中华人民共和国和加拿大的国家警察机关，致力于预防和打击犯罪，包括跨国犯罪；

又鉴于为更加有效地预防和打击犯罪，加强彼此在执法领域的合作符合双方的共同利益；

因此，双方现达成如下谅解：

第一条　合作目的和范围

一、本谅解备忘录旨在相互友好、相互尊重主权和平等互利的基础上，加强双方在执法领域的合作。

二、依据并遵照双方各自国家法律、政策和本谅解备忘录以及双方国家均为缔约方的国际条约规定的权利和义务，双方将在以下方面开展预防犯罪及刑事侦查方面的合作：

（一）非法种植、生产和贩运麻醉药品、精神药物及易制毒化学品；

（二）跨国有组织犯罪；

（三）金融及其他经济犯罪；

（四）洗钱；

（五）伪造证件、货币和有价证券，以及贩运伪造货币和有价证券；

（六）走私；

（七）非法贩运武器、弹药、爆炸物、有毒物品、破坏环境的放射性物品；

（八）与边境管理有关的犯罪，包括非法移民、偷渡和人口贩运；

（九）非法获取、进出口文物；

（十）双方根据各自国家法律规定职权范围，打击贿赂贪污犯罪；

（十一）与知识产权有关的犯罪；

（十二）双方各自管辖权下的其他共同关注的领域。

三、合作形式可包括：

（一）有关预防、侦查和打击犯罪的信息交换；

（二）在查找和确认被警方追捕的逃犯、罪犯及犯罪嫌疑人时，相互协助和提供信息；

（三）在查找和确认失踪人员及证人时，相互协助和提供信息；

（四）相互协助安排与案件有关人员自愿接受面谈或问询；

（五）相互协助查找、认定和鉴别涉案的物品和地点；

（六）交换与案件有关的记录和文件；

（七）相互交流知识、专业技能、法律或规范性文件以及相关科技信息；

（八）在警察技术、装备及人员培训等领域提供协助并交流信息；

（九）相互协助查扣并返还被盗掘和走私的文物；

（十）必要时，被请求方代为向本国其他执法部门提出并协调请求方的合作请求。

四、本谅解备忘录不妨碍双方进行其他形式的合作。

第二条 合作请求

一、合作的请求应当由下列人员提出和接收：

（一）中华人民共和国公安部方面，中华人民共和国公安部副部长或副部长指派的人员；

（二）加拿大皇家骑警方面，加拿大皇家骑警总警监或总警监指派的人员。

二、请求以中文、英文或法文的书面形式提交。在紧急情况下，上述请求可以口头形式提出，并在事后由提出请求方尽快以书面形式予以确认。

三、请求应当包括下列内容：

（一）负责侦查的执法机关名称或其他主管机关名称；

（二）合作请求涉及的案件性质和事实以及所适用的法律规

定的说明；

（三）所需信息或其他类型合作的描述；

（四）请求提供信息或其他合作的目的；

（五）希望获得信息或其他合作的时限；

（六）有助于执行请求的其他资料。

四、双方应当各自保存提出和接收的协助请求记录。

五、被请求方应当向请求方及时通报请求的办理进展和结果。

第三条　推迟和拒绝请求

一、在下列情况下，一方可拒绝执行请求：

（一）请求未按本谅解备忘录的规定提交；

（二）被请求方认为，请求有悖于其国内法律、国际义务、内部政策，有损于其国家主权、国家安全、国际关系、公共秩序或有悖于其他重大公共利益；

（三）执行请求将产生额外或过高的费用。

二、如果执行请求可能妨碍被请求方的国内侦查或司法程序，被请求方可推迟提供协助。

三、在推迟或者拒绝合作时，被请求方应当采取以下措施：

（一）及时向请求方通报推迟或拒绝提供协助的原因，可以声明形式指出执行请求可能"有悖于其国内法、国际义务、内部政策，有损于其国家主权、安全、国际关系、公共秩序，或有悖于其他重大公共利益"；

（二）与请求方协商，以确定是否可以在其他双方可以接受的基础上进行合作。

第四条　交换信息

一、双方在根据本谅解备忘录相互提供信息时，应当：

（一）尽可能核实信息的相关性、准确性及完整性；

（二）尽可能指明信息的来源和可靠性；

（三）根据附件一所示对应表，确定信息的安全保密级别；

（四）在信息后附上适当的条件或警示说明，警示说明可采用附件二列出的范本模式，也可对其进行适当修改；

（五）仅在提供信息方确信，根据本谅解备忘录确有必要提供有关个人的信息时，方可提供。

二、双方在根据本谅解备忘录接收对方信息时，应当：

（一）以符合接收信息国安全保密级别要求和法律要求的适当形式传送、存留和销毁信息；

（二）仅为提供或获取信息的目的使用信息，除非提供信息方另有书面授权；

（三）信息查看仅限于双方出于职责需要、有权查看保密信息的工作人员；

（四）确保未经提供信息方明示授权，信息不会向外透露，但法律另有规定的除外，在此种情况下接收信息方应当向另一方通报透露信息事；

（五）遵守信息所附的警示说明、条件；

（六）返还另一方不慎提供的任何信息。

三、如本谅解备忘录的任何一方意识到依据本谅解备忘录交换的信息可能不准确或不可靠时，应当立即通知另一方。双方应当恪尽职守，排除此类信息。

四、在事先未接到请求的情况下，本谅解备忘录的一方可直接向另一方提供其认为与另一方有关的、在本谅解备忘录适用范围内的信息。

五、由接收信息方保管的另一方提供的信息被泄露时，接收信息方应当立即通知另一方，并与该方协商，立即采取措施以挽救事态。

第五条 交流专业技能

双方可指定部门代表或其他指派的代表，以及适当的本方人员：

（一）分享各自的专业技能和最佳实践；

（二）参加研讨会、培训班以及其他会议；

（三）为经双方书面批准的专家、执法机关及其行政人员就本谅解备忘录涉及的合作领域进行的访问提供便利。

第六条 财务安排

一、中华人民共和国公安部和加拿大皇家骑警分别负担各自在本谅解备忘录下发生的全部费用。

二、提出合作请求方应当负担本方代表因请求事项前往、停留和离开被请求方国家的全部费用。

三、执行合作请求方应当负担在其境内发生的与执行请求有关的全部正常费用。

四、其他特殊的或过高的费用负担应当由双方在发生费用前协商确定。

第七条 部门代表

一、为履行本谅解备忘录，双方指派下列职务的现任人员作为部门代表，并应当向其发出通知：

（一）中华人民共和国公安部方面为：中华人民共和国公安部国际合作局局长，中国北京市东长安街14号；或国际合作局局长指派的一名官员；

（二）加拿大皇家骑警方面为：加拿大皇家骑警国际警务局局长，加拿大安大略省渥太华市范尼尔公园大道1200号；或国际警务局局长指派的一名官员。

二、一方可向另一方以书面通知的方式更换其指派的部门代表。

三、双方均应当各自指派一人，以保持日常联络。所指派的联络官应当根据日常需要进行沟通，以解答疑问、协调处理问题或争端，并应当每年至少安排一次就本谅解备忘录的意见交换。

第八条　争议的解决

有关解释或适用本谅解备忘录时产生的争议，应当由双方友好协商解决。

第九条　修订

本谅解备忘录仅在双方书面同意的情况下进行修订。

第十条　有效期

本谅解备忘录自双方签字之日生效，有效期5年。在其有效期届满前，经双方书面同意，有效期可再延长5年或其他双方确认的期限。

第十一条　审查

双方应当适时就本谅解备忘录的执行和效力情况进行审查和评估。

第十二条　终止

一、本谅解备忘录可在任何一方提前60天书面通知另一方后予以终止。

二、在终止本谅解备忘录的情况下，双方应当尽可能就退还、销毁或继续使用并保存彼此已交换的信息达成谅解。

第十三条　通报影响本谅解备忘录的变更事项

双方应当相互以书面形式通报可能对本谅解备忘录造成影响

的法律、规定或政策的变更。

本谅解备忘录于二〇一〇年六月二十四日在渥太华签订，一式两份，每份均用中文、英文和法文写成，三种文本同等作准。

中华人民共和国公安部 代　表	加拿大皇家骑警 代　表
兰立俊 （签　字）	**坎　农** （签　字）

注：附件一、二略。

中华人民共和国环境保护部与加拿大环境部环境合作谅解备忘录

中华人民共和国环境保护部和加拿大环境部（以下简称“双方”），

遵照《里约热内卢环境与发展宣言》、《约翰内斯堡可持续发展宣言》和《可持续发展世界首脑会议实施计划》所确定的目标和原则；

秉承1998年11月19日在北京签署的《中华人民共和国政府和加拿大政府面向二十一世纪环境合作框架声明》和1999年4月16日在渥太华签署的《中华人民共和国政府与加拿大政府环境合作行动计划》所述之目标；

认识到环境问题的区域性和全球性，通过国际合作寻求持久有效解决方法的必要性，以及协调双方共同行动的重要性；

共同关注以可持续性发展为目标的政策；

确信双方在环境保护与可持续发展领域的合作具有互利性；

达成谅解如下：

第　一　条

双方将在平等互利的基础上，开展有关环境保护和自然资源可持续管理和利用的双边合作项目和活动。

第　二　条

双方共同确认以下内容为可视情推进的可能的合作领域：

（一）可持续发展；

（二）包括涉及工业活动、农业活动和重油开采等领域的环境影响评价、环境管理和环境监测；

（三）自然保护；

（四）保护区规划和管理；

（五）气候变化领域，特别是减少温室气体排放；

（六）环境友好技术转让和认证；

（七）污染预防；

（八）人体健康和环境的关系；

（九）贸易和环境的关系；

（十）环境教育、培训和宣传；

（十一）环境科学技术研究；

（十二）环境法规和政策的制定和实施；

（十三）有毒物质和有害废物的管理和减量；

（十四）履行国际环境协议能力建设；

（十五）双方同意的与保护与改善环境有关的其他领域的合作。

第　三　条

双方可通过以下方式开展合作：

（一）相关信息和资料的交流；

（二）互派专家、学者、代表团和培训人员；

（三）共同举办由科学家、专家、环境管理人员和其他有关人员参加的研讨会，专题讨论及其他活动；

（四）实施双方商定的合作计划，包括开展联合研究；

（五）双方同意的其他合作方式。

第　四　条

为执行本备忘录，双方将通过开展两国环境保护机构、组织和企业间的交流、合作和网络建设，建立合作伙伴关系并促进对话。

第　五　条

如根据本谅解备忘录实施的合作项目中可能产生知识产权问题时，双方应根据本国的法律共同决定并以备忘录附件或换文的形式加以书面说明，使知识产权得到有效保护和分配。

第　六　条

中华人民共和国环境保护部和加拿大环境部将作为协调机构管理本备忘录第一条涉及的相关项目和活动。

第　七　条

环境合作联合委员会负责制定年度合作工作计划，检查与评估本备忘录的实施情况，并在必要时提供加强本备忘录合作的具体办法。双方指定负责国际事务的司长级官员作为协调员，负责协调双方的合作。

第　八　条

除非另有协议，各方应提供充分资源以履行各自在实施本备忘录第一条项目和活动时应承担的责任。双方明确认识到，各方履行承诺的能力取决于可能利用的必要资金。

第 九 条

本备忘录下的合作活动和项目将以书面形式由双方确定，并应在双方各自国家法律法规允许范围内进行。

第 十 条

双方达成谅解，环境合作联合委员会会议每年一次，轮流在中华人民共和国和加拿大举行。除非另有协议，参加上述相关会议的国际旅费由派遣方担负。

第 十 一 条

任何与本备忘录的解释和执行有关的分歧只应通过双方协商解决，不应诉诸国内或国际法律法庭，或寻求第三方解决。

第 十 二 条

本备忘录的任何规定不影响双方在已有的双边或多边协议中所承担的义务。

第 十 三 条

（一）本备忘录自签字之日起生效，有效期五年。经双方书面一致同意，可以延长或修改本备忘录的时效。

（二）本备忘录可在双方一致同意的情况下，通过书面形式进行修订。

（三）任何一方可提前三个月以书面形式通知对方终止本备忘录。

本备忘录于二〇一〇年十月二十九日在北京签署，一式两份，每份均用中文、英文和法文写成，三种文本同等有效。

中华人民共和国环境保护部	加拿大环境部
代　表	代　表
周生贤	普伦蒂斯
（签　字）	（签　字）

中华人民共和国卫生部和美利坚合众国卫生与公众服务部关于新发和再发传染病合作项目的谅解备忘录

中华人民共和国卫生部和美利坚合众国卫生与公众服务部（以下简称“双方”），为在传染病领域进一步加强合作、能力建设和信息交流；

认识到许多新发和再发传染病已对人类健康构成重大威胁；

认为自2005年以来中美新发和再发传染病合作项目已取得初步成效；

确认双方将继续在新发和再发传染病领域密切合作；

希望提高双方及时发现、应对和处理新发及再发传染病的能力，

达成如下谅解：

第一条

一、本谅解备忘录从属并遵从于1979年6月22日签订、及此后延期和修订的《中华人民共和国卫生部和美利坚合众国卫

生与公众服务部关于医学及公共卫生科学技术领域合作议定书》（卫生议定书）。该卫生议定书是在于1979年1月31日在华盛顿签订、及此后延期和修订的《中华人民共和国政府与美利坚合众国政府科学技术合作协定》的框架下执行的。

二、2005年10月31日在华盛顿签署的关于建立新发和再发传染病合作项目的谅解备忘录就此被取代。

三、本合作项目的主要目标是，通过以下活动，协助政策制定并加强中美两国卫生医疗科研技术人员的专业能力：（1）促进传染病的流行病学、预防、控制、诊断和治疗方面的研究，（2）在各个操作层面加强准备和应对新发传染病威胁的能力。

第 二 条

一、本合作项目的范围包括：

（一）提高对新发传染病的监测、实验室检测、诊断、治疗、流行病学调查、生物医学研究及控制能力；

（二）技术专家互访和材料交换，以增强针对突发传染病威胁的准备和快速应对；

（三）推广关于新发和再发传染病的有效的公共卫生和临床实践信息，分享研究成果；以及

（四）促进预防和控制传染病的战略研究，以加强循证决策能力。

二、合作活动将在新发和再发传染病领域内开展，且与由此备忘录签署生效后三个月内所制定五年战略规划确定的优先合作领域相一致。

三、鉴于新发传染病的不可预测性，在本备忘录签署后的第三年将对五年战略规划进行中期评估，有可能对工作重点做出调整。

四、双方将寻求把此项合作同现有广泛的中美卫生活动相结合。

第　三　条

为达成该合作项目的目标，双方将酌情提供其疾病控制网络、技术顾问、办公场所、现场和技术支持。双方将根据各自可用资金的情况，酌情提供资助。

第　四　条

本合作项目的机制如下：

一、合作项目管理机构包括合作委员会和项目办公室。

二、合作委员会

（一）合作委员会由双方的公共卫生高级官员及新发传染病领域的知名专家组成，规模为十二（12）人。

1．中方代表应由下列机构人员组成：

（1）卫生部卫生应急办公室；

（2）卫生部疾病控制局；

（3）卫生部医政司；

（4）卫生部科技教育司；

（5）卫生部国际合作司；

（6）中国疾病预防控制中心（中国疾控中心）；以及

（7）中国医学科学院。

2．美方代表应由下列机构人员组成：

（1）卫生与公众服务部驻华卫生专员；

（2）国立卫生研究院（NIH）；

（3）疾病预防控制中心（CDC）；

（4）食品药品监督管理局（FDA）；以及

（5）卫生与公众服务部部长办公室（OS，HHS）。

3．若必要，双方可邀请本国其他部委、地方卫生主管部门、科研学术机构和组织的代表作为观察员参加。

（二）合作委员会的中方联合主席应由卫生部公共卫生高级

官员担任，美方联合主席应由卫生与公众服务部公共卫生高级官员担任。

（三）合作委员会至少每年举行一次会议。若必要，双方将根据项目需要另行召开会议。

（四）合作委员会的职责如下：

1．向中国卫生部部长和美国卫生与公众服务部部长汇报项目进展，并就重要合作事宜提出建议；

2．以最高效率及时批准五年战略规划和年度合作安排的总体计划；

3．确定和调整合作项目办公室的管理机制；

4．监督、指导和评估项目的执行；以及

5．协调与项目相关的政府部门和机构的活动。

（五）决策应在各方达成一致后作出。

三、项目办公室

（一）中美合作项目办公室（项目办公室）设在中国疾控中心。

（二）项目办公室的职责如下：

1．根据批准的五年战略规划，共同制定合作项目的年度执行计划；

2．组织召开合作委员会会议；

3．负责项目的日常管理；

4．检查、监督和评估项目进度；

5．协助各参与方开展合作，例如国家级、省级和地方有关机构；

6．在该谅解备忘录生效后3个月内，制定与该备忘录条款和规定一致的管理手册；

7．定期向合作委员会提交项目实施进展报告（包括财务报告）；以及

8．执行合作委员会的其他决定。

四、技术顾问

（一）项目办公室将招聘技术顾问，在以下方面提供独立建议：

1．合作项目五年战略规划和年度执行计划；

2．具体合作计划和建议书；

3．项目督导与评估；以及

4．其他所需的技术支持。

第　五　条

一、本谅解备忘录下的所有活动都必须符合中华人民共和国和美利坚合众国的相关法律、规定以及其他中美两国均加入的国际协定，并服从于可获得的人员、资源和经费拨付情况。

二、除双方另行商定的情况外，双方在本谅解备忘录框架下开展活动的过程中所产生或出现的知识产权的保护，该种知识产权的权利归属，以及根据本谅解备忘录获取或交换的商业机密信息的处理，将按1979年1月31日在华盛顿签署、并于此后延期和修订的《中华人民共和国政府与美利坚合众国政府科学技术合作协定》附录一的规定进行管理。

三、双方在项目执行过程中应严格遵守各自关于知识产权保护的法律法规。

四、所有项目研究成果如在科学出版物上发表，必须遵守双方的政策和作法，并获得双方的同意。

五、每一方应促进数据、信息和标本的共享。

六、标本的使用和管理应符合相关的法律法规。

七、两国之间的标本运输应符合两国的法律法规和适用的国际规则。

八、根据本谅解备忘录开展的工作必须根据2005年世界卫生大会通过的修订后、并经各方采纳的《国际卫生条例》的义务和精神。

第　六　条

一、本合作项目工作范围的变动需提前经双方同意，由对本谅解备忘录的解释或实施所产生的任何争议应该由双方协商解决。

二、本谅解备忘录自签字之日生效，有效期五年。本谅解备忘录到期前六个月，双方须重新审定本谅解备忘录，决定是否延期或修订。若任何一方希望终止本谅解备忘录，应提前90天以书面形式，通过外交渠道将其终止意图通知对方。

本谅解备忘录于二〇一〇年五月二十五日在北京签订。以中英文两种文字书就，一式两份，两种文本同等作准。

中华人民共和国卫生部	美利坚合众国卫生与公众服务部
代　表	代　表
陈　竺	西贝利厄斯
（签　字）	（签　字）

中国国家能源局与美国国务院中美页岩气资源工作组工作计划

本工作计划是在中国国家能源局与美国国务院的共同领导下，由中美页岩气工作组制定，致力于推动双方于2009年11月17日签订的《中国国家能源局与美国国务院关于在页岩气领域合作的备忘录》的相关合作事项。本工作计划对经中国国家能源局和美国国务院同意开展的其他额外工作不进行限制。

一、中国国家能源局和美国国务院在此概述中美页岩气资源工作组（以下称“工作组”）工作计划，具体实施将由美国地质调查局（以下称“地调局”）和中国国家能源局（以下称“能源局”）负责。

二、工作组将以面对面会议或视频会议的形式在2010年召开定期会议。面对面会议的地点将在中国和美国之间轮流进行。

三、地调局计划对经双方同意的页岩气潜在地区开展资源评价工作，其中可能包括渤海湾盆地辽河陆相东部凹陷。此外，地调局还计划与能源局合作完成评价区域的数据采集和地质模型的构建工作，这将为地调局资源评价奠定基础。

四、地调局还计划在此次与能源局的合作中涵盖资源评价方法的技术培训。此外，地调局与能源局还计划共同参与相关技术培训、专题研讨会、人员交流等双方商定的一系列其他活动。

五、能源局将依照相关法规并在遵守商业机密的基础上，与地调局分享必要的地质和物探数据。能源局将允许地调局按其标准程序发布评价结果。

六、工作组拟考虑在经中国国家能源局和美国国务院共同商定的其他领域进行合作。其中包括页岩气资源开发技术研究，投资框架问题研讨，及政府与民间等领域的合作。

本工作计划于二〇一〇年五月二十五日在北京签署。一式两份，每份均以中文和英文写成，两种文本同等作准。

中国国家能源局	美国国务院
代　表	代　表
张国宝	**戈德文**
（签　字）	（签　字）

中国国家能源局和美国贸易发展署关于中国在中美能源合作项目框架下使用航空生物燃料的谅解备忘录

中国国家能源局（以下简称“NEA”）和美国贸易发展署（以下简称“USTDA”）（以下统称“双方”），兹此确认双方达成下列谅解：

认识到：

双方在促进中华人民共和国与美利坚合众国之间的清洁能源和气候变化合作及贸易方面具有共同兴趣；

双方在促进清洁能源与能源效率的新能源技术性质、使用和能力等信息交流方面具有共同兴趣；

信息交流与共同协作有助于推动中国能源产业的技术意识、产品标准和服务；

在中美能源合作项目（ECP）的重要性方面，美方成员公司将与中美政府在两国应对气候变化工作的框架内合作推动清洁能源的发展；

我们共同致力于发展国有和私营机构的合作伙伴关系，同时认可私营机构的贡献和经验以及中美能源合作项目的工作；

USTDA热衷于支持有利于两国应对重要能源问题及相关环境问题的国有及私营机构合作伙伴关系；

由USTDA代表美国政府，对外经济贸易合作部（现为商务部）代表中华人民共和国政府，于2001年7月31日签署了《运作框架协议》。在该协议中，USTDA同意考虑为中国机构提供金融援助，以支持有利于直接或间接促进双边贸易关系的活动，包括清洁能源合作。

双方兹此达成下列谅解：

一、USTDA拟为技术援助提供部分资金支持，以推动中国航空生物燃料的商业化和应用。该项资金将用于支持中国航空生物燃料应用行动计划的发展。在中国航空业迅速发展的情况下，可再生航空生物燃料的使用将有助于降低大气污染物和温室气体的排放；

二、波音公司将与中美能源合作项目清洁交通工作组的其他成员共同为项目提供额外支持；

三、双方今后可能签订的资助协议将依据《运作框架协议》制订和实施，并充分考虑协议签订时USTDA的资金可用情况；

四、双方认识到USTDA要求对项目支持的效益进行评估，并计划帮助确认信息来源和评估方法；

五、本备忘录不对任何一方产生法律约束力，也不构成任何签字方提供资金援助的承诺或义务；

六、本备忘录项下的合作可自签字之日起开始，经双方书面同意，可随时做出修改；

七、任何一方可终止本备忘录，但须事先向另一方发出书面通知。

为此，双方在中华人民共和国签署本谅解备忘录。本谅解备忘录一式两份，用中文和英文写成。

中国国家能源局	美国贸易发展署
代　表	代　表
李　冶	**杰克森**
（签　字）	（签　字）

二〇一〇年五月二十六日

中华人民共和国环境保护部和美利坚合众国环境保护局环境领域科学技术合作谅解备忘录

中华人民共和国环境保护部和美利坚合众国环境保护局，以下简称“双方”，根据和遵循1979年1月31日在华盛顿签署的，并历经延期和修订的《中华人民共和国政府和美利坚合众国政府科学技术合作协定》（以下简称《科技协定》），为加强在环境保护领域的科学技术合作，达成以下谅解：

第　一　条

双方应在平等与互惠互利的基础上，在本备忘录的框架下开展合作活动。

第　二　条

根据本备忘录开展的合作活动包括以下领域：

1. 预防与管理：

（1）空气污染；

（2）水污染；

（3）危险废物；

（4）持久性有机污染物和其他有毒物质污染；

2. 对人类健康及生态系统的环境威胁；

3. 环境政策和管理；

4. 环境教育与公众环境意识；

5. 环境法律及执行；

6．双方决定的其他领域。

第　三　条

本备忘录下的合作包括以下形式：

1．交流或交换环保领域的科学技术信息；

2．联合组织学术会议、讨论会、专题研讨会和培训；

3．学习考察，交流和双方人员的短期交换；

4．联合出版科学读物；

5．开展合作项目示范环境管理方法和技术；

6．对共同感兴趣的课题开展合作研究；

7．提供用于测试、评估和其他目的的样品、试剂、原料、数据、仪器和部件；

8．双方决定的其他形式的合作。

第　四　条

双方将在本备忘录下，对两国环境及科学团体，包括政府部门、研究机构、工商企业、大学和其他单位发展直接合作，予以鼓励和提供方便。

第　五　条

1．根据本备忘录的合作主题和形式准备了以下五个附件：

（1）附件一——空气污染；

（2）附件二——水污染；

（3）附件三——持久性有机污染物及其他有毒物质污染；

（4）附件四——危险和固体废弃物；

（5）附件五——环保法律的制定、实施与执行。

2．双方会在适当时机对本备忘录下其他主要合作领域制定附件。附件将说明合作主题和形式，并作为备忘录不可分割的一部分。今后确定的具体合作活动及其条款，包括经费安排应在项目协议、战略或工作计划中列出。

3. 如果本备忘录与附件条款发生冲突，以备忘录条款为准。

第 六 条

1. 双方将为此建立环境合作联合委员会（以下简称联委会）。中华人民共和国环境保护部部长或副部长级别官员和美利坚合众国环境保护局局长或负责国际和部落事务的助理局长级别官员或他们指定的代表作为联委会的联合主席。

2. 由双方在本备忘录下建立的所有工作小组将受联委会的指导。

3. 联合主席经协商可以决定联委会的其他成员及可能参加会议的单位。当认为对有效执行本备忘录有必要时，也可建立另外的子委员会或工作组。子委员会或工作组的具体结构与职责以及此外的任何更改应由联委会决定。

4. 联委会至少每两年举行一次会议。会议将在中华人民共和国（中国）和美利坚合众国（美国）轮流举行。在每次联委会会议前，双方应对会议议程达成一致。双方将努力将诸如技术交流、信息交流、科学研究和环境政策等广泛涉及环境的相关问题列入议程。

5. 各方将任命一名联络秘书。联络秘书由中国环境保护部副司长级别官员和美国环境保护局负责国际和部落事务的副助理局长级别官员或他们指定的代表担任。联络秘书应为联委会的联系交流提供服务，并为联委会会议提供战略协作、建议和行政支持。

第 七 条

依据本备忘录所开展的所有活动应遵守各方适用的法律，并视所能获得的适当的经费和人力以及其他资源而定。

第 八 条

在本备忘录下的活动过程中出现的知识产权的处理，知识产权权利的分配，商业保密信息的获取与交流应遵守《科技协定》附件一《知识产权》的规定。

第 九 条

双方同意，依照本备忘录，各方不得向对方提供因国防或对外关系利益而受到保护的、以及被各方的国家法律法规定为机密的信息和设备。依照本备忘录，在合作过程中，如果随后发现无意中使用的信息或设备需要保护，应立即通知各方有关官员，双方将以书面形式协商确定该信息和设备的有关安全措施；在双方认为合适的条件下，修正本备忘录，将新的安全措施条款加入本备忘录。

第 十 条

双方间转让非保密但受出口限制的信息或设备，将根据各方的法律法规进行。如果任一方认为有必要，有关的项目协议或工作计划中将列入预防性条款，以防止对此类信息和设备的未经授权的转让或再转让。应当对此类信息或设备予以标识，以确认其受出口限制，双方应当进行磋商，确定有关转让此类信息或设备的适当限制或其他要求。

第 十 一 条

一经生效，本备忘录即取代《科技协定》下签署的《中华人民共和国国务院环境保护领导小组办公室与美利坚合众国环境保护局环境保护科学技术合作议定书》（1980年议定书）。

第十二条

1．本备忘录自签字之日起生效，有效期五年，或者与《科技协定》有效期相同，以有效期短的为准。任意一方可提前6个月以书面形式通过外交渠道通知对方终止本备忘录。备忘录的终止并不损害各方在《科技协定》附件一下的权利。双方应在发出终止通知前就本备忘录下所进行的活动和项目的终止产生的影响进行协商。

2．双方可根据需要以书面形式，通过外交渠道修正或修改本备忘录。任何修正或修改必须得到双方书面一致同意。

本备忘录于二〇一〇年十月十日在北京签署，一式两份，每份均用中文和英文写成，两种文本同等有效。

中华人民共和国环境保护部	美利坚合众国环境保护局
代　表	代　表
周生贤	**杰克逊**
（签　字）	（签　字）

注：附件一、二、三、四、五略。

中华人民共和国和墨西哥合众国引渡条约

中华人民共和国和墨西哥合众国（以下简称“双方”），

在相互尊重主权和平等互利的基础上，为促进两国在打击犯罪方面的有效合作，决定缔结本条约，并达成协议如下：

第一条　引渡义务

双方有义务根据本条约的规定，应对方请求，相互引渡在一方境内发现的被另一方通缉的人员，以便对其进行刑事诉讼或者执行刑罚。

第二条　可引渡的犯罪

一、只有在引渡请求所针对的作为或者不作为根据双方法律均构成犯罪，并且符合下列条件之一时，才能同意引渡：

（一）为进行刑事诉讼而请求引渡的，根据双方法律，对于该犯罪均可判处1年以上有期徒刑或者其他更重的刑罚；

（二）为执行刑罚而请求引渡的，在提出引渡请求时，被请求引渡人尚未服完的刑期至少为6个月。

二、根据本条第一款确定某一作为或者不作为根据双方法律是否均构成犯罪时，不应考虑：

（一）双方法律是否将该作为或者不作为归入同一犯罪种类或者使用同一罪名；

（二）双方法律所规定的该犯罪的构成要件是否不同。应当将请求方提出的该作为或者不作为视为一个整体加以考虑。

三、如果引渡请求涉及两项以上根据双方法律均构成犯罪的作为或者不作为，只要其中有一项符合本条第一款规定的刑罚期限的条件，被请求方即可以针对上述各项作为或者不作为同意引渡。

四、在符合本条第一款和第二款规定的条件的情况下，也应当对犯罪未遂和共谋犯罪同意引渡。

五、双方不得仅因犯罪也被认为涉及财政事项而拒绝引渡。

第三条　应当拒绝引渡的理由

有下列情形之一的，应当拒绝引渡：

（一）被请求方认为，引渡请求所针对的犯罪是政治犯罪，或者被请求方已经给予被请求引渡人受庇护的权利；

（二）被请求方有充分理由认为，请求引渡的目的是基于被请求引渡人的种族、性别、宗教、国籍或者政治见解而对该人进行刑事诉讼或者执行刑罚，或者该人在司法程序中的地位会因为上述任何原因受到损害；

（三）引渡请求所针对的犯罪仅构成军事犯罪；

（四）根据任何一方的法律，由于时效已过或者赦免等原因，被请求引渡人已经被免予追诉或者免予执行刑罚；

（五）被请求方已经对被请求引渡人就引渡请求所针对的同一犯罪做出终审判决或者终止司法程序；

（六）请求方根据缺席判决提出引渡请求，并且没有保证在引渡后重新进行审理；

（七）请求方可能判处的刑罚与被请求方法律的基本原则相冲突。为便利引渡被请求引渡人，被请求方可以在不违背其法律基本原则的条件下同意引渡。在此情况下，双方可以达成适当安排。

第四条　可以拒绝引渡的理由

有下列情形之一的，可以拒绝引渡：

（一）被请求方根据本国法律对引渡请求所针对的犯罪具有管辖权，并且对被请求引渡人就同一犯罪正在进行刑事诉讼或者准备提起刑事诉讼；

（二）被请求方在考虑了犯罪的严重性和请求方利益的同时，认为由于被请求引渡人的年龄、健康或者其他个人原因，引渡不符合人道主义考虑。

第五条　国民的引渡

一、任何一方均有权拒绝引渡其本国国民。

二、如果根据本条第一款不同意引渡，被请求方应当根据请求方的要求，将该案提交其主管机关以便在其法律允许的范围内提起刑事诉讼。为此目的，请求方应当向被请求方提供与该案有关的文件和证据。

第六条　联系途径

为本条约的目的，双方应当通过外交途径联系，本条约另有规定的除外。

第七条　引渡请求及所需文件

一、引渡请求应当以书面形式提出，并且包括或者附有：

（一）请求机关的名称；

（二）被请求引渡人的姓名、年龄、性别、国籍以及有助于确定被请求引渡人的身份和可能所在地点的任何其他资料；以及已有的对该人外表的描述、该人的照片和指纹；

（三）有关案情的说明，包括犯罪作为或者不作为及其后果的概述；

（四）就该项犯罪确立刑事管辖权、定罪和量刑的有关法律规定；

（五）有关追诉时效或者执行判决期限的法律规定。

二、除了本条第一款的规定外，

（一）旨在对被请求引渡人进行刑事诉讼的引渡请求还应当附有请求方主管机关签发的逮捕证的经证明的副本；

（二）旨在对被请求引渡人执行刑罚的引渡请求还应当附有已经生效的法院判决书的经证明的副本和关于已经执行刑期的说明。

三、引渡请求及所需文件应当签署或者盖章，并且应当附有被请求方文字的译文。

第八条　补充材料

被请求方如果认为支持引渡请求的材料不足，可以要求在30天内提交补充材料。应请求方的要求，这一期限可以延长15天。如果请求方未在该期间内提交补充材料，应当被视为自愿放弃请求，但是并不妨碍请求方就同一犯罪提出新的引渡请求。

第九条　临时羁押

一、在紧急情况下，一方可以请求另一方在收到正式的引渡请求前临时羁押被请求引渡人。上述请求可以通过第六条规定的途径或者双方同意的其他途径以书面形式提出。

二、临时羁押请求应当包括第七条第一款所列内容，并说明已经备有该条第二款所列文件，以及即将提出正式引渡请求。

三、被请求方应当将处理该请求的结果及时通知请求方。

四、如果被请求方主管机关在羁押被请求引渡人之后的30天内未收到正式引渡请求，则应当解除临时羁押。应请求方要求，上述期限可以延长15天。

五、如果被请求方后来收到了正式的引渡请求，则根据本条第四款对临时羁押的解除不应妨碍引渡被请求引渡人。

第十条　对引渡请求作出决定

一、被请求方应当根据本国法律规定的程序处理引渡请求，并且迅速将决定通知请求方。

二、被请求方如果全部或者部分拒绝引渡请求，应当将拒绝理由告知请求方。

第十一条　移交被引渡人

一、如果被请求方同意引渡，双方应当商定执行引渡的时间、地点等有关事宜。同时，被请求方应当告知请求方被引渡人在移交之前已经被羁押的时间。

二、除本条第三款另有规定外，如果请求方在商定的执行引渡之日后的15天内未接收被引渡人，被请求方应当立即释放该人，并且可以拒绝请求方提出的就同一犯罪引渡该人的新请求。

三、如果一方因为其无法控制的原因不能在商定的期间内移交或者接收被引渡人，应当立即通知另一方。双方应当再次商定执行引渡的有关事宜，并适用本条第二款的规定。

第十二条　推迟移交和临时移交

一、如果被请求引渡人正在被请求方因为引渡请求所针对的犯罪之外的犯罪被提起刑事诉讼或者服刑，被请求方可以在作出同意引渡的决定后，推迟移交该人直至诉讼终结或者服刑完毕。被请求方应当将推迟移交一事通知请求方。

二、如果本条第一款规定的推迟移交会造成请求方刑事追诉时效丧失或者妨碍请求方对引渡请求所针对的犯罪的侦查，被请求方可以在本国法律允许的范围内，根据双方商定的条件，将被请求引渡人临时移交给请求方。

三、请求方应当羁押被临时移交的人员，并应当在相关诉讼终结后立即将其送还被请求方。

四、为临时引渡目的而在请求方领土内被羁押的期间，应当视为在被请求方的服刑期间。

第十三条　加快引渡程序

如果被请求引渡人告知被请求方主管机关同意被引渡，被请求方可以采取其法律允许的措施以加快引渡。

第十四条　数国提出的引渡请求

一、如果两个或者两个以上的国家就同一人提出引渡请求，被请求方应当决定该人应当被引渡至哪个国家，并将其决定通知请求方。

二、为决定该人应当被引渡至哪个国家，被请求方应当考虑包括但不限于下列情形的所有情形：

（一）请求是否依条约提出；

（二）当请求涉及不同的犯罪时，犯罪的严重性；

（三）实施犯罪的时间和地点；

（四）被请求引渡人的国籍和经常居住地；

（五）各自提出请求的时间。

第十五条 特定规则

一、请求方对于根据本条约被引渡的人，除同意引渡所针对的犯罪外，不得就该人在引渡前所实施的其他犯罪进行刑事诉讼或者执行刑罚，也不得将其引渡给第三国，但是有下列情况之一的除外：

（一）被请求方事先同意。为此目的，被请求方可以要求提供第七条所规定的文件和材料；

（二）该人在可以自由离开请求方领土之日后的30天内未离开。但是由于其无法控制的原因未能离开请求方领土的时间不应计入此期限；

（三）该人在离开请求方领土后又自愿回到该方领土。

二、如果在诉讼过程中，引渡被请求引渡人所依据的犯罪的定性发生改变，只要该犯罪依其新的法律定性符合下列条件，该人即应当受到审判并处以刑罚：

（一）是基于引渡请求及其附件中写明的相同的犯罪事实；

（二）可判处的最高刑与被引渡的犯罪可判处的最高刑相同或者较轻。

第十六条 移交财物

一、如果请求方提出请求，被请求方应当在本国法律允许的范围内，扣押在其境内发现的犯罪所得、犯罪工具以及可作为证据的财物，并且在同意引渡的情况下，将这些财物移交给请求方。

二、在同意引渡的情况下，即使由于被请求引渡人死亡、失踪或者脱逃而无法实施引渡，本条第一款提到的财物仍然可以移交。

三、被请求方为审理其他未决刑事诉讼案件，可以推迟移交上述财物直至诉讼终结，或者在请求方返还的条件下临时移交上述财物。

四、移交上述财物不得损害被请求方或者任何第三方对该财物的合法权利。如果存在此种权利，请求方应当根据被请求方的要求，在诉讼终结后尽快将被移交的财物无偿返还给被请求方。

第十七条　过境

一、一方从第三国引渡人员需经过另一方领土时，应当请求另一方同意过境。如果使用航空运输并且没有在另一方境内降落的计划，则无需获得同意。

二、被请求方在不违反其法律的情况下，应当同意请求方提出的过境请求。

第十八条　通报结果

请求方应当及时向被请求方通报对被引渡人进行刑事诉讼、执行刑罚或者将该人再引渡给第三国的情况。

第十九条　费用

在被请求方的引渡程序中产生的费用应当由被请求方承担。与移交和接受被引渡人有关的交通费用和过境费用应当由请求方承担。

第二十条　与其他条约的关系

本条约不影响双方根据任何其他条约享有的权利和承担的义务。

第二十一条　争议的解决

由于实施或者解释本条约所产生的任何争议，应当通过外交途径协商解决。

第二十二条　生效、修订和终止

一、本条约须经批准。批准书在墨西哥城互换。本条约自互换批准书之日后第30天生效。

二、本条约经双方同意，可以修订。缔约一方完成修订生效所需的一切必要程序后，应当通过外交照会通知另一方。修订自后一份照会发出之日起第30天生效。

三、任何一方可以随时通过外交途径，以书面通知形式终止本条约。本条约自该通知发出之日后第180天终止。本条约的终止不影响条约终止前已经开始的引渡程序。

四、本条约适用于其生效后提出的任何请求，即使有关犯罪发生于本条约生效前。

下列签字人经各自政府正式授权，签署本条约，以昭信守。

本条约于二〇〇八年七月十一日订于北京，一式两份，每份均用中文、西班牙文和英文写成，三种文本同等作准。如遇解释上的分歧，以英文本为准。

中华人民共和国	墨西哥合众国
代　表	代　表
杨洁篪	**帕特里西亚·埃斯皮诺萨·埃特利亚诺**
（签　字）	（签　字）

注：该条约于2012年7月7日生效。

中华人民共和国政府和委内瑞拉玻利瓦尔共和国政府经济技术合作协定项下关于发展电力领域基础设施建设合作补充协议

中华人民共和国政府和委内瑞拉玻利瓦尔共和国政府（以下称“双方”），

鉴于加强两国间传统友谊和团结的必要性，

鉴于双方于2000年9月25日签署了经济技术合作协定，该协定囊括双方国内法律允许的所有领域；

鉴于双方加强电力产业合作的愿望，

重申两国推动能源发展、改进两国电力系统、发展生产、技术支持、技术转让、货物供给、实施工程承包和电力行业所需服务的政治愿望，这将为两国人民的社会经济发展作出贡献。

重申互助、互补、对等和相互尊重主权的原则，

达成补充协议如下：

第一条

本补充协议旨在根据各自的国内法律法规和本协议促进两国间在电力领域的合作。

第　二　条

此协议规定的合作将通过以下合作方式进行：

1. 电力生产、传输、分配和销售方面的信息交流或专家指导。

2. 技术支持、成立合资企业和电力生产、传输、分配和客户服务方面的经济技术合作项目的设计。

3. 在电力生产、传输、分配和客户服务领域对委方人员的教育和培训。

4. 在委生产和安装为电力生产、传输、分配和客户服务所需的机械、设备、零件及提供相关服务。

5. 对电力产业其他可能的兴趣领域进行评估和确认，例如战略支持、电力产业评估、技术转让和两国间电力系统项目发展（技术、维护、基础工程、项目细节和建设、物资供给、提供销售服务和专家）。

6. 双方共同约定的电力服务领域中其他合作方式。

第　三　条

为执行本补充协议，中方指定商务部为中方执行单位，委方指定人民政权电力部为委方执行单位。

第　四　条

本协议所规定的所有合作内容应根据各自国内的法律规定，符合合作领域和方式，由公共机构、公共或私营集团和组织实施，完成另一方的公共或私营组织的工程承包工程、提供和采购服务。

第　五　条

在本协议的执行中，双方有关部门、机构和（或）负责本协议提到的具体协议和（或）合同的项目执行公司提交的建议和报价，须经过根据两国内部法律评估和确定，其价格、实施和供货条款以及设施的规模、质量和服务应具有国际市场竞争力。

第　六　条

双方将采取必要措施保障达成本补充协议目的所需的所有信息交流，双方交流的信息严格局限于开展工作所必须的范围内，且不危及国家安全，信息的保密对双方具有战略重要性。

根据本补充协议所提供的信息或因本协议实施所产生的信息，如一方认为其为保密信息，应明确标明，且这类信息任何一方均不得向第三方传播。

第　七　条

为了达成本补充协议的目的，中华人民共和国商务部和委内瑞拉玻利瓦尔共和国人民政权电力部将组成联合工作委员会。此委员会由双方各派5名代表组成，并由2001年4月17日中委两国政府签订谅解备忘录所规定成立的高级混合委员会经贸分委会领导。

此委员会的第一次会议将于本补充协议生效的第90天后召开。

双方在两国定期轮流举行会议。会议日期和日程由双方同意书面确定。

第　八　条

双方一致同意本补充协议规定活动所产生的费用由引起费用产生的一方或执行机构支付，除非双方通过书面或其他形式约定用双方预算款项支付。

第九条

在双方达成一致的情况下可以对本补充协议做出修改。修改生效的过程参照本协议第十条。

在本补充协议解释和（或）执行时产生的疑问和分歧，双方将通过外交渠道直接进行友好协商解决。

第十条

双方应互相通知执行本协议已符合各自国内宪法和法律要求。本补充协议在最后一个通知收到之日生效，有效期为5年，并按同样年限自动延长，除非任何一方在本协议失效的六个月前，以书面形式或通过外交途径向对方表达不再延长该协议的意愿。

任何一方均可在任何时刻废除本补充协议，但必须通过外交途径书面通知对方。在对方收到此通知的六个月后协议失效。

废除本协议不影响在本补充协议下双方同意执行的计划和项目的继续执行完成，除非双方达成其他协议。

本补充协议于二〇一〇年四月十七日在加拉加斯签署，一式两份，每份都用中文、西班牙语和英语写成，三种语言文本同等作准。如对文本的解释产生分歧，以英文文本为准。

中华人民共和国政府	委内瑞拉玻利瓦尔共和国政府
代　表	代　表
赵荣宪	**罗德里格斯**
（签　字）	（签　字）

中华人民共和国国家能源局与委内瑞拉玻利瓦尔共和国电力部关于加强电力领域合作的谅解备忘录

序　言

中华人民共和国国家能源局与委内瑞拉玻利瓦尔共和国电力部（以下简称“双方”）为促进两国和平友好、保障人民福祉，并基于中华人民共和国政府与委内瑞拉玻利瓦尔共和国政府于2000年9月25日签署的经济技术合作协议，双方均愿意在平等互利的基础上，加强两国电力领域合作与交流，加快电力发展，经磋商，达成以下共识：

第　一　条

本谅解备忘录的主要目标是：通过合作开发项目，加强技术交流，增加委内瑞拉国内电力供应，推动两国电力领域合作。

第　二　条

为实现上述目标，双方同意研究并确定委内瑞拉电力系统需优化的领域，包括本谅解备忘录下所有计划和合作项目的技术支持、人员培训、技术转让、设备兼容等。

第　三　条

具体合作事项包括，但不限于以下方面：

1．根据委方要求，中方结合本国电力发展经验，为委内瑞拉电力发展提供顾问服务和咨询建议；

2．根据委方关于环境保护的法规和其他要求，中方将推荐有实力的中国企业与委内瑞拉企业开展燃石油焦、石油焦气化、天然气、液态燃料发电技术交流合作；

3．根据委方要求，中方在发电、电网和需求侧管理等领域培训委方相关人员；

4．双方同意共同研究中方将在发电、电网和需求侧管理等领域为委方提供产品及设备安装、调试、维护服务等合作事项；

5．根据双方要求，研究组建电器设备制造及共同感兴趣的其他领域合资企业的可能性；

6．双方将研究并确定有实力的中国企业按EPC（包括设计、供货、建设和调试）方式建设委内瑞拉电力项目。

第　四　条

执行合作的具体部门分别是中华人民共和国国家能源局、委内瑞拉玻利瓦尔共和国电力部。

第　五　条

双方将根据共同需要举行会晤，以推动相关合作。

第　六　条

在本谅解备忘录下的各项合作均应遵守两国相关法律规定。

第　七　条

本谅解备忘录的执行过程中，双方交换的技术信息需保密，未经双方授权，不得公开、传播、转让、商业化、或告知第三方，也不得复印或通过电子媒介等其他方式复制。

第 八 条

委方将根据预算情况执行本谅解备忘录。同时依据本国法律，将谅解备忘录执行所需资金列入相关预算。

中方将依据本国法律推进本谅解备忘录，对谅解备忘录执行中涉及的中国企业，履行相关审批程序。

第 九 条

如对本谅解备忘录文本解释和适用出现争议，双方将通过友好协商解决。

第 十 条

经双方事先书面同意，可对本谅解备忘录进行修改和补充。

修改和补充内容的生效程序与本谅解备忘录的生效程序一致。

第 十 一 条

本谅解备忘录自签署之日起生效，有效期为五年，届满后自动延期五年。除非任何一方在到期前六个月书面通知对方不再延期。

双方均可书面通知对方终止本谅解备忘录。任何一方自接到通知六个月后，本谅解备忘录终止。

谅解备忘录的终止不得影响谅解备忘录框架下已生效计划和项目的执行。除非双方均同意停止执行，否则上述计划和项目必须完成。

第 十 二 条

双方必须严格按照上述条款，执行本谅解备忘录。双方均不因此产生优先权、专属权和排他权。

本谅解备忘录于二〇一〇年四月十七日在加拉加斯签署，一式两份，采用中文和西班牙文。

中华人民共和国	委内瑞拉玻利瓦尔共和国
国家能源局	电力部
代　表	代　表
张国宝	阿　里
（签　字）	（签　字）

中华人民共和国政府和智利共和国政府关于智利在广州设立总领事馆的换文

中方去照

（2010）部领字第197号

智利共和国驻华大使馆：

中华人民共和国外交部向智利共和国驻华大使馆致意，并谨确认收到大使馆二〇一〇年四月十四日第054/2010号照会，内容如下：

“智利共和国驻华大使馆向中华人民共和国外交部致意，并谨代表智利共和国政府确认，智利共和国政府和中华人民共和国政府（以下简称“双方”）本着进一步发展两国友好合作关系的共同愿望，经过友好协商，就智利共和国在广州设立总领事馆达成协议如下：

一、中华人民共和国政府同意智利共和国在广州设立总领事馆，领区范围为广东省、海南省、福建省和广西壮族自治区。

二、智利共和国政府同意中华人民共和国保留在智利共和国设立领事机构的权利。设领级别、地点、领区范围等事宜将通过外交途径另行商定。

三、中华人民共和国政府将根据一九六三年四月二十四日《维也纳领事关系公约》以及中国的有关法律和规定，为智利共和国设立总领事馆和执行领事职务提供一切必要的协助和便利。

四、双方将根据包括一九六三年四月二十四日《维也纳领事关系公约》在内的国际法及国际惯例，通过友好协商解决两国领事关系中可能出现的问题。

上述内容，如蒙外交部代表中华人民共和国政府复照确认，本照会和外交部的复照即构成智利共和国政府和中华人民共和国政府之间的一项协议，并自外交部复照之日起生效。”

中华人民共和国外交部谨代表中华人民共和国政府确认，同意上述照会内容。

顺致崇高的敬意。

中华人民共和国外交部（印）

二〇一〇年四月二十七日于北京

智方来照

第054/2010号

中华人民共和国外交部：

（同中方去照引号内的内容，略——编者）

顺致崇高的敬意。

智利共和国驻华大使馆（印）

二〇一〇年四月十四日于北京

大 洋 洲

中华人民共和国和澳大利亚关于移管被判刑人的条约

中华人民共和国和澳大利亚（以下简称“双方”），在相互尊重主权和平等互利的基础上，为开展刑罚执行及被判刑人移管方面的合作，以便被判刑人成功重返社会，决定缔结本条约，并议定下列条款：

第一条 定义

为本条约之目的：

一、“移交方”是指在其境内对可能或已经被移管的人员判处刑罚的一方；

二、“接收方”是指被判刑人可能或已经被移管至其境内的一方；

三、“被判刑人”是指在移交方被法院或法庭判处监禁刑罚的人员。

第二条 一般规定

一、双方承诺根据本条约的规定，就移管被判刑人相互提供最广泛的合作。

二、双方可以根据本条约的规定，相互移管被判刑人，以便在接收方境内执行对其所判处的刑罚。

第三条　中央机关

一、双方中央机关将根据本条约的规定处理移管请求。

二、本条第一款所述中央机关，在中华人民共和国方面系指中华人民共和国司法部；在澳大利亚方面系指澳大利亚政府司法部。一方如果变更其指定的中央机关，应当通过外交途径书面通知另一方。

三、为本条约之目的，双方中央机关应相互直接联系。

第四条　移管的条件

只有符合下列条件，方可移管被判刑人：

（一）对被判刑人据以判处刑罚的行为，根据接收方法律也构成犯罪；

（二）被判刑人为接收方公民。在例外情况下，双方可同意放弃此项条件；

（三）在提出移管请求时，被判刑人尚未服完的刑期不少于一年。在特殊情况下，即使被判刑人尚需服刑的时间少于一年，双方也可同意移管；

（四）判决为终审判决，且在移交方境内不存在与所涉犯罪或其他犯罪有关的未完结诉讼；

（五）移交方、接收方以及被判刑人均同意移管。但任何一方鉴于被判刑人的年龄、身体或精神状况认为必要时，可由被判刑人的合法代理人表示同意移管。被判刑人或其合法代理人表示同意移管，包括对返还移管费用条件的同意，应采取书面形式。

第五条　移管的决定

任何一方均可自主决定是否同意另一方提出的移管请求。

第六条　通知

一、双方均应尽可能将本条约的内容告知被判刑人。

二、被判刑人应被书面告知处理其移管申请的进展情况。

第七条　请求与答复

一、被判刑人可依据本条约向任何一方提出移管申请。收到被判刑人移管申请的一方应将该申请书面告知另一方。

二、任何一方均可提出移管请求。被请求方应当将其是否同意移管请求的决定尽快通知请求方。

三、移管的请求与答复均应采取书面形式，并通过本条约第三条规定的途径递交。

第八条　所需文件和信息

一、移管请求应该包括以下内容：

（一）被判刑人的姓名、出生日期及出生地点；

（二）对被判刑人的国籍的说明；以及

（三）被判刑人被关押的场所。

二、如有移管请求，除非任何一方已表示不同意移管，移交方应当向接收方提供下列信息和文件：

（一）经证明无误的判决书副本，对据以定罪量刑的事实所作的说明，以及关于据以定罪的相关法律的说明；

（二）如可行，刑罚的终止日期、被判刑人已服完的刑期，包括审判前羁押的时间；

（三）如果已有国家向移交方提出引渡被判刑人的请求，这些请求的详细情况；或者任何已表示有兴趣引渡被判刑人的国家、或移交方认为可能提出引渡请求的国家的详细情况；

（四）对被判刑人作出的矫正报告和医疗报告，包括被判刑人在移交方接受治疗的情况，以及将在接收方对其进一步治疗的建议；

（五）被判刑人提出移管书面申请的副本。

三、接收方应向移交方提供下列信息和文件：

（一）关于被判刑人是接收方公民的说明；

（二）关于第四条第一项所列条件已获满足的说明；以及

（三）关于接收方将如何对被判刑人执行所判刑罚的说明或信息。

四、在提出移管请求或就是否同意移管作出决定之前，任何一方均应依请求尽可能向对方提供有关文件、说明或信息。

第九条　被判刑人的同意及核实

一、移交方应当确保被判刑人或者其合法代理人在完全知晓移管法律后果的情况下自愿表示同意移管，并以书面声明对此予以确认。表示同意移管的程序适用移交方法律。

二、应接收方请求，移交方应当为接收方提供机会，使接收方通过其指定的官员核实被判刑人已按本条前款规定的条件表示同意。

第十条　被判刑人的移交

双方如果均同意移管，应当通过本条约第三条规定的途径，协商确定移交被判刑人的时间、在移交方境内移交的地点及移交方式。

第十一条　管辖权的保留

一、移交方将保留对其法院所作定罪和量刑进行变更或撤销的管辖权。

二、在被告知移交方根据本条由其法院作出的任何变更或撤销对被判刑人的定罪和量刑的决定后，接收方应立即变更或终止刑罚的执行。

第十二条　刑罚的继续执行

一、接收方在接收被判刑人后，应按照移交方确定的刑罚性质和期限继续执行刑罚，如同该刑罚系由接收方判定一样。

二、如果移交方所判处刑罚的性质或期限不符合接收方的法律，接收方可以将该刑罚调整为本国法律对同类犯罪规定的刑罚。调整刑罚时：

（一）接收方应当受移交方判决书中关于事实认定的约束；

（二）接收方不得将剥夺自由刑调整为财产刑；

（三）调整后的刑罚应当尽可能与移交方所判处的刑罚相一致；

（四）调整后的刑罚在性质上或刑期上不得加重移交方所判处的刑罚；

（五）调整后的刑罚不受接收方法律对同类犯罪所适用的最低刑的约束；以及

（六）应当扣除被判刑人在移交方境内已经服刑的期间。

三、接收方根据本条第二款调整刑罚时，应当及时将调整刑罚的法律文书副本送交移交方。

第十三条　继续执行刑罚适用的法律

一、移管后，继续执行刑罚适用接收方的法律和程序。

二、如果被判刑人依接收方法律属未成年人，则接收方可将该被判刑人以未成年人对待，而不论其在移交方的法律地位。

三、对被判刑人的减刑、假释或其他刑罚执行中的有关措施，适用接收方法律。

四、任何一方均可以根据本国法律，对已被移管的被判刑人给予赦免，并应当及时将此决定通过本条约第三条规定的途径通知另一方。

五、在被告知移交方根据本条第四款作出的任何赦免被判刑人的决定后，接收方应立即终止刑罚的执行。

六、有关接收方或移交方应将依据本条第二款至第四款的规定作出的任何决定或采取的任何措施，书面通知被判刑人。

第十四条　关于执行的情报

有下列情形之一的，接收方应当及时向移交方提供执行刑罚的情报：

（一）被判刑人获得假释；

（二）刑罚已经执行完毕；

（三）被判刑人在刑罚执行完毕之前逃脱或死亡；或

（四）移交方要求提供特别说明。

第十五条　被判刑人过境

如果任何一方将被判刑人移管至其境外或从其境外移管被判刑人，另一方应遵照其国内法给予合作，为该被判刑人过境提供便利。拟实施移管的一方应就此过境提前通知另一方，除非拟使用航空运输且未计划在另一方降落。

第十六条　语言

为本条约之目的，双方应当使用各自的官方语言进行联系，并附有另一方官方语言的译文。

第十七条　费用

接收方应承担以下费用：

（一）移管被判刑人的费用，但完全在移交方境内发生的费用除外；以及

（二）移管后继续执行刑罚的费用。

第十八条　协商及争议的解决

一、双方中央机关可相互协商，促使本条约得到最有效的运用，并可就需采取的实际必要措施达成协议，以便于本条约的实施。

二、因本条约的解释、适用或实施产生的争议，应当通过外交途径解决。

第十九条　证明和认证

根据本条约规定经由中央机关转递的任何文件，不应要求任何形式的证明或者认证。

第二十条　生效和终止

一、各方完成为本条约生效所需的一切必要程序后，应通过外交照会通知另一方。本条约自后一份照会发出之日起第三十天开始生效。

二、本条约亦适用于本条约生效前被判处刑罚人员的移管。

三、任何一方可以随时通过外交途径，以书面形式通知终止本条约。终止自该通知发出之日后第一百八十天生效。

下列签署人经本国政府适当授权，在本条约上签字，以昭信守。

本条约于二〇〇七年九月六日在悉尼签订，一式两份，均以中文和英文写成，两种文本同等作准。

中华人民共和国	澳大利亚
代　　表	代　　表
杨洁篪	**腓力普·拉多克**
（签　字）	（签　字）

注：该条约于2011年11月9日生效。

中国国家能源局与澳大利亚资源、能源和旅游部关于加强能源领域合作的谅解备忘录

中华人民共和国国家能源局和澳大利亚资源、能源和旅游部（以下合称“双方”或单指“一方”），确认双方现已建立的友好、合作关系；

认识到中国和澳大利亚两国政府、组织、机构、协会和企业间已形成的坚实合作基础；

对通过《资源合作双边对话机制谅解备忘录》、《中澳洁净煤技术联合协调小组换文》、《中澳天然气技术伙伴关系基金管理和执行谅解备忘录》以及《煤矿安全合作谅解备忘录》等已取得的成功合作表示欢迎；

认识到两国在能源资源领域具有高度互补性，在该领域开展合作将产生积极的经济效应；

基于平等互利原则，双方有意在能源领域强化长期合作伙伴关系；

通过本谅解备忘录表达如下意愿，并达成以下谅解：

第一条　合作领域

本谅解备忘录的合作范围将由双方指定代表协商决定。合作领域将包括，但不局限于能源资源，具体包括：

一、石油、常规和非常规天然气。双方认识到常规和非常规天然气在双方贸易中发挥根本性重要作用；

二、煤炭和煤层气。双方高度重视煤炭和煤层气领域的合

作，认识到两国企业间空前扩展的合作以及未来进一步扩大的潜力；

三、可再生能源。双方高度重视并致力于可再生能源的发展，并在该领域已取得了重大进展；

四、铀矿。基于核安全、核安保和核不扩散基础上和平利用核能的原则，双方认识到在铀矿领域继续开展合作的巨大潜力。

第二条　合作活动

双方指派代表磋商决定本谅解备忘录下开展的合作活动。合作活动可以包括但不限于以下事项：

一、寻找中澳两国在能源领域，包括常规和非常规的天然气、煤炭、铀矿的资源勘探、开发、投资和贸易方面的进一步合作机会；

二、通过推动中澳能源企业之间在常规和非常规的天然气、煤炭和煤层气、铀矿和可再生能源方面建立商业联系，继续加强合作和商业关系；

三、加强可再生能源技术、政策、产业、人才培养、产业化和信息交流合作，推动两国可再生能源产业体系建设；

四、通过在低排放煤炭技术研究、开发、示范、商业化、贸易和投资方面继续开展合作，加强煤炭的更清洁利用；

五、通过在天然气、煤层气资源研究、技术开发、职业培训和商业知识方面继续开展合作，加强天然气（包括液化天然气）、煤层气作为清洁能源的发展；

六、双方一致决定并同意的能源和相关领域其他形式的合作，包括就双方一致同意的主题召开的会议或官方对话。

第三条　实施和报告机制

在每年一次的中澳资源合作双边对话期间，双方共同决定：

一、报告在本谅解备忘录下所开展的活动情况；

二、讨论双边能源发展有关的问题和趋势；

三、决定能源行业的未来合作领域。

双方共同决定，指派的代表将召集相关政府部门，重要组织、机构、协会和企业人员（在适当的情况下）参加、出席中澳资源合作双边对话。

由于实施本谅解备忘录而开展的所有的进一步协商工作，将在双方指导下进行。

第四条　与其他协议的关系

本谅解备忘录的实施不得妨碍以下协议的执行:《资源合作双边对话机制谅解备忘录》、《中澳洁净煤技术联合协调小组换文》、《中澳天然气技术伙伴关系基金管理和执行谅解备忘录》和《煤矿安全合作谅解备忘录》。

第五条　保密

在本谅解备忘录下交换的信息和被任何一方确认为机密的信息将仅由双方使用，并仅适用于本谅解备忘录。将按照中国和澳大利亚国内法律规定，给予这些信息同等程度的保密性。

第六条　国内法律和协议

本谅解备忘录对双方在中国和澳大利亚法律法规规定下所享有的权利或履行的义务，或中澳任何一方作为协约方的协约不产生影响。

第七条　生效日期

本协议将在双方代表签署之日起生效。

第八条　修订

双方可通过书面方式对本协议进行修订。

第九条 期限和终止

本谅解备忘录自签字之日起生效，有效期5年。本谅解备忘录期满前6个月，如缔约任何一方未向另一方书面要求终止本协定，则本谅解备忘录有效期将自动延长5年，并依此法顺延。

一方可以书面通知另一方终止本谅解备忘录。本谅解备忘录自一方收到另一方终止谅解备忘录正式通知六个月后终止。

本谅解备忘录的终止不对双方在本谅解备忘录终止日期前按本谅解备忘录执行的项目和活动产生影响。

第十条 争议解决

应任何一方的要求，双方将就本谅解备忘录条款相关的任何事宜进行协商，并本着合作和相互信任的精神，共同努力解决可能出现的困难和误解。

本谅解备忘录于二〇一〇年六月二十一日在堪培拉签订，一式两份，每份均用中文和英文写成，两种文本同等作准。

中华人民共和国 国家能源局 代 表 **钱智民** （签 字）	澳大利亚 资源、能源和旅游部 代 表 **克拉克** （签 字）

中华人民共和国政府和新西兰政府关于中国在克赖斯特彻奇市设立总领事馆的换文

中方去照

（2010）新字第034号

中华人民共和国驻新西兰大使馆向新西兰外交贸易部致意，并谨代表中华人民共和国政府确认，根据中华人民共和国政府和新西兰政府（以下简称“双方”）于二〇〇七年三月二十四日达成的关于新西兰在广州设立总领事馆的谅解，双方本着进一步发展两国间友好关系的共同愿望，经过友好协商，就中华人民共和国在克赖斯特彻奇市设立总领事馆事达成以下谅解：

一、新西兰政府同意中华人民共和国在克赖斯特彻奇市设立总领事馆，领区范围为整个南岛，即坎特伯雷、莫尔伯勒、尼尔森、奥塔戈、塔斯曼、西岸和南部地区。

二、新西兰政府将根据一九六三年四月二十四日《维也纳领事关系公约》、二〇〇三年十月二十六日《中华人民共和国和新西兰领事协定》及其国内有关法律规定和对等原则，为中国驻克赖斯特彻奇总领事馆的设立和执行领事职务提供一切必要协助和便利。

三、双方将根据包括一九六三年四月二十四日《维也纳领事关系公约》、二〇〇三年十月二十六日《中华人民共和国和新西兰领事协定》在内的国际法、国际惯例及双边条约，通过友好协商解决两国领事关系中可能出现的问题。

上述内容，如蒙外交贸易部代表新西兰政府复照确认，本照会和外交贸易部的复照即构成中华人民共和国政府和新西兰政府之间的一项安排，并自外交贸易部复照之日起生效。

顺致崇高的敬意。

中华人民共和国驻新西兰大使馆（印）

二〇一〇年六月七日于惠灵顿

新方来照

（中译文）

第2010/86号

新西兰外交贸易部向中华人民共和国驻新西兰大使馆致意，并提及关于中国请求新西兰政府同意在克赖斯特彻奇市设立总领事馆，馆区为整个南岛的（2010）新字第034号照会。

外交贸易部荣幸告知，新西兰政府同意在克赖斯特彻奇市设立总领事馆。如大使馆将新西兰的许可转告给中国外交部，外交贸易部将不胜感激，并期待接受中华人民共和国总领事的任命。

顺致最崇高的敬意。

外交贸易部

二〇一〇年六月十四日于惠灵顿

中华人民共和国政府与新西兰政府关于合作拍摄电影的协议

中华人民共和国政府与新西兰政府（以下简称“双方”）；

鉴于双方在电影制作领域的进一步合作有益于两国的电影产业；

为了开展和扩大双方于2008年4月7日在北京签订的《中华人民共和国政府与新西兰政府自由贸易协定》框架下的服务领域的自由贸易，促进两国在电影领域的合作；

考虑到2005年8月15日在惠灵顿签订的《中国国家广播电影电视总局与新西兰文化与遗产部的合作安排》；

为了扩大和实施有利于两国电影产业和文化经济交流发展的电影合作拍摄；

鉴于此类交流将有助于促进两国间的关系；

双方达成协议如下：

第一条　定义

为了本协议的目的：

（一）“合作制片者”是指从事某部合拍影片制作的一个或多个中国国民或新西兰国民，或就本协议第六条所指的非本协议缔约方合拍影片而论，还包括非缔约方合作制片者；

（二）“合拍影片”是指一个或多个中国制片人（“中方合作制片者”）与一个或多个新西兰制片人（“新方合作制片者”），通过共同投资、共享版权的方式联合制作的影片，包括本协议第六条所指的影片。按照《附件》规定，合拍方要在创作、资金投入方面达到最低标准。

（三）“影片”是指以任何材质体现、完成后在影院放映的影像集成或影音集成，包括但不限于动画片和数字电影。“影片”也包括为电视拍摄的故事片模式的电影（即“电视电影”）；

（四）“国民”：

1. 就中国而论，是指中国公民；

2. 就新西兰而论，是指新西兰公民；

（五）“居民”：

1. 就中国而论，是指非中国公民但为中国永久居民的自然人；

2. 就新西兰而论，是指非新西兰公民但为新西兰永久居民的自然人；

（六）“主管部门”是指中华人民共和国政府和新西兰政府各自指定的机关。

第二条　视为国产影片和授予权益

合拍影片全面享受中国和新西兰根据不时生效的各自法律制定或可能制定的授予国产影片的所有权益。

第三条　主管部门

双方应在本协议《附件》中指定各自主管部门。虽有第十三条规定，但如果缔约一方希望指定另一部门作为其主管部门，该方应通过外交途径以书面形式通知另一方。

第四条　项目批准

一、合拍影片应在开拍之前获得双方主管部门的联合临时批准。双方合作制片者负责向各自主管部门提交该部门为完成临时批准手续所需的必要文件。

二、合拍影片必须根据双方主管部门规定的临时批准条件进行制作。

三、合拍影片完成后，双方合作制片者负责向各自主管部门提交完成影片（以及主管部门要求的必要文件），以便主管部门履行最终批准手续，并使合拍影片享受本协议第二条规定的权益。

四、双方主管部门应按照本协议《附件》条款来决定合拍影片的临时批准和最终批准。

五、双方主管部门应相互协商以确定一个合拍项目是否符合本协议条款。双方主管部门在决定是同意还是否决一个临时或最终批准时应适用其自身的政策和方针。

六、审批一部合拍影片时，双方主管部门可制定一些为达到本协议总体目的和目标而设定的批准条件。如果双方主管部门对是否批准某个项目或是否包括某个条件产生分歧，该项目不应被批准为本协议涵盖下的项目。

七、就中国而论，合拍影片一旦获得中国政府主管部门颁发的“立项批准”，即被视为完成临时批准手续；合拍影片一旦获得中国政府主管部门颁发的“电影片公映许可证”，即被视为完成最终批准手续。

八、就新西兰而论，合拍影片一旦获得新西兰政府主管部门向新西兰合作制片者出具的临时批准书面通知，即被视为完成临时批准手续；合拍影片一旦获得新西兰政府主管部门向新西兰合作制片者出具的最终批准书面通知，即被视为完成最终批准手续。

第五条　合作制片公司和个人的资质要求

一、参与合拍影片的制片公司必须根据缔约方所在国家的法律法规进行注册。另外，个体制片者、制片公司和制片厂必须获得所在国主管部门要求的任何许可。

二、参与合拍影片的制片者必须具备所在国主管部门认可的技术力量、资金能力及专业经验。

第六条　与非本协议缔约方合拍影片

一、在中国或新西兰与第三国已签署电影合拍协议的情况下，双方主管部门可批准与该第三国合作制片者联合制作本协议涵盖下的合拍影片。

二、本条涵盖下的合拍影片项目批准应限于第三国合作制片者的投入比例不大于中国和新西兰两国合作制片者中较少一方所投入比例的合拍申请。

第七条　合拍资格的申请

一、中方合作制片者负责合拍影片在中国的资格申请，履行中方主管部门和中方承办机构规定的批准合拍影片资格所需的一切手续。

二、新方合作制片者负责合拍影片在新西兰的资格申请，履行新西兰主管部门规定的批准合拍影片资格所需的一切手续。

三、第三方合作制片者应符合该国与中国或新西兰签署的现行合拍协议中规定的有关合拍影片资格和制作的所有条件。

第八条　器材入境

缔约双方应依据各自法律规定，允许制作合拍影片所需的摄影器材临时入境，并免除进口关税和税费。

第九条　人员入境

视实际需要，缔约一方应允许对方国家国民和居民以及任何第三方合作制片者所在地区公民，在遵守入境和停留的相关法律的前提下，为制作或开发合拍影片而入境中国或新西兰并且停留。

第十条　尊重法律与文化

缔约双方的摄制组应遵守摄制地国家的宪法、法律法规，尊重民族文化、宗教信仰及当地风俗习惯。

第十一条　公映许可

双方主管部门批准一部合拍影片对任何一方相关部门是否许可该片在本国公映不具任何约束力。

第十二条　国际电影节

如果双方合作制片者同意，任何一方都可将合拍影片送往国际电影节，前提是电影节开始前三十天将此意愿通知双方主管部门。

第十三条　《附件》性质

一、本协议《附件》作为本协议的实施安排，是本协议不可分割的组成部分。

二、在符合本协议第三条规定的前提下，对《附件》的任何修改都应由双方主管部门一致同意。对《附件》的任何修改都应与本协议条款相一致。

三、对《附件》的修改内容应由双方主管部门书面确认，并自该确认书指定的时间起生效。

第十四条　审议

应一方要求，双方应启动将2005年8月15日在惠灵顿签订的《中国国家广播电影电视总局与新西兰文化遗产部合作安排》所指的其他合拍形式纳入本协议或相关协议范畴的谈判。

第十五条　修订

一、缔约双方主管部门应监督和检查本协议的执行情况，努力解决执行过程中出现的任何问题，并对本协议提出必要的修改建议。

二、经双方协商一致，可对本协议进行修改。

第十六条　生效

缔约双方应当相互通知已完成协议生效所必需的国内法律程序。协议自后一份通知收到之日生效。

第十七条　国际义务

本协议条款不影响缔约双方的其他国际义务。

第十八条　有效期与终止

一、本协议有效期三年。

二、缔约任一方可提前六个月书面通知另一方，以终止本协议。

三、如在本协议有效期满前六个月，缔约任一方未用书面通知另一方终止本协议，则本协议的有效期将自动延长三年，并依此法顺延。

四、由双方主管部门根据本协议条款批准制作，但在本协议终止后才完成的影片应视为合拍影片。该片合作制片者应享受本协议规定的所有权益。

本协议于二〇一〇年七月七日在北京签订，一式两份，每份均用中文、英文两种文字写成，两种文本同等作准。

中华人民共和国政府	新西兰政府
代　表	代　表
张海涛	**伍开文**
（签　字）	（签　字）

附件：

《中华人民共和国政府与新西兰政府关于合作拍摄电影的协议》实施安排

第一条　主管部门

《中华人民共和国政府与新西兰政府关于合作拍摄电影的协议》（简称《协议》）所指的主管部门如下：

（一）中国主管部门为国家广播电影电视总局电影管理局；

中国主管部门指定中国电影合作制片公司作为中方承办机构，负责合拍影片的资格评估；

（二）新西兰主管部门为新西兰电影委员会。

第二条　合拍影片的适用规定

本附件的下列规定适用于本协议涵盖下的合拍影片：

（一）管理合拍影片制作的所有合同应明确一方合作制片者只可将本协议第二条所指利益转让或处置给具有该合作制片者所在国国民或居民身份的自然人或法人，或被该合作制片者所在国认定的自然人或法人；

（二）双方主管部门同意参与本协议涵盖下的合拍影片制作的不同国家的工作条件大体上应具有可比性；如果外景拍摄需在不参与合作的一个国家进行，工作条件应大体上不低于合作方国家；

（三）除了与制作合拍影片本身有关的固有联系外，任何合作制片者都不应由于共同管理、共同拥有或共同控制而被联系在一起；

（四）合拍影片的制作、加工直至第一个发行拷贝的生产均应在中国或新西兰进行，如有第三方合作制片者，也可在第三方合作制片者所在地区进行；影片的配音可以在中国或新西兰进行，如有第三方合作制片者，也可在第三方合作制片者所在地区进行；

上述制作工作的大部分一般在资金投入大的合作制片者所在国进行，但双方主管部门有权联合批准其他安排。双方主管部门还有权联合批准影片到参与合作的制片者所在国之外的国家进行外景拍摄；

（五）参与合拍影片制作的个人必须是中国或新西兰国民或居民；如果有第三方合作制片者，也可以是该制片者所在地区公民；

在特殊情况下，由于剧本或资金的需要，可以有其他国家表演者参与拍摄。其他国家表演者的参与人数应符合签约双方国家的规定；

如果双方主管部门批准一部合拍影片到参与合作的制片者所在国之外的国家进行外景拍摄，该片小角色需要的群众演员或外景拍摄需要的临时工作人员可雇佣该国公民担任；

（六）合作制片者应协商确定各自在合拍影片的表演、技术、工艺（统称“创作”）方面和资金方面的投入比例，前提是合拍影片的合作制片者在表演、技术和工艺方面的投入应与各自的资金投入保持合理比例。当评估各合作制片者的资金投入时，双方主管部门可一致同意批准“非现金”方式投入（包括但不限于摄影棚的提供）作为资金投入的一部分；

（七）在任何情况下，合作制片者在合拍影片的资金和创作方面的投入应不低于影片资金和创作各项总投入的20%，也不高于影片资金和创作各项总投入的80%；

（八）除非双方主管部门另行批准，任何为合拍影片特别创作的音乐都应由中国或新西兰国民或居民创作；如果有第三方合作制片者，也可由该制片者所在地区公民创作；

（九）除非双方主管部门另行批准，一部合拍影片至少应该有90%的镜头是为该片特别拍摄；

（十）合作制片者之间的合同应：

1. 规定向合作制片者提供足够数量的最终保护拷贝和用于拷贝印制的复制素材。每个合作制片者都应拥有一套最终保护拷贝和复制素材，并有权进行必要的复制。而且，每个合作制片者都有权根据合作制片者之间约定的条件使用原始制作素材；

2. 规定合作制片者对影片成本所承担的经济责任：

（1）双方主管部门拒绝有条件批准的合拍影片筹备阶段所产生的开支；

（2）虽经双方主管部门有条件批准，但没有遵守该批准条件的影片制作开支；或

（3）虽经批准，但被某合作制片者所在国禁止公映的合拍影片制作开支；

3. 明确合作制片者之间包括海外市场在内的发行分成比例；

4. 明确各合作制片者对影片投入的到位时间；

（十一）每部合拍影片或以独立画幅标明“中国与新西兰合作拍摄”或“新西兰与中国合作拍摄”字样；或在相关字幕中体现由中国、新西兰和第三方合作制片者所在地区参与制作；

（十二）本协议生效之日起的每个三年有效期内，由双方主管部门监督的本协议主要目标应确保在以下各方面达到总体平衡：

1. 双方在所有合拍影片制作成本方面的投入；

2. 摄影棚和洗印设备的利用；

3. 表演、工艺和技术等所有人员的聘用数量；以及

4. 主要表演、工艺和技术人员的参与程度，尤其是编剧、导演和主演的参与程度。

中华人民共和国国家工商行政管理总局和新西兰经济发展部关于市场主体准入与规范领域协定

引　言

中华人民共和国国家工商行政管理总局和新西兰经济发展部（以下简称“双方”）

认识到双方在市场主体准入、规范与监督领域开展交流合作对于推动双方履行各自职能，提高双方执法的有效性，维护公平、规范、竞争、有序的市场环境，促进双边经贸关系发展的重要性，

在开展市场主体准入、规范与监督领域合作方面达成谅解如下：

第一条　一般性合作

在本协定框架下，根据中华人民共和国和新西兰（两国）法律，双方将尽最大努力在各自职能范围内在市场主体准入、规范与监督领域开展合作，具体包括但不限于：

（一）共享有关市场主体准入、规范与监督，特别是公司注册、规范与监督领域的最新政策、法律和法规信息；

（二）促进并协助获取两国公司注册、规范与监督信息；

（三）应对方请求，在各自职能范围内，协助开展针对违反公司法律法规行为的调查和执法活动；

（四）组织双边互访和相关研讨式培训，双方交流在市场主

体准入、规范与监督方面立法和执法的最新进展及创新经验；

（五）探讨共同举办或参加涉及市场主体准入、规范与监督领域前沿问题的座谈会、专家论证会或专题研讨会等的可能性。

第二条　沟通

一、双方将每年，或按照双方约定，举行高级官员会晤。

双方通过电子邮件或其他适当的方式，就合作项目进行沟通。

二、双方将定期回顾本协定中的交流合作条款，并在恰当的时间协商、解决潜在问题，以促进和保持深度合作。

三、双方指定下列联络部门，确保部门间的充分沟通。

中国国家工商行政管理总局：

联络部门：国际合作司

电话/传真：+86-10-68010463/86-10-68013447

电邮：intl@saic.gov.cn

international@saic.gov.cn

新西兰经济发展部：

联络部门：新西兰公司署

电话/传真：+64-3-9622707/+6439626200

电邮：InternationalRelations@companies.govt.nz

第三条　保密

除非双方协商同意，双方均应依照各自国家法律法规，对按照本协定交流的信息予以保密。

第四条　效力与修订

双方在达成书面一致的基础上可对本协定进行修订。

第五条　分歧的解决

双方将以协商方式解决本协定在解释或实施上产生的分歧。

第六条　生效日期和终止

本协定自签字之日起生效，任何一方均可以终止本协定，但需提前30天书面通知对方。

本协定于二〇一〇年八月二十日在惠灵顿签订，一式两份，每份用中文和英文写成，两种文本同等作准。

中华人民共和国 国家工商行政管理总局 代　　表 **刘玉亭** （签　字）	新西兰 经济发展部 代　　表 **内维尔·哈里斯** （签　字）

其　他

中华人民共和国国家工商行政管理总局和世界知识产权组织关于进一步加强合作的谅解备忘录

中华人民共和国国家工商行政管理总局（以下称“中国国家工商行政管理总局”）和世界知识产权组织（以下称“双方”）：

考虑到中华人民共和国政府是世界知识产权组织成员，并是世界知识产权组织管理的多个条约的成员，尤其是商标国际注册马德里协定及其议定书的成员；

考虑到世界知识产权组织通过国际合作在全世界促进知识产权保护的责任；

认识到战略性利用知识产权，包括在中国运用马德里体系，将有利于中国国家发展目标的实现；

注意到2009年3月中国国家工商行政管理总局局长与世界知识产权组织总干事讨论的成果和达成的谅解，以及多年来中国国家工商行政管理总局和世界知识产权组织在商标领域及其他相关知识产权方面所保持的密切的合作关系；

期望进一步加强知识产权保护和马德里体系在中国推广领域的合作，促进社会、文化和经济发展这一共同目标的实现。

达成以下共识：

一、关于在中国进一步推广商标国际注册马德里体系

（一）自2010年开始，双方加大推广商标国际注册马德里体系的力度，合作方式包括但不限于，在可行性研究的基础上，每年共同在中国举办两次商标国际注册巡回研讨会（一次一周，三个地区或一次两周，六个地区）。

（二）为使更多中国企业注重商标国际注册，维护商标权益，在世界知识产权组织的支持下，中国国家工商行政管理总局将组织工商行政管理部门负责知识产权相关工作的官员赴世界知识产权组织学习培训。

（三）在世界知识产权组织的必要支持下，中国国家工商行政管理总局将扩大马德里体系在中国的适用范围。

二、关于开通马德里体系电子通讯

为尽早实现中国商标国际注册事务的完全电子通讯，自2010年上半年起，双方合作开展实质性准备工作。

三、在中国国家工商行政管理总局的合作和必要支持下，世界知识产权组织将启动马德里商标国际注册可接受商品和服务数据库的汉化工作。

四、世界知识产权组织在其预算允许的情况下，将逐步在有关会议和所举办的活动中增加中文同声传译及中文文件的应用。

五、关于在地理标志领域的合作

（一）中国国家工商行政管理总局支持世界知识产权组织地理标志方面的推广工作，包括有关信息、文件和出版物的交流。

（二）中国国家工商行政管理总局将派专家参加世界知识产权组织举办的国际性或地区性地理标志有关活动。

六、关于人力资源方面的合作

（一）中国国家工商行政管理总局将继续现行做法，派员到世界知识产权组织工作进修，每人每次原则上为1年。世界知识产权组织将提供相应支持，具体条件由双方进一步商谈确定。

（二）世界知识产权组织视需要适当增加来自中国国家工商

行政管理总局的雇员。

七、关于在其他知识产权相关领域的合作

双方适时在公平交易、商业秘密保护、企业名称登记、打击欺诈广告、消费者权益保护等方面开展合作。

中华人民共和国 国家工商行政管理总局 代　表 **周伯华** （签　字）	世界知识产权组织 代　表 **弗朗西斯·高锐** （签　字）

于二〇一〇年四月二十二日签署

中华人民共和国政府与联合国建立联合国灾害管理与应急反应天基信息平台北京办公室东道国协定

中华人民共和国政府与联合国

忆及2006年12月14日联合国大会第61/110号决议确定建立“联合国灾害管理与应急反应天基信息平台”，作为外层空间事务司内部的一项新的联合国项目，并明确该项目将在中国北京设立一个办公室（以下称“办公室”）；

承认外层空间事务司是联合国秘书处的一部分，因此联合国秘书处的相关决议、决定、规章、规则和政策适用于办公室；

愿通过此协定确定设立办公室及办公室在中国运作的法律地位和条件；

兹达成协议如下：

第一条　定义

为本协定的目的，

（一）“中国”指中华人民共和国；

（二）“政府”指中华人民共和国政府；

（三）“有关当局”指根据中国法律、法规设立的中央、地方政府部门；

（四）“公约”指联合国大会1946年2月13目通过的，中国1979年9月11日加入的《联合国特权和豁免公约》；

（五）“双方”指政府和联合国；

（六）“灾害天基信息平台”指联合国灾害管理与应急反应天基信息平台；

（七）“外空司”指联合国外层空间事务司；

（八）“档案”指属于北京办公室，或北京办公室持有的所有记录、信函、文件、出版物、手稿、照片、影片、录音资料、电脑数据文件和软件等，不论位于何处；

（九）“秘书长”指联合国秘书长；

（十）“办公室主任”指办公室的负责官员；

（十一）“办公室官员”，根据联合国大会1946年12月7日通过的第76（1）号决议的规定，指办公室主任及所有根据联合国职员条例规定受雇于办公室的职员，在本地招募的、按小时付费的人员除外；

（十二）“任务专家”指除办公室官员外的承担办公室任务、且属于公约第六条范围内的人员。

第二条　办公室的设立及运作

一、办公室设在北京。

二、办公室将在本协定缔结后开始运作。

三、双方应合作确保办公室不间断运作。

四、政府应向办公室提供一切必要帮助，以便其恰当履行职能。

五、行政、财务及相关安排应由双方另行达成协议解决。

六、政府承认办公室的法律人格，并承认其具备下列能力：

（一）订立合同；

（二）获取和处置动产和不动产；

（三）提起法律诉讼。

第三条　入境、过境和居留

一、政府应当为下列人员在中国的入境、停留、离境提供便利：所有办公室官员、与办公室有公务关系的联合国或其专门机构或国际原子能机构的官员或任务专家、办公室邀请的从事公务的其他人员。

二、如有需要，有关当局应当尽快向上述人员提供快捷旅行、签证、入境许可的便利。

三、政府应当承认并接受发给办公室官员的联合国通行证为有效旅行证件。持联合国通行证者如需申请签证，在附有其旅行目的是为执行联合国公务的证明时，应当尽快办理。此外，对这类人员应提供快捷旅行的便利。

四、应当向没有联合国通行证但有执行联合国公务证明的专家和其他人员提供第二款列明的类似便利。

第四条　学术自由和档案

一、办公室在其宗旨和职能范围内，应当享有学术自由。

二、办公室的档案以及办公室所有或持有的所有文件，不论位于何处，均不受侵犯。

第五条 房舍

一、（一）办公室房舍不受侵犯。非经办公室主任表示同意，或在办公室主任批准的条件下，有关当局的官员不得进入办公室房舍执行任何公务；

（二）如遇火灾或其他需要立刻采取保护行动的紧急情况，无法及时联系上办公室主任或其代表，可推定办公室主任或其代表同意进入办公室房舍；

（三）办公室房舍应当仅用于推进其宗旨和活动。办公室主任也可允许将房舍和设施用于由办公室、其他联合国机构和其他国际组织举办的会议、研讨会、展览和其他相关活动。

二、有关当局应当采取合理措施保护办公室房舍及其人员不受入侵或损害，防止任何扰乱办公室治安或破坏办公室尊严的行为。

三、除非本协定或公约另有规定，在中国适用的法律应当在办公室房舍内适用。但是，办公室房舍应当在办公室管制之下，办公室可制定在房舍内履行其职能的规定。

四、（一）办公室有权在办公室房舍悬挂联合国旗和展示联合国会徽；

（二）办公室主任有权在其以官方身份使用的交通工具上悬挂联合国旗；

（三）办公室有权在办公室交通工具上展示联合国会徽。

第六条 公共服务

一、有关当局应确保办公室房舍有必要的公共设施和服务，且此类公共设施和服务是按公平的条件提供的。

二、如果任何此类服务中断或有中断的危险，有关当局应视办公室的需要与在华其他联合国机构和国际组织的需要同等重要，并应采取相应措施确保办公室的工作不受损害。

三、办公室主任应按要求做出适当安排，使有关公共服务机构能够在不过分干扰办公室履行职能的条件下，在办公室房舍内检查、修理、维护、重建、迁移相关设施、管道、线路和下水管道等。

第七条　办公室的法律地位、特权和豁免

一、公约适用于办公室，办公室的财产、资金和资产，及其官员和任务专家。

二、办公室应在设立之初和发生变更时将办公室官员的姓名、职务及时通知政府。

三、（一）办公室官员应享有公约第五条、第七条规定的特权和豁免，他们应当享有下列特权和豁免：

1．其以公务身份发表的口头或书面言论及所作的一切行为豁免法律程序；

2．其得自联合国的薪金和报酬免于纳税；

3．免于国民服务义务；

4．其本人、连同其配偶和受抚养亲属豁免移民限制和外国人登记制度；

5．在外汇便利方面享有给予其他驻华外交代表机构相当级别官员的同等特权；

6．发生国际危机时，给予其本人连同其配偶和受抚养亲属与外交使节同等的归国便利；

7．初次到中国就职时，有权免纳关税进口家具和用品。

（二）任务专家享有公约第六条、第七条规定的特权、豁免及便利。

四、本协定给予的特权和豁免是为了联合国的利益，而非为了有关人员的个人利益。联合国秘书长如果认为某情况下某官员的豁免有碍司法程序，且放弃该豁免不损害联合国的利益，有权利及义务放弃该豁免。

五、政府有关当局收到办公室相关通知后，应为办公室官员

及其配偶和受抚养亲属颁发适当的身份证件。

第八条　通信和出版物

一、根据公约，办公室的公务通信应在邮件、海底电报、电报、电话及其他通信方式的安装使用、优先权、资费及新闻出版和电台信息费等方面享有通信便利。

二、发至办公室或其官员的所有公务通信，以及办公室的所有对外公务通信，不管以何种方式传递，均应免于审查以及任何其他形式的干涉。

但是只有经政府同意，办公室才可安装并使用一部无线发报机。

三、办公室有权使用密码以及通过信使或密封邮袋发送、接收公务信函或其他公务通信，其信使、邮袋与外交信使、邮袋享有同等特权和豁免。邮袋应标有明显的联合国会徽，并仅限于装公务文件或信函，信使应持联合国颁发的信使证。

四、办公室可在其宗旨和活动领域范围内制作研究报告及学术出版物。本协定下办公室的活动所产生的知识产权归办公室所有。除非双方另就个案达成协议，政府有权在不支付版税及其他类似费用的情况下在国内为公务目的使用此类出版物。

第九条　税收豁免

一、办公室及其资金、资产和其他财产应：

（一）免于一切直接税。但对于实际上纯为公用事业服务收取的费用，办公室不应要求免除；

（二）办公室为公务用途进口的物品免征关税。但据此免税进口的物品除按照有关当局同意的条件外不得在中国出售；

（三）办公室出版物免征进出口关税和不受进出口任何禁止和限制。进口出版物不得在中国出售，除非是在与有关当局达成的条件下。

二、办公室原则上不应要求免除消费税和对出售动产、不动产课征的税，但如办公室为公务用途购置大宗已课征或可课征上述税的财产时，有关当局应尽可能作出适当行政安排免除或退还所征税款。

第十条　资金、资产和其他财产

一、办公室及其财产、资金、资产，不论位于何处，亦不论由何人持有，应豁免于各种法律程序，除非在某个案中，联合国明示放弃豁免。但是，放弃豁免并不适用于任何执行措施。

二、办公室的财产、资金和资产，不论位于何处，亦不论由何人持有，应豁免于搜查、征用、没收、征收及其他任何形式的干扰，不论是通过执法、行政、司法或立法行为。

三、办公室在不受任何财政管制、规章、延期偿付等的限制下，可以：

（一）持有任何种类的资金或货币，操作可兑换货币账户；

（二）将资金或货币汇入、汇出中国或在中国境内转拨，并可兑换成其他可兑换货币。

四、办公室应按合法汇率开展金融活动，并应遵守相关法律。

第十一条　争端的解决

政府和联合国之间因本协定的解释及适用而产生的任何争端，如不能以谈判或其他商定的解决方式解决，应在任一方的要求下提交仲裁。每一方应指定一名仲裁员，两位仲裁员指定第三位仲裁员担任主席。如在仲裁要求提出后两个月内，一方没有指定仲裁员，或在指定两位仲裁员后两个月内，未能指定第三位仲裁员，任一方可要求国际法院院长指派一名仲裁员。仲裁程序由仲裁员决定，仲裁费用应按仲裁员的估算由双方承担。仲裁裁定书应包括对所依据理由的说明，双方应接受裁定书为争端的最终裁决。

第十二条　尊重当地法律法规

一、在不影响本协定所赋予的特权和豁免的情况下，所有享有此类特权和豁免的人均有义务遵守中国的法律法规，亦有义务不干涉中国内政。特权和豁免的给予是为了联合国的利益，而非为了有关人员的个人利益。联合国秘书长如果认为某情况下某官员的豁免有碍司法程序，且放弃该豁免不损害联合国的利益，有权利及义务放弃该豁免。

二、办公室房舍不应用于任何与本协定规定的办公室的宗旨与职能不相符的用途。

三、办公室始终应与有关当局合作，为其正当执法提供方便，确保遵守有关公共安全和秩序的法律法规，并避免出现任何滥用本协定所赋予的特权与豁免的情况。如政府认为发生了滥用本协定赋予的特权与豁免的情况，办公室主任应当根据要求与有关当局磋商，确定是否发生了滥用情形。如磋商未能达到政府和办公室主任均满意的结果，该事项应根据第十一条制定的程序裁定。

第十三条　最后条款

一、本协定的条款应是对公约条款的补充，即，若本协定某条款与公约某条款涉及相同事项，应视两个条款互为补充，因此两个条款均应适用，不应彼此削弱。

二、本协定自双方签字之日起生效，并持续有效直至本协定根据本条第5款终止。

三、应任何一方的要求，可就修订本协定进行磋商。任何修订应得到双方书面同意。

四、政府和联合国可在必要时通过联合书面协议缔结补充协定。本协定未规定的相关事项应由双方根据联合国相关机构的有关决议、决定、规章、规则和政策解决。一方应充分善意地考虑另一方根据本款提出的任何建议。

五、本协定在一方以书面形式通知另一方终止本协定的决定后6个月失效，但办公室活动的正常终止、处置办公室在华财产以及解决双方争端的情形除外。

双方代表经充分授权，签署本协定，以昭信守。

本协定于二〇一〇年六月十七日在维也纳签订，一式两份，每份均以中文和英文写成，两种文本同等作准。

中华人民共和国政府	联合国
代　表	代　表
胡小笛	奥斯曼
（签　字）	（签　字）

中华人民共和国政府和《联合国气候变化框架公约》秘书处关于联合国气候变化天津会议东道国协议的换文

一、中方去函

克里斯蒂娜·菲格里斯女士
《联合国气候变化框架公约》秘书处执行秘书
马丁·路德金路8号
D-53175　波恩
德国

尊敬的阁下：

我荣幸地提及你在2010年8月27日信函中所述关于2010年10月4日至9日在中国天津梅江会展中心举行的《联合国气候变化框架公约》长期合作行动特设工作组第12次会议和《京都议定书》附件一国家进一步承诺特设工作组第14次会议（以下称“正式会议”），以及将于2010年9月28日至10月3日举行的“七十七国集团加中国”、非洲集团、小岛屿发展中国家集团和最不发达国家集团会前磋商（以下称“会前磋商”）的相关安排（“正式会议”及“会前磋商”以下统称为“会议”）。

通过此信，我确认中华人民共和国政府接受有关在中国天津举办会议的如下安排：

第　一　条

中华人民共和国1979年11月加入的1946年《联合国特权与豁免公约》（以下称“特豁公约”）适用于会议。《联合国气候变化框架公约》和《京都议定书》秘书处（以下称“秘书处”）邀请的各缔约方及观察员国与会代表应享有特豁公约第四条规定的特权与豁免。为联合国执行与会议相关任务的专家应享有特豁公约第六条和第七条所规定的特权与豁免。参加会议及执行与会议相关任务的联合国职员应享有特豁公约第五条和第七条所规定的特权与豁免。参加会议的联合国专门机构的职员应享有《专门机构特权与豁免公约》第六条和第八条所规定的特权与豁免。

第　二　条

出于适用特豁公约的目的，会议召开地天津梅江会展中心应视为特豁公约第二条第三款意义上的联合国所在地。该场地的出入权交由秘书处控制，会议期间及会前准备和会后收尾阶段不可侵犯。

第　三　条

在不影响特豁公约相关规定及上述第一条内容的情况下，所有参会人员和执行与会议相关任务的人员应享有独立行使与会议相关职责所必要的便利及礼遇。

第　四　条

所有参会人员和执行与会议相关任务的人员享有不受阻碍地出入中国及前往和离开会场的权利。如需签证和入境许可，应免费并尽可能快速发放。东道国政府应指定一名负责签证与入境许可事务的官员作为与秘书处联系的联络员。

第　五　条

东道国政府应允许临时免税进口参会人员随身携带、托运或邮寄的所有与会所需设备，包括书写、声像、复印和其他技术设备，并为此在必要时及时出具所需进出口许可证。东道国政府应为上述设备提供快速清关便利。所有上述临时进口的设备都应在会议结束后再出口。

第　六　条

东道国政府应负责提供确保会议在不受干扰的情况下顺利进行所需的警察和安保，并承担相关费用。此类警务工作应由东道国政府指派的一名高级别官员直接监督和控制。她/他应与联合国安保部（UNDSS）指定的安全事务高级联络官密切合作，以确保维持会议安全与宁静的气氛。

第　七　条

会场内的安保工作应交由与秘书处密切协调的联合国安保部指定的安全事务高级联络官及其团队负责和直接监督，并与中国政府安全部门进行密切合作，会场外的安保工作由东道国政府负责。会场内外的界限应由东道国政府在将场地交给秘书处时与后者明确划定。东道国政府与秘书处在上述两类区域内的安全合作模式的细节将通过单独签署谅解备忘录的方式确定。东道国政府和秘书处应在联合国对会议安全评估的基础上合作拟定一份全面的安保计划。该安保计划是开展所有安保工作的框架，应作为本条所指谅解备忘录的附件。

第八条

东道国政府应为秘书处提供安保设备和人员，并承担相关费用。具体内容将在由国家发展和改革委员会与秘书处签署的关于财务和后勤安排的谅解备忘录中予以规定。

第九条

东道国政府应负责处理针对秘书处、联合国及其任何职员的以下诉讼、主张或其他请求：

（一）在会场内发生的人身伤害或财产毁损或损失；

（二）使用东道国政府提供或控制之下的交通服务所导致的人身伤害或财产毁损或损失；

（三）东道国政府为会议提供雇员的雇佣。

就上述诉讼、主张及请求而言，东道国政府应免除联合国、秘书处及其任何职员的责任，但如东道国政府和联合国一致认为此种毁损、损失或伤害是由联合国或其职员的严重过失或故意的失当行为造成，则应例外处理。

第十条

东道国政府将尽力确保以合理的商业价格为参会代表提供充足的酒店或住所。

第 十 一 条

东道国政府应在会场附近指定一家银行，以便秘书处开展所有与会议相关的行政和财务职能，包括便于按照程序从联合国转移资金用以支付秘书处资助的参会人员的每日基本补贴。

第 十 二 条

除涉及对联合国特豁公约或任何其他可适用协议的具体条款的争议外，东道国政府与秘书处就上述安排的解释与实施所产生的任何争议，除当事方另有安排外，应当提交一个由三名仲裁员组成的仲裁法庭解决，其中一名仲裁员由联合国秘书长指定，一名仲裁员由东道国政府指定，担任主席的第三名仲裁员由前两名仲裁员指定。如任何一方在收到另一方已指定仲裁员的通知后三个月内仍不指定仲裁员，或前两名仲裁员未能在第二名仲裁员确定之后三个月内指定担任主席的第三名仲裁员，则可根据任何一方的要求由国际法院院长指定仲裁员。所有关于程序和实质问题的仲裁裁决都是最终的，对双方均有约束力。

在此通过此函对上述安排予以确认。此次换文将构成中华人民共和国政府和《联合国气候变化框架公约》和《京都议定书》秘书处关于此次会议的安排的协议。

顺致崇高的敬意。

中华人民共和国外交部长

杨洁篪

（签字）

二〇一〇年九月六日

二、对方来函

中华人民共和国外交部长杨洁篪阁下：

（内容同中方去函，略——编者）

顺致崇高的敬意。

《联合国气候变化框架公约》秘书处执行秘书

克里斯蒂娜·菲格里斯

（签字）

二〇一〇年八月二十七日